NOUMENON

STILLE
Gespräche mit
Samarpan

Transkribiert und übersetzt von

Devasetu W. Umlauf

Bearbeitet von Daniel Herbst

STILLE
Gespräche mit Samarpan
www.samarpan.de
© NOUMENON-VERLAG
Daniel Herbst, Hamburg
www.noumenon-verlag.de

Umschlaggestaltung: Asta*art*
Fotos: © Ameen, Rajma
Korrektur: Ingrid Paproth
Druck: FINIDR

Deutsche Erstausgabe
1. Auflage 2010
ISBN 978-3-941973-05-3

INHALTSVERZEICHNIS

VORWORT

Bücher von weisen Menschen wie von spirituellen Lehrern habe ich immer als große Hilfen, als Brücken und Toröffner erlebt zu dem, was jenseits von Sprache ist. Sie sind für mich wie eine Verbindung zu der Weisheit und Freiheit, wie Satsang, den man in Buchform in die Tasche stecken und hervorholen und sich darin vertiefen kann, wenn es stimmig ist. Diese Bücher sind also eine sehr praktische Möglichkeit, um mit einem weisen Menschen in Resonanz zu sein. Dies habe ich schon bei vielen Büchern erlebt, angefangen bei Osho, dann bei Papaji und Ramana und später bei vielen anderen.

Für mich war es dann nur ein kleiner Schritt, der sich wie von alleine ergab, bei der Entstehung solcher Bücher mitzuwirken, was ich als wahres Geschenk und Segen erlebte. Als dann die Geburtswehen für das spirituelle Internet-Fernsehen Jetzt-TV einsetzten, war ich ein bisschen traurig, weil dieses neue Projekt all meine Energie erforderte und für zusätzliche Buchprojekte kein Platz zu sein schien.

Bei Jetzt-TV war von Anfang an Samarpan der beliebteste Protagonist und für mich persönlich wurde er immer mehr zum in Freundschaft und Liebe verbundenen Ratgeber. Darum war es dann ein großes Geschenk, als das zweite Samarpan-Buch-Projekt so viel Eigendynamik entwickelte – plötzlich sollte es einfach passieren! Und es war möglich: Motivation, Energie und die Möglichkeiten waren da, ohne dass meine Arbeit für Jetzt-TV darunter gelitten hätte.

Tief berührt haben mich Samarpans absolutes Ja zu diesem Buchprojekt und sein Vertrauen, das er damit ausdrückt. Danke dafür von ganzem Herzen – und danke an Daniel Herbst, der so bereitwillig und enthusiastisch seine Arbeit und Energie in die Bearbeitung des Manuskripts und in das Erscheinen dieses Buches in seinem Verlag eingesetzt hat.

Devasetu W. Umlauf
Dezember 2009

DIE HIMMELSTORE WEIT OFFEN

Samarpan: Willkommen. – Jemand sagte einmal, dass die Himmelstore jetzt weit offen stehen und unbewacht sind. Das war nie zuvor der Fall. Und vielleicht wird es auch nie wieder so sein. Hier ist *die* Gelegenheit. – Das ist eine Metapher, die auf die Wahrheit hindeutet: Die Freiheit ist hier, sie ist verfügbar. Du musst sie dir nicht verdienen. Sie ist dein Erbe. Aber mach sie nicht zu einem Teil deines Traumes. Denn es ist sehr einfach zu sagen: „Ah ja, das ist schön! Das Himmelstor steht offen, wie schön!" – Und dann schlafen wir wieder weiter.

Papaji gebrauchte eine andere Art von Metapher. Er sagte, wir sind wie die Fische im Meer. Die Fischer kommen mit ihrem Netz, um uns zu fangen. Wir sehen das Netz und sagen dann: „Ah, wir haben viel Zeit! Ich kann jederzeit entkommen, ich bin frei. Der Ozean ist so groß, da brauche ich mir keine Sorgen zu machen." Gleichzeitig kommt das Netz immer näher. Und je näher es kommt, desto schwerer wird es, ihm zu entkommen. Aber wir versuchen immer noch nicht zu entkommen. Ach, viel Zeit! Dann wird das Netz aus dem Wasser gezogen und die Fische versuchen herauszuspringen. Einige schaffen es, einige werden von den Vögeln geschnappt und einige fallen einfach wieder ins Netz zurück.

Das ist also das Paradox. Es ist wahr, du musst nichts tun. Das Paradies ist hier. Es ist deine Natur. Die Erleuchtung ist deine. Aber was geschieht, ist, dass du weiterhin all deine Energie in die Illusion fließen lässt. Du gibst deine Energie ständig dem Netz, das sich über dir schließt.

Also – du tust nichts? – Du tust vieles! Du schaffst dir deine Sklaverei selbst, setzt dir selbst Begrenzungen und gibst diesem Missverständnis Energie. So ist die menschliche Natur. Wir haben das von Anfang an missverstanden: Diese Idee, dass ich jemand bin, der von Gott getrennt ist.

Das ist nicht wahr! Es ist gar nicht möglich. Aber das haben wir geglaubt. Und darum haben wir das Paradies verloren.

Das ist einfach eine Metapher. Wir sind in unsere Illusion verstrickt. Und wir haben uns nicht träumen lassen, dass das möglich ist! Weil es ja nicht real ist. Es ist kein reales Netz, es ist ein eingebildetes Netz. Wie könnten wir uns also darin verfangen? – Aber wir haben uns darin verfangen! Und zwar ein Leben nach dem anderen, weil wir diese Falschinformation auch an unsere Kinder weitergeben. Wenn wir also in einem anderen Körper

9

wiederkommen, dann geben es diese „Kinder" wieder an uns weiter. Und so wird es immer weiter vererbt und immer weiter aufrechterhalten.

Das ist also eine ganz besondere Zeit. Es ist nicht an der Zeit, wieder schlafen zu gehen. Es ist an der Zeit, aufzuwachen! Es ist Zeit, loszulegen und vor dem Netz zu flüchten; es gilt, deine Freiheit zu entdecken. Gib alles! Schwimm um dein Leben! Halte nichts zurück! Tu nichts halbherzig! Wenn du halbherzig darangehst, wirst du wieder gefangen – so ist es eben. Du musst die Freiheit mit all deiner Leidenschaft wollen! Mehr als alles andere auf der Welt. Das ist es, was gebraucht wird. Wenn du das wirklich willst, gibt es nichts, was das verhindern kann. Aber du musst es mehr wollen als Sex, mehr als Geld, mehr als Macht oder Sicherheit oder einen schönen Traum. Das ist der Preis der Freiheit.

Die Illusion ist stark. Unterschätze die Macht der Illusion nicht. Sie ist wirklich eine Macht. Und zwar eine Macht, die uns die ganze Menschheitsgeschichte hindurch gefangen gehalten hat.

Vergeude diese Gelegenheit nicht! Ich bin hier, um dir den Weg zu zeigen. Jeder einzelne von uns hat einen anderen Weg. Darum bin ich in einem Körper hier. Darum klappt es nicht, einfach nur ein Buch herumliegen zu haben. Es wird jemand gebraucht, der deine Seele sehen kann. Jemand, der sehen kann, wo du stehst, und dir sagen kann, in welche Richtung du schauen solltest und was der nächste Schritt ist. Ich bin für euch hier. Das ist der einzige Grund, warum ich hier bin. Also macht Gebrauch davon!

Fragende: *Hallo. (Stille)*

Samarpan: Also, was geschieht?

F.: Jetzt gerade fühle ich viel Energie in meinem ganzen Körper. – Ich möchte dir für die E-Mail-Antwort danken, die du mir letzte Woche geschickt hast.

S.: Das ist immer peinlich für mich, weißt du, ich erinnere mich nicht daran, was ich geschrieben habe oder was du geschrieben hast oder an irgendetwas davon. Ich kann nur sagen: „Bitte, gern geschehen!", aber wenn du darüber sprechen möchtest, musst du mich erinnern, denn wenn ich einmal eine E-Mail weggeschickt habe, ist sie auch weg!

F.: Es ging um Krankheitssymptome und gleichzeitig um eine starke, wilde Energie. Und du hast mich ermutigt, sie zuzulassen. Und gerade jetzt habe ich das Gefühl, es ist wie ein Kampf, ein Auf und Ab von Energie...

S.: Worum dreht sich der Kampf?

F.: Da kamen auch Tränen und Schmerzen. Ich wollte dies nicht zulassen und jenes nicht...

S.: Wolltest du die Tränen und Schmerzen nicht zulassen?

F.: Ja. Ich bin froh, dass ich hier bin, und ich frage mich...

S.: Aber das ist Teil des Hier-Seins! Die Enge in der Kehle und die Tränen... Ich weiß, so hast du dir das nicht vorgestellt. Aber das ist gerade jetzt hier! Einfach das. Wir haben Ideen darüber, wie es sein sollte. Wir haben Ideen darüber, was es bedeutet, wenn es so und so ist: „Oh, da kommen Tränen. Also stimmt etwas nicht!" Was ist falsch oder schlecht an Tränen? Tränen sind wunderschön! Etwas wird weggewaschen, Reinigung, Heilung...

Wir verstehen das alles nicht. Warum ist das so? – Ich habe keine Ahnung! Es ist einfach so. Und mit welcher Theorie wir auch immer ankommen – wozu ist das gut? Es ändert nämlich nichts! Wir können das nicht mit dem Verstand durchschauen, wir können es nicht mit dem Verstand kontrollieren. Wir können nur lernen, es willkommen zu heißen. Wir lernen, in Harmonie damit zu sein, wie die Dinge sind.

Das war also der ursprüngliche Fehler, weißt du. Wir haben die Welt in zwei Hälften geteilt und gesagt: „Das ist schlecht und das ist gut." Das ist nicht wahr! Es gibt nichts Schlechtes und nichts Gutes. Es gibt nichts, was nicht dein eigenes Selbst wäre. Nirgendwo! Diese Erfahrung ist nichts als dein eigenes Selbst.

Ich sage damit nicht, dass du etwas falsch machst. Ich sage, es ist einfach, wie es ist. Im New Age heißt es: „Du erschaffst dir deine eigene Realität." Das ist einfach nur eine Variante des alten „Du machst es falsch".

Ich sehe die Welt gern als einen Vergnügungspark. Vergnügungsparks sind voll von allem Möglichen, das Spaß macht. Manchmal sind da Furcht erregende Fahrten wie auf der Achterbahn, dann ist da ein Geisterhaus, wo du hineingehst, und die Gespenster kommen und springen dich an, weil wir es mögen, erschreckt zu werden. Das ist alles interessant. Das Leben ist voll von solchem Zeug – weil wir es interessant finden! Weißt du, was wir interessant finden? – Alles! Wir finden Krieg interessant, offensichtlich.

Wir finden Terrorismus interessant. Es gibt endlos viele Dinge, die wir anziehend, interessant finden. Und wir haben das meiste davon als schlecht und falsch hingestellt. Wir sagen: „Nein, das ist nicht in Ordnung! Ich will das nicht. Ich will etwas anderes." Dem gibst du dann Energie. Du gibst Dingen Energie, die du ablehnst! Du gibst der Illusion Energie. So kreierst du eine Hölle.

Sobald du sagst: „Gut, ja, das ist in Ordnung. Vielleicht nicht meine erste Wahl, aber lass uns alles darüber herausfinden. Lass uns alles über diese spezielle Hölle herausfinden. Lass uns sehen, was passiert, wenn ich es einfach akzeptiere!" – Wenn ich mit dieser Erfahrung Frieden schließe, wird sie dadurch transformiert. Das nimmt der Illusion die Macht.

Mir ist in meinem Leben aufgefallen, dass Dinge, die ich für überwältigend, mächtig, besonders hielt, in Wirklichkeit nichts sind! Ich dachte immer, Frauenkörper wären über alles faszinierend. Ich war besessen von weiblichen Körpern. Und jetzt sehe ich Frauenkörper an und kann nicht verstehen, was ich so interessant fand. Ich meine, sie sind schon in Ordnung. Aber dass ich sie so faszinierend fand, ist einfach unglaublich! Das ist die Macht der Illusion.

Alles, was wir ablehnen, wird sehr mächtig. Alles, was wir vehement abwerten, gewinnt an Macht. Durch Akzeptanz kann dem die Macht einfach genommen werden. Einfach das. Heiße es willkommen, ohne jede Vorstellung davon. Lass es dich vereinnahmen. Einfach nur das.

Schließe die Augen. Lass es dich umgeben, und entspanne dich einfach in der Mitte davon.

Einfach nur dieses Gefühl. Das ist interessant! All diese Gefühle und Sinneseindrücke sind interessant. Wenn wir die Vorstellungen, die Glaubenssätze, die Geschichte loslassen, was bleibt dann übrig? Nur ein Gefühl.

Das Leben ist nichts als eine Abfolge von Gefühlen. Und die bedeuten alle nichts. Das ist das Geheimnis. Das ist einfach ein Vergnügungspark. Dieses Gefühl bedeutet gar nichts. Wenn wir dieses Gefühl vollkommen willkommen heißen, entziehen wir dem Verstand die Macht. Wir entziehen der Illusion die Macht. Und wir können das einfach genießen. Alles daran! Also, was findest du hier?

F.: Es ist wie eine tiefe Entspannung.

S.: Ja. Ja. (Stille) Es ist einfach. Weißt du, all die Dinge, gegen die wir immer angekämpft haben – wenn wir mit dem Kämpfen aufhören, ist da kein Problem. Aber pass auf! Der Verstand will dann daraus ein Konzept

12

machen. Und er wird es tun! Sehr schnell und sehr schlau. Und dann haben wir die nächste Religion!

Das ist es, was Religion ist: die Vorstellung des Verstandes von Gott, oder von der Wahrheit, von Freiheit. Wenn du also irgendeine Vorstellung von irgendetwas hast, lass sie sofort fallen.

Sei einfach hier. Hier wird alles beantwortet.

Das ist, wo die Freiheit gefunden werden kann: hier.

Geh nicht in den Verstand, in den nächsten netten Traum zurück, oder in den nächsten Albtraum. Komm einfach hierher. Bleibe *hier,* so oft du kannst. Und wenn du in irgendetwas anderes gehst, komm einfach sanft zurück, wenn du es bemerkst. Denn wir werden uns wieder verfangen, in weitere Vorstellungen, Träume, Konzepte, in irgendetwas, das anziehend oder abstoßend ist.

Das ist es, woraus die Illusion gemacht ist. So wird die Illusion aufrechterhalten.

F.: Danke.

Fragende: Das klingt so einfach!

Samarpan: Das ist es und das ist es nicht.

F.: Ich habe trotzdem ein Problem. Ich bin Krankenschwester und das eigentlich gern. Aber im Moment haben wir eine Ärztin auf der Station, die mir die Hölle bereitet.

S.: Gut. Das ist interessant. Also, wie macht dieses Miststück das? (Lacht)

F.: Sie demütigt mich, indem sie sagt, ich sei inkompetent.

S.: Weißt du, das ist ein Spiel, ein Machtspiel. So kann man jemanden sich klein fühlen lassen. Denn wir machen alle Fehler!

Das ist also wirklich ein einfacher Trick! Alles, was jemand tun muss, ist, dir zu sagen, du seist dumm. Und gleich fühlst du dich ungeschickt, und dann heißt es, wie ungeschickt du aber auch bist. Das ist einfach ein billiger Machttrick.

Das ist nicht schwer. Jeder kann das machen. Übrigens machen Partner das miteinander. Kennst du das?

F.: Ja.

S.: Also diese Frau kriegt dich zu packen…

F.: Ich weiß nicht, wie es geschehen ist!

S.: Okay. Was willst du von ihr?

F.: Ich will gut mit ihr klarkommen.

S.: Das ist zu viel. Da verlangst du wirklich zu viel.

F.: Aber ich weiß nicht, wie ich damit umgehen soll! Ich habe das Gefühl, ich kann nicht mehr zur Arbeit gehen oder dass ich einfach nicht mit ihr zusammenarbeiten kann.

S.: Warum nicht? Sie fordert dich heraus. Sie ist eine Herausforderung für dich, in deine Kraft zu finden. Du weißt, wie du nett sein kannst, du weißt, wie du mit jemandem gut klarkommen kannst. Du kannst fast mit jedem gut auskommen. Aber das ist dein Thema, dein verstecktes Thema. Es geht um Macht! Es geht darum, innerlich stark zu sein und nicht von jemandem die Bestätigung zu erwarten, dass… Denn diese Frau wird nicht zu dir sagen: „Du bist in Ordnung!" Egal, wie nett du bist, egal, wie gut du es machst. Es wird nicht gut genug sein! Sie wird dich also zwingen, das Richtigsein in dir selbst zu finden.
Schließe für einen Moment die Augen. Stell dir eine Situation mit dieser Ärztin vor und wie du dich fühlst, wenn du es ihr einfach nicht recht machen kannst. Wie du dich so richtig klein fühlst. Und fühle dich klein. Fühle dich falsch, inkompetent. Also, wie ist das?

F.: Wenn ich nicht dagegen ankämpfe, ist es okay.

S.: Ich kann das sehen. Du bist total im Frieden. Das ist deine Stärke. Hier hast du deinen Frieden gefunden. Äußerlich falsch dastehend, innerlich in Frieden. Und sie kann nichts tun, um diesen Frieden zu stören. Du musst in den Verstand gehen, damit sie deinen Frieden stören kann. Du musst ihre Zustimmung oder irgendetwas von ihr wollen, um in dieses Spiel hineinzugeraten.
Wenn du einfach in Frieden bist, bist du kompetent.
Wenn du einfach hier bist, bist du so kompetent, wie es nur geht. In diesem Frieden. Wenn du auch nur für einen Moment aus dem Frieden heraus fällst, bricht alles zusammen. (Lacht) Das ist gut! Das ist perfekt…

F.: Es fühlt sich an wie die Hölle!

S.: Das ist der Test. Du kannst dich darin üben, dich nicht zu bewegen. Dich nicht von deiner Wahrheit wegzubewegen, von der Kraft, von dem Frieden. Es ist toll, großartig! Ich bin froh, dass du so jemanden in deinem Leben hast. Ich weiß, mit anderen Leuten ist es einfach. Das ist kein Problem. Aber so jemanden zu haben, das ist großartig! Das fordert dich heraus, ja?
(Stille) Sehr gut.

F.: Danke.

S.: O ja, bitte. Keine Ursache!

Fragende: Hallo. Es klingt immer so einfach für mich, wenn du sagst: „Höre mit dem Bewerten auf", und all das über Illusionen. In den letzten zwei Wochen bin ich wieder durch die Erfahrung der Hölle gegangen. Und ich habe so viel gegen mich gekämpft, mich abgewertet, weil ich wieder in die Hölle gegangen bin.

Samarpan: Es ist wichtig, in die Hölle zu gehen. Wie könntest du sonst die Hölle ins Paradies umwandeln? Du musst in die Hölle gehen. Das ist das Geheimnis!

F.: Aber während ich darin bin, ist es hart. Ich habe einen sehr starken Verstand. Und wenn ich mich dafür verurteile, dass ich in die Hölle gegangen bin und leide und all diesen Mist sehe, dann denke ich manchmal, dass das Thema immer noch da ist, dass ich noch nicht mal meine Freiheit akzeptieren kann. Ich kämpfe immer gegen meine Freiheit an. Und wenn ich dann frei bin, fange ich wieder mit dem Werten an und frage mich, was ich jetzt mit meiner Freiheit machen soll. Und oft höre ich damit nicht auf! Sobald ich damit aufgehört habe, fange ich schon an mich zu fragen, wie lange das jetzt anhalten wird.

S.: Der Verstand hat Millionen Arten, wie er dich wieder unter Kontrolle bringen kann. Seine Lieblingsart ist: „Vielleicht bist du jetzt aus der Hölle wieder draußen, aber pass auf, ich bringe dich da wieder rein, denn du bist ja so dumm! Und du wirst es nie lernen", usw. usw. – all dieses Zeug!

F.: Ja, dies akzeptieren und sehen, dass das wieder nur mein Verstand ist...

S.: Okay, da kommt also dieser Verstand wieder an und sagt dir: „Du machst es falsch!" – Wie fühlt sich das an?

F.: *Schrecklich.*

S.: Bist du also bereit, dich schrecklich zu fühlen? – Das ist der Punkt. Wenn du bereit bist, dich schrecklich zu fühlen, ist da kein Problem. Das wird dich wieder in den Frieden führen. Das ist das Geheimnis. Aber wenn du dich schrecklich fühlst, kämpfst du dagegen an, dich schrecklich zu fühlen: „Nein, ich will mich nicht schrecklich fühlen, ich will mich großartig fühlen! Ich will mich frei fühlen!" – Dann bist du gefangen! Dann bist du in einer richtig guten Hölle. Und da bleibst du, bis du endlich loslässt und sagst: „Ich bin bereit, mich schrecklich zu fühlen." Und das ist gut! Da findest du die Freiheit, in diesem Dich-schrecklich-Fühlen. In der Mitte des Schrecklichfühlens findest du Frieden. Dahin wolltest du nie schauen, du dachtest nie daran, da hinzuschauen.
Die ganze Welt versucht dir zu erzählen, dass du das vermeiden solltest. Deine Eltern haben zu dir gesagt: „Fühle dich nicht schlecht, weine nicht!" Die Gesellschaft erzählt dir, wie du dich besser fühlen kannst: „Wenn du dieses Bier trinkst, wenn du diese Zigarette rauchst, wenn du die richtige Frau oder den richtigen Mann hast, dann wirst du dich besser fühlen – du musst dich nicht schrecklich fühlen!"
Fühle dich einfach schrecklich!

F.: *Aber ich kann so tief in meine selbst erschaffene Hölle gehen, dass ich mich so verzweifelt fühle, dass da Momente sind, wo ich wirklich denke: „Wofür lebe ich noch?" Wenn du sagst, das Leben ist eine Freude, feiere das Leben... Wie soll ich das feiern? Wie kann ich damit Frieden schließen?*

S.: Das ist genau das, wovon ich spreche! Das ist Teil davon. Das Leben ist voll schrecklicher Gefühle. Es gibt nicht nur angenehme Gefühle. Wenn es nur angenehme Gefühle gäbe, wäre es langweilig. Schreckliche Gefühle, furchtbare Gefühle, schmerzhafte Gefühle – das ist Teil des Lebens. Das ist Teil des Feierns. Das ist nicht davon getrennt! „Also gut, dies ist die Hölle. Wenn ich die bewältigt habe, wenn ich gelernt habe, die Hölle zu kontrollieren, dann kann ich feiern." Nein! Umarme das ganze Leben! Das ist sehr radikal. Das sagt dir sonst niemand. Alle Welt sagt, wie schlimm es ist, wenn du dich schrecklich fühlst: „Du solltest dich nicht schrecklich fühlen. Es sollte keine Kriege geben. Es sollte keinen Terrorismus geben. Es sollte nichts geben, was dich stört. Du solltest die ganze Zeit glücklich sein." Ist irgendjemand die ganze Zeit glücklich? – Nein, natürlich nicht! So sollte es nicht sein.

Ich bin mit dem Fernsehprogramm der Fünfziger Jahre aufgewachsen. Und da gab es Komödien wie „Vater weiß es am besten." Hat das jemand von euch mal gesehen? Das kann man jetzt nur noch in Archiven finden. Aber in diesem Film, in dieser Serie war jeder nett. Mutter und Vater waren immer verständnisvoll.

Das Leben ist viel interessanter als das! Es ist voller Würze. Schreckliches, Schmerzhaftes, Angenehmes. Himmel und Hölle. Alles. Es ist eine sehr intensive Erfahrung.

F.: Das bedeutet, dass ich auch mein Urteilen akzeptieren muss. Ich erschaffe mir die Hölle, indem ich die ganze Zeit über mich urteile, weil ich dies fühle, weil ich jenes mache...

S.: Aber du akzeptierst das Urteilen! Du glaubst daran. Du glaubst, dass du eine Närrin bist und besser sein solltest, usw. Das *ist* das Urteilen akzeptieren. Vielleicht solltest du anfangen, das Urteilen in Frage zu stellen, es herauszufordern. Ich spreche nicht davon, es durch ein anderes Urteil zu ersetzen. Ich sage nicht, du sollst dir ein großes Schild in die Wohnung hängen: „Ich bin wunderbar, ich bin wunderschön!" (Lachen) Nein, das ist einfach die Natur des Verstandes, dieses Urteilen. Der Verstand hat zu allem etwas zu sagen, und vor allem das: „Du bist nicht gut genug!"

Weißt du, ich bin nicht gut genug. Ich war nie gut genug. Und weißt du was? Ich werde nie, nie gut genug sein. Genau wie du. Das ist es, was mein Verstand mir die ganze Zeit erzählt. Egal, wie viele Leute zum Satsang kommen – ich bin nicht gut genug. Egal, wie viele Leute mir schreiben, wie toll ich bin – ich bin nicht gut genug. Früher oder später wird jeder herausfinden, dass ich in Wirklichkeit ein Versager bin. Sie werden irgendwo anders zum Satsang gehen, weil ich nicht gut genug bin! Und ich verdiene es nicht, auf diesem Stuhl zu sitzen. Es ist wahr, ich verdiene es nicht. Ich bin nicht gut genug.

Ja und? Weißt du, es ist ein Witz! Gott hat mich auf diesen Stuhl gesetzt, so komisch wie ich bin, so nicht gut genug, wie ich bin. Das muss ein ganz besonderer Witz sein. Also muss ich jedes Mal lachen, wenn mein Verstand sagt, ich sei nicht gut genug. Ich fühle den Schmerz dessen, weißt du, diesen alten, alten Schmerz. Egal, was ich gemacht hatte, ich konnte für meine Eltern nicht gut genug sein. Das ist wahr. Nichts, was ich hätte tun können, hätte sie davon überzeugen können, dass ich in Ordnung bin. Und so ist es einfach. Das ist also meine Programmierung. Und das sind die

Eltern in meinem Kopf, die mich niemals akzeptieren werden. So ist es. Kann ich damit in Frieden sein? – Das ist das Geheimnis. Kann ich in Frieden damit sein, dass ich nicht gut genug bin? „Okay, ich bin nicht gut genug!" Und ich werde nie gut genug sein. Genau wie du. Hey, das ist ein guter Klub hier! Und weißt du, der Witz ist, dass Gott uns so oder so liebt. Einfach so, wie wir sind. Nicht gut genug.

F.: Was ich so dumm finde und was mich so ärgert, ist, dass ich durch diese Erfahrung gehe und immer mehr damit in Frieden sein kann, und dann bin ich glücklich. Wenn ich dann zehn bis fünfzehn Minuten in diesem Zustand bin, fängt der Verstand wieder an: „Und was machst du jetzt mit diesem Zustand? – Das ist langweilig." Immer tun, nie aufhören können. Vielleicht sollte ich akzeptieren, dass ich nicht aufhören kann. Aber dann fühle ich mich wie in einem Hamsterrad.

S.: Ja, so ist es. Und das Aufhören ist einfach das Akzeptieren des Gefühls „nicht in Ordnung" zu sein. Das bringt das Rad zum Stillstand. Das nimmt dem Verstand die Macht. Gut!
Ich muss nicht gegen den Verstand kämpfen. Kein Problem. Ich stimme zu, dass ich nicht in Ordnung bin. Ich bin bereit, mich nicht in Ordnung zu fühlen. Ich bin bereit, mich unfähig, frustriert, wütend zu fühlen, all diese hässlichen Gefühle, und damit in Frieden zu sein. Das ist das Geheimnis. So halten wir das Hamsterrad an.

F.: Ja. Danke.

Fragende: In den letzten vier Wochen war hinter allem Traurigkeit. Ich war absolut lustlos und hatte ein großes Schlafbedürfnis. Der Wunsch war einfach, mit dem Kämpfen aufzuhören, aufzugeben – nur ging damit das Gefühl einher, dass mir alles egal ist.

Samarpan: Klingt nach einer Art Depression, ja?

F.: Ich mag dieses Wort nicht.

S.: Aber es ist eine gute Beschreibung dafür, oder? Es ist mehr als Resignation. Es ist irgendwie das Leben aufgeben: Ich will das nicht mehr.

F.: (Weint) Und außerdem sehe ich jetzt, dass ich die ganze Zeit auf etwas gewartet habe.

S.: Worauf wartest du? Auf einen Mann?

F.: *Ja, zumindest manchmal. Aber ich weiß inzwischen, dass es das nicht mehr sein kann, was mich glücklich macht.*

S.: Worauf wartest du dann? – Das ist interessant. Die meisten Menschen warten auf etwas. Niemand weiß, worauf er wartet. Manche denken, sie wüssten, worauf sie warten. Aber das ist es sowieso nicht. Worauf wartest du also?

F.: *Es kommt in verschiedenen Formen daher. Manchmal auf den richtigen Mann, manchmal auf eine Beschäftigung, die mich erfüllt... Das sind die beiden wichtigsten. Aber ich weiß, dass es das nicht ist. (Seufzt) Ich lese gerade das Buch „Ein Mann namens Jesus". Darin schimpft Jesus mit den Menschen, weil sie auf den Erlöser warten. Und er sagt natürlich, wie du es auch sagst: „Das himmlische Königreich ist in dir!"*

S.: Es ist hier. Das ist es! Hier! Dies! Es ist nicht so, wie wir es uns vorstellen, es ist anders. Es ist *so*. Das.

F.: *Mist!*

S.: (Lacht) Siehst du, hier geht es um Hoffnung und Hoffnungslosigkeit. Erst haben wir noch Hoffnung, dass es besser wird. Ja? Und das, was du beschreibst, ist die andere Seite der Medaille: Hoffnungslosigkeit. Verzweiflung.
Wenn du die Hoffnung wirklich loslässt, lässt du auch die Hoffnungslosigkeit los. Dann ist es *einfach dies*. Dies, so wie es ist. Ich, wie ich bin. Mit *dieser* Persönlichkeit, mit *diesem* Körper, mit *dieser* Arbeitssituation und *dieser* Beziehungssituation, so wie es ist.

F.: *Aber im Moment erlebe ich es so: Da ist keine Beziehung und da ist keine Arbeitsstelle.*

S.: Okay. Gut.

F.: *Ich habe viel Zeit für mich und denke manchmal, ich hätte zu viel Zeit.*

S.: Nein, nein, du hast nicht zu viel Zeit. Du hast genau richtig viel Zeit für dich selbst. Das Leben hat das genau so für dich arrangiert, perfekt.
Sieh mal, Hoffnung ist Leugnen, dass das Leben perfekt für uns sorgt. Das Leben gibt dir genau, was du brauchst. Genau jetzt. So war es immer und so wird es immer sein. Es ist hier. All die Hilfe ist hier. Alle Hilfe, die du brauchst, um die Wahrheit zu realisieren, ist hier. In deinem Leben, so wie

es ist. All die Hoffnung, dass es anders sein möge, ist eine Lüge! Es ist ein Verleugnen, dass es schon perfekt arrangiert ist. Wenn es für dich gut wäre, Arbeit und eine Beziehung zu haben, dann hättest du das. Nein, es ist das, was gut für dich ist. Dies ist, was du brauchst: ganz viel Zeit. Zeit um innezuhalten. Zeit, um all diese Gefühle zu fühlen. Schön.

Wenn ich dich anschaue, sehe ich, dass an dir überhaupt nichts verkehrt ist. Du bist wunderschön. Es fehlt nichts.

F.: (Weint) Aber der Verstand sagt, ich soll mich mit all diesem Zeug nicht identifizieren! Bei mir dreht sich alles immer nur um mich.

S.: Ich verstehe nicht.

F.: Mir ist nicht mehr danach, mit Menschen Kontakt aufzunehmen, auszugehen, etwas anzufangen...

S.: Du magst es nicht mehr, Kontakt aufzunehmen.

F.: Na ja, jetzt gerade tue ich es. Ich meine, unter Leuten sein...

S.: Du meinst, du solltest nicht so viel Zeit allein verbringen! – Das ist einer der bevorzugten Glaubenssätze des Verstandes. Jeder glaubt das. Das ist eine der Hauptregeln in der Gesellschaft: Sei nicht allein! Es ist interessant, weißt du, denn wenn Menschen Interesse an der Wahrheit haben, ist das erste, was sie tun, ihr Leben so zu arrangieren, dass sie allein sind.

Der Mönch geht ins Kloster und verbringt seine Zeit für sich allein in seiner Zelle. Der Einsiedler geht in den Wald, um allein zu sein. Es ist wichtig, allein zu sein, denn der Verstand wird durch den Verstand anderer Menschen aktiviert. So halten wir ihn in Schwung. So halten wir die Illusion aufrecht. Wenn du also bemerkst, dass das Leben für dich alles so arrangiert, dass du allein bist, sind das gute Neuigkeiten. Und ich sage nicht, dass du etwas richtig machst, sondern es wird einfach so arrangiert. Dein Verstand will, dass du etwas anderes machst, ja? Aber das kannst du nicht!

F.: Ich verstehe. Das stimmt.

S.: Daran ist nichts verkehrt! Und wenn du dich dann depressiv fühlst, dann fühle dich einfach depressiv. Kämpfe nicht dagegen an. Das entzieht dem die Energie. Gib die Hoffnung und die Hoffnungslosigkeit auf.

F.: Was bleibt dann noch übrig?

S.: Das. Immer das. Und noch mehr das. Geh tiefer in das. Gib dem Verstand keine Energie, indem du versuchst, zu kämpfen oder etwas zu ändern. Gib diesem Moment deine Aufmerksamkeit. Nimm das Geschenk an. Das Leben hat alles so arrangiert, dass du allein sein kannst. Was für ein Geschenk!

WIR SIND UNSTERBLICH

Samarpan: Ich möchte etwas über das Phänomen „Satsang" genauer erklären, denn es ist etwas anderes als ins Kino zu gehen oder zu einem Vortrag. Es ist etwas, was mit uns allen zusammen geschieht. Es ist Gott, der Gott trifft – ein sehr spezielles Phänomen. Wenn jemand geht, bevor Satsang zu Ende ist, stört das sehr, denn dann nimmst du einen Teil von Satsang weg. Du bist ein Teil davon. Dies ist dein Satsang. Wenn du mit dem Plan herkamst, vor dem Ende zu gehen, geh bitte jetzt, dann haben wir nicht diese ständigen Energieveränderungen. Wir sind alle eins hier. Das ist sehr wichtig.

Samarpan: Ich umgebe mich meist mit Uhren, denn sobald ich keine sehe, weiß ich nicht mehr, wie spät es ist. Ich meine, es ist immer jetzt, also ist da kein Problem. Es gibt einfach diese Übereinkunft, die wir Zeit nennen.
Ich habe heute eine E-Mail bekommen von einer Frau, die Probleme mit ihrem Freund hat. Ihr Freund ist ein alter Osho-Sannyasin. Wenn wir ziemlich lange mit einem Meister sind, geschieht es, dass wir anfangen zu glauben, wir wüssten etwas. Mit anderen Worten: Der Verstand glaubt, er wüsste etwas, und der Verstand ist ein Tyrann. Dann passiert es natürlich, dass der Verstand sich rächt, und zwar an der Person, die gerade verfügbar ist, meist am Partner. Und dann macht der Partner alles falsch, und wir haben das Wissen, um es zu beweisen. Wie der Christ, der die Bibel benutzt, um zu beweisen, dass du sündig bist.
Lass dir von niemandem erzählen, du würdest es falsch machen. Niemand weiß das. Niemand weiß, wie du sein solltest. Du bist einzigartig, und dein Weg ist dein Weg. Er ist nicht wie der von einem anderen. Du kannst es nicht so machen, wie es ein anderer gerne hätte, das ist nicht möglich.
Ihr Freund sagt, dass sie es nicht richtig macht, dass sie für ihre spirituelle Entwicklung nicht genug tut, und er hatte natürlich auch ein Problem, als sie von einem Retreat mit Samarpan zurückkam. Es scheint so, als ob da ein Machtkampf vor sich geht. Er erzählt ihr also – und das ist die größte Drohung: „Ich weiß nicht, ob ich weiter mit dir zusammen sein kann, vielleicht muss ich gehen."

Ich habe ihr gesagt, sie solle ihn daran erinnern, wo die Tür ist. (Lachen) So kannst du mit einer solchen Drohung umgehen. „Tu dir keinen Zwang an, geh bitte. Wenn du noch irgendwie zögerst, werde ich dich ein bisschen schubsen."

(Jemand ruft etwas aus dem Hintergrund)

Samarpan: Komm doch bitte näher!

Fragender: Ich will nur sagen, dass das ganz schön verzwickt ist, denn du hast vorhin gesagt, man kann nichts falsch machen. Mit der Situation, über die du jetzt gesprochen hast, kann man auch so umgehen: Okay, der Typ verhält sich so, und das akzeptiere ich.

S.: Es geht nicht darum, es nicht zu akzeptieren, und es geht auch nicht darum, mit dem Partner oder der Partnerin zu kämpfen. Sobald ich anfange, mit meinem Partner oder meiner Partnerin zu kämpfen oder mit dem Verstand – was das Gleiche ist – handeln wir uns Probleme ein. Denn das ist es, was hier wirklich geschieht.

F.: Ich habe etwas wirklich Schönes erlebt: nicht zu kämpfen, sondern ganz klar zu sagen, was ich will. Ich habe das mit einer Freundin erlebt. Es war so schön, es war einer dieser seltenen Momente, in denen es möglich ist, über etwas zu sprechen, was man normalerweise nicht sagen würde. Das gehört sich nicht, jeder versucht solche Geschichten zu verbergen. Und durch dieses Verstecken liegt im Denken, Handeln und Fühlen eine Bedrohung. Das kann für einen selbst zu einem Monster werden, etwas, wo man nicht richtig hinsieht.

S.: Ich kann dir da nicht widersprechen. Was du beschreibst, ist deine Erfahrung, und das ist wunderschön. Aber es ist nicht das, wovon ich sprach. Ich habe nicht von Konfrontation gesprochen. Konfrontation ist wunderschön. Ich spreche von Tyrannei, und das ist etwas anderes. Konfrontation schafft Nähe. „Ich denke, du machst das alles falsch", und dann können wir darüber reden, einmal, nicht jeden Tag, das ist der Unterschied. Einmal schafft Klarheit.

F.: Es hat wahrscheinlich mit dem Thema Konfrontation zu tun. Das ist so eine Sache, wie zu versuchen nett zu sein, andere Leute zu akzeptieren. Ich habe das Gefühl, auf der einen Seite ist es einfach, auf der anderen Seite nicht. Ich erlebte sehr intensive Situationen, Ereignisabfolgen, und um das irgendwie zu klären, zu verstehen, meinen Standpunkt zu finden, im Außen mit dem Gegenüber Frieden zu finden...

S.: Du wirst niemals im Außen Frieden finden und du wirst nie mit einem anderen Frieden finden.

F.: Ja, das ist nicht möglich, denn wenn du dich selbst und die Situation irgendwie verstehst, dann zeigen sich die Wahrheit oder die Konsequenzen oft von selbst.

S.: Vielleicht sollten wir aufhören.
Was wir tun, kommt aus dem Verstand, und deswegen ist es unklar. Wenn es aus dem Moment heraus geschieht, aus dem Jetzt, gibt es kein Problem mit Klarheit, denn du sprichst aus eigener Erfahrung, aus deiner Wahrheit heraus, und dann ist es klar. Wenn es nicht klar ist, ist es...

F.: Es ist ein Thema, das man nicht so einfach zusammenfassen kann.

S.: Es ist noch nicht gar.

F.: Es ist schon sehr oft gekocht worden, es ist zu sehr gekocht.

S.: Aber es wird nicht im Verstand gekocht.

F.: Aber ich muss es in Worten ausdrücken, der Verstand muss dafür benutzt werden, sonst ist es nicht möglich, es in Worte zu fassen.

S.: Okay, dann machen wir das an einem anderen Tag.

Samarpan: Der Verstand wird nie verstehen. Der Verstand kann die Wahrheit nicht verstehen. Was auch immer vom Verstand verstanden wird, kann nicht die Wahrheit sein. Es wird etwas anderes sein. Es wird etwas sein, das wie die Wahrheit klingt, vielleicht etwas, das der Verstand den Meister hat sagen hören, nicht die Wahrheit. Wahrheit schmeckt und riecht anders und da ist Frieden. Du kannst den Unterschied fühlen.
Wenn wir uns auf der Ebene des Verstandes begegnen, gibt es immer Probleme. Wenn wir uns von Herz zu Herz begegnen, aus der Stille heraus – so einfach! So klar, da ist kein Problem, das ist offensichtlich. Der Verstand ist sehr kompliziert, er macht aus allem etwas Kompliziertes; die Wahrheit

ist einfach. Gott ist einfach, Gott ist die Einfachheit selbst. Der Verstand ist wie ein Computer, er wird immer komplexer, und je mehr Komplexität da ist, desto mehr Probleme werden da sein.

Fragende: Wenn ich ganz offen bin, kann ich nicht so gut reden. Und ich fühle mich total jung. Dann denke ich, ich kann so nicht wirklich in der Gesellschaft leben.

Samarpan: Mach dir deswegen keine Sorgen. Der Verstand wird dir erzählen, dass es hier Probleme gibt. Mach dir keine Sorgen über deine Lebensweise. Das Leben kümmert sich um sich selbst. Du kannst dir das sowieso nicht vorstellen. „Wie kann ich nur in der Gesellschaft leben, so, wie ich bin?" Es ist nicht möglich und doch klappt es irgendwie.

F.: Da ist immer noch die Angst, zum Beispiel, wenn ich in der Bank anfange zu weinen.

S.: Weine in der Bank! Das ist kein Problem, es wurde noch nie jemand umgebracht, weil er in der Bank geweint hat.

F.: Aber ich habe auch noch niemanden in der Bank weinen sehen.

S.: Vielleicht solltest du die Erste sein. (Lacht) All die armen Bankangestellten – es wäre eine gute Sache, ihr Leben interessanter zu machen. Jeder kommt in die Bank und ist sehr ernst. Wenn jemand weint, kann das eine Erleichterung sein.

F.: Ich habe immer zu hören bekommen: „Du solltest eine dickere Haut haben."

S.: Nein, du solltest keine dickere Haut haben. Du hast die, die du hast – durch Gnade. Es ist Gnade, dass du so verletzlich bist. Das ist wundervoll.

F.: Du bist der Einzige, der das sagt. Und meine Freundinnen. Ich habe auch immer weniger Lust mich cool darzustellen.

S.: Ich war noch nie gut darin, cool zu sein. In die Bank zu gehen und zu zittern ist mir auf jeden Fall schon mal vertraut.

F.: Ich finde dich immer so cool. – Ich habe meine Freundin gefragt, bei der du einmal übernachtet hast, ob du vielleicht mal geweint hast. (Lachen) Sie hat gesagt: „Ja, klar."

S.: Ich weine nicht so viel, aber im Zittern bin ich echt gut. (Lachen) Das ist das Geheimnis. Du wirst so sein, wie du bist, und wenn du wirklich sensibel bist, dann wirst du genau so sein. Akzeptiere nicht, wenn jemand sagt, dass du nicht sensibel sein solltest. Du kannst dich umdrehen und zu der Person sagen: „Du solltest sensibler sein." Aber das ist auch nicht wahr.

F.: Aber das ist es, was ich die ganze Zeit sage.

S.: Wir sind alle so sensibel, wie wir sind. Es ist einfach so. Wir können nichts tun, um das zu ändern.
Für meine Frau sind Blumen etwas Besonderes. Sie kann eine Blume ansehen und so berührt sein. Ich sehe Blumen nicht auf die gleiche Art. Sie hat diese Sensibilität für Blumen, die etwas ganz Besonderes ist. Ich habe das nicht, und an mir ist das nicht verkehrt, und an ihr ist das nicht verkehrt. Wir sind einfach unterschiedlich. Ich schätze ihre Sensibilität für Blumen. Das heißt nicht, dass ich das auch haben sollte oder dass an mir etwas falsch ist, weil ich das nicht habe. Ich habe meine eigene Wahrnehmung, meine eigene Sensibilität.

F.: Ich hatte in letzter Zeit viele Probleme mit meinem Freund.

S.: Was macht der Schurke?

F.: Nach der Schwangerschaft habe ich mich körperlich nicht mehr so stark gefühlt. Da hat er manchmal gesagt: „Sei kein Opfer, hab positive Gedanken." Und er sagte, dass er mich nicht mehr so gern wie früher auf Partys oder zu Festivals mitnimmt, weil ich mich zwischendurch immer ausruhen muss.

S.: Gut.

F.: Das hat wirklich wehgetan.

S.: Hängt dein Wohlergehen von Partys ab?

F.: Nein, aber er akzeptiert mich so nicht.

S.: Du kannst daran nichts ändern. Du kannst überhaupt nichts tun.

F.: Er hat gesagt, dass er allein sein will und nicht sicher ist, ob er die Beziehung noch will.

S.: Auch daran kannst du nichts ändern. Es steht ihm offen, allein zu sein, wenn er allein sein will. Es steht ihm offen, dich zu verlassen, wenn er dich verlassen will. Das bedeutet nichts. Es bedeutet nicht, dass an dir etwas falsch wäre. – Viele, viele Frauen haben mich verlassen.

F.: Aber ich liebe ihn noch.

S.: Natürlich. Ich liebe auch alle Frauen, die mich verlassen haben. Die Liebe geht nicht weg. Das ist in Ordnung.

F.: Ich hatte immer das Gefühl, dass wir etwas Besonderes sind.

S.: Das ist eine bekannte Geschichte: „Oh, wir haben eine besondere Beziehung, und die wird ewig währen."

F.: Wir haben uns hier im Satsang kennen gelernt. (Lachen)

S.: Dann ist es eine „spirituelle Beziehung". Dann ist es ja wirklich bedeutsam. (Lacht)

F.: Irgendwie ist mir klar geworden, wie allein ich in Wirklichkeit bin.

S.: Ja, das ist richtig. Es ist interessant, für meine Begriffe siehst du jetzt besser aus als früher.

F.: Aber ich fühle mich ganz normal.

S.: Genau. Du bist mehr du selbst.

F.: Mit all der Angst, allein zu sein.

S.: All das, das ist alles in Ordnung.

F.: Irgendwie mag ich es auch, allein zu sein, mit mir selbst.

S.: Wunderschön.

Samarpan: Niemand kann sich vorstellen, wie das Leben für einen anderen ist, das ist unmöglich. Es ist sogar unmöglich, dir vorzustellen, wie es für dich selbst ist. Wenn du an dein bisheriges Leben zurückdenkst, all die starken Eindrücke, dann kannst du sie dir nicht wirklich vorstellen, nicht mit der gleichen Intensität und in den gleichen Farben, wie du sie erlebt hast. Also kannst du dir mit Sicherheit nicht vorstellen, wie es für andere ist, durch das hindurchzugehen, durch das sie gerade hindurchgehen. Wenn du bemerkst, wie du jemanden dafür kritisierst, dass sie oder er gerade durch eine schwierige Zeit geht – das ist ganz schön dumm. Wenn wir dagegen etwas Demut haben, erkennen wir, dass wir nicht wissen, wie es für den anderen ist. Ich weiß ein bisschen darüber, wie es für mich ist, und ich kann mich irgendwie etwas einfühlen und fühlen, wie es ist – wenn ich mir erlaube, offen zu sein – aber ich kann es nicht wirklich wissen. Es gibt einfach keine Möglichkeit, Kritik zu üben.

Ich sehe so etwas die ganze Zeit: Der Mann kritisiert die Frau, weil sie zu emotional sei. Das ist wirklich arrogant, richtige männliche Arroganz. Ich weiß nicht, wie es ist, jeden Monat zu menstruieren, ich weiß nicht, wie es ist, ein Kind zu bekommen, ich weiß nicht, wie es ist, wenn all diese chemischen Prozesse im Körper vor sich gehen. Das ist nicht möglich. Wenn wir etwas Demut haben, wenn wir uns begegnen, ist es viel einfacher.

Fragende: Ich habe ein Problem, wenn ich unter Druck Entscheidungen treffen muss.

Samarpan: Was musst du entscheiden?

F.: Ich weiß seit einem halben Jahr, dass ich ein kleines Karzinom habe, und entsprechend der Wissenschaft, der Medizin, sollte ich mich entscheiden, sollte ich etwas tun. Aber in mir sagt vieles nein. – Jetzt fange ich wieder an zu weinen.

S.: Sag das doch etwas genauer. Wo ist das in deinem Körper?

F.: Im linken Eierstock.

S.: Was wollen die Ärzte tun?

F.: Das normale Programm: Operation, Chemotherapie.

S.: Wollen sie alles entfernen?

F.: Ja. Meine Vorstellung ist – ich weiß nicht, vielleicht ist das totaler Mist, aber ich vermute, dass da eine Verbindung ist zum Loslassen meiner

Depressionen vor drei Jahren, denn davor hatte ich nichts. Als ob mein Körper nach einem anderen Mittel gesucht hätte.

S.: Das wirkt kompliziert, und in Wirklichkeit ist es nicht kompliziert. In deinem Körper geht einfach etwas vor sich. Man kann das analysieren, aber wir wissen es nicht wirklich. In deinem Eierstock geht einfach dieses Phänomen vor sich. Was ist das Problem?

F.: *Ich weiß es nicht. Ich sehe immer wieder eine Verbindung und einen tiefen Widerstand dagegen, etwas zu tun. Ich führe mein Leben einfach weiter, als ob da nichts wäre.*

S.: Ist das eine Art von Leugnen oder so?

F.: *Ja, vielleicht, ich weiß nicht.*

S.: Was ist die Angst – was könnte passieren, wenn du dich operieren lässt?

F.: *Angst zu sterben.*

S.: Gut, das ist das Thema, darum geht es wirklich. In Wirklichkeit geht es um den Tod, es ist an der Zeit, sich dem Tod zu stellen – jetzt. Schließ die Augen und heiße den Tod willkommen, heiße die Angst willkommen.

F.: *(Weint)*

S.: Sei einfach still, halte einfach inne, lass die Angst kommen. Lass sie dich umgeben, ruhe einfach aus. Halte total inne, lauf davor nicht weg. Geh nicht in den Verstand, bleib einfach bei dieser Erfahrung, bei dieser Empfindung. Ruhe, halte einfach inne. Wo in deinem Körper hast du diese Empfindung? Im Hals?

F.: *Im Kopf, viele Gedanken.*

S.: Lass einfach mal für diesen Moment die Gedanken in deinem Kopf sein, mach dir keine Sorgen um sie. Bring deine Aufmerksamkeit in den Körper und schau mal, wo in deinem Körper die stärkste Empfindung ist.

F.: *Im Hals.*

S.: Gut, sei einfach still und fühle es in deinem Hals, als ob es dich erdrosselt. Lass es dich erdrosseln. – Was geschieht mit der Empfindung?

F.: *Es wird ein bisschen weniger, aber da ist Unruhe.*

S.: Bleib einfach dabei, bleib bei dieser Empfindung. Lass Unruhe da sein, das ist in Ordnung.

F.: Gut.

S.: Ist dir aufgefallen, dass die Unruhe stärker wird, wenn du in die Gedanken gehst? Und wenn du zur Empfindung zurückkehrst, wird sie weniger, ja?

F.: Ja.

S.: So ist das für jeden. Darum können wir so viel lernen, wenn wir einfach im Moment sind und mit diesen Empfindungen spielen. Die Geschichte ist egal. Die Geschichte ist unwichtig, es ist immer das gleiche Thema und zwar: sich dem Tod zu stellen. Das ist das Hauptthema.

F.: Ich gehe sofort in den Verstand. Ich denke, oh, nicht jetzt, und meine Tochter...

S.: Es geht nicht um deine Tochter.

F.: Oder ich denke, ich müsste alles zusammenhalten.

S.: Du kannst nichts zusammenhalten, alles zerfällt in Stücke. Dein Körper zerfällt, alle Körper zerfallen, früher oder später. Das ist egal. Der Tod rückt näher. Es ist an der Zeit, mit ihm Frieden zu schließen.
Siehst du, hier trickst du, denn das Verleugnen des Todes hält dich davon ab, etwas zu tun, damit dein Leben so lange währt, wie es eigentlich sein sollte. Du musst dich erst dem Tod stellen, und dann kannst du dich – vielleicht – operieren lassen. Aber wie auch immer: Es ist an der Zeit, dich dem Tod zu stellen. Das ist offensichtlich. Und es ist gut, dass das angesagt ist. Wenn du dich einmal dem Tod gestellt hast, ist der Rest deines Lebens eine Zugabe, dann kannst du leben, wirklich leben. Du kannst nicht leben, wenn du Angst vor dem Sterben hast. Dann führst du dein ganzes Leben nur im Schatten des Todes, dann ist dein ganzes Leben ein Leugnen des Todes. Wenn du dich dem Tod gestellt hast, ist es schon vollbracht.
Ich bin schon gestorben. Darum bin ich so glücklich! Ich habe vor nichts mehr Angst, und das setzt so viel Energie frei – die Energie der Todesverdrängung. Das ist ein Geschenk. Gnade bringt dich dahin, dich dem zu stellen.

F.: Das ist nicht meine Lieblingsaufgabe.

S.: Das ist es, das Hauptdrama für uns Menschen. Das ist es, worum es beim Terrorismus geht. Wir denken an die Terroristen als die Bösen. Aber in Wirklichkeit tun sie uns einen Gefallen, denn sie konfrontieren uns mit unserem Tod, sie konfrontieren uns mit unserer Angst, der wir nicht ins Angesicht sehen wollen.

Schön, das ist sehr gut, perfekt. Habe Geduld mit dir selbst, ganz sanft, zart, komm ganz sanft immer wieder zu der Angst zurück. Wenn du merkst, dass du in den Verstand gehst, komm einfach sanft wieder zurück. Schön.

F.: Danke.

Samarpan: Das ist das Hauptthema der ganzen Menschheit. Das ist es, worum es bei der Erfahrung, das Leben zu leben geht, denn wir können gar nicht sterben. Das, was wir sind, stirbt nicht. Um den Tod zu entdecken, müssen wir das Geborenwerden wählen, beides geht zusammen in diesem Abenteuer, das wir Leben nennen.

Es geht darum, verletzlich zu sein, es geht darum, sterblich zu sein, es geht darum, sich verletzt fühlen zu können. Bei allem, was wir im Leben tun, geht es um den Tod. Geld anzuhäufen ist eine Möglichkeit, sich sicher zu fühlen, aber es macht uns nicht wirklich sicher, es gibt uns höchstens die Illusion der Sicherheit. Auch reiche Menschen sterben. Es gibt in diesem Leben keine Sicherheit. Es soll nicht sicher sein, es soll ein Abenteuer sein, und es ist ein großes und großartiges Abenteuer.

Samarpan: Hallo.

Fragende: In letzter Zeit konnte ich die Angst vor dem Tod in kleinen Dingen sehen, wie ich mich verrückt mache, um bei der Arbeit oder in meiner Beziehung „gut genug" zu sein. Du sagst, stelle dich der Angst vor dem Tod – wie geht das praktisch?

S.: Das ist die Schönheit des Lebens: Du musst nichts verstehen. Das Leben versorgt uns mit allem, genau wie du gesagt hast, denn die Angst, etwas nicht gut zu machen, ist die Angst vor dem Tod. Die Angst, einem

Freund oder einer Freundin nicht zu gefallen, ist die Angst vor dem Tod. Darum geht es bei allem, was da ansteht, was dir das Leben heute serviert.

Samarpan: Das Leben hilft dir. Dein Leben, genau jetzt, ist die Hilfe. So, wie es gerade jetzt ist, ist es die perfekte, bestmögliche Hilfe. Das ist einfach Gnade, dein ganzes Leben ist einfach Gnade. Es ist der Verstand, der denkt, etwas wäre nicht richtig, aber Tatsache ist, dass alles vollkommen richtig ist. Und weiter musst du gar nicht gehen. In jedem Moment überbringt dir das Leben die Medizin, die du für dein Erwachen brauchst – um die Wahrheit zu erkennen, um den Frieden, diese Nähe zu finden, das, was du suchst. Es ist genau hier, in jedem Moment.

WAHRE INTIMITÄT

Samarpan: Als du dieses wunderschöne Lied gesungen hast „Die Sonne scheint nicht mehr", das war so gut, denn das ist es, was wir glauben. (Singt) „Die Sonne scheint nicht mehr, jetzt da du gegangen bist."
Ich habe eine sehr schöne E-Mail von einem Freund bekommen. Seine Frau hat eine Affäre mit einem anderen Mann. Das ist eine starke Erfahrung für ihn. Aber statt in die Geschichte hinein zu gehen, hat er innegehalten. Er fühlt die Gefühle. Er sagt, er habe vor ein paar Tagen mit seiner Frau wortlos Kaffee getrunken, sie haben sich nur angesehen und es kamen Tränen, es gab nichts zu sagen, kein Beschuldigen, keine Geschichte über etwas, was nicht richtig wäre oder darüber, was sie tun könnten, um es wieder in Ordnung zu bringen – nur Traurigkeit. So wunderschön! Dann sagte er, dass er den größten Teil der Woche in einer anderen Stadt ist, wo er arbeitet, und dass er am Wochenende nach Hause kommt, um mit Frau und Kindern zu sein, was bedeutet, dass seine Frau viel Zeit für eine andere Beziehung hat. Aber die Beziehung zwischen ihnen war schon seit einiger Zeit dabei zu Ende zu gehen. Wie auch immer – er sagte seinen Kindern: „Ich kann dieses Wochenende nicht bei euch sein, ich muss nach innen gehen und sehen, was vor sich geht." Er ging also in seine Wohnung und war einfach mit dem Schmerz. Er blieb mit dem Schmerz, so gut er konnte, fühlte die Traurigkeit, erlaubte den ganzen Gefühlen hochzukommen. Nach einiger Zeit ging er spazieren und entdeckte dabei ganz einfach, dass er frei ist.
Ist das nicht erstaunlich? Mitten im Schmerz, in der Mitte dieser tiefen Traurigkeit fand er Freiheit. Das hat mich besonders berührt, weil ich die gleiche Erfahrung gemacht habe, nicht mit meiner jetzigen Frau, sondern mit einer anderen, damit das ganz klar ist! Und ich erlebte die gleiche Freiheit, einfach, indem ich die Gefühle willkommen hieß und mich nicht in der Geschichte verlor. Denn nichts ist verkehrt, es ist nie etwas verkehrt. Die Dinge sind einfach, wie sie sind, immer. Meine Frau war mit einem anderen Mann zusammen, und ich konnte sehen, dass sie eine solch schöne Zeit zusammen hatten. Wunderschön. Ich konnte das nicht als falsch hinstellen. Sie waren beide so unschuldig, sie hatten einfach zusammen diese Magie entdeckt. Und da waren natürlich Gedanken wie: „Warum kann ich nicht derjenige sein?" Aber statt mich in die Geschichte zu verwickeln, bin ich bei den Gefühlen geblieben und habe sie einfach willkommen gehei-

ßen. Wir drei haben uns zusammengesetzt und geredet und einfach die Wahrheit gesagt. Und die Wahrheit ist nie: „Du hast etwas falsch gemacht." Die Wahrheit ist einfach, was ist, wie es sich jetzt gerade anfühlt. Sie hatten natürlich beide leichte Schuldgefühle wegen dem Ganzen. Aber es gibt keine Schuld, es ist nichts verkehrt. Einfach durch das Willkommenheißen der Gefühle ist es so, als ob auf einmal alle Grenzen verschwunden sind. Diese Idee, dass ich ein Ehemann bin und eine Ehefrau habe, verschwand. Was übrig blieb, war Freiheit – einfach Weite, Sein, Freude. Es war so überwältigend und so tief für mich. Ich glaube, als ich das mit meiner Ex-Frau und ihrem Liebhaber teilte, war es für ihn nicht leicht. Denn ich war glücklich. Er hatte auf einmal das Gefühl, er wäre ausgetrickst worden. „Oh Mist, was ist jetzt los? Er ist froh, dass es vorbei ist!" (Lacht) Ich war einfach froh, frei zu sein. Und ich bin immer noch frei.

Wenn du in einer Beziehung frei sein kannst, gibt es kein Problem, solange du dich nicht in die Geschichte verwickelst. Das ist der Punkt.

Wir sagen oft: „Ich habe mich verliebt." Ich habe von einer anderen Freundin eine E-Mail bekommen. Sie schreibt: „Ich habe mich in diesen Mann verliebt. Ich habe vor, ihn mit nach Hause nach Italien zu nehmen und ihn meinen Eltern vorzustellen." Und dann kommt die Angst. An ihm ist nichts verkehrt, in der Beziehung ist alles gut.

Was ist los? – Sie ist in diese Geschichte geraten, in diese Cinderella-Geschichte, diese „Für-immer-glücklich-Geschichte": „Ich habe *meinen* Mann gefunden! Und wir werden zusammen glücklich sein und Kinder haben!" Und alle weiteren Zutaten dieser Geschichte.

Es ist die Geschichte, die die Fesseln erschafft. Es ist nichts verkehrt daran, mit jemandem zusammen zu sein, das macht Spaß. Es ist schmerzhaft und auch beglückend, es ist alles, aber es bedeutet nichts. Alle Bedeutung hängt an der Geschichte. Es ist die Geschichte von mir, meine Geschichte! Das sind die Fesseln, das ist die Hölle, diese Idee: „Ich bin jemand. Ich bin jemand mit bestimmten Eigenschaften, ich habe eine bestimmte Geschichte, bestimmte Beziehungen, einen bestimmten Job, eine Rolle, und, und..." Das ist alles nicht wahr! Du bist nicht jemand, du bist nicht! Es ist nur eine Geschichte. Die Geschichte, dass ich ein Mann bin, ist eine Geschichte. Ich bin kein Mann, ich bin nicht von dir getrennt. Das ist eine Geschichte. Es ist die Geschichte, durch die es zur Gefangenschaft kommt, es ist der Traum. Dieser Traum, dass mein Glück von irgendeiner Situation abhängt. (Singt) „Die Sonne scheint nicht mehr, jetzt da du gegangen bist..." (Lacht)

Es ist großartig! Das ganze Leiden, das wir um diese Geschichte herum geschehen lassen. „Sie hat mir etwas angetan...“ All diese Ideen, dass ich es richtig oder falsch machen kann, dass sie es richtig oder falsch machen kann – und bei alledem geht es nur um die Geschichte. Wenn es in meine Geschichte passt, ist es richtig. Wenn es nicht in meine Geschichte passt, ist es falsch, böse.

Und wozu führt das? Es verleiht der Geschichte Macht, es verleiht dem Verstand Macht. Das ist es, was Jesus meinte, als er vom Teufel sprach. Es gibt keinen anderen Teufel. Wir beten den Teufel an, wenn wir die Geschichte anbeten. All diese Dinge sind Metaphern für unsere Situation als Menschen.

Freiheit heißt, einfach im Moment zu sein, ohne Geschichte, ohne irgendeine Idee über irgendetwas, einfach sein, einfach hier, mit dieser Erfahrung. Diese Erfahrung ist okay. Ich hatte so viele Erfahrungen allein heute Morgen. Vom Aufstehen bis ich zum Satsang kam, gab es so viele Erfahrungen. Erfahrungen kommen und gehen, wie die Wellen auf dem Ozean. Sie bedeuten nichts. Wenn wir den Erfahrungen Bedeutung verleihen, geschieht das immer im Rahmen einer Geschichte. „Oh, ich fühle mich deprimiert – oh, was ist verkehrt? Irgendetwas da draußen muss verkehrt sein, weil ich mich so fühle! Ich muss das in Ordnung bringen, ich muss meinen Partner ändern, ich muss die Wohnung wechseln, ich sollte woanders sein...“ – was auch immer. (Lacht)

Es bedeutet gar nichts, es ist einfach ein Gefühl, eine Erfahrung. Wenn wir aufhören, der Geschichte Glauben zu schenken, dann ist das Leben einfach nur eine Abfolge von Erfahrungen.

Es gibt keine Erfahrung, die so schrecklich wäre. Nur wenn wir ihr Bedeutung verleihen, führt das zum Leiden. „Meine Frau hat mich verlassen, das bedeutet, ich hab es falsch gemacht.“ Und dann denkst du an all die Dinge, die du falsch gemacht hast. „Oh, Mist, wenn ich das nicht falsch gemacht hätte, hätte sie mich nicht verlassen.“ Nein – das ist nicht wahr! Es ist einfach so, wie es ist. Alles im Leben ist so, wie es ist. Wenn du dir dein Horoskop ansiehst, kannst du diese Dinge sehen, die verschiedenen Energien. Du kannst vielleicht nicht ganz genau voraussagen, was geschehen wird, aber im Rückblick kannst du sagen: „O ja, zu dem Zeitpunkt hat mich meine Frau verlassen. Es war genau an der Zeit.“

Perfektes Timing – nichts verkehrt, es soll genau so sein. Und dein ganzes Leben ist so.

Ist dir schon mal aufgefallen, dass du, wenn du dich glücklich fühlst, nie fragst warum? Ich fühle mich gerade sehr fröhlich und es ist dem Verstand egal, warum ich mich fröhlich fühle. Es ist super, es gefällt mir. Aber wenn du dich deprimiert fühlst, ist das erste, was du denkst: „Warum fühle ich mich so?"

Jemand hat mal darauf hingewiesen, dass es bei Wettbewerben nie die Gewinner sind, die mit dem Ergebnis Probleme haben, sondern immer nur die Verlierer. Man hört nie einen Gewinner protestieren: „Nein, das war nicht fair!" (Lacht)

Wenn jemand kommen und etwas mitteilen möchte – bitte!

Fragender: Das war gut, was du über das Erzählen von Geschichten gesagt hast. Letztes Jahr habe ich unter dem Verlust einer Beziehung gelitten, und es war kein Verlust, weil es nie so richtig klar gewesen war. Aber plötzlich ist auch in mir dieses Gefühl des Freiseins erschienen und der Schmerz verschwand. Und was ich dazu fragen möchte: Du hast gesagt, du bist kein Mann, und wir sind nicht Männer oder Frauen, und trotzdem ist da diese Sehnsucht nach Nähe und Kommunikation mit einem anderen menschlichen Wesen.

Samarpan: Warte mal, lass uns das mal der Reihe nach ansehen, denn das waren jetzt schon zwei verschiedene Sachen. Nähe – wo finden wir Nähe? Findest du das mit einer Frau? Wo findest du Nähe?

F.: Im Sich-Öffnen, in dem Sich-Öffnen zweier Wesen füreinander.

S.: Sich-Öffnen ist schon nahe daran, am Nähe-Finden. Oft, sogar meistens, erleben wir Nähe in irgendeiner Art von Beziehung. In seltenen Momenten, vielleicht bei einem sexuellen Austausch oder bei einem sehr stillen Kontakt in Offenheit wird Nähe erlebt. Aber was ist das wirklich? Bist du dabei jemand anderem nah oder bist du dann dir selbst nah?

F.: Es ist beides. Es ist nicht möglich mit jemandem, der es nicht will, der dafür nicht bereit ist.

S.: „Es ist nicht möglich mit jemandem" – das ist verzwickt. Wir sollten ganz langsam vorgehen und uns das genau ansehen, weil es wichtig ist. Denn wir haben Glaubenssätze darüber. Und wir tendieren dazu, diese Glaubenssätze als wahr anzusehen. Und ich stelle das in Frage. Wir müssen dem näher kommen, wir müssen uns ansehen, was wirklich hier ist,

denn wir alle kennen diese Erfahrung, von der du berichtest. Die Frage ist, wo wir Nähe finden. Es scheint so, als ob wir sie mit dem Partner oder der Partnerin finden würden. Geschieht das tatsächlich?
Ich sage, es ist Nähe zu dir selbst. Gleichzeitig erfährt deine Partnerin oder dein Partner vielleicht Nähe mit sich selbst, oder auch nicht. Ich habe schon beides erlebt. Ich habe tiefe Nähe mit jemandem erlebt, und die Person war sich dessen überhaupt nicht bewusst.

F.: Aber das bedeutet, dass du dir dessen auch nicht bewusst warst – das ist doch nicht möglich!

S.: Ich sage, es ist möglich.

F.: Dann warst du nicht mit diesem Menschen zusammen, das ist nicht möglich.

S.: Unter den Voraussetzungen, von denen du ausgehst, ist es nicht möglich.
Aber warte mal einen Moment, du streitest jetzt gerade mit mir. Wenn es dir um die Wahrheit geht, müssen wir nicht streiten. Sieh mal, ob du bereit bist, das Streiten sein zu lassen.

F.: Ich will auch nicht streiten. Du hattest mich etwas gefragt.

S.: Ich schlage etwas vor, was sich von dem unterscheidet, was du glaubst.

F.: Woher weißt du, was ich glaube?

S.: Du hast es mir gerade erzählt. Ich habe keine Hörprobleme. Das ist interessant, denn ich sitze hier, um mit dir etwas ganz Besonderes zu teilen, und du bist vermutlich hier, weil du etwas bekommen möchtest.

F.: Das ist nicht wahr.

S.: Du bist offensichtlich hergekommen, um mit mir zu streiten.

F.: Nein, das ist nicht wahr.

S.: Was geht dann vor sich?

F.: Du hast mir eine Frage gestellt: „Geschieht Nähe nur in dir oder geschieht sie mit jemandem?" Das ist der Punkt, den du klären wolltest.

S.: Ja, das ist die Herausforderung, die von mir kommt. Ich kenne diesen Glaubenssatz, ich kenne alle Glaubenssätze.

F.: Habe ich den Raum, um meine Antwort auszusprechen, oder nimmst du es als Streiten wahr, wenn ich nicht die richtige Antwort gebe? Ist das Streiten? Wer streitet?

S.: Du streitest im Moment. Die Einstellung, mit der wir hierher kommen, ist wichtig. Ich spiele die Rolle des Lehrers, und wenn du denkst, ich wäre einfach ein Narr, warum bist du dann hier?

F.: Denkst du, ich denke das?

S.: Ja, das ist die Haltung. Als ob du es besser wüsstest als ich.

F.: Nein, ich kann auch wieder gehen, es ist nicht nötig. Ich will nichts, ich will nur etwas untersuchen.

S.: Okay, jetzt keine Nebensachen, bitte. Lass uns bei dem Hauptstreitpunkt bleiben.
Die Sache ist, wenn wir Wahrheit suchen, ist da kein Problem. Denn die Wahrheit ist einfach die Wahrheit. Wenn wir wirklich auf der Suche nach Wahrheit sind und keine Position verteidigen oder jemand von etwas überzeugen wollen, ist es einfach.

F.: Was ich in letzter Zeit erlebt habe, ist diese Freiheit, auch in einer Beziehung, aber was ich von Anfang an sagen wollte, ist, dass das vielleicht ein Traum ist, und ich sehe immer klarer, was das für ein Traum ist und woraus er sich zusammensetzt. Kürzlich habe ich eine Frau kennen gelernt, sie war verheiratet, aber dabei, sich zu trennen. Eines Tages kam der Gedanke: „Das ist meine Frau." Sie hatte den gleichen Gedanken wenige Minuten früher, praktisch gleichzeitig. Damals kannten wir uns vielleicht fünf Tage. Es ist seltsam, wenn ein solcher Gedanke auftaucht. Da ist ein Mann, da ist eine Frau, da ist der Mann-Körper und der Frau-Körper und dieser Mann-Frau-Körper hat den Traum zusammenzukommen. Das ist vielleicht nicht die letztendliche Wahrheit, aber irgendwie ist es die Wahrheit dieses Körpers auf dieser Erde zu diesem Zeitpunkt im Leben. Der Frau ist es möglich, ein Baby zu bekommen...

S.: Lass uns mal einen Moment anhalten. Ich komme aus der Wahrheit dessen, was du bist, ich bin ein Botschafter dieser Wahrheit. Ich streite nichts von diesen biologischen Vorgängen ab und von all den anderen Mysterien dieser Inkarnation.
Du weißt nicht, was das bedeutet: Du lernst jemanden kennen und etwas macht Klick: „Oh, wir sollten zusammen sein." – Cool, in Ordnung, aber

mach daraus keine Philosophie, denn dann handeln wir uns Probleme ein. Wenn das deine Erfahrung ist, großartig. Du sollst mit dieser Frau zusammen sein? Schön, toll, genieße es!

F.: Ich habe eine Osho-Tarot-Karte gezogen, es war die Karte vom Traum, und dann ist da die Frage, ist es eine Geschichte? Sollte ich sie loslassen? Oder sollte ich in die Geschichte hineingehen?

S.: Frag mich in zehn Jahren. Dann können wir sehen, was da Sache ist. Du bist gerade am Anfang dieser Geschichte, also können wir dazu noch nicht wirklich etwas sagen. Du weißt nichts darüber. So ist es im Leben, wir wissen kein bisschen darüber. Wir kennen nur diesen Moment, und der ist nur der Anfang. Wir stehen immer am Anfang. Wenn wir in irgendeiner Geschichte sind, sind wir nicht am Anfang. Du bist in der Beziehung schon weit in der Zukunft. Sie schließt noch mit ihrer letzten Beziehung ab und du redest von...

F.: Es geht auch um das, worum es dann oft geht zwischen Mann und Frau, um die Geschichte von Verbindlichkeit.

S.: Ich sage, du weißt nicht, wovon du sprichst. Es ist in Ordnung, nichts ist falsch. Du hast Recht, sie hat Recht, es ist nichts falsch an dem, was da vor sich geht, aber du weißt nichts darüber. Wenn du denkst, du wüsstest irgendetwas darüber, hast du Probleme. Du bist erst am Anfang. Verwickle dich nicht in eine Geschichte, in Glaubenssätze darüber. Genieße es einfach. Es will offensichtlich geschehen – großartig, lass es geschehen! Wofür du auch immer Energie hast, setzte dich dafür ein, engagiere dich, mach die Erfahrung! So lernen wir daraus, aber denke nicht, du könntest es durch Wissen erfassen. Das ist die Falle.

Samarpan: Ich bin nicht hier, um mit irgendeinem Verstand zu streiten. Ich kenne all diese Gedanken, all die Argumente, all die Glaubensmuster der Menschheit. Ich bin nicht hier, um mich mit ihnen anzulegen, ich bin nicht hier, um irgendetwas mit ihnen zu tun. Ich bin hier, um ein Fenster zu öffnen, ein Fenster zu einer neuen Art, die Welt zu sehen. Diese Dinge, vor allem diese Beziehungs-Angelegenheiten, sind so mächtig. Das ist Illusion in ihrer ganzen Macht. Und wir haben darüber so viele Glaubenssätze, wir mögen und lieben unsere Glaubenssätze richtig. Sobald ich einer Frau begegne, *will* ich glauben, dass dies *die* Frau ist. Natürlich. Das sind biologische Vorgänge, chemische Vorgänge, Dinge aus früheren Leben, alles Mögliche geht da vor sich. Es ist alles sehr komplex, aber ich möchte zu der Einfachheit kommen, zur Einfachheit dieses Moments.

Ich sage, dass es Nähe zu dir ist. Das ist meine Erfahrung, es ist die Nähe zu dir selbst, das ist wahre Liebe. Und die ist von nichts abhängig. Nicht von irgendwelchen Umständen, irgendeiner Beziehung, einem Körper, noch nicht einmal von deinem Körper. Diese Beziehung mit dir selbst ist die Nähe, nach der dich hungert. Uns alle hungert danach. Nichts weniger als das kann uns zufrieden stellen. Beziehungen kommen und gehen. Egal wie wundervoll sie sind – sie kommen und gehen. Egal wie schrecklich sie sind – sie kommen und gehen.

Aber die wahre Nähe ist hier, immer. Darum fordere ich es heraus, weil ich nicht will, dass wir uns beschränken. Wenn ich sagen würde, dass ich nur zu meiner Frau Nähe habe, hätte ich Probleme. Ich will Nähe und sie spielt im Garten. Wenn ich nur mit ihr Nähe empfinden kann, bin ich eingeschränkt. Aber ich bin nicht eingeschränkt, ich kann in jedem Moment absolute, totale Nähe haben, und meine Frau kann im Garten Nähe haben, kein Problem. Darum geht es.

Fragende: Ich fühle so viel Sehnsucht nach dem, wovon du sprachst, nach dieser Nähe.

Samarpan: Ja.

F.: Ich bin einfach so glücklich, dass ich hier bin. (Weint) Ich vergesse das so oft in meinem Leben. Ich bin so beschäftigt mit allen möglichen Sachen, die nicht viel damit zu tun haben. Das hält mich so auf Trab. Ich habe das Gefühl, da ist eben erst mal dieses Beschäftigtsein, und dann möchte ich auch noch einen Raum schaffen, wo ich Zeit habe für die anderen Dinge.

S.: So funktioniert es nicht.

F.: Ich weiß noch nicht, wahrscheinlich nicht.

S.: Jesus hatte da einen Vorschlag. Er sagte: „Setze Gott an die erste Stelle und alles andere wird sich finden." – Erst das Geschäftliche regeln, die Beziehung auf die Reihe bringen, dein Leben, dein Konto, all das zuerst –

das ist es, was die meisten Menschen tun und dann, wenn es Zeit für die Rente ist, wissen sie nicht mehr, wie sie sich selbst nah sein können, sie haben keine Übung darin. Sie haben alles andere geübt außer das. Es ist also sehr gut, dass du hier bist. Das ist es, was du üben solltest. – Nichts gegen das Beschäftigtsein, das kann vor sich gehen, das ist kein Problem, aber wenn die Nähe an erster Stelle steht, wenn diese Liebesbeziehung mit dem Göttlichen an erster Stelle steht, dann hast du ein erfülltes Leben. Das ist es, wonach dein Herz sich verzehrt. Diese wunderbaren Tränen, diese Sehnsucht, dieser tiefe Wunsch ist so schön. Gib dieser Sehnsucht all deine Energie.

Jemand hat mal vorgeschlagen, die Sehnsucht einfach zu ignorieren, um sich um die Geschäfte und das normale Leben zu kümmern. Dann würde die Sehnsucht aufhören zu stören. Du wirst alt, du stirbst als ewig Beschäftigter und hast die Sehnsucht ganz vergessen.

Es ist sehr wichtig, der Sehnsucht Energie zu geben. (Stille)

F.: Ich bin so froh, dass ich dich letztes Jahr hier getroffen habe. Ich war mit meinem Freund hier, und ich hatte einen starken Kinderwunsch, schon seit einiger Zeit. Ich werde dieses Jahr 45, es war also auch eine Frage von...

S.: Jetzt oder nie. (Lacht)

F.: Ja, ich konnte mir vorstellen, mit diesem Freund ein Kind zu haben. Zum ersten Mal im Leben hatte ich das Gefühl, ich habe Raum dafür und ich habe etwas zu geben. Es war sehr schwer für mich, eine Entscheidung zu treffen oder zu wissen, was richtig ist. Ihn verlassen und mir schnell einen anderen suchen? Oder bei ihm bleiben und diesen Wunsch loslassen? Ich kam an einen Punkt, an dem ich es einfach nicht mehr wusste und es der Existenz übergab. Dann bin ich dir begegnet. (Lachen)

S.: Was ist mit dem Traum geschehen?

F.: Ich hatte nicht das Gefühl, dass es richtig ist, meinen Freund zu verlassen, ich liebe ihn.

S.: Das ist sehr weise. Wenn du das, was ist, verlässt, um einem Traum hinterher zu jagen, ist das dumm. Deine natürliche Weisheit hat dir also geholfen. Dass du gern mit diesem Mann zusammen bist, ist großartig, wunderschön.

F.: Indem ich zu Satsang fand, hat sich etwas anderes für mich eröffnet. Ich weiß, es wäre schwieriger, den Raum und die Zeit dafür zu finden, wenn ich jetzt ein Baby bekäme.

S.: In diesem Leben geht es darum, dich selbst zu gebären. Dazu ist dieses Leben da. Dafür bist du in diesen Körper gekommen.

F.: Das stimmt. Danke.

S.: Oh, ja.

Samarpan: Das ist für viele Frauen einer der stärksten Träume, denn dein ganzer Körper schreit nach einem Baby. Wenn du dich dem Ende deiner gebärfähigen Zeit näherst, schreit er so richtig.

Und da ist eine Weisheit, da ist Führung in deinem Leben. Verschiedene Männer könnten in dein Leben kommen, kein Problem. Aber es kommt ein Mann in dein Leben, der kein Kind möchte. Zufall? Unmöglich. Alles ist perfekt geplant, in jedem Leben. Für jedes Detail ist gesorgt, und alles dient deinem Erwachen. Denn das ist es, wofür wir hier sind, wohin dein ganzes Leben führt. Darum gerätst du in Satsang. Es sind nicht viele Leute hier; Milliarden von Menschen sind nicht hier. Und auch das ist kein Zufall, denn du bist bereit. Du bist bereit für die Wahrheit. Dein ganzes bisheriges Leben hat dich hierher gebracht. Das ist Gnade, das ist einfach Glück.

Das ist eure Chance, direkt mit Gott zu sprechen, die Telefonverbindung steht (Lachen) – die „Hotline".

Kennt ihr die „Hotline"? Irgendwann hatten die Präsidenten der USA und der Sowjetunion eine ständige Telefonverbindung einrichten lassen. Sie wollten kein Risiko eingehen. Das war die Hotline. Wir haben eine Hotline zum eigenen Selbst, zur eigenen Göttlichkeit.

Samarpan: Hallo.

Fragende: Hallo. (Stille)

S.: Was geschieht?

F.: Ich bin sehr froh, wieder hier zu sein. Ich bin glücklich.

S.: Was ist passiert, seit du das letzte Mal hier warst? Was hat sich in deinem Leben geändert?

F.: *Ich akzeptiere einfach mehr, was mir geschieht. Und was geschieht ist: Vor genau einem Jahr hat sich mein Freund von mir getrennt. Und das ist immer noch so richtig schmerzhaft für mich. Ich hatte viele Urteile darüber, und ich bin deswegen immer noch traurig.*

S.: Du bist immer noch in der Geschichte.

F.: *Ich weiß nicht, ob es eine Geschichte ist oder was da geschieht.*

S.: Du denkst an ihn, daran wie es war und wie du es gerne hättest. Das meine ich mit „Geschichte". Die Gedanken darüber. Aber eigentlich ist einfach nur Traurigkeit da, ganz rein, hier. Schließ die Augen und sei einfach in dieser Erfahrung, ohne Gedanken. Ruhe einfach hier. Das dauert nicht lange und du bist sofort im Frieden. Hier ist keine Geschichte, nur dies. Frieden, Raum – kein Problem hier, es fehlt hier an nichts. Das ist offensichtlich.

Wir haben die Tendenz, immer wieder in den Verstand zu gehen und die Geschichte am Leben zu halten. Als mir als Kind die Milchzähne ausgingen, habe ich es genossen, mit meiner Zunge mit dem losen Zahn zu spielen und den Schmerz zu fühlen. Das war irgendwie angenehm, nicht wirklich – einfach interessant. Und das ist es, was wir mit diesen Geschichten machen, wir vergraben uns in ihnen und fühlen den Schmerz.

Das ist kein Problem. Jedes Mal, wenn wir anhalten und einfach in der Traurigkeit ruhen, ist da kein Problem, es ist einfach friedlich. Es ist Nähe, es ist alles, wonach wir suchen – es ist genau hier! (Stille)

Das ist großartig. Das ist die Wahl, die wir in jedem Moment haben. Wir können der Geschichte unsere Aufmerksamkeit geben, dann können wir ein bisschen leiden, und wenn es dir Spaß macht, ist das in Ordnung. Dann kannst du innehalten und einfach in diesem Gefühl sein, dann ist hier Frieden. Diese Möglichkeit haben wir in jedem Moment. Schön, dass du uns das demonstriert hast, es ist perfekt. Wunderschön.

Komm einfach hierher, um den Frieden und die Freiheit zu feiern. Wir können in die Geschichte zurückgehen und ein bisschen spielen, das ist in Ordnung. (Lacht) Manchmal genießen wir es. Das ist menschlich. Alles ist möglich. Wir haben alle Möglichkeiten, wir können auf so viele verschiedene Arten spielen. Solange du weißt, dass du die Wahl hast, ist es kein Problem.

Samarpan: Hallo.

Fragende: Ich habe Angst, dass ich bescheuerte Sachen sagen und alle im Raum nerven könnte. – Eine Sache, von der ich das Gefühl habe, dass ich keine Wahl habe, ist, wenn ich mich so hilflos fühle.

S.: Wenn du dich einfach hilflos fühlst – ja und? Hast du ein Problem damit, dich hilflos zu fühlen, wenn du dich hilflos fühlst?

F.: Nein, wenn ich allein bin, fühle ich die Hilflosigkeit einfach, aber wenn ich mit meinem Sohn bin und es kommen zwei Sachen zusammen, wenn er dann gleichzeitig rausgehen will und ich die Sachen dafür packen muss, dann macht mich das verrückt. Ich denke, ich schaffe das nicht alles auf einmal.

S.: Das klingt nach einem altbekannten Mantra. Du schaffst natürlich nicht alles, du schaffst nur, *was* du tun kannst.

F.: Wenn ich meinem Gefühl folge, lege ich ihn ins Bett, bis ich alles gepackt habe, aber dann macht er richtig Stress.

S.: Das ist in Ordnung, Kinder sind gut darin, so ein Theater zu machen, das ist ihre Aufgabe.

F.: Jedes Mal, wenn ich zu ihm sage: „Bis hierhin und nicht weiter" und ihn absetze, flippt er richtig aus.

S.: Und was geschieht dann?

F.: Dann denke ich, okay, ich lasse ihn drei Minuten lang weinen, und dann gehe ich hin und hole ihn aus dem Bett.

S.: Du bringst ihm also bei, richtig gut zu schreien, denn du räumst ihm mehr Macht ein als dir.

F.: Ja, dann fühle ich mich so richtig hilflos. Ich habe ein Buch, in dem steht, dass jedes Kind einschlafen lernen kann, wenn man es einfach schreien lässt. Aber das ist nicht meine Art.

S.: Das funktioniert nicht, oder? Er ist stärker als du. Du musst also in deine Kraft kommen. Ich weiß auch nicht, was man da machen kann. Ich sehe dieses Kind vor mir, das ist ein Kraftwerk. Ich weiß nicht, wie du ein solches Kind haben kannst.

F.: Ich versuche, in meine Kraft zu finden, aber da ist manchmal so viel Widerstand.

S.: Versuche nicht, in deine Kraft zu kommen. Fühle einfach deine Machtlosigkeit, das ist die Richtung, so findest du deine Kraft. Du kannst deine Kraft nicht finden, indem du versuchst, kraftvoll zu sein. Du kannst sie nur finden, indem du dich total machtlos fühlst; in der Mitte dieser Machtlosigkeit *ist* deine Kraft. Das ist etwas verzwickt.

F.: In der Machtlosigkeit mache ich Sachen wie Kochen...

S.: Ja, du tust in deiner Machtlosigkeit solche Dinge und versuchst so, sie zu überwinden. Und das ist nicht die Akzeptanz der Machtlosigkeit, das sind Versuche, etwas daran zu ändern. Statt dich hilflos zu fühlen, versuchst du, etwas Hilfreiches zu tun.

F.: Denn ich denke, er muss nach draußen, wir müssen zum Spielplatz gehen.

S.: Ich will nicht behaupten, ich könnte es besser. Ich habe vier Kinder, und die haben mich fast in den Wahnsinn getrieben.

F.: Keine Mutter, mit der ich darüber gesprochen habe, wusste es besser.

S.: Niemand weiß das. Niemand weiß, wie schwer es für dich ist. Ich kann die Situation sehen. Ich kann dich in die richtige Richtung weisen, aber ich kann dir nicht sagen, *wie* du es machen sollst. Ich bin nicht so arrogant, dass ich denke, ich könnte es besser. (Lacht) Sei einfach hier! Gib dir selbst Urlaub, mach dir jetzt über ihn keine Sorgen.

F.: Das kam einfach gestern hoch.

S.: Gib dir selbst eine Chance, denn solange du hier bist, ist es nicht schwer für dich, in deiner Kraft zu sein, das kann ich sehen. Als ich dich vor Wochen sah, sahst du nicht gut aus – ganz weiß und erschöpft.

F.: Gestern hatte ich das Gefühl, dass ich alles falsch gemacht habe und noch genau so erschöpft aussehe.

S.: Du siehst total gut aus.

F.: Vielleicht fühle ich mich nur erschöpft.

S.: Wenn du dich erschöpft fühlst, fühlst du dich erschöpft, was kann man da schon tun? Aber hier ist es offensichtlich einfacher für dich. Genieß also einfach den Urlaub, genieße die Pause und denk nicht drüber nach. Hier bist du die Mutter von niemandem.

F.: Ja, das fühlt sich gut an.

HIER IST NICHTS KOMPLIZIERT

Samarpan: Willkommen zum Satsang.

Das Leben ist wirklich einfach, aber wir machen es so richtig kompliziert, indem wir in der Vergangenheit rumwühlen oder uns die Zukunft vorstellen. Wenn wir einfach hier bleiben, ist es kein Problem, es ist einfach, wie es ist. Wir haben es sowieso nicht unter Kontrolle, es gibt nichts zu tun, es *ist* einfach. Wir stellen uns vor, dass wir die Kontrolle haben. Als erstes stellen wir uns eine Zukunft vor, obwohl wir das gar nicht können. Genau genommen handelt es sich um eine Ansammlung von Erfahrungen aus der Vergangenheit, die wir rekonstruieren und in die Zukunft projizieren.

Ist euch jemals aufgefallen, dass an eurer eingebildeten Zukunft nie etwas neu ist? Du kannst dir nichts Neues vorstellen, aber ich garantiere dir, dass es neu sein wird. Das bedeutet, dass du es dir nicht wirklich vorstellen kannst. Was du dir vorstellst, ist es nicht. Wir bilden uns eine Zukunft ein und versuchen, sie unter Kontrolle zu kriegen, damit es so wird, wie wir es uns vorstellen. So viel Arbeit für nichts! Denn es wird sowieso so sein, wie es sein wird. Das ist keine fatalistische Sichtweise, so ist es einfach.

Die meisten Menschen leben in einem Traum. Wir haben eine Sichtweise, die wir Realität nennen. Damit stimmen wir alle überein, also muss sie wahr sein. Wir überzeugen uns selbst, dass sie wahr ist, indem wir alle darin übereinstimmen. Darum regen wir uns so auf, wenn jemand der Art, wie wir die Realität sehen, nicht zustimmt. Diese Sichtweise ist sehr zerbrechlich. Wir müssen die ganze Zeit etwas tun, um sie aufrechtzuerhalten. Aber um die Wahrheit aufrechtzuerhalten, muss man nichts tun. Sie braucht keine Übereinstimmung, sie ist von allein. Darum ist es die Wahrheit. Wenn du in der Wahrheit ruhst, brauchst du von niemandem Zustimmung. Sie ist so stabil, sie hält dich. Ihr kannst du vertrauen. Aber dem, was die meisten Menschen Realität nennen, kannst du nicht vertrauen. Darum ist so viel Arbeit nötig, um die Abmachung, die wir Realität nennen, aufrechtzuerhalten. Darum gibt es Kriege. Die Menschen kämpfen um Ideen. Sie versuchen, die Menschen umzubringen, die ihrer Sichtweise nicht zustimmen, als ob es sie dadurch wahrer machen würde. Das funktioniert nicht.

Solange ich will, dass irgendjemand meiner Sichtweise zustimmt, bin ich nicht in Frieden. Der Wunsch nach Zustimmung ist sehr mächtig. Wenn ich einfach mit mir selbst in Frieden bin, wenn ich einfach in der Wahrheit

ruhe, bin ich auch mit allen anderen in Frieden – egal, was sie glauben oder
nicht glauben. Mein Frieden hängt von niemandem ab. Die ganze Welt ist
in Illusionen gefangen, das ist in Ordnung. Wenn es so ist, ist es in Ordnung. Mein Frieden hängt von nichts und niemandem ab. Daher weiß ich,
dass er real ist. Wenn er von etwas im Außen abhängt, ist er sehr zerbrechlich. Jemand stimmt mir zu – ich fühle mich gut. Jemand stimmt nicht mit
mir überein – ich fühle mich schrecklich. „Bitte, stimme mir zu, damit ich
mich gut fühlen kann! Mein Wohlgefühl hängt von deiner Zustimmung
ab." – Sehr zerbrechlich!

Samarpan: Hallo.

*Fragende: Ich habe ein Problem mit der Realität. Ich habe dir schon er-
zählt, dass ich vor kurzem dachte, dass alles letztendlich einfach Angst vor
dem Tod ist, und ich sehe auch, wie alt das ist. Es ist wie der Überlebenskampf eines Tieres. Und es hat mich immer geschmerzt. Ich kann das erst
jetzt zum ersten Mal in Worte fassen. Es ist einfach so.*

S.: Ja.

F.: Aber es ist schmerzhaft.

S.: Okay, lass uns herausfinden, wie schmerzhaft es wirklich ist. Schließe
für einen Moment die Augen und heiße die Angst einfach willkommen,
ohne Geschichte, ohne Idee dazu.

F.: Aber die Angst ist jetzt gerade nicht hier.

S.: Was ist jetzt gerade hier?

F.: Traurigkeit.

S.: Traurigkeit. Gut. Heiße die Traurigkeit willkommen. Ruhe einfach hier,
lasse die Traurigkeit dich umhüllen, lass sie dich ganz umgeben. Was ist
hier?

F.: Es kommt und geht. Das Leben geht auch...

S.: Nein, was ist hier? Ich habe dich nicht gefragt, was kommt und geht.
(Lacht) Du hast das gerade als Überleitung zurück in den Verstand benutzt.
Bleib einfach einen Moment hier. Was ist hier? Einfach wieder Frieden?

(Lacht) Das ist nicht so interessant, oder? Wir gehen lieber in eine Geschichte.

F.: Aber es wird wiederkommen.

S.: Und – ist es hier willkommen? Sieh mal hierhin und sieh, ob es hier willkommen ist.

F.: Wenn ich allein bin, ist es in Ordnung, aber...

S.: Wir sind wieder im Verstand. Siehst du das? Schau hierhin und antworte auf meine Frage! Das ist sehr wichtig, denn ich kenne die Strategien des Verstandes. Der Verstand sagt ganz schnell: „Ja, aber... jetzt ist es weg, aber es wird wiederkommen, und dann haben wir wieder ein Problem und wissen nicht, was wir damit machen sollen, und dann, und dann... " Lass uns anhalten! Lass uns hier anhalten und sehen, was die Wahrheit ist! Wir können die Wahrheit nur *hier* sehen, nicht im Verstand.

F.: Aber manchmal geschieht es hier.

S.: Es geschieht niemals hier! Manchmal trickst der Verstand so sehr, dass er so tut, als ob er *hier* wäre, das ist eine seiner Lieblingsverkleidungen. Wenn es aber ein Problem gibt, ist das nicht *hier*. So kannst du das herausfinden. Wenn irgendetwas problematisch ist, eine Debatte vor sich geht, ein Streit – dann ist das nicht *hier*!
Also sag mir doch mal: Sind diese Gefühle *hier* willkommen? Hat *hier* irgendwer Probleme mit diesen Gefühlen oder Urteile über diese Gefühle oder Glaubenssätze oder Einstellungen diesen Gefühlen gegenüber?

F.: Jetzt? Nein.

S.: Siehst du, wie schlau der Verstand das macht? Ich versuche, dich dahin zu bringen, dass du die Wahrheit sehen kannst, aber der Verstand will diese Geschichte einfach nicht aufgeben, also hält er immer noch an einer Einschränkung fest: Okay, hier in Satsang ist es in Ordnung; solange ich neben Samarpan sitze; aber... (Lacht)
Nein, das ist nicht das Thema. *Hier* ist immer gut und das war es immer und das wird es immer sein, ohne Einschränkung. Das ist wichtig. Ich hacke nicht auf dir herum, sondern das ist wirklich der Punkt. Das ist, was dich im Leiden hält. Wenn du erkennst, dass es *hier* kein Problem gibt, kannst du einfach hierher kommen. Jedes Mal, in jedem Moment für den Rest deines Lebens, kannst du hierher kommen. *Hier* wird akzeptiert, was

auch immer geschieht, was auch immer für ein Gefühl da ist. Frieden ist nur hier und sonst nirgends.

F.: Das ist so verzwickt, denn...

S.: Ja, der Verstand ist verzwickt.

F.: ... denn es sieht so aus, als ob es nur ein Verdrängen der Geschichte wäre.

S.: Der Verstand will an der Geschichte festhalten, weil ihm das Macht verleiht. Darum will ich die Geschichte zerstören. Das gibt dir die Macht zurück. Und das ist es, worum es bei alledem geht: Einfach darum, hierhin zu kommen, bereit zu sein, die bestehenden Gefühle zu akzeptieren. Das bringt dich in deine Kraft zurück, das nimmt dem Verstand und der Geschichte die Macht. Denn so kontrolliert dich der Verstand: „Pass auf, tu besser, was ich dir sage, sonst wirst du dich schlecht fühlen." Meine Antwort darauf ist: „Okay, lass mich mich schlecht fühlen." Das zieht dem Tiger die Zähne. Traurigkeit? – Gut – her damit! Wut? – Toll! Angst? – Super! Gib mir die volle Dosis! Lass mich sehen, wie das ist! So bekommst du deine Macht zurück. Wenn du vor keinem Gefühl Angst hast, hat der Verstand keine Macht mehr. Das ist so einfach.

F.: Ich sehe jetzt, wie stark das ist, das Festhalten an der Geschichte.

S.: Ja, der Verstand will an der Geschichte festhalten. Für den Verstand geht es um Leben und Tod. Das Ego ist abhängig von der Geschichte. Ohne die Geschichte bist du einfach grundlos glücklich. (Lacht)

F.: Das ist gut.

S.: Die Geschichte gibt dir Ich-Identität, das Gefühl von Substanz. „Ich und mein Leiden – und ich kann immer und ewig Geschichten über mein Leiden erzählen." (Beide lachen) „Ohne mein Leiden habe ich ja nichts mehr zu erzählen!" (Lacht) „Meine ganze Identität ist in das Leiden eingewickelt." Ohne das Leiden bist du einfach eine wunderschöne Frau, die übrigens ein gutes Leben hat, ein glückliches Leben. Aber das ist nichts Besonderes. Das Leiden macht uns zu etwas Besonderem. Darum hält der Verstand daran fest, darum will er die Geschichte nicht loslassen. Du musst einfach sturer sein, das ist alles. Es geht darum, die Herrschaft über dein eigenes Haus zu haben, an der Macht zu sein. Sei bereit, du selbst zu sein, egal was das bedeutet.

F.: Präsent sein.

S.: Ja, das ist es. Aber ohne Anstrengung, es ist einfach entspannte Aufmerksamkeit. Wenn da Anstrengung, Anspannung ist, geht es nicht. Es muss entspannt sein, sonst kannst du nicht die ganze Zeit *hier* sein.

Samarpan: Hallo. Du siehst wunderschön aus.

Fragende: *Danke.*

S.: Irgendetwas am Hier-Sein ist gut für dich.

F.: Die Dinge sind bereit zu sterben, zu verbrennen.

S.: Das stimmt.

F.: Mir ist aufgefallen, dass hier überall ist.

S.: Ja, das stimmt. Aber...? (Lachen)

F.: Nein. Aber ich wollte herkommen, um endlich mal ein stilles Retreat zu haben.

S.: Aber...?

F.: Aber dann konnte ich in dem Raum und im Zelt nicht schlafen.

S.: Okay.

F.: Ich werde also zurückkehren und...

S.: Du wirst in die Hölle zurückkehren. Du verlässt das Paradies und gehst in die Hölle zurück.

F.: Die Hölle ist auch hier und sie ist, wo auch immer ich bin.

S.: Das ist richtig.

F.: Heute Morgen kam ich auch mal wieder in Kontakt mit der Geschichte und natürlich mit Leiden. Als ich ein paar Minuten damit allein war, habe ich das bemerkt und zu mir gesagt: „Rühre die Geschichte nicht an."

S.: Wunderschön.

F.: Ich habe einen starken Schmerz in meinem Herzen bemerkt, diesen Herzschmerz, mich nicht verstanden, nicht geliebt zu fühlen – altes Zeug. Sehr mächtig. Ich bin also dabeigeblieben, ich bin in die Mitte dessen ge-gangen, wie du es mir beigebracht hast, und das hat geholfen. Es hat rich-tig gebrannt. Als du in den Raum kamst, hat mir das auch sehr geholfen, noch tiefer in die Mitte zu gehen. Das ist es, was ich seit zwei Jahren lerne: Akzeptanz, Akzeptanz, Akzeptanz, wovon auch immer. Und heute hast du mir gesagt, höre nicht, sondern sei! Und daran möchte ich mich erinnern, sofort innezuhalten, so dass die Hölle zum Himmel werden kann.

S.: Das stimmt, das stimmt.
Nur weil ich hörte, dass du vorhast abzureisen, habe ich… Wenn es natür-lich richtig für dich ist zu gehen, ist da kein Problem. Ich sehe aber, wie gut es für dich ist, hier zu sein. Das ist richtig starke Medizin. Es ist wirk-lich genau, was du brauchst.

F.: Noch zusätzlich zu allem, was schon war. Vielleicht.

S.: Es ist einfach unterstützend. Die ganze Umgebung hier ist unterstüt-zend, Satsang ist unterstützend, der ganze Platz ist unterstützend.

F.: Ja, aber...

S.: Aber? – Okay.

F.: Ich schlafe draußen, an einem wunderschönen Ort, aber das war eine Herausforderung für mich. Wo ich körperlich so empfindlich bin. Ich wollte nicht noch zwei Wochen bleiben, immer draußen, ohne vier Wände um mich herum!

S.: Wer sagt dir das? Wer sagt das?

F.: Das ist einfach klar.

S.: Es ist klar. Der Verstand will nicht, dass du hier bist. Der Verstand will dir einreden, du müsstest von hier weg, dorthin, wo er mehr Kontrolle hat, das ist alles.

F.: Wirklich? Das überrascht mich jetzt aber.

S.: Du siehst so gut aus, wie ich dich noch nie gesehen habe.

F.: Machst du Witze?

S.: Nein, du siehst wunderschön aus. Ich versuche nicht, dir ein Problem zu bereiten, ich sage nur: Sieh, was geschieht. Der Verstand will dir sagen, du solltest vor der Hilfe, der Medizin wegrennen.

F.: *Ich habe schon alles in die Wege geleitet.*

S.: Oh, wenn das also schon getan ist – kein Problem.

F.: *Ich bin jetzt ziemlich überrascht.*

S.: Ich stelle nur in Frage, was du sagst.

F.: *Als ich nicht in Zürich bleiben konnte, hast du mir eine E-Mail geschickt...*

S.: Du versuchst zu verstehen, was ich sage. Du kannst das nicht in Stein eingravieren oder Zehn Gebote oder eine Religion daraus machen.

F.: *Aber du hast gesagt: „Sei, wo du auch immer bist."*

S.: Ein guter Rat! (Lachen)
Wenn es schon geschehen ist, ist es geschehen, dann müssen wir nicht darüber reden. Ich muss für dich kein Problem kreieren.

F.: *Es ist gut, in deiner Präsenz, deiner Liebe zu sein.*

S.: Es ist starke Medizin, in der Wahrheit zu sein. Es ist die beste Medizin.

F.: *Habe ich es also falsch gemacht?*

S.: Es ist egal. Was geschehen ist, ist geschehen. Du hast es falsch gemacht? – Gut! Ja, das ist in Ordnung. Du wirst noch vieles falsch machen, das ist in Ordnung. Unser ganzes Leben lang machen wir Dinge falsch. Ich lerne mehr dadurch, dass ich Dinge falsch mache, als durch irgendetwas anderes. Mach es falsch!

F.: *(Weinend) Ich gebe alles für die Wahrheit.*

S.: Das stimmt. Du gibst dein ganzes Leben für die Wahrheit, und dann bist du froh, dass du es falsch gemacht hast. (Lacht)

F.: *Danke, jetzt ist es gut. – Kann ich meine Krankheit hier lassen?*

S.: Die Krankheit ist auch eine Art Medizin. Die Krankheit wurde dir gegeben, um dir dabei zu helfen loszulassen. Wenn die Hilfe nicht mehr benötigt wird, wird die Krankheit verschwinden. Wenn du frei bist, brauchst du die Krankheit nicht mehr, dann wird sie einfach verschwinden. Es ist eine Hilfe, keine Bestrafung, und du hast nichts falsch gemacht, im Gegenteil.

F.: *(Weinend) Es ist gut, das noch mal zu hören.*

S.: Du wolltest die Wahrheit. Alles, was du dafür brauchst, ist, dass du total desillusioniert wirst. Also reagiert das Göttliche sehr direkt und zerstört all deine Illusionen.

F.: *Das ist gut.*

S.: Alle Anhaftung an den Körper, an Bequemlichkeit, Status, Identität, alles – starke Medizin!

F.: *Ich danke Gott, dass ich dich gefunden habe, so dass ich weitergehen konnte und kann.*

S.: Ja, ich bin immer mit dir.

F.: *Wo ich auch immer bin?*

S.: Wo du auch immer bist und was auch immer geschieht!

F.: *Ich liebe dich so sehr. Danke für alles. Gott hat alles, alles in meinem Leben weggenommen.*

S.: So dass du es wertschätzen kannst. Es gibt nichts Besseres.
Ich habe die Erfahrung gemacht, wie es ist, ein ganz primitives Leben zu führen. All die Dinge, die wir einfach als gegeben ansehen, wie fließendes Wasser, WC, Elektrizität, all das hatte ich nicht. Und ich habe gelernt, es wirklich wertzuschätzen, z.B. jedes Mal, wenn ich jetzt dusche. Ich habe mit vielleicht zehn Litern Wasser geduscht. Ich habe das Wasser auf dem Herd warm gemacht, es in einen Behälter auf dem Dach gefüllt, und dann ganz kurz geduscht. Das war vor allem interessant, als es kalt und windig war, eine sehr interessante Duscherfahrung. Und es stimmt, das hat mir den Wert einer schönen, warmen Dusche gezeigt. Den Rest meines Lebens werde ich Duschen so wertschätzen, wie ich es nie zuvor getan habe.

F.: *Und ich habe gelernt, zu vertrauen und im Moment zu leben, und ich bin in Kontakt mit Gott gekommen. Manchmal war da so viel Schmerz, ich wusste nicht, wo ich sein kann, wo ich leben kann, alle hatten mich verlassen, alle Freundinnen und Freunde, aber da war Frieden und Leichtigkeit in mir. Ja, es ist immer das Gleiche, wenn der Verstand loslegt. Eine sehr interessante Erfahrung war, wenn ich – was ich oft gemacht habe – bei* *sehr starken Schmerzen im ganzen Körper, in den Frieden und das Hier gegangen bin, und dann konnte ich den Körper beobachten, aber ich war nicht der Körper. Da war solche Seligkeit und Leichtigkeit und Dankbarkeit! Und wenn ich danach zurückkam, ist mir immer aufgefallen, dass Gott mich führte.*

S.: Immer.

F.: *Kannst du mir noch eine letzte Anregung geben? Seit zwei Monaten fällt mir etwas in mir auf, es ist wie etwas Gewalttätiges. Da halte ich an sehr alten Dingen fest.*

S.: Erzähl mir mehr darüber.

F.: *Wenn ich in der Stille bin, wenn ich ganz tief gehe, dann fällt mir hier (zeigt auf ihren Hals) in dem Bereich ein Festhalten auf, wie Gewalt, und auch hier (zeigt auf ihre Brust) in diesem Bereich. Es verschwindet allmählich, aber es ist noch da.*

S.: Gib dem einfach deine Aufmerksamkeit. Gib dieser Anspannung einfach deine Aufmerksamkeit. Das wird dir helfen, tiefer zu gehen. Wenn du in dieses Festhalten, in diese Anspannung hinein entspannen kannst, bringt sie dich tiefer in die Stille.

F.: *Vielen Dank.*

Samarpan: Was ist los?

Fragender: *So vieles hat sich geändert, seit ich dir letztes Jahr hier begegnet bin.*

S.: Sind wir uns hier begegnet?

F.: *Ja, du warst zu deinem Geburtstag hier und das war meine Satsang-Initiation. Eine Sache, die für mich beim letzten Retreat geschah, würde ich gern teilen, denn das war für mich sehr bedeutsam. Mir ist das erst vor ein paar Tagen klar geworden, als ich Freunden davon erzählte. Ich habe eine Tarot-Karte gezogen, als wir da waren.*

S.: Natürlich vom Osho-Tarot? (Lacht)

F.: Ja, natürlich. (Lacht) Und darauf stand: „Das, was nie stirbt." Das bedeutet, du kannst viele Dinge in deinem Leben anhäufen, aber wenn du stirbst, kannst du sie nicht mitnehmen. Und dann habe ich mich gefragt, was ist es, was nie stirbt, was ist immer hier?

S.: Eine gute Frage.

F.: Das war schon die Antwort. Ich habe das so oft gehört, du hast es wahrscheinlich hundertmal gesagt, aber damals konnte ich nicht verstehen, dass es nichts gibt als diesen Moment, keine Vergangenheit, keine Zukunft. Und dann wurden die Dinge so einfach. Das hat mich wirklich sehr tief berührt.

S.: Cool.

F.: Ja, ich möchte dir also danken.

S.: Bitte. Du bist mir so willkommen. Wenn du das Leben im Jetzt lebst, lebst du wirklich. Das ist so aufregend. Es ist toll, es wird immer noch aufregender, es wird stärker. Alles schmeckt stärker. Wunderschön.

F.: Ich merke auch, dass dies Zeit braucht, sich in meinem Leben zu setzen.

S.: Richtig. Den Rest deines Lebens wird es sich setzen und setzen und setzen, das hat kein Ende. Halte nicht nach einem Ende Ausschau. Es wird einfach immer mehr. Das ist es, was all die Meister gesagt haben, und das ist auch meine Erfahrung. Osho hat es so gesagt: „Erleuchtung hat einen Anfang, aber kein Ende." Das ist die Wahrheit. Es wird einfach immer intensiver. Du bist immer mehr *hier*. Ich verstehe das auch nicht. Ich gebe seit vielen Jahren Satsang und ich bin immer mehr *hier*! Jedes Jahr bin ich mehr *hier*. Das ist schön, sehr gut.

Fragender: Ich erlebe viel Nicht-Übereinstimmung. Geschichten, Freundschaften und Jobs gehen zu Ende, so als ob mich die Existenz in jeder Hinsicht stark in die Unabhängigkeit treibt.

Samarpan: Ich habe kein Wort von dem verstanden, was du gesagt hast.

F.: Folgendes: Viele Leute stimmen nicht mit mir überein. Du hast heute über den starken Wunsch nach Zustimmung gesprochen, und gestern hatten wir auch das Spiel von Übereinstimmung – Nicht-Übereinstimmung. Es ist eine persönliche Geschichte, und dabei geht es darum, Außenseiter zu sein.

S.: Wir sind alle Außenseiter.

F.: Aber ich bin auch hier im Satsang ein Außenseiter.

S.: Ja, natürlich, perfekt. Wenn sich hier irgendjemand als Teil einer Gruppe sieht: Passt auf! Das ist eine Falle. Du bist allein!

F.: Aber es ist nicht einfach.

S.: Das ist ein Mantra: „Es ist nicht einfach. Es ist so schwer."
Die Wahrheit ist, dass wir allein sind, dass es niemand anderen gibt. Im ganzen Universum gibt es niemand außer dir, das ist die Wahrheit. Aber das ist nicht einsam, das ist genau genommen angefüllt mit allem, aber es ist absolut allein. Das ist interessant: Auf Deutsch und auf Englisch haben wir da das gleiche Phänomen: allein, all-eins, das gleiche Wort. Und das ist die Wahrheit.

F.: Ja, ja, okay.

S.: Ja, ja, ja, ja. (Lacht)

F.: Aber... trotzdem. Heute habe ich den Vortrag mitgebracht, von dem ich das letzte Mal erzählt habe. Da heißt es, es ist normal, dass es Schwierigkeiten gibt...

S.: Fällt dir der Unterschied an dir auf, wie du gestern warst und wie es heute ist?

F.: Klar, ich folge einfach den Dingen...

S.: Warte mal! Halt mal einen Moment inne, denn das ist wichtig. Der Unterschied ist erstaunlich. Gestern warst du wirklich hier, und heute bist du total im Verstand. Kannst du das sehen?

F.: Heute?

S.: Ja, und du versuchst, es zu verstehen. Du erinnerst dich und projizierst und vergleichst, all dieses Verstandeszeug, und darum klingt es so verwirrend. Gestern war da eine große Klarheit, und es hat echt Spaß gemacht. Es hat Spaß gemacht, mit dir zu streiten. Das Ganze hat Spaß gemacht.

F.: Aber alle hier haben sich aufgeregt.

S.: Oh, auch das macht Spaß. (Lachen) Es ist großartig, wenn wir Leute wachrütteln können. Aber das hier macht keinen Spaß. Es macht keinen Spaß, wenn wir im Verstand sind, das ist eher einschläfernd für die Leute, und es ist verwirrend und langweilig, wenn wir versuchen, es zu verstehen. Das ist eine ganz andere Energie. Kannst du das fühlen? Denn das ist wichtig. Wenn du das fühlen kannst, wird es dir wertvolle Dienste leisten.

F.: Kann ich dich stören?

S.: Das hast du schon getan. (Lachen)

F.: Ich habe versucht, etwas zu erklären.

S.: Genau.

F.: Und ich muss doch den Verstand benutzen, um darüber zu sprechen, darum sitze ich hier.

S.: Das ist nicht interessant, weißt du. Erklären, rechtfertigen, vergleichen, dieses Zeug ist uninteressant. Das ist nicht lebendig, saftig. Es ist nicht real, es ist ungefähr so interessant, wie einem Kassettenrekorder zuzuhören, der immer wieder das Gleiche abspielt.
Kennst du die Geschichte vom ersten vollautomatischen Flugzeug? Air France hatte es entwickelt. Das Flugzeug hebt ab, und es fliegt völlig automatisch, ohne Pilot. Sobald es die Flughöhe erreicht hat, sagt eine Stimme über Lautsprecher: „Meine Damen und Herren, willkommen im ersten vollautomatischen Flugzeug. Unsere Flughöhe ist 10.000 Meter, der Wind bläst aus dieser und jener Richtung, und machen Sie sich keine Sorgen, nichts kann schief gehen, schief gehen, schief gehen, schief gehen, schief gehen… “

F.: Meinst du mit „Mantra": „Es ist schwer" oder „ich bin allein"?

S.: All diese Dinge, die wir uns immer und immer wieder selbst erzählen.

F.: Wenn andere hier ihre Geschichten erzählen, warum dann nicht ich? Es ist doch in Ordnung, wenn es eine Geschichte ist, das ist doch schön. Ich habe oft viel Wut erlebt, beidseitig. Menschen gegen mich – da habe ich oft Situationen erlebt, wo ich es einfach nicht glauben konnte, dass sie wirklich so kalt, egoistisch, blind sein konnten.

S.: Das ist einfach. Die Menschen haben alle das Potential, genau so zu sein.

F.: *Aber in einem Kontext, wo du davon ausgehst, dass da Freundschaft ist?*

S.: Glaube nicht an Freundschaft. Das ist dumm.

F.: *Das ist schwer für mich zu sehen.*

S.: Die Leute sind so, wie sie sind. Weißt du, wir sind alle ein bisschen komisch und verrückt. Etwas anderes zu erwarten, wäre zu viel der Erwartungen. Wenn du Freundschaft, Loyalität erwartest, dann wirst du immer enttäuscht werden.

F.: *Wenn du für dich ein solches Leben führen willst...*

S.: Genug, genug! Entschuldigung. Vielleicht geht es ja morgen. Du kannst wieder auf deinen Platz gehen und dich wütend fühlen.

Samarpan: Es gibt nur eine Sache im Leben, die wir lernen müssen: Wie fühlt es sich an, hier zu sein, und wie fühlt es sich an, im Verstand zu sein. Wenn wir das einmal gelernt haben, gibt es kein Problem mehr, alles Weitere ergibt sich dann. Wenn du weißt, wie es sich anfühlt hier zu sein, dann weißt du, wie wunderschön das ist. Es ist egal, *was* hier vor sich geht, es ist egal, ob es schmerzhaft ist, egal, ob da starke Gefühle sind. Jemand sagte kürzlich zu mir, dass er große Traurigkeit gefühlt habe. Er sagte: „Es war, als ob die Traurigkeit mich eingeladen hat, hier zu sein." Was für eine schöne Art, es auszudrücken! All diese starken Erfahrungen sind eine Einladung, hier zu sein, und sie sind eine Hilfe. Sie helfen uns, hierher zu kommen. Wenn wir aber darüber nachdenken, sind wir nicht hier. Nachdenken ist eine Art, das Hiersein zu vermeiden. Jeder Moment ist einfach eine Einladung, hier zu sein.

Fragende: *Ich weiß, ich musste hierher kommen, dies ist ein heilsamer Ort, hier ist viel Unterstützung.*

Samarpan: Wenn wir über einen „heilsamen Ort" sprechen, weißt du, dass wir dann über die Hölle sprechen?

F.: *Klar. Letztes Mal habe ich dir ja erzählt, dass ich gerade meine erste Woche in der Hölle verbracht habe. Aber jetzt: Ich habe wirklich das Gefühl, ich komme mehr und mehr in die Wahrheit jenseits des Verstandes hinein, und ich sehe, wenn mein Verstand loslegt, aber was mich weiterhin verwirrt und verrückt macht, ist das Thema Liebe.*

S.: Die Idee der Liebe.

F.: *Meine Idee von der Liebe.*

S.: Die Geschichte von Liebe oder Beziehung oder Sex.

F.: *Ich frage mich, ob das Gefühl, die Wahrheit oder das Vertrauen, dass ich jetzt in die Wahrheit gelange, ob ich das jemals auch in meiner Liebe finden werde.*

S.: Warum willst du das überhaupt?

F.: *Weil ich das leben will, das ist ein Verlangen.*

S.: Das stimmt, das ist ein Verlangen.

F.: *Was mich immer verwirrt, sind Ideen, Konzepte oder Begriffe wie „Wahrheit".*

S.: Das ist der Grund, warum ich jeden einlade, einfach zu fühlen, wie es sich anfühlt hier zu sein, denn das ist etwas ganz anderes als ein Konzept. Daraus kannst du kein Konzept machen. Du kannst dir nicht *vorstellen*, wie es ist, hier zu sein.

F.: *Ich hatte Erlebnisse, wo ich hier war, wo ich im Jetzt war. Aus diesen Erlebnissen heraus tue ich etwas, ich treffe Entscheidungen. Bevor ich hierher kam, war ich in Liebe.*

S.: Du warst in Liebe? Erzähl mir, was das heißt. Was bedeutet das, in Liebe sein?

F.: *Es war ein sehr tiefes Gefühl von Nähe, von Liebe, mein Herz war offen.*

S.: Okay, dein Herz-Chakra ist im Kreis gewirbelt.

F.: Okay. (Lachen)

S.: Die Hormone haben verrückt gespielt.

F.: Und dann konnte ich sehen, wie mein Verstand wieder in die Beziehungs-Illusion geriet.

S.: Das stimmt, so funktioniert das.

F.: Und dann habe ich gesehen – es war jemand, mit dem ich schon eine Beziehung hatte – ich kann mit ihm keine Beziehung haben. Aber ich liebe ihn noch und ich habe ihn verlassen, deshalb war es so schrecklich für mich. Es ist wie ein Trauma, ich habe die Männer immer verlassen.

S.: Warum hast du ihn verlassen?

F.: Weil ich das Gefühl hatte, dass ich mit ihm keine Beziehung haben kann.

S.: Ja und?

F.: Das macht mich sehr traurig.

S.: „Wenn ich nicht meine Geschichte haben kann, will ich gar keine Geschichte."

F.: Ich will Geschichten, das ist das Problem.

S.: Das stimmt, das ist ein Problem: „Ich will eine richtig gute Geschichte! Ich will einen Mann, der eine richtig gute Geschichte mit mir macht!" (Lachen) „Also, Männer, ist keiner unter euch, der meine Geschichte mit mir machen will?"

F.: Und was bedeutet das letztendlich? – Dass ich einfach dabei bleiben sollte, im Hier und Jetzt zu sein?

S.: Ja.

F.: Das ist für mich immer noch schwer zu akzeptieren.

S.: Warum ist das schwer zu akzeptieren?

F.: Illusionen wie Geld kann ich leicht fallen lassen, aber das hier...

S.: Aber nicht das! Das ist etwas anderes.

F.: Was du über Liebe sagst, dass Liebe ein Zustand ist, das fühle ich. Aber ist es eine Illusion, sobald wir es Beziehung nennen, und sonst nicht?

S.: Das sind alles Illusionen, das ganze Universum ist eine Illusion, das ist kein Problem.

F.: Für mich ist das ein Problem.

S.: Warum? – Es hatte einen Anfang und es wird ein Ende haben, das können wir sehen. Die Wissenschaft kann den Beginn des Universums sehen. Ich weiß nicht wie, aber irgendwie können die Forscher das mit ihren Teleskopen sehen. Mit den Super-Computern können sie sehen, wie sich das Universum ausdehnt, und was wir hier erleben, ist ein Teil dieser Ausdehnung. Du weißt, was geschehen wird: Irgendwann wird es wieder schrumpfen. Dann wird es ein paar Milliarden Jahre lang schrumpfen, und dann wird es in das gleiche Nichts zurückkehren, aus dem es kam. Wie oft haben wir das schon gemacht? Das wissen wir nicht. Die Hindus reden davon, dass die Schöpfung, Ausdehnung, Schrumpfung und das Wiederverschwinden schon oft geschehen ist. Wir machen das schon ewig und wir werden so weitermachen, weil es Spaß macht. Es bedeutet nichts. Es ist einfach unser Spiel, es macht Spaß. Wir spielen Schöpfung, wir spielen Leben, wir spielen Frauen und Männer und Sex und Kinder, wir spielen Machtspiele und geschäftliche Spiele, Politik und Krieg, alle möglichen Spiele.

F.: Aber du sagst nicht, dass wir Liebe spielen. Ich erinnere mich immer an deine Worte. Was sagst du über Liebe?

S.: Was gewöhnlich Liebe genannt wird, diese Beziehungs-Geschichte, ist Teil der Illusion. Das ist ziemlich komplex, denn es hängt mit unseren Fortpflanzungsorganen, mit unserer Tier-Natur, mit dem Kinderwunsch zusammen. Und dann greift der Verstand zu und macht eine romantische Geschichte daraus. Es wird sehr komplex. Wir haben versucht, das zu verstehen, aber wir können es einfach nicht verstehen. Es ist erstaunlich, wir schreiben darüber Gedichte, Drehbücher, psychologische Bücher, wir versuchen es auf vielerlei Art zu erklären.
Ich mache die Dinge gern sehr einfach: Liebe ist einfach das Erkennen dessen, wer wir sind. Ich kann dich nicht ansehen, ohne dass dieses Erkennen geschieht, und dann liebe ich. Ich liebe jeden Tag so viel, immer wieder. Und das ist einfach ein Mich-selbst-Lieben. Wenn ich das verstehe, ist da kein Problem. Dann brauche ich keine Liebes-Geschichte, dann brauche

ich dich nicht in meiner Liebesgeschichte. Ich kann dich lieben und dich in der Geschichte belassen, in der du sein willst.

Mein Bruder sagte einmal zu mir: „Du kannst nicht alle Frauen auf der Welt lieben." Das habe ich als Herausforderung angenommen. Ich habe mein Bestes gegeben. Und was ich durch diese Untersuchung herausgefunden habe, ist, dass ich jede Frau und jeden Mann auf der Welt lieben kann, ich kann sie nur nicht alle in mein Bett mitnehmen. (Lachen)

Wenn du nichts kontrollieren musst, dann kannst du die Männer so dumm sein lassen, wie sie sind und es einfach genießen. Wenn du es genießen willst, mit jemand zu sein, kannst du das tun.

F.: Außer, ich gehe weg.

S.: Es liegt in der Natur der Dinge, dass alles, was kommt, gehen wird. Du kannst es nicht kontrollieren, du kannst es nicht festhalten, du kannst niemanden nur zu einer Figur in deiner Phantasie machen. Das ist der Punkt. Kein Mann würde da mitspielen.

F.: Es ist nicht so, dass ich das nicht wüsste.

S.: Wir müssen das auf eine immer tiefere Art entdecken.

F.: Ich komme ständig zum Urteilen zurück: „Ich muss mich verbessern, eine bessere Frau, eine bessere Partnerin werden", all dieses Zeug. Andererseits kenne ich auch die Erfahrung, mich selbst immer mehr zu lieben. Manchmal beschämt mich das irgendwie, als wäre das nicht richtig, zu egoistisch.

S.: Wenn du dich selbst liebst, dein wahres Selbst, dann ist das nicht egoistisch, da ist kein Ego. Das Ego ist dein falsches Selbst. Die Geschichte lieben ist egoistisch. Dich selbst lieben ist Freiheit.

Es ist so erstaunlich einfach, nicht wahr?

F.: Ja, solange ich nicht anfange, es zu bewerten. Aber da ist immer die Frage: „Was tue ich jetzt damit? In welcher Phantasie kann ich die Freiheit leben?"

S.: Das ist der Verstand, der die Wahrheit in Besitz nehmen will: „Oh, toll, jetzt verstehe ich die Wahrheit, jetzt werde ich etwas daraus machen. Jetzt hab ich es, jetzt mach ich was, jetzt kann ich Erfolg haben. Jetzt, wo ich die Wahrheit verstehe, kann ich anfangen, die Leute so richtig zu manipulieren!" – Nein, so funktioniert das nicht. – Gut.

LEBENSGEFÄHRLICHES LEBEN

Samarpan: Ich habe vor kurzem folgende Erfahrung gemacht: Ich habe meinem Bruder eine E-Mail geschickt. Wir hatten uns seit einiger Zeit ziemlich viel geschrieben, er schickt mir echt gute Witze. Auf einmal kam die E-Mail zurück. Ich verstand das nicht. Nichts hatte sich geändert, ich hatte die gleiche E-Mail-Adresse, und er hatte die gleiche E-Mail-Adresse. Das wunderte mich ziemlich. Dann wollte ich ihn anrufen, um herauszufinden, was los war, und bemerkte, dass ich seine Telefonnummer nicht hatte. Und nicht nur das, ich wusste auch nicht, wie man die Auskunft in Amerika anruft. Diese simplen Dinge haben mich total verblüfft. Ich habe zum Glück einen Freund, der solche Sachen beherrscht. Er hat mir nicht nur die Telefonnummer von meinem Bruder verschafft, sondern auch das E-Mail-Problem gelöst. Er hat es mir erklärt, aber ich verstehe es immer noch nicht. Es ist ja auch egal, es funktioniert wieder. Das ist alles, was ich verstehe.

Früher kannte ich mich mit solchen Sachen aus. Ich war Handwerker und habe alles hingekriegt. Aber nachdem ich nach Deutschland gezogen war, konnte ich das alles nicht mehr. Wenn man auf eine solche Art unfähig wird, ist das eine Erfahrung, die einen sehr bescheiden macht.

Gott ist es egal, was du kannst oder nicht kannst, das Leben sorgt weiter für dich. Ist das nicht schön? Wir müssen nicht fähig sein, wir müssen nichts beweisen. Das Leben sorgt für uns. Wenn ich nicht weiß, wie etwas geht, ist jemand da, der es weiß. Das Leben unterstützt uns so, wie wir sind. Unsere Programmierung sagt, wir müssten uns beweisen, wir müssten fähig sein, wir müssten uns kümmern, wir müssten etwas erreichen, wir müssten jemand werden, wir müssten an die Zukunft denken, all dieses Zeug. Ich habe nie an die Zukunft gedacht, und ich habe es immer falsch gemacht. Wenn ich mal einen guten, sicheren Job hatte, habe ich gekündigt. Ich wollte lieber ein interessantes Leben als ein sichereres, langweiliges.

Das Leben soll nicht sicher sein, es sollte aufregend sein, Spaß machen, ein Abenteuer sein. Es kann übrigens nicht sicher sein, das ist gar nicht möglich. Wir können uns höchstens in der Illusion von Sicherheit wiegen. In Amerika lebten sie in der Illusion von Sicherheit – bis zum 11.9., dann brach das World Trade Center zusammen und damit die Illusion. Illusionen brechen einfach zusammen. Aber wir versuchen, sie uns wieder aufzubauen, die Illusion der Sicherheit, und wir untersuchen, warum dies geschehen ist und warum es nicht hätte geschehen sollen, wer was wusste und wer was hätte tun sollen..., aber es gibt in diesem Leben keine Sicherheit.

Ich bin ein großer Filmfan. In Filmen gibt es mehrere Zutaten. Die Hauptzutat ist, dass Gefahren überwunden werden müssen oder etwas zu gewinnen oder zu verlieren ist, dass da ein Mann hinter einer Frau her ist oder eine Frau hinter einem Mann – all die Zutaten, die wir im Leben interessant finden.

Da gibt es nicht allzu viele Zutaten. Es gibt Leben und Tod, Geld gewinnen und verlieren, Macht erlangen und verlieren und dann natürlich Beziehungen und Sex und alle möglichen Variationen davon. Daraus besteht das Lebensdrama, das ist es, was das Leben interessant macht, das sind die Zutaten für unsere Geschichte, und wir brauchen diese Zutaten, damit die Geschichte interessant ist.

Interessant ist, dass in unserer zivilisierten Gesellschaft alle Bestrebungen dahin gehen, es uninteressant zu machen. Wir wollen es sicher machen, wir wollen es so langweilig wie möglich machen. Wir wollen, dass unsere Kinder sicher sind, dass sie in die Schule gehen, in der Schule keine Probleme haben, alle die gleichen Dinge lernen, heranwachsen und einen Job bekommen, in dem sie für immer bleiben, und dass sie heiraten und Kinder bekommen und das gleiche langweilige Leben führen. Das ist das Programm, oder? Fragt sich irgendjemand, warum es eine gute Sache sein sollte, durch den Horror der Kindheit zu gehen und durch die Schmerzen der Schule, um dann dreißig, vierzig Jahre lang unter einem Job zu leiden? Nur um zu sterben, um wiederzukommen und das alles wieder von vorn anzufangen? (Lacht) Lustiges Spiel, oder? Und dann kratzen wir uns am Kopf und versuchen herauszufinden, warum wir das machen. Irgendwie hat es keinen Sinn. Also warum?

Der Punkt ist, dass wir das wahre Spiel verpassen. Das wahre Spiel ist, das Spiel zu entdecken. Alles andere ist nur ein Spiel im Spiel. Das wahre Spiel ist, in diesem Spiel aufzuwachen, zu entdecken, dass du nicht die Figur in dem Spiel bist, nicht dieser Mann, diese Frau, die oder der auf den Namen hört, der in deinem Pass steht, sondern dass du nichts als Gott bist, der dieses Spiel spielt. Und dass du nicht verlieren kannst, und dass du nicht wirklich sterben kannst. Nur die Figur im Spiel stirbt, nur der Körper im Spiel stirbt. Du stirbst nicht. Du warst immer.

Wir haben das wahre Spiel aus dem Blick verloren; wir haben vergessen, dass wir hier nur spielen, dass wir einfach zum Spaß hierher gekommen sind. Wir haben angefangen, es ernst zu nehmen, und dann leiden wir, weil es nicht so läuft, wie wir denken, dass es laufen sollte, und weil wir nicht das bekommen, was wir unserer Meinung nach haben sollten. Und wenn wir es bekommen, ist es sowieso nicht wirklich befriedigend. All das sind Hinweise, sie weisen alle auf das wahre Spiel hin. Leid ist ein Hinweis, Langeweile ist ein Hinweis, Angst ist ein Hinweis, das sind Hinweise, die alle auf die gleiche Wahrheit deuten. Alles, was du tun musst, ist innehalten. Halte einfach im Moment inne, und du wirst *hier*her geführt werden, einfach von selbst. Es wird einfach offensichtlich. Deine wahre Identität wird hier enthüllt, und du musst dafür nichts tun, einfach nur innehalten. Das ist alles, was wir hier tun, einfach innehalten. Wir denken nie ans Innehalten, nein, wir tun die ganze Zeit alles Mögliche außer inne zu halten. Jemand hat Papaji mal gefragt: „Wie können wir erwachen?" Er sagte: „Hört einfach auf zu reden!" Es ist einfach: Halte den Mund, das ist alles, was nötig ist. Wir tun alles, um nicht zu erwachen und dann fragen wir: „Wie können wir erwachen?" Wir tun alles, um die Illusion aufrechtzuerhalten, die Geschichte am Leben zu halten. Das bedeutet viel Anstrengung, aber Erwachen ist einfach. Die Illusion aufrechtzuerhalten bedeutet viel Anstrengung.

Samarpan: Hallo.

Fragender: Ich hätte gern deinen Rat, aber meine Frage ist zum Teil schon in deinen einführenden Gedanken beantwortet worden.
Viele Menschen, die hier nach vorn kommen, vielleicht die meisten von ihnen, haben Beziehungsprobleme. Ich war auch zehn Jahre lang im Klub der gebrochenen Herzen, habe aber mit niemandem darüber gesprochen. Dann traf ich dich vor drei Jahren hier im Satsang und erzählte unter Tränen meine Geschichte. Ich hielt sie für eine sehr traurige Geschichte und dann sagtest du mir, es sei eine wunderschöne Liebesgeschichte. Ich brauchte zwei Jahre, um das zu verstehen, aber letztendlich habe ich das bis zu einem gewissen Grade verstanden – glaube ich. Jetzt habe ich angefangen wieder mit Menschen zu sprechen, wenn auch noch nicht über dieses Problem. Sie sprechen jetzt auch mit mir, und manchmal teile ich mit jemandem ein Lächeln, das wirklich von Herzen kommt. So habe ich herausgefunden, dass das alles ist, was ich brauche, um meine Probleme loszuwerden – und habe diesen Klub verlassen.

Wäre es gut, so weiter zu machen, um tiefer in die Dinge einzusteigen und einen gewissen Sinn zu finden, durch Yoga, Meditation, um mich selbst mehr zu finden? Ich bin nämlich sicher, dass ich mich noch nicht gefunden habe.

S.: Bist du sicher, dass du noch nicht gefunden hast?

F.: *Ich glaube nicht, aber ich weiß es nicht – das ist meine Frage.*

S.: Was ich in diesem Moment in dir sehe, ist Frieden.

F.: *Ja, mit Sicherheit habe ich meine Freiheit, meinen Frieden gefunden.*

S.: Und das hat kein Ende. Da ist noch mehr Freiheit, mehr Frieden, das wird immer tiefer und weiter.

F.: *Muss ich dafür irgendetwas tun?*

S.: Sag du mir das!

F.: *Es gibt verschiedene Möglichkeiten, Verschiedenes zu finden.*

S.: Du hast schon gefunden.

F.: *Vielleicht kann ich ja noch mehr finden. (Lachen)*

S.: Wenn du schon gefunden hast, geht es nur darum, noch mehr innezuhalten, dich noch mehr in dich selbst hinein zu entspannen. Du kennst schon den Frieden dieses Moments. In diesen Frieden kannst du dich einfach noch mehr hinein entspannen. Du brauchst keine neuen Techniken, um dich in denselben Frieden zu bringen.

F.: *Es waren keine Techniken, es war einfach dieses Lächeln, das ich von Menschen empfangen habe, das war alles.*

S.: Es war noch nicht einmal das. Irgendwie ist in diesem Lächeln, diesem Wiedererkennen, einfach Gott, der Gott ansieht. Das ist das Wiedererkennen, das berührt etwas tief innen, und dieses Etwas war immer da, es ist nicht neu, es ist dein eigenes Selbst – sehr vertraut. Es war vielleicht für einige Zeit überdeckt. Aber du hast nichts Neues entdeckt.

F.: *Nein.*

S.: Etwas sehr Altes, etwas, das du schon dein ganzes Leben lang kanntest, schon als Kind.

F.: Ich könnte nicht sagen, ich bin dem begegnet oder ich kannte es oder ich kann darüber sprechen.

S.: Nein, mit Sicherheit nicht. Kannst du überhaupt jetzt darüber sprechen?

F.: Nein, ich kann nicht über mein Selbst sprechen.

S.: Das stimmt. Das ist verzwickt, denn du sagst: „Ich weiß nicht, ob ich weiß bzw. ob ich es kenne."

F.: Ja, dies.

S.: Das ist sehr gut, denn das ist die Wahrheit. Der Verstand kann es nicht wissen. Da ist niemand, der wissen könnte, trotzdem sehe ich das Wiedererkennen und den Frieden. Ich sehe, dass du zuhause bist und ich sehe, dass du immer wieder zum Satsang kommst, denn das nährt dieses. Nicht, dass du Fragen hättest oder dass etwas fehlen würde oder du nach etwas suchst.

F.: Das war der Rat, um den ich dich gebeten habe.

S.: Entspanne einfach mehr in dich selbst hinein, das ist alles. Du brauchst keine Technik, du brauchst keine Methode, du brauchst in Wirklichkeit gar nichts. Du brauchst noch nicht einmal ein Lächeln.

F.: Ich genieße gerade dein Lächeln.

S.: Ja, das tun wir, und wir sehen es überall. Wir sehen, dass die Bäume zurücklächeln, dass die Vögel für uns singen und dass der Ozean ein Schlaflied singt.

F.: Das stimmt, das kann ich sehen. Das meinte ich mit „Lächeln". Es ist nicht immer etwas Persönliches mit Menschen, es ist auch der Ozean, die Natur.

S.: Wenn du das einmal erkannt hast, siehst du es überall, und dieses Wiedererkennen geht immer weiter. Es wird immer tiefer. Wunderschön. Siehst du, das gebrochene Herz hat dich hierher gebracht.

F.: Ja, vor drei Jahren, per Zufall. Wovon du sprichst, geschieht einfach – ich weiß nicht, ich hatte gar nicht vor, zum Satsang zu kommen.

S.: Diese glücklichen Zufälle – das Leben ist voller glücklicher Zufälle.

F.: Ja, ich denke, es war ein glücklicher Zufall.

S.: Ja, ein glückliches Leben. Wunderschön.

F.: Danke.

Fragender: Was du am Anfang gesagt hast, war sehr schön. Und was da bei mir hochkam: Was ist der Grund für dieses Drama? Ist es so, wie Osho oft gesagt hat, dass der ernsthafte Mensch alle Lebensbereiche übernommen hat, so dass es Ausbeutung ist? Dann gäbe es keinen Grund, das Drama auszuagieren...

Samarpan: Ist das deine Erfahrung? Ich brauche keine Osho-Zitate von dir; aber wenn es deine Erfahrung ist, kann ich es akzeptieren.

F.: Ich sehe, dass es durch die Programmierung zu vielen Illusionen kommt.

S.: Okay. Kannst du mir also mal sagen, was im Leben Illusion ist und was nicht?

F.: Das, was von nichts abhängig ist, ist keine Illusion.

S.: Warte mal! Hier sind wir auf der richtigen Spur. Was ist deine Beziehung zu *dem*, das keine Illusion ist?

F.: Ich mag es.

S.: Ja, sehr gut, eine sehr gute Antwort. Ja, wir fangen an, *dies* zu lieben! Und wir überspringen das Allerwichtigste und halten uns bei etwas auf, was weniger wichtig ist. Das, was wir lieben, das ist real! Warum sollten wir dann über so etwas wie Gründe sprechen? Was haben Gründe mit *dem* zu tun? Hat *dies* irgendeinen Grund?

F.: Nein, aber es will leben.

S.: Nein, nein, nein – nein! Es will überhaupt nichts.

F.: Das ist meine Frage.

S.: Okay.

F.: Als du am Anfang gesprochen hast, war da auch eine Lust auf Leben, eine Lust auf Kreieren.

S.: Das Leben findet Lust an sich selbst. Das ist die Natur des Lebens, es hat Lust auf, an und in sich selbst. Das Leben will leben, das Leben will Babys machen, weitergehen, überleben und all das.

F.: Meine Frage ist: Du hast oft gesagt, dass das Universum einen Anfang hatte, es hat eine Zeitlang Bestand und es wird ein Ende haben, also ist nichts wichtig. Das Leben hat keine Bedeutung. Als wäre diese Energie, dieses Leben alles, was wir haben.

S.: Ich habe keine Ahnung. Das ist die Antwort. Ich habe keine Ahnung. Wen kümmert das?

F.: Nein, nein, nein.

S.: Ja, ja, ja. Wir versuchen, *das* zu verstehen. Das Leben. „Warum? Warum? Warum ist das so?"

F.: Nein, das führt zu verschiedenen Haltungen. Eine Haltung ist, dass du beobachtest, aus einer gewissen Distanz...

S.: Es ist für mich überraschend, wie du von hier kommen kannst – und du bist hier, ich kann sehen, dass du das schmecken kannst, und wie du dann so viel Mist erzählen kannst! Keine Ahnung, wie das möglich ist. Das ist ein Wunder.

F.: Weil ich sprechen muss, damit du verstehen kannst.

S.: Warum? Mir ist Verstehen egal, ich will nicht verstehen.

F.: Aber du hattest gefragt, warum dieses Drama vor sich geht?

S.: Habe ich das?

F.: Ja. „Weiß irgendjemand den Grund, warum dies geschieht?"

S.: Niemand kann das herausfinden. Das kann nicht verstanden werden.

F.: Aber wir haben Mythen darüber.

S.: Ich weiß, wir haben alle möglichen Theorien, Philosophien, wir haben Bibliotheken voller Bücher darüber.

F.: Will Gott ein anderes Spiel? Du hast gesagt, dass dies ein Spiel ist. Die Dinge sind verschieden, mal schön, mal brutal, unfair, das ist das Spiel. Man kann also einfach dabei bleiben: Okay, es ist brutal, okay, das war's, und kann wieder still sein.

S.: Du kannst nicht in der Stille sein, indem du den Verstand zufrieden stellst, aber das versuchst du. Der Verstand wird nie zufrieden sein, da wird immer noch irgendetwas sein. Irgendwann musst du innehalten und sagen: „Okay, ich weiß nicht." Das ist es, was Osho sagte: „Die größte Nähe liegt im Nicht-Wissen." Das ist die Nähe. Sich im Verstand zu drehen, verschafft uns keine Nähe. Das bringt uns nicht näher zur Wahrheit, das bringt uns immer weiter weg.

Aber du *bist* schon hier. Warum kannst du denn nicht aufhören?

F.: *Das kann ich, kein Problem.*

S.: Hör einfach auf! Sei hier! Du bist so schön, du musst nirgendwo hingehen.

F.: *Das weiß ich, das ist nicht die Frage.*

S.: Deine Frage führt zu nichts, verstehst du? Deine Frage fügt *dem* nichts hinzu. Sie trägt nichts zur Schönheit bei, sondern führt uns vom Frieden weg. Sie bringt uns Krieg, einen Konflikt.

F.: *Das ist die Frage: Warum sollte Krieg nicht Teil vom Frieden sein? Jesus ist gestorben und wollte vom Kreuz herunter und jede Kirche...*

S.: Wie kann das sein? Wie ist das bloß möglich?

F.: *Gott ist auch...*

S.: Bitte nichts mehr, bitte nicht. Ich will mich nicht mehr quälen und die Leute hier auch nicht. Das führt zu nichts, es führt nur immer im Kreis herum. Der Verstand rennt immer nur im Kreis. Du kannst dich damit verrückt machen. Ich lade dich ein, hier zu sein, einfach nur hier zu sein. Hier ist nichts falsch, hier fehlt es an nichts. Du kannst einfach hier sein. Du bist wunderschön. Wenn du aber dem Verstand Energie gibst, machst du dich selbst verrückt und alle um dich herum auch.

F.: *Es ist sehr interessant, wie der Verstand funktioniert. – Okay, ich verstehe. Sehr interessant... Okay.*

S.: (Lacht) – (Lachen) – (Stille)

F.: *Aber der Verstand wird auch klarer, und das ist kein Blödsinn.*

S.: Der Verstand wird nicht erleuchtet. Das ist der Punkt. Klarheit kommt nicht vom Verstand. Die Klarheit kommt von hier, und dann versucht der Verstand, sie in Besitz zu nehmen, zu kontrollieren; das ist verrückt und sehr gefährlich. Tu das nicht. Du tust dir selbst damit keinen Gefallen. Sei einfach hier, du bist wunderschön, es ist gut.

Es ist gefährlich. Wenn du versuchst, diese Gottes-Erfahrung mit dem Verstand zu übernehmen, wird das zu einem Verhängnis führen. Es macht dich verrückt, es macht sehr merkwürdiges Zeug mit deiner Psyche. Wenn du einmal die Wahrheit entdeckst – dann halte an! Versuche nicht zu verstehen, versuche nicht, Gott in Besitz zu nehmen! Versuche nicht, Gott für irgendetwas zu benutzen! Wie wir das auch immer versuchen, es ist falsch. Halte einfach an! Wenn sich der Verstand der Wahrheit beugt und sagt: „Okay, ich gebe auf, ich weiß es nicht", dann ist da Frieden. Solange der Verstand versucht, es zu verstehen, zu durchschauen, zu arrangieren, zu besitzen, ist da kein Frieden, das ist nicht möglich.

F.: Dann ist da die Frage: Gibt es eine persönliche Seele oder nur kollektives Bewusstsein, oder kristallisieren sich individuelle Seelen im Bewusstsein heraus?

S.: Ich weiß es nicht. Ich habe keine Ahnung von all diesem Mist. Es gibt dicke Bücher voller esoterischem Mist.

Ich muss mich wiederholen, denn du hörst mich nicht: Es ist nur der Verstand, der das alles weiterhin verstehen will und du gibst dem Energie, und ich sage dir, dass das gefährlich ist. Es führt zu nichts, du bewegst dich in die falsche Richtung. Die richtige Richtung ist mehr in dir zur Ruhe zu kommen, statt alles über die Seele und den dritten Körper und den zwölften Körper und all dieses Blabla herausfinden zu wollen... Das macht alles keinen Sinn.

F.: Wie sollte man mit dem Willen umgehen?

S.: Sei einfach still, so sollst du mit dem Willen umgehen. Wenn du still bist, ist da kein Wille.

Ich sage dir, sei einfach hier. Gut?

F.: Okay.

Fragende: *Mir ist das mit dem Reden so unangenehm, weil du gesagt hast, du hörst immer so viel Gerede.*

Samarpan: Oh, mach dir deswegen keine Sorgen.

F.: Ich teile so gern alles Mögliche mit anderen. Das berührt mich auch, so wie jetzt. Denkst du, das birgt auch die Gefahr in sich, sich damit verrückt zu machen?

S.: Es ist alles das Gleiche, wir befinden uns einfach an verschiedenen Stellen entlang des gleichen Kontinuums. Die gesamte Menschheit ist in den Verstand gegangen. Auf irgendeine Art sind wir alle verrückt. Das ist eine falsche Identität, und je mehr du dich einfach in dich selbst hinein entspannst, desto weniger ist dir nach Reden, denn du erkennst, dass das nur eine Geschichte ist, „*meine* Geschichte": „*Meine* Geschichte über *meinen* Mann und *mein* Kind"... (Lacht)

F.: Aber was gibt es dann, worüber man reden kann?

S.: Nichts, das ist es ja. (Lacht)

F.: Aber ich kann nicht immer sagen: „Ich liebe dich, ich liebe dich, ich liebe dich, es ist so wunderschön", oder?

S.: (Lacht) Nein, du wirst weiter Geschichten erzählen, und das ist in Ordnung. Einer *muss* es tun. (Lachen)

F.: Ich habe einen so schlauen Verstand. Wenn ich morgens aufwache, fragt er mich: „Was ist Zeit?" oder etwas Ähnliches und dann legt er los.

S.: Das ist die schlimmste Art Verstand, der spirituelle Verstand. Das ist ein wirklich Verzwickter, denn er stellt „so richtig gute esoterische Fragen".

F.: Und dann lese ich etwas und kann nicht aufhören. Das ist wie eine Droge. „Oh, dieses Buch ist so interessant!" – Aber ich kann sehen, dass mich das von hier wegtreibt.

S.: Es treibt dich von hier weg, das stimmt.

F.: Und ich sehe das in jedem Moment.

S.: Gut, es ist gut, das zu sehen.

F.: Sollte ich damit aufhören? – Ich weiß, ich sollte nicht so viel lesen, aber...

S.: Tu es einfach mit Aufmerksamkeit. Schenke dem Aufmerksamkeit, wie es sich anfühlt: Wie fühlt es sich an, wenn du liest, und wie, wenn du aufhörst? – Das ist alles, was ich jemals getan habe: Ich habe gelesen, dann habe ich aufgehört, und dann war da: „Oh, das ist interessant, es fühlt sich gut an aufzuhören". Und dann habe ich natürlich noch ein bisschen weiter gelesen. Dann habe ich wieder aufgehört. Wir lehren uns selbst, indem wir es einfach bemerken. Du bemerkst, wie es sich anfühlt, wenn du jemandem eine Geschichte erzählst, und wie, wenn du einfach in dir selbst ruhst. Das ist das wahre Lernen, das ist das wahre Klassenzimmer. Es geht nicht darum, Samarpan zuzuhören und dann etwas anders zu *machen*. Du musst experimentieren, *du* musst es herausfinden. Du musst es herausfinden, indem du Geschichten erzählst und vielleicht auch zwischendurch still bist und siehst, wie sich das anfühlt. Fühle einfach die Sonne.

F.: Und wenn ich z.B. eine Blume leuchten sehe, dann versuche ich einfach nicht, es zu verstehen?

S.: Das ist interessant. Du siehst eine Blume und es berührt dich.

F.: Auch wenn ich dich jetzt sehe.

S.: Ja. Die Blume zu durchschauen, fügt dem nichts hinzu. Es macht sie nicht schöner – eher im Gegenteil. Wenn du darüber nachdenkst, geht die Magie verloren. So lernen wir. Du siehst den Sonnenuntergang: „Oh, wow", und dann fängst du an, die Farben zu analysieren und die Reflexionen zu verstehen und was für eine Art Wolken da sind, und dann bist du nicht mehr in diesem Moment.

F.: Aber ich erlebe das schon seit Jahren. Es ist so, als könnte es mich verschlingen, wie: „Gleich werde ich verloren gehen."

S.: Ja, geh verloren, lass dich verschlingen! Ja, lass dich vom Sonnenuntergang, von den Blumen verschlingen! Darum geht es. Das ist der Punkt: Wir rennen in den Verstand, um irgendwie sicher zu sein, um die Kontrolle zu behalten, um nicht verschlungen zu werden.

F.: Oder mich um mein Kind kümmern, damit es möglichst sicher ist. Denkst du, ich kann es nicht sicher machen?

S.: Du kannst das so gut machen, wie du kannst, und es wird weiter so kommen, wie es kommen wird. Das Leben sorgt für sich selbst. Wir bekommen viel Hilfe. Die gute Neuigkeit ist, dass du es nicht tun musst.

F.: Ich versuche es, so gut ich kann.

S.: Ja, mach es so gut du kannst, und dann entspann dich einfach.

F.: Gut, danke.

❧❧❧❧❧❧❧❧❧

Fragende: *Du sagst die ganze Zeit: „Der Verstand ist schlecht, folge ihm nicht...“*

Samarpan: Das habe ich nie gesagt, aber ich verstehe, was du sagst.

F.: Ich stimme damit überein. Es ist nicht gut, die ganze Zeit im Verstand zu sein, aber wie kann ich Pläne machen, ohne im Verstand zu sein, wie kann ich meine Ziele erreichen, ohne darüber nachzudenken? Wie kann ich ohne meinen Verstand erfolgreich sein?

S.: Von was für Zielen sprechen wir?

F.: Vielleicht berufliche oder...

S.: Was ist im Moment dein Hauptziel?

F.: Im Moment ist es, mit mir selbst verbunden zu sein und zu lernen, bedingungslose Liebe zu leben.

S.: Und alles andere kümmert sich um sich selbst. Wenn das dein Hauptziel ist – kein Problem. Das heißt, Gott an die erste Stelle setzen. Das ist sehr gut. Der Beruf, Beziehungen und alles andere im Leben geschehen einfach, und zwar in diesem Kontext. Du brauchst also keine anderen Ziele.

F.: Und ich muss nichts tun?

S.: Wir tun etwas, einfach weil da Lust ist, es zu tun, aber du kannst dich nicht selbst dazu bringen, etwas tun zu *wollen*. Da kommen wir immer in Schwierigkeiten. „Ich denke, ich sollte das tun wollen.“ Das kannst du nicht tun. Wenn du aber Lust hast, etwas zu tun, dann ist es das Leben, das etwas tun will, und du willst dazu einfach nicht nein sagen. Und es gibt auch keinen Grund, dazu nein zu sagen. Dahinter verbirgt sich das Göttliche. Schau, das ist etwas anderes als *mein* Plan, *meine* Idee, *mein* Leben. Wenn du auf das Göttliche eingestimmt bist, kannst du einfach Gottes Plan geschehen lassen, dann musst du dir wegen nichts Sorgen machen.

F.: Aber manchmal mache ich mir Sorgen, manchmal kommen meine Ängste und nehmen überhand, manchmal denke ich, Gott hätte mich vergessen oder ich vertraue nicht.

75

S.: Ja, das kommt vor. Selbst Jesus am Kreuz ist das passiert. „O Mist, ich habe es nicht richtig gemacht. Gott hat mich verlassen."

F.: Erzähl mir nicht so was!

S.: Doch, so ist es. Wir kennen alle diese Erfahrung. Aber auch wenn es sich mal so anfühlt, ist es nicht möglich! Gott kann dich nicht verlassen, du bist nämlich Gott! Es gibt keine Trennung, es gibt die Möglichkeit der Trennung nicht. Aber es gibt viele Möglichkeiten, sich getrennt oder verlassen zu fühlen. Wenn also Angst kommt, heiße sie einfach willkommen, und die Angst wird dich wieder hierher zurückbringen. Sie bringt dich nach Hause. Wenn du dich getrennt fühlst, fühle dich einfach getrennt. Im Gefühl des Getrenntseins erkennst du, dass es gar keine Möglichkeit gibt, getrennt zu sein. Finde es selbst heraus. Habe das Gefühl von Getrenntsein und entspann dich einfach da hinein.

Das ist wirklich der Punkt, das Thema für uns alle. Das ist so interessant. Wir haben Erfahrungen, sie sind Teil des Lebens. Um herauszufinden, dass das Leben nichts als Illusion ist, müssen wir die Erfahrungen nur willkommen heißen. Die Erfahrungen werden das für uns tun, die Erfahrungen werden es uns beibringen. Das Leben lehrt uns die ganze Zeit durch alle möglichen Erfahrungen.

Gestern bekam ich eine Cranio-Sacral-Behandlung, und zwar in der so genannten Pyramide. Da gibt es kein Fenster, also mussten wir die Tür offen lassen, und da kamen lauter Fliegen rein. Es war etwas warm, ich schwitzte, also landeten die Fliegen auf mir, insbesondere auf meiner Lippe. Es war eine erstaunliche Erfahrung, so intensiv. Ich dachte, ich halte es nicht aus, so intensiv war es. Danach sprach ich mit der Frau, die mich behandelt hatte, und sie sagte: „Ja, das ist das Ende des Meridians, der durch deinen ganzen Körper verläuft." Es war, als ob mich die Fliege akupunktiert hätte! (Lachen) Und sie kam immer wieder zur gleichen Stelle zurück.

So macht es das Leben, es beschert uns verschiedenste Erfahrungen, immer das, was gerade benötigt wird. Wenn wir erst einmal begriffen haben, dass uns das Leben hilft und wir nichts falsch machen, dann können wir diese Erfahrungen einfach willkommen heißen. Je mehr wir sie willkommen heißen, desto tiefer gehen wir ins Jetzt, denn jede Erfahrung bringt uns hierher.

F.: Ja. Danke.

Samarpan: Willst du kommen? – Dann komm! Wir haben Zeit.

Fragende: Ich könnte nur noch weinen, ich weiß nicht warum. Letztens im Satsang in Köln war der Körper auf einmal nur noch die äußere Form und da war niemand mehr. Das war noch mehrere Tage so. Dann hatte ich eine ambulante Operation unter Vollnarkose und dann war es vorbei. Jetzt sitze ich hier und es ist wieder so nahe, und ich habe das Gefühl, ich löse mich auf. (Weint) – Aber warum weine ich? Ich kann die Tränen nicht anhalten. Ich fühle weder Traurigkeit noch Schmerz und keine Freude. Mir ist eigentlich auch nicht nach Reden. Ich bin nicht mehr „ich"! Etwas löst sich auf.

S.: Ja, einfach Auflösung. Alle Illusionen lösen sich auf.

F.: All die Geschichten, da ist keine Geschichte mehr, da ist nichts.

S.: (Lacht)

F.: Da ist nichts.

S.: Du kannst es dir nicht vorstellen: Das ist der Punkt. Der Verstand kann es sich nicht vorstellen. Er versucht es sich vorzustellen, er stellt sich alles mögliche komische Zeug vor, aber er kann sich nicht vorstellen, wie das Leben ohne eine Geschichte ist, das kann er nicht, das ist nicht möglich. Es ist nicht so, wie der Verstand es sich vorstellt.

F.: Im Moment kann ich mir überhaupt nichts vorstellen. Da sind nur Tränen.

S.: Lass die Tränen kommen.

F.: Aber es sind so viele!

S.: Ja, das ist in Ordnung, ein Meer von Tränen.

F.: Ich denke, ich sollte einen Grund dafür haben, aber ich kann keinen finden. (Weint)

S.: Es ist ganz normal zu weinen, wenn du nach Hause kommst.

F.: Ich dachte, es würde wunderschön sein. (Lacht) – (Weint) Ich war so lange weg. (Weint weiter, dann lange Stille.)

DIE GESEGNETE TYRANNEI
DES GÖTTLICHEN

Samarpan: Willkommen beim Satsang. Worüber wollen wir sprechen? – Nähe?

Das ist zu einfach. Diese Nähe, nach der es jeden hungert und die wir überall suchen und nirgends finden können. Das ist ein Witz! – Es ist die Nähe zu euch selbst.

Ich habe heute einen Brief von einer Frau bekommen. Die Briefe, die wir uns schicken, sind sehr wild und verrückt. Es ist einfach *dies*, dieses Lied, dieser Tanz mit dem Göttlichen, diese trunkene Liebesgeschichte. Und sie schreibt: „Weißt du, ich liebe einfach mich selbst." Ja, das ist die Nähe. Es gibt keine andere Nähe, nichts kann das ersetzen. Das ist verzwickt, denn manchmal berühren wir das in den Armen eines oder einer Geliebten. Das geschieht nicht oft, aber doch oft genug, dass wir dadurch verwirrt sind und glauben, es hätte etwas mit dem Partner oder der Partnerin zu tun, aber das hat es nicht. Es wird einfach durch diese geheimnisvolle Magie ausgelöst. Wir verlieben uns in die Liebe, wir verlieben uns in uns selbst, und wir erleben diese überwältigende Nähe.

Das geschieht auch mit anderen Dingen, z.B. oft mit Wünschen: Wenn wir total hinter etwas herjagen, all unsere Energie in die Verfolgung dieses Ziels stecken und bekommen, was wir wollten, dann ist da eine riesige Freude und Frieden. Wir denken, das hätte damit zu tun, dass wir bekommen haben, was wir wollten, aber in Wirklichkeit ist es genau das Gegenteil. Der Verstand hört nur auf zu wollen. Für einen Moment hört das Wollen auf und wir sind einfach glücklich. Wir sind voller Freude. Das hat nichts mit dem zu tun, was wir bekommen haben, sondern es hat mit dem Gefühl des Wollens zu tun. Es hat mit dem Anhalten des Denkens zu tun. Wenn das anhält, ist da eine natürliche Ekstase, eine grundlose Freude. Das ist einfach unsere Natur. Diese Nähe ist unsere Natur. Nichts kann uns das geben und nichts kann uns das nehmen. Es ist unser Geburtsrecht.

Wenn du die Gedichte von Kabir liest, ist da so viel Nähe, Erotik, Wildheit, das ist überwältigend. Er spricht nur von seiner Beziehung zu Gott, der Beziehung zu sich selbst – was für Beschreibungen des Geliebten! Wir erwarten, dass das ein Mann oder eine Frau für uns bewirkt. Und wir werden immer wieder enttäuscht, denn keine Partnerin, kein Partner kann das für uns tun. Das ist nicht möglich. Partner sind einfach menschliche Wesen.

Wenn sich zwei Menschen näher kommen, passiert es am Anfang manchmal, dass der Verstand anhält. Wir erleben dann diese Flitterwochen von Nicht-Denken und meinen natürlich, das hätte etwas mit dem Partner zu tun. Wenn die Flitterwochen vorbei sind, denken wir, mit der Partnerin würde etwas nicht stimmen, sie hätte sich geändert – es ist die gleiche Partnerin, es hat sich nichts geändert. Es ist nur, dass der Verstand wieder losgelegt hat. Und wenn der Verstand aktiv ist, gibt es keine Nähe, keinen Frieden, nur diesen Hunger, diese drängende Sehnsucht nach etwas im Außen. Das wird nie befriedigt. Wenn du also einmal das Geheimnis kennst, wo du die Nähe findest, dann ist es egal, ob mit dem Partner alles gut ist – wenn einfach mit dir alles gut ist. Die Nähe ist deine, sie ist hier, immer. Die Geliebte wartet auf dich.

Ich habe eine Freundin, die in ihren E-Mails ekstatische Erfahrungen beschreibt, solche Freude, dass es schon fast schmerzt. Da ist kein Partner und kein Raum für einen anderen bei einer solchen Nähe. Einmal sagte sie, dass sie versucht hat, einen normalen Tag zu haben, die üblichen Sachen zu erledigen, die sie früher auch gemacht hat – Cello spielen, Hausarbeit machen, aber sie konnte nichts tun. Die Geliebte ist manchmal so fordernd, das Göttliche will einfach deine totale Aufmerksamkeit, es lässt dich nicht in Ruhe. Was für eine gesegnete Tyrannei!

Diese Nähe – das ist es, wonach dich hungert. Das Geliebte, das dich nach Hause ruft.

Fragende: Hallo. Ich fühle mich gerade so, als ob ich auseinander fallen würde.

Samarpan: Hier ist ein guter Ort dafür.

F.: Ich habe das Gefühl, etwas will geschehen, und ich weiß nicht, was. Und dazu habe ich ein paar Fragen. Eine ist: Viel meiner Aufmerksamkeit geht in meinen Körper. Er hat jeden Tag wieder andere Empfindungen. Vielleicht nehme ich das zu ernst, ich weiß nicht. Dahinter ist die Gefahr, ernsthaft krank zu werden.

S.: Und – wenn du ernsthaft krank wirst, was geschieht dann?

F.: Dann ist da wieder die Angst vor dem Tod.

S.: Aha, da kommen wir auf den Punkt. (Stille)
Ja, schließ die Augen und heiße das einfach willkommen. Entspann dich
einfach hier, sei still, lass es dich ganz umgeben. Entspanne einfach in der
Mitte davon. Da ist kein Gedanke, kein Glaubenssatz, keine Einstellung,
einfach nur dieses Gefühl.
Sag mir, wie das ist. (Stille)

F.: Keine Angst.

S.: Was ist hier? Wie ist es hier? (Stille)

F.: Im Moment Stille, und dann verschiedene Ideen.

S.: Ja, da ist Stille und die Tendenz, nach Ideen zu suchen. Aber Ideen
können das nicht berühren, sie können die Stille nicht stören. Du kannst
also ganz einfach wieder zur Stille zurückkehren und dich in sie hinein
entspannen und sie erforschen. Ist da eine Stelle, wo die Stille aufhört und
etwas anderes anfängt? Ist da eine Trennung zwischen dir und der Stille?
Fehlt hier irgendetwas? – Dies ist dein Zuhause, dies ist die Wahrheit dessen, was ist, wer du bist. Niemand ist hier. Keine Idee kann dies durchdrin-
gen, nichts kann das stören und nichts kann dem etwas hinzufügen. (Stille)
Hier wird niemand geboren und niemand stirbt. Hier sind Geburt und Tod
bedeutungslos. Du warst immer hier. Und jedes Gefühl kann dich hierhin
bringen. In der Mitte jedes Gefühls ist immer das Hier, diese unendliche
Stille. (Stille)

*Fragender: Ich habe dich heute Morgen gesehen, als du Energie geladen
zu deinem Spaziergang aufbrachst.*

Samarpan: (Lacht) Ja, als ich dir in der Einfahrt begegnet bin, war ich
nicht in freundlicher Laune. Ich wollte dich nicht grüßen und diese wunderschöne Energie zerstören.

F.: Ich habe gefühlt, dass da so etwas los war.

S.: Ja, es war enorm. (Lacht)
Das ist das andere, unsere soziale Konditionierung, dass wir Leute auf
bestimmte Art grüßen sollten, dass wir den Leuten jedes Mal einen guten

Tag wünschen sollten. Das ist einfach normal. Jeder tut das, denn so gehört es sich und wir erkennen nicht, was das für eine Qual ist, bis wir anfangen, authentisch zu sein. Manchmal will ich meiner Frau keine gute Nacht wünschen. An ihr ist nichts verkehrt, ich bin nicht wütend, es ist nichts im Busch, ich will nur einfach nicht „gute Nacht" sagen.

F.: Wenn meine Freundin wie eine Zweijährige einen Wutanfall hat und anfängt, mich zu treten, dann ist da auch immer ein Zweijähriger in mir, der zurücktreten will, und dann ist da das etwas ältere Kind, das sagt: „Nein, aufhören". Ich höre schon, wie du sagst: „Sei authentisch", aber gleichzeitig habe ich das Gefühl, ich will da nicht zu weit gehen.

S.: Ich ziehe die Grenze bei körperlichen Verletzungen. Ich will andere Körper nicht verletzen, und ich lasse niemanden meinem Körper etwas antun. Gleiches gilt für die Beschädigung von Dingen. Das hat einfach keinen Sinn. Ich muss meinen Computer nicht kaputtschlagen, um meiner Frau zu beweisen, dass ich wütend bin. Ich komme ganz gut ohne Beschädigungen und Verletzungen aus. Ich schreie übrigens auch nur äußerst selten jemanden an. Es hat dann mehr Wirkung, wenn ich schreie, denn ich schreie wirklich nur heraus, worum es geht. Ich schreie dann nicht tausend Sachen, ich spiele nicht den Polizisten für die ganze Welt, ich versuche nicht, die Welt meinen Ideen entsprechend zu ändern. Da ist dieses Gleichgewicht, entspannt zu bleiben, die Dinge sein zu lassen, wie sie sind – wo könnten wir die Grenze ziehen? Manchmal ist eben etwas da wie: „Nein, das ist nicht in Ordnung!" und dann kommt der Löwe raus, und das alles macht Spaß.
Was geht zwischen dir und deiner Freundin vor sich?

F.: Ich denke, ich habe bewusst einen körperlichen Kampf herbeigeführt, aber irgendwie spielen wir nur Kämpfen. Das kennen wir schon, aber jetzt hat sie mehr körperliche Stärke entwickelt und so ist der spielerische Kampf vielleicht mehr ein Ausdruck ihrer Frustration. Ich fühle das und will das nicht noch schlimmer machen.

S.: Ich kann meine Partnerin nicht zu einem bestimmten Verhalten veranlassen, das ist nicht möglich. Sie wird immer so sein, wie sie ist. Und sie kann mich auch nicht zu einem bestimmten Verhalten bringen, denn ich werde immer genau so sein, wie ich bin. Ich bin gern, wie ich bin, und will noch mehr sein, wie ich bin. Es macht Spaß, so zu sein. Wenn wir einfach die Wahrheit sagen, wird sich Respekt entwickeln. Wenn ich Zweifel daran habe, dass ich sein darf, wie ich bin, wird meine Partnerin darauf reagieren und diese Zweifel ans Tageslicht bringen. In Wirklichkeit geht es meistens um Selbstzweifel, wenn man sich streitet. Selbst Partnerschaft dient uns also dazu, uns unsere Selbstzweifel zu zeigen. Wenn du das als einen Hinweis annimmst und einfach nach innen gehst und den Zweifel fühlst, die Schuldgefühle fühlst, dich schlecht fühlst, dich falsch fühlst, dann findest du in den Gefühlen die Kraft. Du findest die Akzeptanz in der Mitte der Gefühle und beziehst daraus deine Kraft. Das Leben ist wundervoll darin, wie es uns lehrt. Alles, was das Leben mir beschert, lehrt mich, ich zu sein.

F.: Es ist eine Einladung.

S.: Genau, es ist eine Einladung. Wir denken, bei Partnerschaft ginge es nur um Vergnügen, aber in Wirklichkeit ist das unser Lernfeld. Partnerschaft lehrt dich, der kraftvolle Mensch zu sein, der du bist. Du kannst das alles in dir finden, die Kraft und die Klarheit und das, was unbewegt bleibt.

F.: Danke.

Samarpan: Hallo.

Fragende: Mir geht es um Angst. Angst vor dem Autofahren; Angst davor, dass ich körperlich nicht schaffe, was gerade getan werden muss; dass mein Herz verrücktspielt, wenn ich unterwegs bin, und dass ich es nicht mehr nach Hause schaffe.

S.: Aufregend, oder?

F.: Sehr aufregend. Es gibt Momente, in denen ich der Todeserfahrung nahe komme, dann denke ich, ich kann damit ganz entspannt umgehen, aber mir fällt auf, wie groß meine Angst in solchen Situationen ist.

S.: Ja, beeindruckend, nicht wahr? Wie erlebst du das, wenn du total in der Angst bist und dich völlig unfähig fühlst, als ob sich im Kopf alles nur noch dreht?

F.: Ich fühle es körperlich. Wenn ich im Bett liege, ist selbst der Gang zur Toilette wie eine Weltreise. Ich bin gelähmt.

S.: Ja, das ist wirklich spannend. So ist das Leben. Manchmal ist der Gang zur Toilette... (Lachen) ... das aufregendste Abenteuer der Welt. Ja, so ist es.

F.: *Aber wenn ich nicht zuhause bin, könnte ich schreien, aber das traue ich mich dann nicht. Dann gehe ich nach innen, mache mich ganz klein und hoffe, dass es bald vorbei ist.*

S.: Das ist etwas, was du machen kannst, kein Problem. Es gibt aber auch noch vieles andere, was du mit dieser starken Erfahrung machen kannst. Du kannst einfach zittern, du kannst weinen.

F.: *Am Flughafen?*

S.: Das könnte Aufsehen erregen. (Lacht) Leute könnten sich durch dein Weinen gestört fühlen.
Eine Frau hat mir erzählt, dass es für sie sehr schwer war, mit dem Flugzeug zu fliegen. Wenn sie zum Flughafen kam, war sie so gelähmt, dass sie den Flug verpasste, obwohl sie viel Zeit hatte. Sie wurde nämlich völlig blind und konnte die Schilder nicht erkennen. Sie konnte nicht herausfinden, von wo das Flugzeug startete.
Das ist alles sehr interessant. Ich habe zu ihr gesagt, kein Problem, organisiere dir doch einen Rollstuhl und jemanden, der dich durch den Flughafen schiebt und ins Flugzeug setzt. (Lachen) Bei so etwas ist nichts wirklich ein Problem. Das sind einfach Erfahrungen. Wenn wir aufhören, gegen sie anzukämpfen, und anfangen, sie einfach zu genießen, wird das Leben sehr aufregend und abenteuerlich.
Ich finde, es ist toll, dass du hier bist. Das bedeutet, dass du deinen Ängsten nicht gestattest, dich vom Spaß abzuhalten.

F.: *Da gibt es noch eine andere Angst. Wenn eines meiner Kinder – sie sind schon erwachsen – zu einer bestimmten Zeit zuhause sein soll und nicht pünktlich ist, kommt diese andere Angst, dass ich etwas verliere, dass ich meine geliebten Kinder verliere.*

S.: Mit solchen Ängsten gehe ich anders um. Wir können uns nämlich alles Mögliche vorstellen. Wenn jemand fünf Minuten nach der ausgemachten Zeit noch nicht zuhause ist, stellen wir uns vor, dass er einen Autounfall hatte, dass er im Krankenhaus ist oder so. In diesem Fall können wir nichts tun. Wenn ich nichts dazu tun kann, sage ich, in Ordnung, es liegt nicht in meiner Hand. Meine Frau verspätet sich, okay, vielleicht ist sie tot, ich weiß es nicht. Ich muss damit Frieden schließen. Wenn ich damit Frieden schließen kann, ist es kein Problem mehr. Das ist der Punkt.

F.: *Das ist eine Kunst.*

S.: Das stimmt. Das ist die Kunst, zu sehen, was du kontrollieren kannst und was nicht. Mit allem, was du nicht kontrollieren kannst – das sind 99% – musst du Frieden schließen. Du kannst nicht kontrollieren, ob Pakistan und Indien einen Krieg beginnen.

Einer meiner Freunde hat einen Rundbrief verschickt, der an die Präsidenten von Pakistan und Indien gerichtet ist und in dem es heißt, dass wir keinen Krieg wollen. Was für eine Überraschung! Ich bin sicher, dass das eine ganz starke Wirkung auf sie haben wird, dass irgendein Idiot in Deutschland denkt, sie sollten keinen Krieg anfangen. Wen kümmert das?

In Wirklichkeit wird geschehen, was geschehen soll. Aber ich kann in Frieden sein. Ich kann sie nicht davon abhalten Krieg zu führen, ich kann sie auch nicht davon abhalten Atomwaffen einzusetzen, aber ich kann in Frieden sein. Ich kann mit dem Schlimmsten in Frieden sein, damit, dass sich das ganze Universum auflöst, verschwindet. Das wird eines Tages geschehen. – Wenn ich damit in Frieden sein kann, dann gibt es nichts, was mir den Frieden rauben kann.

Eine Freundin von mir hat eine 20-jährige Tochter.

F.: Ich auch.

S.: Ihre Tochter ist in Indien, und sie hat sich verrückt gemacht. Ich habe gesagt: „Weißt du, du hast hier einfach keine Kontrolle." Und sie hat einfach die Kontrolle aufgegeben und war in Frieden. Jetzt fragen sie Freunde: „Ist deine Tochter immer noch in Indien?" Sie sagt: „Ja, und sie wird nach Hause kommen, wenn sie nach Hause kommt, falls sie nach Hause kommt, aber das liegt nicht in meiner Hand." Das ist Frieden.

Aber unser eigentliches Thema ist das Freundschaft-Schließen mit Ängsten. Angst ist eine mächtige Feindin. Wenn du Angst zu deiner Feindin machst, ist das etwas Starkes. Wenn du aber mit der Angst Freundschaft schließt, ist es kein Problem mehr.

Fragender: Zuhause habe ich ein ca. zwei Meter langes Samarpan-Video-Archiv und jeden Tag sehe ich mir ein Video an. Ich sage mir, ich werde immer weiter die Videos ansehen, bis ich erleuchtet bin. (Lachen)

Samarpan: Gute Idee.

F.: Ich habe herausgefunden, dass es in der Stille keine Fragen gibt. Da ist die Erkenntnis, dass jede Frage aus Zeit und Raum heraus entsteht. Ist es so?

S.: Ja.

F.: Wenn ich still bin, bin ich also erleuchtet, und wenn ich denke, bin ich es nicht.

S.: So ist es, du hast recht. Ja, so ist es. Wenn du still bist, weißt du. Es ist noch nicht einmal so, dass du *etwas* wüsstest, es gibt nur einfach keine Frage.

F.: Das ist sehr einfach.

S.: Ja. Was geschieht, wenn dieses Gefühl da ist?

F.: Es ist wie Dynamit, das explodiert, es ist extremes Gelächter und extremes Weinen gleichzeitig.

S.: Ja. Heiße das einfach willkommen. (Stille)

F.: Und das Bedürfnis, immer hier zu sein, und die Wut, weil ich nicht immer hier bin.

S.: Was ist geschehen?

F.: Es ist nicht mehr da, es ist wie unterdrückt.

S.: Wie ist es?

F.: Es ist wie ganz klein, wie unterdrückt, als ob es verloren gegangen wäre.

S.: Okay, also suche danach. Suche nicht im Verstand, suche hier.

F.: Genau jetzt sind wir bei einer Frage angelangt, die ich dir stellen möchte. Ich hatte diese Erfahrung schon so oft, du bist jetzt mein dritter Lehrer.

S.: Deine letzte Chance.

F.: Das habe ich mir auch gesagt. (Beide lachen) Da sind Momente – du sagst, sage „ja" zu allem. Ich habe jetzt dieses wunderschöne Gefühl – ich zittere, bin die Energie, die Schönheit, die Wahrheit...

S.: Aber was ist hier?

F.: Zum Beispiel Selbstzweifel, Selbsthass oder das Gefühl, ich hätte es falsch gemacht. Ich weiß, du sagst: „Sage ja zu dem Nein." Aber nicht einmal das funktioniert, da ist ein mieses Gefühl und kein Ja dazu.

S.: Komm einfach hierher. Welche Empfindung ist hier? Wie fühlt es sich *hier* an?

F.: Weißt du, Samarpan, jetzt, wo ich im Hier bin, kann ich es tun. Aber es gibt Momente, wo ich nicht darin bin.

S.: Aber diese Momente, wo du das nicht bist, sind nicht hier. Dafür interessiere ich mich nicht. Ich interessiere mich nur für *hier*. Was ist hier?

F.: Alles.

S.: Ruhe hier. Der Verstand trickst so viel. Der Verstand versucht, uns von hier wegzubekommen, um an andere Momente zu denken, und dann fangen wir an, darüber nachzudenken. Und in der Zwischenzeit verpassen wir das Hier. Lass den Verstand dich nicht so austricksen. Sei hier, was auch immer gerade ist. Jedes Mal, wenn du einfach hier bist, bekommst du Übung darin, einfach hier zu sein. Das ist alles, was benötigt wird. Übe einfach, hier zu sein. Das ist alles, was wir jemals lernen müssen, einfach hier sein.

F.: Manchmal funktioniert das aber nicht. Klar, jetzt rede ich über die Vergangenheit.

S.: Das stimmt.

F.: Das ist klar. Jede Frage beschäftigt sich mit der Vergangenheit oder Zukunft, das habe ich inzwischen herausgefunden.

S.: Da kommt ein Punkt, an dem dich die Fragen einfach nicht mehr näher bringen. Wenn du einmal *hier* kennst, macht keine Frage mehr Sinn. Sei einfach hier! Wenn eine Frage kommt, komm hierhin zurück. Die Antwort ist hier, nicht im Verstand. Der Verstand wird nicht erleuchtet. Komm einfach ins Hier. Hier ist keine Frage. Hier sind keine Probleme. Hier fehlt es an nichts. Alle Philosophien, alle Religionen, alle Anweisungen sind nur da, um uns einen Geschmack davon zu geben. Wenn du einmal den Geschmack von *hier* kennst, sei einfach hier. Dein ganzes Leben wird einfach zu einer Übung im Hier-Sein.
Du hast etwas über Erleuchtung gefragt. Es kann keine Frage über Erleuchtung geben, wie du schon selbst sagtest. Wenn du hier bist, bist du erleuch-

tet. Es geht also nur darum, dein Leben hier zu leben. Dein Leben im Moment zu verbringen, von Moment zu Moment, es nicht an die Zukunft abzutreten, einfach hier zu sein. Es ist egal, was hier geschieht. Ob du arbeitest, spielst oder in der Natur spazieren gehst. Wenn du hier bist, ist es einfach, wie es ist.

Es geht nicht darum, erleuchtet zu werden, es geht um die Bereitschaft, ein erleuchtetes Leben zu leben. Es geht um den Mut, dein Leben hier zu leben.

F.: Du hast einmal Gangaji zitiert, dass sie gesagt hat, 99% reichen nicht, 100% werden benötigt.

S.: Ja, 100% Bereitschaft hier zu sein.

F.: Aber ich denke, du kannst dieses eine Prozent nicht tun.

S.: Warum sorgst du dich um dieses eine Prozent? Was ist das für ein Mist? Da kommt der Verstand wieder mit einer...

F.: Ich bin manchmal sehr nahe, aber da ist dieses eine Prozent, das ich wirklich zu packen kriegen will, und das bekomme ich nicht hin.

S.: Das ist Mist, das ist nicht wahr.

F.: Dann drehe ich erneut eine Runde. Du sagtest, vielleicht muss man eine Runde drehen, um zu sehen, dass man an den gleichen Punkt zurückkommt.

S.: Halte einfach an. Du musst keine Runde drehen, um anzuhalten, halte einfach an.

F.: Ich denke, es ist klar. (Lachen)

S.: Das alles sind nur Strategien des Verstandes, um dich auszutricksen, damit du aus dem Moment herausgehst. Und dann denkst du über das Im-Moment-Sein nach. (Lacht)

AKZEPTANZ – SONST NICHTS

Samarpan: Willkommen im Satsang. – Worüber möchtet ihr sprechen?

Zuruf: Akzeptanz.

S.: Das ist es, was mein Name bedeutet: Hingabe. Das ist ein sehr tiefes Thema. Es geht tiefer und tiefer. An der Oberfläche bedeutet Akzeptanz: Ich muss mit dem, wie es ist, in Frieden sein. Was bedeutet das? – Ich muss meinen Job akzeptieren, ich muss meine Beziehung akzeptieren, ich muss die Welt akzeptieren, wie sie ist. Dann gehen wir einen Schritt tiefer, dann ist da die Akzeptanz von mir, so wie ich bin. Wenn ich mich nicht so akzeptiere, wie ich bin, dann heißt Akzeptanz, *diese* Tatsache zu akzeptieren. Das wird sehr subtil. Denn nur durch die Akzeptanz dessen, was ist, kann ich mich mehr ins Jetzt hinein bewegen. Besonders geht es darum, die Art zu akzeptieren, wie ich bin. Das fällt uns am schwersten. Das ist die Akzeptanz, die uns die meiste Zeit fehlt. Deshalb strengen wir uns an, eine Situation zu akzeptieren, die für uns eigentlich nicht akzeptabel ist, und vergessen das Allerwichtigste: Die Akzeptanz der Tatsache, dass ich das jetzt gerade *nicht akzeptiere.* Das ist der Punkt, an dem wir ansetzen müssen. Es fängt immer *hier* an, und wenn du das einmal wirklich gehört hast, ist es offensichtlich. Aber es kommt da leicht zu Täuschungen, dann vergessen und verpassen wir es immer wieder.

Ja, *dies* zu akzeptieren, diesen komischen Menschen mit seinen Schrullen, seiner Programmierung, seinen körperlichen Problemen, die sich ständig verändern, all das. Akzeptanz hat kein Ende. Es gibt immer noch etwas zu akzeptieren. Aber es fängt immer *hier* an. Du kannst *hier* nicht überspringen, aber das ist es, was uns beigebracht wurde. Uns wurde beigebracht, den wichtigsten Punkt zu überspringen. Dann wird Akzeptanz zu einer Religion, einer Idee, einer Philosophie. Akzeptanz bezieht sich aber auf das Zuhause. Dies!

Gestern hatte ich eine Gelegenheit, das so richtig zu erleben, so stark, so wunderschön. N. ist immer noch sauer auf mich, er ist heute nicht am Mischpult, denn er ist wütend, weil ich ihn angeschrien habe. So sollte sich ein Meister nicht verhalten. Das steht nicht in den Regeln – aber es *gibt* keine Regeln für einen Meister. Jeder Meister bricht die Regeln. Ein Meister, der die Regeln nicht bricht, ist kein Meister. Menschen, die nur vortäuschen, Meister zu sein, brechen niemals die Regeln, zumindest nicht in der

Öffentlichkeit. Es ist einfach, das vorzutäuschen, die ganze Zeit heilig auszusehen, nach Akzeptanz auszusehen. Da setzt die Täuschung an, wenn wir üben, akzeptierend auszusehen, wobei innerlich keine Akzeptanz da ist, wenn da vielmehr Wut ist oder Widerstand. Wahre Akzeptanz ist wild. Du kannst sie nicht einordnen, du kannst nicht wissen, wie sie aussieht. Du kannst nicht wissen, wie sich ein Meister verhalten wird, und das kann schockieren.

Ich erinnere mich an eine Geschichte mit Papaji. Die Geschichte geht so: Ein Dieb bestahl die Leute, die aus dem Westen zu Papaji kamen. Das passierte, weil Papajis Schüler, die in Lucknow lebten, ein Haus gemietet hatten und Zimmer an Westler vermieteten. Es konnten also Menschen auf Besuch kommen und für ca. fünf Euro pro Tag ein Zimmer mieten. Das war für Besucher aus dem Westen ein guter Preis und für die Schüler, die dort lebten auch, denn so konnten sie sich finanzieren. Aber der Dieb hatte eine echt gute Idee. Ihm war klar, dass niemand im Haus wusste, was eigentlich Sache war – die Besucher mieteten einfach ein Zimmer und wussten noch nicht einmal, wer der Hausbesitzer war, sie wussten gar nichts. Der Typ erschien also mit seinem Werkzeugkasten an der Haustür und sagte, er hätte etwas im Haus zu reparieren. Jemand, der dort ein Zimmer gemietet hatte, sagte: „Ja, komm herein und tu, was du zu tun hast", und verschwand wieder in seinem Zimmer. Alle Zimmer konnten von außen mit Vorhängeschlössern verriegelt werden. Man konnte seine Sachen im Zimmer einschließen und davon ausgehen, dass sie sicher waren. Der Dieb schloss also einfach alle, die in ihren Zimmern waren, ein und stahl, was er wollte, niemand konnte etwas tun. Das war eine geniale Idee. Aber eines Tages öffnete eine Deutsche die Haustür und erkannte den Dieb. Da war der Dieb, von dem alle sprachen. Also holte sie noch jemanden, und sie fingen den Dieb. Sie brachten ihn zu Papaji.

Wenn in Indien ein Dieb von der Polizei gefangen wird, sind die Polizisten ziemlich brutal. Sie schlagen die Leute zusammen und behandeln sie sehr schlecht, nicht wie im Westen, wo wir uns der Menschenrechte sehr bewusst sind. Niemand wusste, was Papaji tun würde. Was geschah, hatte niemand erwartet: Papa warf einen Blick auf ihn und sagte: „Ja, das ist er", und dann legte er los und schlug ihn! Und er schlug ihn noch einmal, und dann wurde die Polizei gerufen, und der Dieb wurde festgenommen. Alle waren schockiert: „Dieser großartige Mann, dieser Mann des Friedens, wie kann er das tun, wie ist das möglich!" Man kann nie wissen. (Stille)

Akzeptanz bedeutet, alles so zu akzeptieren, wie es ist. Das ist die einzige Art, wie wir wachsen können, das ist die Art, wie wir aufblühen können:

Mich akzeptieren, wie ich bin. Wenn ich gegen etwas kämpfe, kämpfe ich gegen mich selbst, und dann ist kein Wachstum möglich, dann hänge ich fest. Ich sehe vielleicht gut aus, aber ich hänge fest. Wenn du bereit bist, wahrhaftig zu sein, wenn du bereit bist, authentisch zu sein, hast du vielleicht keinen einzigen Freund mehr auf der Welt, aber du bist frei. Vielleicht erkennt dich niemand mehr an. Mir ist das lieber, mir ist Freiheit wichtiger als alles andere.

Fragende: Das ist genau der Punkt, an den ich gerade gekommen bin. Ich fühle mich frei, ich habe alles erreicht, was ich wollte, und jetzt denke ich, dass es das nicht sein kann. Ich habe die Beziehung aufgegeben, die mich von der Freiheit abgehalten hat. Ich komme immer wieder zu dem Punkt zurück, zu diesem Wunsch, mich mit Menschen auszutauschen: mit Freundinnen oder Freunden. Ich habe einen Lover, aber da ist etwas, wo ich denke, es sollte noch tiefer werden, es sollte ein Teilen dieses tiefen inneren Friedens sein, den ich manchmal erreiche.

Samarpan: Mit wem kannst du das teilen?

F.: Mit jedem.

S.: Mit dir selbst.

F.: Ja, an diesen Punkt komme ich manchmal. Und dann verliere ich das.

S.: Es geht nicht um das „Manchmal"! Es geht darum, dass es *das* ist! Das ist es, wonach dich hungert. Es ist nicht: „Ja, manchmal ist es möglich und den Rest der Zeit laufe ich drum herum und teile nur oberflächlich." Solange du das nicht die ganze Zeit zu deiner Sache machst, hast du nichts zu teilen. Das ist es! Gib dem deine ganze Aufmerksamkeit. Gehe tiefer und tiefer in das. Dort ist die Befriedigung. Du bist an der Oberfläche frei, kein Problem, aber *das* ist die wahre Freiheit, das ist Nähe mit dir selbst. Das ist es, was du willst, das ist, wonach du dich verzehrst.

F.: Ja, ganz genau. Aber warum verliere ich es dann wieder? Warum kommt und geht es?

S.: Es ist nicht so, dass es kommt und geht. Was kommt und geht, sind die Wolken, die es überdecken. Das sind Verstandeswolken. Das ist es, was kommt und geht.

F.: Ich verstehe das einfach nicht, wie es hier sein kann, und ich bin so glücklich, ich bin total in Frieden, alles ist da...

S.: Ja, das kann ich sehen.

F.: ... und dann ist es wieder weg, und ich sehne mich danach und frage mich, wie das möglich ist. Ich fühle diese Sehnsucht, ich versuche es, ich setze mich hin und bin still, ich tue alles oder ich tue nichts – es ist wie verrückt werden. Und jetzt bin ich hergekommen, um hier zu sitzen, obwohl ich nicht gern hier sitze und hoffe, dass ich es tiefer fühlen kann, dass es bleibt, dass es nicht...

S.: Als erstes: Es geht nie weg. Es ist wichtig für dich, das zu wissen.
Ich weiß, wovon du sprichst, ich kenne diese Frustration. Ich bin an den Punkt gekommen, wo ich gesagt habe, okay, ich werde mich nicht mit weniger zufrieden geben. Jeden Morgen, nachdem ich aufgewacht bin, habe ich mir gesagt, ich werde nirgendwohin gehen, ich werde überhaupt nichts tun, bis ich in Frieden bin, bis ich darin bin. Und dann saß ich stundenlang, bis ich diesen Geschmack hatte, und erst dann habe ich den Tag begonnen. So habe ich es jeden Tag gemacht. Ich habe mich einfach geweigert, mich zu bewegen, bis ich in mir selbst ruhte, bis ich den Geschmack von Nähe hatte. Das ist radikal – diese Bereitschaft zu sterben.
Das ist es, was Buddha geschehen ist. Buddha saß unter dem Bodhi-Baum und sagte: „Okay, ich werde hier jetzt einfach ewig sitzen. Ich werde mich nicht bewegen, bis ich die Wahrheit realisiert habe. Punkt!" – Du hast diesen Geschmack, das kann ich sehen. Es ist kein Problem. Es geht einfach darum, diesem die Priorität zu geben. Alles andere ist unwichtig, wie du weißt. Freunde, Geliebte, Arbeit, nichts ist wichtig, verglichen mit dem. Nichts ist befriedigend. Mach das zu deiner Priorität, gib dem deine ganze Energie. Niemand kann dich daran hindern. Der Hunger, den du hast, dieser tiefe Wunsch wird dich nach Hause führen. Garantiert. Niemand kann dir das wegnehmen, es ist dein Geburtsrecht. Aber du musst da brutal sein. Du musst Gott am Nacken packen und sagen: „Ich werde nicht loslassen!" (Lacht)

F.: Ich dachte immer, ich wäre schon stur, aber das war wohl nicht stur genug.

S.: Du bist stur genug! Ich weiß, dass du das bist. (Lacht) Sei noch sturer. Ja, das sind gute Nachrichten, ich höre das sehr gern. Ich bin so froh, das zu hören.

91

F.: Es war wunderschön, als ich am ersten Tag hier in Satsang war, ich hatte das Gefühl schon am Tag vorher, ich war da und ich war wirklich völlig in Frieden mit mir, ich war in Satsang. Ich kam her und du fingst an zu sprechen; ich habe zugehört und alles war völlig klar. Ich dachte, das ist es, ja, es ist da. Ich war so – wow! Und jedes Wort, das du sagtest, entsprach genau dem, was ich erlebte. Und jede Geschichte, die erzählt wurde, stimmte, und an jedem, der hier saß, stimmte alles. Das wollte ich jetzt auch mitteilen.

S.: O ja, wunderschön, ich bin glücklich.

F.: Danke. (Weint)

S.: Gesegnete Tränen.

Samarpan: Es ist immer eine solche Feier, wenn jemand diesen Hunger hat. Dieser Hunger ist ein Segen. Halleluja!
Das ist es, was Papa zu mir gesagt hat: „Gib diesem Verlangen deine ganze Energie." Und das habe ich getan. Das Verlangen brachte mich nach Hause. Es ist das Verlangen, mit allem Verlangen abzuschließen.

Fragende: Hallo. – Ich bin froh, dass ich hier sein kann. Es ist, als ob all meine Wünsche erfüllt wurden. Ich kann mir in der äußeren Welt nichts mehr vorstellen und im Moment fühlt es sich wie das Ende meines Lebens an. Ich bin dankbar.

Samarpan: Ja, das Ende und der Anfang.

F.: Du hast das schon einmal zu mir gesagt, ich glaube, vor sechs Monaten. Jetzt ist es anders. Es ist, als ob da äußere Zyklen waren, die jetzt abgeschlossen sind. Ich glaube, sonst gibt es nichts zu sagen.

S.: Du kannst dir sonst nichts vorstellen. Das ist so ein schönes Paradox, denn es ist wahr, es ist nicht möglich, dass da noch irgendetwas sein kann – und da ist noch endlos viel mehr. Wie ich sagte, das ist der Anfang. Du kannst nicht mehr hier sein, als du es bist, und gleichzeitig wird es tiefer und weiter, das hört nie auf. Willkommen am Anfang. Immer am Anfang. Du wirst nie weiter als bis zum Anfang kommen. Ich bin immer noch am Anfang.

F.: Es scheint so, als ob es sich als Dankbarkeit ausdrückt. Ich habe oft einfach Tränen in den Augen, Tränen der Freude, und ich weiß nicht was. Es ist wie Tränen des Berührens.

S.: Was ist jetzt da?

F.: Da ist etwas Druck in der Herzgegend und wieder Tränen. Gerade fällt mir meine Tochter ein. Sie will ihren Freund verlassen und nach München gehen. Ich habe sie vor drei Stunden angerufen und sie sagte, dass sie es wieder aufgeschoben hat.

S.: Warte mal! Deine Tochter ist nicht hier, ja? Warum hast du davon angefangen? Warum sind wir jetzt in einer Geschichte über die nicht anwesende Tochter?
Das ist wirklich interessant. Es gibt nämlich Millionen Arten, wie der Verstand versucht, dich zurückzubekommen. Du bist gerade in diesem Frieden, in dieser Glückseligkeit, in diesem Berührtsein. Tränen sind da, es ist so stark. Und dann kommt der Verstand mit etwas an, irgendetwas, egal was es ist. Die Tochter-Geschichte tut es oder jede andere.

F.: Ja, stimmt.

S.: Aber das ist nicht real, die Tochter ist nicht hier.

F.: Das stimmt.

S.: Das ist die Geschichte einer Tochter, die nur in der Einbildung da ist.

F.: Und das beobachte ich so oft, ein Gedanke und...

S.: Jedes Mal, wenn das passiert, halte einfach inne. Du kannst das nicht tun, bevor du es erkennst. Dieses Mal habe ich dir ein bisschen geholfen, bevor du es erkannt hast, aber früher oder später hättest du es auch selbst erkannt. Es hängt davon ab, wie viele Leute deiner Geschichte zuhören. Denn manchmal, wenn sich jemand für deine Geschichte interessiert, hält dich das noch länger darin fest. Sobald du es erkennst, halte einfach inne, komm hierhin zurück, das ist es, wo es wirklich geschieht. Das ist, was real ist, immer. Wenn du dir nicht sicher bist, was real ist und was nicht, schau dich einfach um und sieh, was hier ist, fühle, was hier ist. Was es auch immer ist, es wird dich weiter ins Hier bringen. Der Verstand wird versuchen, dich weiter von hier wegzubringen. Die Geschichten bringen uns ins Land der Vorstellungen und Erinnerungen. Es ist egal, wie oft du da hineingeraten bist, komm einfach zurück, ganz sanft. Mach dich dafür nicht schlecht, dass du dich hast fangen lassen. Das kann geschehen. Sobald du es erkennst, komm einfach zurück, fühle die Luft, höre dem Ozean zu. Die Gefühle werden helfen, dich zurückzubringen.

Die Geschichte hilft, dich zurückzubringen. Du gerätst in die Geschichte über deine Tochter und da sind Gefühle. Du fühlst dich schuldig oder traurig, ängstlich, was auch immer. Diese Gefühle können dich nach Hause bringen. Du verlässt die Geschichte und lässt dich vom Gefühl einfach nach Hause tragen. Jedes Gefühl ist eine Einladung, hierher zu kommen.

F.: Ich wollte noch etwas teilen, was gestern hier für mich geschehen ist. Da war eine Frau, mit der du gearbeitet hast. Sie hatte innere Bilder über die Angst. Ich habe die Augen geschlossen und das Gleiche geschah bei mir, als ob da eine Verbindung wäre. Ich kenne dieses Phänomen, wenn ich mit Menschen arbeite. So weiß ich, wo sie stehen. Und dann war da ein Mann, der etwas aus dem Verstand heraus mitteilte. Für mich hat sich das so angefühlt, dass ich dem intellektuell folgen konnte, aber da war keine wirkliche Verbindung.

S.: Keine Resonanz.

F.: Und das wurde langweilig, und ich wurde ungeduldig.

S.: Ja, sehr gut. Ja, so ist es.

F.: Diese Verbindung, die ich mit der Frau gefühlt habe, besteht die zwischen uns allen?

S.: Wenn es real ist, dann macht es das aufregend und interessant. Damit können wir uns alle verbinden. Es ist total aufregend und höchst interessant. Sobald jemand aus dem Verstand kommt, ist es tot. Es ist langweilig und ich kann sehen, wie alle einschlafen. Da geschieht nichts, das ist einfach offensichtlich. Es ist wunderschön, dass du das sehen kannst. So wissen wir. So wissen wir, wenn jemand die Wahrheit spricht. Denn die Wahrheit kommt nicht vom Kopf, sie kommt vom Bauch, vom Herz. Die Wahrheit wird im Moment ausgesprochen, sie ist lebendig und interessant. Aber Geschichten sind nicht interessant, sie sind tot, nichts passiert. – Schön.

Samarpan: Hallo.

Fragende: Hallo. (Lange Stille) – Gerade jetzt kam mir der Gedanke, dass ich nicht weiß, wie lange ich hier sitzen kann, ohne etwas zu sagen.

S.: Ich auch nicht.

F.: Gestern nach dem Satsang war ich so in Frieden mit mir selbst und dachte, das ist es: Das Hiersein üben, das ist es.

S.: Das stimmt. Das ist alles, mehr wird nicht gebraucht.

F.: Und heute Morgen, als ich in meinem Tagebuch las, was in den letzten Tagen so alles geschehen ist, fiel mir auf, dass ich mich total in der Vergangenheit verloren hatte. Ich sagte zu meinem Verstand: halte an. Das geschah ein paar Mal. Und dann kam der Gedanke, dass ich nicht sicher bin, ob ich dazu in der Lage bin... Wie hast du das noch gesagt, was nötig ist? Brutalität?

S.: Die Herrschaft über dein eigenes Haus übernehmen. Du musst die Herrin sein, du musst total bereit sein, die Herrin zu sein. Der Verstand wird wie ein kleines Kind versuchen, mit allem Möglichen deine Aufmerksamkeit zu erringen, all diese Tricks, und du weigerst dich, dich von der Stelle zu bewegen. Papaji hat gesagt: „Sei wie ein Fels!" Das ist ein guter Ratschlag. Weigere dich, dich von der Stelle zu bewegen. Denn es geht nicht darum, dass der Verstand anhalten sollte. Du musst nicht mit dem Verstand kämpfen, du musst nichts anhalten. Du bist schon das, was unbewegt ist. Du hast dich nie bewegt, du bist das, was still ist. Also ist es einfach. Weigere dich einfach, dich von der Stelle zu bewegen.

F.: Ich erlebe es so: Wenn ich den Tag beginne, ich habe eine Tochter und zwei Hunde... Es fühlt sich so an, als sei es wichtig, dass der Verstand funktioniert.

S.: Bei 99% der Dinge, die du tust, brauchst du den Verstand nicht. Der Verstand wird beim Geschirrspülen nicht benötigt, auch nicht, wenn du dich um deine Tochter kümmerst, nicht, um das Essen zu machen – beobachte einfach, wie es geschieht. Es geschieht einfach, kein Problem und du beobachtest es. Geschirrspülen geschieht, das Essen wird gemacht – und du bleibst unbewegt. Du beobachtest, wie es geschieht.

F.: Ja, ich glaube, ich bilde mir nur ein, dass ich mich und auch meinen Körper nicht bewegen dürfte, damit es geschieht.

S.: Ja, das ist das Missverständnis. Bewegung geschieht, und das ist in Ordnung. Reden geschieht, ich rede mit dir und bewege mich nicht von hier weg, es ist kein Problem. Der Verstand wird dafür nicht gebraucht. All dies ist „No-Mind" und niemand tut etwas. Dein ganzes Leben kann einfach geschehen und niemand tut es. (Lacht)

F.: Danke.

S.: Gern geschehen!

F.: Ich werde es versuchen.

S.: Es braucht einfach nur etwas Übung, das ist alles. Kein Problem. Du hast den Rest deines Lebens zum Üben. Wir sind darin geübt, im Verstand zu sein und das haben wir ganz schön gut gelernt. Auch das ist kein Problem. Jetzt können wir etwas Neues lernen. Wir können lernen, nicht im Verstand zu sein – das ist übrigens viel, viel einfacher. Das ist deine Natur.

Samarpan: Komm doch noch mal hierher. Wir haben das gestern nicht zu Ende gebracht.

Etwas ist gestern geschehen. Ich bin manchmal etwas langsam, dann dauert es etwas länger, bis ich auf den Punkt komme.

Denn der Punkt, an dem du warst, war genau der Ort, an dem du die Wahrheit deiner selbst erkennst oder genauer die des Nicht-Selbst, und dann kam Angst und Zittern. Daraufhin hast du angefangen, etwas zu tun. Statt einfach zu zittern, hast du das Zittern gemacht. Da kam der Verstand ins Spiel. So geht es los mit dem Tun. Erinnerst du dich? Darum geht es! Statt die Angst einfach willkommen zu heißen, bist du in den Verstand gegangen. Darum geht es, das ist alles, was du sehen musst. Einfach nur diesen Punkt, die Bereitschaft, Angst zu haben. In Wirklichkeit gibt es nichts zu fürchten, aber der Verstand stellt sich vor, dass da etwas wäre, wovor man sich fürchten müsste. Der Verstand stellt sich vor, Freiheit wäre gefährlich. Das ist sie nicht. Freiheit ist deine Natur! Aber du musst bereit sein zu sterben, das ist alles. Die Bereitschaft, das Schlimmste geschehen zu lassen, was du dir vorstellen kannst. Alles zu verlieren, alles zerbrechen zu sehen, verrückt zu werden, die Kontrolle zu verlieren, zu sterben, es ist egal, das ist der Punkt. Das ist alles, genau das. Es gibt sonst nichts zu wissen, nichts zu verstehen, nichts zu durchschauen, nur diesen Punkt.

Es ist egal, wie oft dich der Verstand von diesem Punkt wegbringt, komm einfach zurück, sanft, komm einfach hierher zurück. Sei einfach hier. Ruhe hier. Es gibt nichts zu tun, nichts anzustreben, nichts zu erreichen, nichts zu werden. Halte einfach hier an. Immer wieder, immer wieder. – Ja?

Fragender: Vielen Dank, dass du mich gerufen hast, vielen Dank.

Fragende: Manchmal kann es so subtil geschehen, dass ich denke, ich sei hier, aber ich halte an einem Gefühl fest, so wie vor ein paar Tagen.

Samarpan: An einem Gefühl festhalten? Oder ein Gefühl von dir entfernt halten?

F.: Daran festhalten, so wie neulich am Schmerz. Als ich zu dir kam, erkannte ich, dass ich geglaubt habe, ich wäre hier, aber ich hielt an einer Geschichte fest. Und am nächsten Tag geschah das Gleiche mit Freude, an der ich festgehalten habe. Und gestern war ich wirklich hier, aber dann ist wieder etwas gekommen. Und ich finde, es ist nicht einfach, zu erkennen, wann da etwas kommt, wann es sich auflöst, wann ich daran festhalte...

S.: Sieh dir einfach an, wie du es festhältst. Wie geht das vor sich?

F.: Manchmal mag ich die Geschichte und bleibe dabei.

S.: Wir benutzen die Geschichte, um...

F.: Ja, ich finde sie interessant.

S.: Dann suhlen wir uns im Gefühl. (Lacht) Das ist etwas anderes als das Gefühl akzeptieren. Du weißt, wann du das Gefühl akzeptierst, denn dann findest du Frieden. Dann wird dir auch klar, wann das Gefühl da ist und wann nicht. Wenn wir aber in der Geschichte bleiben, um das Gefühl zu behalten – dann leiden wir. (Sehr langsam, in einem Singsang:) „Oh, ich Arme, mir ist so elend und ich fühle mich immer so schrecklich. Oh, wie schrecklich ich mich fühle, o ja." Es ist toll, wir können uns da total hinein begeben.

F.: Ich habe nie erkannt, dass ich das wirklich liebe. (Beide lachen)

S.: Ja, ja. Wenn du einmal erkannt hast, dass du es liebst, ist es vorbei.

F.: Ich habe mich immer gefragt, wie das geht.

S.: Du liebst das Drama. Ja, wir lieben es alle. Wir lieben es, dramatisch zu sein, wir lieben es, unser Leiden zu dramatisieren. (Lacht)

Es ist interessant, ich sehe manchmal fern und es ist immer das Gleiche. Meistens wird in den Fernsehfilmen irgendeine Art von Leiden dramatisiert. Starke Angst, Schrecken, tiefe Traurigkeit, das Allerschlimmste... Dahinein können wir uns wirklich verbeißen. (Lacht)

Dagegen ist nichts zu sagen. Du kannst das machen, so oft du willst. Ich habe dir aber das Spiel verdorben, denn ich habe dich darauf aufmerksam gemacht, dass du es magst. So kannst du dabei nicht mehr an das arme Opfer glauben. Jetzt kannst du so dramatisch sein, wie du willst, du kannst die Schauspielerin sein und das ist toll. Du kannst so richtig in das Drama gehen und es total genießen.

F.: *Für mich ist es wirklich hauptsächlich das Drama, aber es ist auch mit anderen Dingen so, z. B. mit Freude.*

S.: Ja, wir machen das Gleiche mit Freude. Wir halten an ihr fest, wir denken über sie nach, wir versuchen, sie wieder herauf zu beschwören. Wir tun das mit Ekstase, wir geraten ins Denken. Darum ist es so gefährlich Dope zu rauchen, weil wir da richtig hineingeraten. Es bringt uns dazu, unsere Ekstase zu dramatisieren, und wir erkennen noch nicht einmal, dass wir im Verstand sind, weil es sich so gut anfühlt. Aber auch das ist einfach nur eine Geschichte. Es ist eine schöne Geschichte, aber das bringt uns nicht hierher. Es bringt uns mehr in den Verstand.

F.: *Und wenn wir hier sind, kann wirklich etwas hochkommen.*

S.: Alles kommt hoch.

F.: *Ja, alles kommt hoch.*

S.: Und wenn Dinge hochkommen, wenn ich sie einfach akzeptiere, wenn ich still bin, dann kommen sie hoch und gehen wieder. Da ist keine Geschichte, kein Drama, es ist einfach ein Gefühl, das kommt. Es kommt hoch und wird einfach akzeptiert. Wenn ich es akzeptiere, ist da keine Geschichte. Wenn ich das Gefühl akzeptiere, wälze ich es nicht im Kopf.

F.: *Und es gibt wirklich nichts zu verstehen.*

S.: Es gibt nichts zu verstehen, niemals. All das Verstehen-Wollen ist auch nur eine subtile Art, eine Geschichte zu kreieren. Ich akzeptiere die Gefühle einfach. Starke Gefühle kommen, und ich denke einfach nicht darüber nach, ich gerate nicht in einen Glaubenssatz oder eine Geschichte darüber.

Ich habe keine Einstellung dazu. Ich akzeptiere das Gefühl einfach in Frieden. Es darf bleiben, solange es bleiben will, und wenn es bereit ist zu gehen, geht es, kein Problem. Das ist die Freiheit.

Fragende: *Ich bin in einer Geschichte.*

Samarpan: Was ist das für eine Geschichte?

F.: *Ich denke über etwas nach. Wenn ich in einer Beziehung bin, glaube ich, ich sollte treu und ehrlich sein.*

S.: Ehrlich und treu, das sind zwei unterschiedliche Dinge.

F.: *Sie hängen aber zusammen.*

S.: Sie hängen zusammen, wenn du nicht treu sein willst, mit anderen Worten, wenn deine ganze Energie woanders hingeht als zu deinem Partner, z.B. zu einem anderen Mann, dann ist es das, was geschieht. Wenn du darüber die Wahrheit erzählst, geht dein Partner vielleicht. Das kommt vor. Vielleicht geht dein Partner auch nicht. Wenn du die Wahrheit sagst, ist es gefährlich, denn dann kontrollierst du nichts. Du *hast* keine Kontrolle darüber, wo du dich hingezogen fühlst. Solche Anziehungen geschehen einfach, wenn du dem Moment gegenüber treu bist. Ich vermute, dass es das ist, was bei dir geschieht. Ist es wahr, dass du dich zu einem anderen Mann bewegst?

F.: *Nein, noch nicht. (Lachen)*

S.: Okay, aber deine Energie ist schon in Bewegung?

F.: *Ja.*

S.: Wenn deine Energie so in Bewegung ist und du teilst das deinem Partner nicht mit, geschehen zwei Dinge. Das eine ist, dass du die Nähe zu deinem Partner verlierst. Darum geht es in einer Partnerschaft: alles zu teilen. Und das andere ist, dass die Energie stärker wird.

F.: *Mit dem anderen?*

S.: Genau. Du versuchst dann nämlich, sie zu unterdrücken. Du fühlst, wie sich diese Energie bewegen will und du hältst sie zurück, du versuchst, sie irgendwie zu kontrollieren.

F.: Aber ich will, dass auch mein Partner treu ist. Also unterdrücke ich es lieber.

S.: Du hast keine Kontrolle über deinen Partner. Lass also diese Idee lieber ganz los. Das macht das Leben viel einfacher.

F.: Nein, ich lebe in diesem Geist: Was du nicht willst, das man dir tut, das füg auch keinem andern zu.

S.: Aber das ist einfach nur Manipulation, und das ist für nichts gut. Du kannst deinen Partner nicht manipulieren, du kannst ihn nicht von einer Bewegung zu einer anderen Frau hin abhalten, indem du dich nicht zu einem anderen Mann hinbewegst oder so tust, als ob du dich nicht zu ihm hinbewegst. Eine Sache, die ich gelernt habe, ist, dass wir keine Geheimnisse voreinander haben, das ist nicht möglich. Wir wissen, wir ahnen... Auf irgendeiner Ebene wissen wir. Wenn deine Energie zu einem anderen Mann geht, erkennt das dein Partner, wenn er kein Stein ist, selbst wenn du überhaupt nichts gemacht hast. (Lachen) Denn es geschieht. Wenn du es leugnest, lügst du, und das schafft eine Distanz zu deinem Partner. Ich sage, dass es das Beste ist, die Wahrheit zu sagen, und dann lässt du die Karten fallen, wohin sie fallen. Du weißt nicht, was geschehen wird. Du weißt nicht, ob du dich weiter auf den anderen Mann zubewegen wirst, du weißt nicht, was geschieht, wenn du es deinem Partner sagst. Du weißt auch nicht, ob dein Partner Phantasien über ein Zusammensein mit einer anderen Frau hat und er sie nur zurückhält, weil er dir treu sein will. Du weißt es nicht. Also riskiere es. Wenn du riskierst, die Wahrheit zu sagen, dann gibt es die Möglichkeit von mehr Nähe zu deinem Partner.

F.: Aber ich will ihn nicht verletzen.

S.: Das kannst du nicht vermeiden. Genau genommen können wir niemand verletzen, aber wir können es nicht verhindern, dass sich jemand verletzt fühlt.

F.: Aber wenn es andersrum wäre, wäre ich verletzt.

S.: Nein, das weißt du nicht.

F.: Ich weiß es, denn es ist mir passiert.

S.: In der Vergangenheit hat sich dein Partner auf eine andere Frau zubewegt und du hattest diesbezüglich Gefühle. Das nennen wir „verletzt sein".

Ja, du hattest natürlich Gefühle, das nennt man Leben. Das Leben ist voller Gefühle. Und es sollte voller Gefühle sein. Wir sollten nicht alle Gefühle kontrollieren und etwas bleiben lassen, nur weil ein anderer deshalb Gefühle haben könnte. Er wird natürlich Gefühle haben und du wirst Gefühle haben und so geht's. Wenn du die Wahrheit lebst, bist du bereit für alle möglichen Emotionen, und du bist bereit, deinen Partner und deine Freunde alle möglichen Gefühle haben zu lassen. Du versuchst nicht, etwas zu kontrollieren, du versuchst nicht, dich fürs Lebendigsein zu entschuldigen. Du sagst nicht: „Also, Leben, ich lasse es einfach nicht zu, dass du diesen Typ sich schlecht fühlen lässt."

Als erstes, es ist nicht böse. Ich war an dem Punkt. Es gab Frauen, die mich verlassen haben, und ich habe Frauen verlassen. Daran ist nichts schlecht, ich war nicht verletzt. Ich bin nie verletzt worden. Ich bin durch sehr tiefe Gefühle hindurchgegangen. Ich habe sehr tiefe Traurigkeit gefühlt, Angst, Wut, Schuld – alle möglichen starken Gefühle. Ich bin dadurch nicht verletzt oder beschädigt worden. Ich bin vielmehr wunderbar stark und vollkommen. Ich hätte von keiner der Frauen, die mich verlassen haben, gewollt, dass sie mich nicht verlassen hätte, nur um zu verhindern, dass ich verletzt werde. Sie sind gegangen, sie taten, was sie taten.

Als ich nach Deutschland kam, war ich mit einer anderen Frau verheiratet als mit meiner jetzigen. Nachdem wir in Deutschland angekommen waren, verliebte sie sich in einen anderen. Sie wollten sich total. Ich habe diese Frau geliebt und liebe sie immer noch. Ich konnte sie nicht für das beschuldigen, was geschah. Sie hat nichts getan. Ihre Energie bewegte sich einfach nur zu diesem anderen hin. Und sie waren ganz süß zusammen.

F.: Irgendwie hilft mir das nicht.

S.: Also gut. Was hilft dir?

F.: Ich will Sicherheit.

S.: Die kannst du nicht haben. Niemand kann Sicherheit haben. Du kannst vieles haben, aber keine Sicherheit. Das Leben bietet keine Sicherheit.

F.: Ich weiß das auch und ich würde gern irgendwie anders damit umgehen können.

S.: Es ist einfach so, wie es ist. Die eingebildete Sicherheit, über die wir nachdenken – wir versuchen, die Vorstellung von Sicherheit in die Praxis umzusetzen. Wir haben Versicherungsfirmen, Krankenversicherungen,

Lebensversicherungen, wir haben die Polizei und die Gerichte. Wir haben alles Mögliche, um alles zu sichern.

F.: Ich meine nicht diese Sicherheit, die habe ich nie gebraucht, ich habe nie ein solches „sicheres" Leben gebraucht.

S.: Okay.

F.: Aber in meiner Beziehung hätte ich gern Sicherheit.

S.: Es geht darum herauszufinden, was du kontrollieren kannst und was nicht, was real ist und was nicht. Wenn du nämlich mit diesem Partner zusammen sein sollst, ist da kein Problem, dann wird es dir gar nicht möglich sein, ihn loszuwerden. Wenn du aber nicht mit ihm zusammen sein sollst, wird es dir nicht möglich sein, an ihm festzuhalten. Das ist die Sicherheit. Auf die kannst du vertrauen. Du kannst aber nicht erzwingen, dass es sein sollte, wie du es dir denkst.

F.: Es hat also mit Vertrauen zu tun.

S.: Ja, es geht darum, dem Leben zu vertrauen. Es geht darum, dem zu vertrauen, was real ist. Denn wir suchen nach Vertrauen im Außen, dort, wo es nicht ist, in den Umständen – und auf die kannst du nicht vertrauen. Aber auf *das* kannst du vertrauen. Das, was wir Gott nennen, das, was wir Wahrheit nennen, dein wahres Selbst, auf das kannst du vertrauen. Das bewegt sich nicht, alles andere kommt und geht.

F.: Aber ich habe nicht immer Vertrauen. Meistens habe ich es, aber nicht immer.

S.: Gut, aber so können wir Vertrauen lernen: Indem wir riskieren, die Wahrheit zu sagen – im Vertrauen darauf, dass sich die Beziehung vertiefen wird, wenn dieser Partner dein Partner sein soll, wenn du die Wahrheit darüber sagst, was bei dir vor sich geht. So wird es kommen, wenn es so kommen soll. Aber wenn es nicht so kommen soll, wird es die Partnerschaft zerstören. Das ist Vertrauen, so kannst du Vertrauen lernen. Wenn du aufhörst, kontrollieren zu wollen, kannst du sehen, was das Leben für dich will. Wenn ich einfach sage: „Okay Gott, ich weiß nicht, was du willst, aber was es auch immer ist: Ja! Du willst, dass ich mit diesem Mann zusammenbleibe – gut, ich bin bereit! Du willst, dass ich gehe und mit einem anderen Mann zusammen bin – gut, ich bin bereit! Du willst, dass ich allein bin – gut, ich bin bereit! Was immer dein Wille ist." – Das ist Vertrauen. Und je tiefer dieses Vertrauen wird, desto stärker wirst du in dir selbst. Du kannst an nichts im Außen festhalten und du kannst nichts im Außen kontrollieren.

F.: *Ja.*

S.: Schön.

F.: *Das macht mich so traurig.*

S.: Das ist gut. Heiße die Traurigkeit willkommen. Wenn du bereit bist, einfach traurig zu sein, wird dich die Traurigkeit lehren, sie wird dir das Vertrauen zeigen. (Stille)

F.: *Sie ist schon wieder weg.*

S.: So schnell.

F.: *Danke.*

ERLEUCHTET LEBEN

Samarpan: Guten Abend. Willkommen beim Satsang-Retreat.

Jedes Mal ist es eine neue Erfahrung. Jeder Satsang ist eine neue Erfahrung. Jedes Retreat ist eine neue Erfahrung. Jeder Moment ist eine neue Erfahrung. Wir haben das noch nie vorher gemacht. Es ist noch nie geschehen. Wenn du irgendeine Vorstellung hast, lass sie fahren. Denn die Vorstellung ist hier überhaupt nicht von Nutzen.

Um dieses Retreat seine Arbeit tun zu lassen, versuchen wir einfach hier zu bleiben, so gut wir können. Wir bleiben in der Stille, so viel wir können. Jedes Mal, wenn wir uns im Verstand wiederfinden, kommen wir einfach sanft zurück. Wir haben nichts falsch gemacht. Wenn du bist, wie du bist, machst du nie etwas falsch. Es ist einfach so.

Die Menschheit ist, wie sie ist, einfach aufgrund eines natürlichen Irrtums. (Lacht) Das ist keine große Sache. Wir nennen es Ursünde, was dramatisch klingt. Aber es ist einfach ein kleiner Irrtum, eine falsche Identifikation, etwas ist schief gelaufen.

Wir konnten keine Vorstellung davon haben, wie die Erfahrung sein würde, ein Teil der Schöpfung, dieser virtuellen Realität zu sein. Wir konnten uns das nicht vorstellen. Also haben wir uns in diese Erfahrung begeben und es geschah, wie es geschah. Es ist nicht so, dass wir es falsch gemacht hätten! Die Vorstellung, wir hätten es falsch gemacht – werft sie weg! Nichts ist verkehrt!

Wir konnten uns nicht vorstellen, wie machtvoll diese Illusion ist. Wir haben gesagt: „Oh ja, virtuelle Realität. Ja, das macht Spaß. Lasst uns das machen!"

Wir konnten uns nicht vorstellen, wie sehr wir uns darin verfangen würden! Wie machtvoll Empfindungen und Gefühle sind, diese ganze animalische Natur, diese starken sexuellen Gefühle, die starken Gefühle, die da auftauchen. Es ist unmöglich, sich das vorzustellen! Dass wir anfingen, uns zu identifizieren, ist einfach geschehen. Das ist ganz normal. Es wäre zu erwarten gewesen, wenn wir einen Bezugspunkt gehabt hätten, um so etwas zu erwarten. Aber da wir dies noch nie vorher gemacht hatten, konnten wir uns absolut nicht vorstellen, wie vertrackt das ist.

Aber jetzt wissen wir es! Jetzt kennen wir die Erfahrung, menschlich zu sein. Wir kennen auch die Erfahrung, Gott zu sein. Und das wird manchmal etwas verwirrend. Denn wenn wir einfach im Moment sind, können wir sehen, dass überhaupt nichts verkehrt ist. Da ist Frieden. Da fehlt es an nichts. Da gibt es keine Wünsche. Es ist alles hier. Das war immer so und wird immer so sein. Und dann gehen wir in die Erfahrung, menschlich zu sein – und finden uns in der Hölle wieder!

Da sind auf einmal all diese starken Gefühle und wir wissen nicht, was wir damit tun sollen. Uns wurde beigebracht, sie nicht zu fühlen, sie zu überwinden, sie zu unterdrücken.

Es ist an der Zeit, Gott in diese menschliche Erfahrung einzuladen, vollkommen, total. Es ist an der Zeit, die Vorstellung vom Getrenntsein zu überwinden. Es ist an der Zeit, aufzuhören, sich Dualität vorzustellen: „Dies ist die Welt. Und das ist Gott. Dies ist heilig und das nicht. Und für alles, was nicht in die Abteilung ‚heilig‘ einsortiert ist, müssen wir uns schämen."

Wenn wir uns wirklich menschlich fühlen, haben wir nicht die Vorstellung, etwas sei nicht heilig. „Ich fühle mich so richtig erregt – das ist mit Sicherheit nicht heilig. Und wenn ich mich total wütend fühle – nicht heilig!"

Gott will all diese Gefühle erleben! Gott will fühlen, wie es sich anfühlt, sexuell erregt zu sein, wütend zu sein – all die leidenschaftlichen Gefühle. Gott will fühlen, wie es sich anfühlt, sich menschlich zu fühlen! Mit unserer animalischen Natur – total, völlig.

Vergesst diese Aufteilungen. Es gibt nichts Heiliges und nichts Unheiliges. Es sind alles einfach Erfahrungen. Es sind nur die Urteile – da haben wir den Fehler begangen!

Das ist die Ursünde: das Bewerten! Es ist der Verstand, der alles in Gut und Böse aufteilt. Die Bibel beschreibt, dass Adam die Frucht vom Baum des Wissens um Gut und Böse aß. Das ist eine gute Beschreibung des Verstandes. Und das ist das einzige Problem, abgesehen davon sind wir im Paradies. Seht euch um! Hier ist es wirklich offensichtlich.

Aber wenn wir unsere Urteile und Bewertungen hierhin mitbringen, machen wir das Paradies zur Hölle. Dann werden all die faszinierenden Empfindungen, all die wirklich reichen Gefühle falsch bewertet. Da ist nichts falsch! Es soll genau so sein, wie es ist. Das ist das Spiel! Das ist die virtuelle Realität. Das ist der Spaß! Nimm das nicht ernst. Es sagt alles überhaupt nichts über dich aus. Du hast nicht wirklich aufgehört, Gott zu sein, seit du die Erfahrung des Mensch-Seins machst. Das ist das Thema: „Ich fühle mich getrennt. Ich fühle mich überhaupt nicht heilig, ich fühle mich so richtig mies! Ich habe diese starken Gefühle, die überhaupt nicht spirituell sind!"

Ja! Genau so soll es sein. Wir sollen nicht die Erfahrung des Gott-Seins machen – das sind wir sowieso. Wir sollen die Erfahrung des Mensch-Seins machen. Das ist das Spiel, das wir spielen. Wir sollen Gott in diese menschliche Erfahrung hineinbringen, damit Frieden schließen, das integrieren. Insofern geht es darum, Gott in die Welt zu bringen. Das ist es, was wir machen!

Das ist es, was wir von Jesus sagen: „Das Wort wurde Fleisch." Damit bist du gemeint! Du bist das Wort Gottes, das sich in einem menschlichen Körper manifestiert. Du bist Gott in einem Körper.

Worüber ihr also auch immer sprechen möchtet – bitte, kommt!

Lasst uns zusammen dieses Missverständnis korrigieren.

Fragender: *Was ist der Unterschied zwischen dir und mir?*

Samarpan: Ich weiß nicht. Ist da ein Unterschied? – Du bist größer als ich! (Lacht) Dein Körper ist jünger als dieser Körper.

Was für einen Unterschied siehst du? – Ich sehe gar keinen Unterschied. Wenn ich nach außen sehe, sehe ich nur mich. Und was da auch immer für eine Erfahrung gemacht wird – es ist meine Erfahrung! Ich kenne diese Erfahrung. Sie ist mir sehr nah. Ich kenne all die Missverständnisse, ich kenne alles Leid. Und ich sehe die Schönheit. Die gleiche Schönheit überall!

F.: *Ist es alles das Gleiche?*

S.: Es ist alles das Gleiche und es ist unendlich verschieden! Das ist das Überwältigende.

Wir sind alle das gleiche Sein. Ich bin nicht mehr Gott, als du es bist! Wir sind beide das gleiche Sein. Da ist nicht ein Millimeter Trennung! Das gab es nie und wird es nie geben.

F.: *Warum hast du das erkannt und ich nicht?*

S.: Aber du hast es erkannt! Ich kann in deinen Augen sehen, dass du es erkannt hast!

Du hast einfach die Vorstellung, dass diese Selbst-Erkenntnis anders aussehen sollte, als sie es tut. (Lacht) Sie sieht so aus!

Und sie ändert sich die ganze Zeit. Sie vertieft sich ständig, und sie ist sehr subtil. Und die meiste Zeit fühlst du dich sehr menschlich. Du fühlst dich ganz normal. Du fühlst dich überhaupt nicht erleuchtet! Oder vielleicht manchmal. (Lacht)

F.: Es ist seltsam, was du sagst.

S.: Ich sage, dass du eine Vorstellung von Erleuchtung hast. Und deine Erfahrung stimmt nicht mit dieser Vorstellung überein. Das wird sie auch nie tun! Die Vorstellung, die du hast, wirst du nie erreichen, so wird es nie kommen!

F.: Hattest du nicht eine andere Erfahrung als ich?

S.: Ich hatte viele Erfahrungen, die du nicht hattest. Und du hattest viele Erfahrung, die ich nicht hatte. – Auf was für eine Erfahrung wartest du?

F.: Auf die Erfahrung der Erleuchtung!

S.: Aber es ist keine Erfahrung. Es ist subtiler als das.
Es gibt viele Erfahrungen, Erfahrungen von Ekstase, Erfahrungen von heftigem Schmerz, von Freude, von Leid... Aber du hast die Vorstellung, dass da eine große Explosion sein wird. Und nach der Explosion wird das Leben völlig anders sein, und du wirst dich niemals mehr unerleuchtet fühlen. Irgend so etwas, oder?
Ich kenne das sehr gut. (Lacht) Das ist die Falle, die dich weiter im Glauben sein lässt, du seiest nicht erleuchtet – und ich sehe ganz klar, dass du es bist!
Ich meine, jeder ist erleuchtet. Das ist einfach unsere Natur.
Das ist einfach eine andere Art zu sagen: „Du bist Gott, du bist das Göttliche." Aber bei dir sehe ich dieses Licht aus deinen Augen strahlen. Ich sehe, dass die natürliche Schönheit da ist. Und ich weiß, dass es sich überhaupt nicht besonders anfühlt. Es ist einfach normal. Jeder, der dich ansieht, sieht das irgendwie. Man kann es nicht nicht sehen. Aber du fühlst dich normal. Es ist einfach, wie es ist.
Jemand, der kürzlich erwachte, hat es so beschrieben: „Weißt du, wenn du in einem Flugzeug 10000 Meter hoch fliegst, fühlt es sich nicht an, als würdest du besonders hoch fliegen, oder? Du fliegst einfach, das ist einfach normal. Genau genommen ist es sogar langweilig." Die Vorstellung, in 10000 Meter Höhe zu fliegen, kann aufregend sein. Aber tatsächlich ist es normal!
Und so ist es auch mit Erleuchtung. Es ist einfach normal. Es ist nichts Besonderes.

Wenn du nach etwas anderem suchst, suchst du im Verstand. Und da wirst du niemals etwas finden. Wir können endlos im Verstand suchen. Menschen tun das. Sie suchen ganz besonders gern Erleuchtung im Verstand!

Es wird von verschiedenen Ebenen der Erleuchtung gesprochen. Ich für mein Teil habe noch nie irgendwelche Ebenen gesehen – hier. Hier gibt es keine Ebenen. Hier ist einfach hier. Um Ebenen zu finden, müssen wir in den Verstand gehen. Und dann brauchen wir Kriterien, wie das Hier aussieht, welche Symptome es gibt, wie sich jemand verhält. Das ist alles, was der Verstand darüber weiß. Und da gibt es viele Theorien, wisst ihr: „Oh, er ist im fünften Körper erleuchtet! Aber dieser Typ da, der ist im siebten Körper erleuchtet!"

Das ist alles ein Witz, denn alles, was du kannst, ist einfach hier sein. Und nur dadurch, dass du hier bist, vertieft sich das alles. Indem du hier bist, wird deine Erleuchtung profunder.

Wenn du im Verstand bist und überlegst, wie es dir geht und wie gut du es wohl machst, bist du nicht hier. Alles, was du tun kannst, ist hier zu sein. Es ist egal. Du kannst nur hier sein. Wo du auch immer bist, du bist hier. Was du auch immer gerade für eine Entwicklung durchmachst, du musst hier sein. Ob du ganz am Anfang oder ganz am Ende bist, du musst hier sein. Was wir auch immer darüber denken und sagen und theoretisieren, das ist alles Blödsinn.

Ich kann nur hier sein, egal wie es ist. Was mir die Erfahrung des Hier-Seins auch beschert, wie es sich auch immer in diesem Moment anfühlt: Es kann sich scheußlich anfühlen, es kann sich wundervoll anfühlen – und es ändert sich jeden Moment. Das ist meine Erfahrung.

Osho sprach einmal über einen Meister, der mehrere erleuchtete Schüler, die bei ihm weilten, fragte: „Wie ist es, erleuchtet zu sein?" Da waren zwei Antworten, die ich besonders mochte. Der erste sagte: „Ich habe keine Ahnung!" Das ist die allerbeste Antwort. Ich auch nicht! Ich habe keine Ahnung! Ich habe keine Vorstellung davon. Wie könnte ich sagen, wie es ist? Es ändert sich jeden Moment! Was ich auch immer darüber sagen könnte, wird falsch sein. Selbst wenn ich sage: „Ich bin die ganze Zeit in Frieden", wäre das nicht richtig. Ich meine, es ist wahr, aber es ist auch nicht wahr. Ich bin mit Sicherheit nicht die ganze Zeit in Ekstase.

Der andere sagte etwas, was mich jahrelang verstört hat, denn es war überhaupt nicht, was ich hören wollte. Und es ist auch die Wahrheit! Er sagte: „Es ist so, wie es immer war." (Lacht) Er sagte: „Mir geht es so schlecht wie immer. Da ist nur ein Unterschied und zwar der, dass ich die Wahl habe. Dabei geht es um Akzeptanz und das ist alles."

Das ist die Wahl, die ihr habt. Du kannst wählen, zu akzeptieren oder nicht zu akzeptieren. Das ist die Freiheit. Du kannst diese Erfahrung akzeptieren. Du kannst mit dieser Erfahrung in Frieden sein. Bezüglich der Erfahrung hast du keine Wahl. Ich kann nicht wählen, was für Erfahrungen kommen. Ich weiß nicht, was heute auf der Speisekarte steht. Ich werde immer überrascht. Aber ich kann es akzeptieren. Ich kann damit in Frieden sein. Ich kann das alles umarmen, und die Kapazität, alles zu umarmen, wächst immer weiter.

Das muss es sein, wovon Osho sprach, als er sagte, dass Erleuchtung einfach kein Ende hat. Die Kapazität, zu sein, wächst. Alles, was wir tun müssen, ist einfach ja sagen, ja zum Leben, was es auch immer bringt; so viel im Moment sein, wie wir können.

Ich kann nicht sagen, ich wäre immer im Moment.

Ich bin mehr im Moment als letztes Jahr, ganz allgemein gesprochen. Und letztes Jahr war ich mehr im Moment als das Jahr davor. Je mehr wir uns darin üben, im Moment zu sein, desto besser werden wir darin.

Das ist alles, was wir hier tun: Uns darin üben, im Moment zu sein. Uns darin üben, ein erleuchtetes Leben zu führen! Aber niemand ist jemals bis ans Ende dessen gelangt. Osho ist nicht bis ans Ende gelangt. Papaji ist nicht bis ans Ende gelangt. Es gibt immer noch mehr. Darum ist es interessant. Sucht nicht nach dem Ende. Sucht nicht nach einem Ort, wo ihr sagen könnt: „Gut! Jetzt habe ich es. Jetzt bin ich erleuchtet und kann nie mehr Mist bauen." (Lacht)

Das Mist-Bauen macht Spaß. Wenn du nicht die Fähigkeit hast, Mist zu bauen, bist du nicht frei. So sehe ich das. Ich will nicht irgendwo enden, wo ich keinen Fehler mehr machen kann. Warum sollte ich? Dann würde ich all den Spaß verpassen! (Lacht)

Diese Erfahrungen... Das Leben ist einfach eine Serie von Erfahrungen. Und wenn wir die Bewertungen der Erfahrungen fallen lassen, sind sie einfach endlos interessant!

Kennt ihr die Geschichte von Osho und seinen Zähnen?

Das ist eine großartige Geschichte, denn sie zeigt, dass der Meister für Erfahrungen offen ist. Er ist selbst der größte Schüler. Er lernt einfach, was das Leben ihm zu zeigen hat. Ihm wurde ein verfaulter Zahn gezogen. Er musste gezogen werden. Um der Erfahrung willen wollte Osho keine Betäubung. Er wollte die Erfahrung. Die Erfahrung war für ihn so tief und so interessant, dass er zum Zahnarzt sagte: „Ja, mach weiter, zieh auch noch den nächsten Zahn!"

Der arme Kerl konnte das nicht. Er war ein Schüler von Osho und er zitterte nur noch. Sie mussten einen anderen Zahnarzt holen. Osho ließ sich alle seine Zähne ziehen, und bei jedem war es eine andere Erfahrung.

Das Leben ist so großzügig mit Erfahrungen. Aber wir haben die Vorstellung, dass Erleuchtung das Ende von Erfahrungen bedeutet, oder wir stellen uns eine konstante Erfahrung auf einer hohen Schwingungsebene vor. Nein! Es ist die Erfahrung, menschlich zu sein!

Gott kam her, um menschliche Erfahrungen zu machen. Dafür kamen wir in die Schöpfung, für diese Erfahrung, für alle Erfahrungen. Wir haben so viele Urteile darüber, welche Erfahrungen in Ordnung sind und welche nicht. Wir sagen zu Gott: „Nein, diese Erfahrung kannst du nicht haben, die ist nicht cool!"

Es ist in Ordnung, wenn du mit neunzig im Bett stirbst. Aber auf der Autobahn sterben ist nicht in Ordnung. Warum nicht? Es ist eine Erfahrung. Was ist daran verkehrt?

Was ist daran verkehrt, wenn Gott diese Erfahrung macht?

Alles, was wir tun müssen, ist unsere Bewertungen der Erfahrungen und den Glauben fallen lassen, dass diese Erfahrungen etwas über uns besagen oder dass wir es richtig oder falsch machen können.

Nichts ist falsch! An alledem ist nichts falsch!

Wenn ich mich ganz besonders mies fühle, was – immer noch – vorkommt, dann tendiert der Verstand dazu zu sagen: „Du bist einfach ein Dummkopf! Du solltest dich nicht so fühlen! Du bist doch erleuchtet, weißt du, und Erleuchtete fühlen sich nicht wie Dummköpfe." Doch, das tun sie! Dieser hier tut das. (Lacht) Dieser hier fühlt alles. So weiß ich, wie es sich für euch anfühlt: weil ich es fühlen kann.

Das ist es, was ich den ganzen Tag lang mache: Ich beantworte die E-Mails der Leute. Und jedes Mal, wenn mir jemand schreibt, weiß ich, wie es sich anfühlt! Die schönen Gefühle und die schrecklichen Gefühle, ich weiß, wie sich das alles anfühlt. Und ich bin mit all dem in Frieden.

Ich sage nie zu jemand: „Nein, so solltest du dich nicht fühlen!" Ich sage immer: „Ja! Ja! So fühlt es sich an. Ja! Interessant." All diese interessanten Gefühle – die Erfahrung, menschlich zu sein. Das ist es, was wir hier tun. Das bedeutet, ein erleuchtetes Leben zu führen: Einfach die Bereitschaft, hier zu sein, dies zu erleben, damit in Frieden zu sein. Das ist es. Sucht nicht nach irgendetwas anderem.

Wisst ihr, ich verstehe, wie es passiert ist, dass wir in dieses Missverständnis geraten sind – weil jemand wie Osho seine Erfahrung beschreibt. Und das ist jemand, der dreißig Jahre nach seiner Erleuchtung spricht. Er hat dreißig Jahre Übung darin, hier zu sein und er spricht von dieser Ekstase, die ständig da ist.

Ich verstehe das. Ich kann das Gleiche sagen – in diesem Moment.

Alle Erfahrungen haben eine Unterströmung: diese Schwingung – tiefen Frieden. Und das wird immer profunder. Ich kann mir gar nicht vorstellen, wie das in zwanzig Jahren sein könnte. Aber ich kann euch sagen, dass ich das heute sehr viel tiefer erlebe als noch vor wenigen Jahren.

Wisst ihr, wenn ihr mit jemand wie Osho sprecht, kann er wie ein Betrunkener klingen. Er ist betrunken, vom Göttlichen trunken. Er ist davon völlig berauscht!

Aber das ist einfach eine Folge davon, dreißig Jahre lang hier zu sein. Und es hat nicht so angefangen für ihn. Ja, er hat eine Erfahrung gemacht – so wie wir alle Erfahrungen machen. Aber diese Erfahrungen kommen und gehen. Es gibt keine Erfahrung, die konstant da ist. Und doch gibt es diese Unterströmung, die dich immer mal wieder für einen Moment berührt. Die ist immer da. Sie wird wirklicher. Nicht wirklich, aber so scheint es zu sein. Das ist die Erfahrung. Ich liebe es, darüber zu sprechen, denn ich kenne dieses Missverständnis. Und ich sehe dieses Missverständnis bei so vielen, vor allem Osho-Sannyasins.

Osho war ein großartiger Meister! Er hat uns mit seiner Schönheit angezogen und mit seiner Ekstase. Und wir haben gesagt: „Ja! Das ist es, was ich will. Ich will das! Ich will die ganze Zeit genau so sein." Aber das ist die Falle, denn das ist ganz oben, und das ist irgendwann in der Zukunft. Und es ist nicht so, wie ich jetzt bin. Jetzt bin ich einfach normal. Ich meine, ich bin einfach ein gewöhnlicher Mensch! Darum sitze ich hier. Jesus nannte sich selbst die Brücke. Ich bin die Brücke, denn ich bin wie ihr. Ich kann mich mit euch verbinden, ich kann mich mit eurer Erfahrung verbinden.

Manchmal sah es so aus, als ob Osho noch nicht einmal mit unserer Erfahrung in Berührung kommen konnte, er war so weit jenseits dessen. Ich weiß nicht. Ich weiß nicht, was Oshos Erfahrung war. Aber ich weiß, was meine Erfahrung ist. Ich kann Oshos Erfahrung schmecken. Ich kann die Erfahrung von jedem schmecken.

Das Allerwichtigste ist: Da ist ein Moment, in dem du einfach aufhörst, nach etwas anderem zu suchen, in dem du das einfach sein lässt, denn *diese* Erleuchtung gibt es nicht.

Ich weiß, diese Vorstellung hat euch angezogen, sie hat euer Interesse geweckt. Aber an einem Punkt musst du das einfach wegwerfen, denn es ist im Weg. Sei einfach hier! Sei hier mit dem, was auch immer hier ist. Das ist alles, was du brauchst.

Ich kann das bei dir sehen. Das ist alles, was nötig ist, sonst nichts. Du musst sonst nichts lernen. Du musst nicht noch irgendetwas verstehen. Das Verstehen wird wachsen, das ist natürlich. Aber dazu kommt es nur durch das Hier-Sein. Einfach durch diese normale menschliche Erfahrung, die Abfolge von Erfahrungen. Je mehr du mit dem Mensch-Sein Frieden schließen kannst, desto mehr wächst deine Erleuchtung. So ist es. Das ist meine Erfahrung.

Du hast gefragt, ob es einen Unterschied zwischen dir und mir gibt. Vielleicht ist das der einzige Unterschied: Ich suche nicht mehr nach etwas anderem. Das ist alles. Ich habe aufgehört zu suchen.

F.: *Aber ich habe Angst vor dem Tod.*

S.: Da ist also die Vorstellung vom Tod. Was bedeutet das? Hast du Angst davor, dass der Körper stirbt?

F.: *Ja.*

S.: Kannst du diese Angst jetzt fühlen?

F.: *Ich bin nicht sicher. In mir ist etwas Nervosität.*

S.: Also schließ mal die Augen und fühle einfach diese Nervosität. Ist da eine Stelle in deinem Körper, die mit der Empfindung im Zusammenhang steht?

F.: *Der Bauch.*

S.: Gut. Also richte deine Aufmerksamkeit auf diesen Bereich. Stell dir vor, du wärst genau in der Mitte dieser Empfindung. Diese Empfindung umgibt dich von allen Seiten und du bist genau in der Mitte. Wie ist es hier?

F.: *Es ist still.*

S.: Kannst du ein Ende der Stille finden?

F.: *Nein. Sie ist unendlich.*

S.: Ist da irgendeine Trennung zwischen dir und dieser Stille?

F.: *Es fühlt sich immer noch so an, als ob ich es erlebe.*

S.: Du kannst natürlich im Verstand sein und das aus einer gewissen Entfernung sehen. Oder du kannst in der Mitte dieser Erfahrung sein. Aber wenn du in der Stille bist, findest du hier jemanden, der sterben kann?

F.: Nein.

S.: Das ist einfach, wer du bist. Das ist Zuhause. Und das kannst du in der Mitte jeder Empfindung entdecken, egal wie schön oder hässlich sie ist: der gleiche Frieden, der gleiche Raum.

Jetzt kannst du natürlich in den Verstand zurückgehen und darüber nachdenken. Und dann hat der Verstand viele Vorstellungen davon, Ideen, Urteile, alle möglichen Geschichten. Aber hier, in diesem Frieden, in dieser Stille, ist kein Zweifel. Es ist einfach offensichtlich.

F.: Was ist offensichtlich?

S.: Dass du bist, dass du immer warst. Dass du immer sein wirst. Einfach diese Stille! Das ist alles, was es gibt. Es gibt sonst nichts! Das hat kein Ende! Und es hat nie angefangen. Es ist einfach die Wirklichkeit dessen, was du bist.

Es geht einfach darum, hierher zu kommen, wieder und wieder und wieder. Jede Erfahrung wird dich hierher bringen. Für den Rest deines Lebens, bei jeder Erfahrung komme einfach hierher.

Angst vor dem Tod? Kein Problem. Die Angst bringt uns hierher. Aber es gibt keinen Tod! Es gibt die Möglichkeit des Todes nicht. Es gibt keine Geburt. Es gibt keinen Körper, nur dieses Sein.

Fragende: Es ist lustig, gerade als die Rede von Gefühlen war, fühlte ich mich nicht richtig wohl – ein bisschen Schmerz hier und da. Und dann kam etwas wie ein Erinnerungsblitz: Da waren drei gewittrige Jahre mit extremen Aufs und Abs und ich habe mich so sehr nach Frieden gesehnt. Seitdem sind die Gefühle viel ruhiger, es geht nicht mehr so hoch rauf und so tief runter. Aber es war mir immer noch nicht gut genug!

Vorhin, als ich mich ein wenig unwohl fühlte, kam diese Stimme: „Fehlt es hier an etwas?" – Und ich sagte: „Nein, hier fehlt es an nichts."

Ich fühlte, genau wie du es gesagt hast, dass darunter dieser Frieden ist. Es war ganz einfach. Ich fühlte einfach, dass es so weitergehen kann. An die anderen kleinen Gefühle erinnere ich mich gar nicht genau, sie veränderten sich irgendwie. Aber ich fühlte diese Unterströmung. Und jetzt kann ich schon wieder gehen.

Samarpan: Cool.

113

Fragende: *Es geht um den Raum, von dem du sprachst.*

Samarpan: Selbst das einen Raum zu nennen, ist gefährlich. Aber wir können trotzdem hier anfangen. (Lacht)

F.: Ich bin nicht sicher, ob bei mir nicht der Verstand ins Spiel kommt und etwas daraus macht. Also möchte ich das überprüfen.

S.: Also, was ist hier?

F.: Es ist wie eine Mischung aus Leere, nichts, und aus Wind und Geräuschen; Frieden, Atmen; es ist wie ein Aufgeben. – Ich versuche, es mit dem Verstand einzufangen, durch Worte, und falle auch immer wieder da heraus. (Stille)

S.: Ja, genau. Das ist alles, was wir tun müssen – dem unsere Aufmerksamkeit zu schenken. Es wird dir nie möglich sein, das adäquat zu beschreiben und die Erfahrung dessen ändert sich ständig.
Das ist es, worum es beim Retreat geht. Wir halten einfach eine Zeitlang den Mund, damit wir dies erleben können – in einer tieferen Art, als wir es normalerweise tun.
Alle sind in unterschiedlichen Situationen und es ist alles gut so. Mach einfach das Beste aus dem, was du hast. Wie auch immer deine Erfahrung des Lebens gerade ist, versuche einfach, damit so still wie möglich zu sein. Erlaube dir, da mehr und mehr hinein zu sinken.
Meine Empfehlung ist, dass ihr nichts lest, euch nichts anhört, all diese normalen Erlebnisse nicht habt. Alkohol, Drogen – lasst sie für die Zeit des Retreats beiseite. Ermöglicht euch einfach mal eine andere Erfahrung.
Gebt euch so viel wie möglich die Gelegenheit, einfach hier im Moment zu sein. Was auch immer für Erfahrungen kommen, was auch immer für Gefühle aufkommen, heißt sie einfach willkommen. Sie werden euch dabei helfen, mehr hier zu sein. Jede starke Empfindung wird euch helfen, hierher zu kommen. Wenn ihr körperliche Schmerzen habt, wird euch das helfen, hierher zu kommen. Das sind alles Hilfen.

DER MUT, AUTHENTISCH ZU SEIN

Fragender: *Was du gestern über Erleuchtung gesagt hast, hat mir den Rest gegeben.*

Samarpan: Ja, jetzt hast du keine Ausreden mehr!

F.: *Ich wusste das schon, aber wie ich dir bereits schrieb: Du liest mir nicht nur die Speisekarte vor, du gibst mir auch das Essen! Das ist gestern geschehen. Aber das Schöne daran ist, dass ich eine Riesenwut habe und das sogar genießen kann! – Wie du sagst: Umarme alles. Und ich habe genug Vertrauen zu dir, dass ich es wage, das hier zu zeigen. Denn ich kann sehen, worum es bei der Wut geht: „Was mache ich hier überhaupt, warum spiele ich dieses Erleuchtungsspiel immer weiter: Was ist Erleuchtung? Bitte, gib sie mir. Was muss ich tun?" In Wirklichkeit ist alles in mir. Das macht mich verrückt. – Mir ist die Idee einer kurzen Theaterszene gekommen, durch die ich dir zeigen kann, was ich meine, was wir hier für ein Spiel spielen: (Laut) Samarpan, kannst du mir zeigen, wo meine Brille liegt?*

S.: Genau so!

F.: *Ich komme mir so doof vor! (Seufzt) Aber hinter alledem ist Freude. Etwas ist geschehen, ich bin irgendwie in meiner Kraft.*

S.: Ja, es ist ein Witz, weißt du. Die meisten Menschen verleugnen ihre Göttlichkeit und versuchen gleichzeitig so zu tun, als seien sie göttlich. Das ist wirklich verrückt.

F.: *(Schluchzt)*

S.: Es geht um den Mut, authentisch zu sein. Den Mut, einfach so zu sein, wie du bist. Ohne dich dafür zu entschuldigen, ohne etwas anderes vorzutäuschen, ohne zu versuchen, ein nettes Gesicht zu zeigen – und damit in Frieden zu sein, in Frieden mit dir selbst. Denn Gott ist in Frieden mit dir! Wenn du also mit dir selbst in Frieden bist, bist du integriert. Dann bist du eins mit Gott. Es ist so einfach.
Viele Leute *versuchen* erleuchtet zu sein. Und dieses Versuchen bringt sie von sich selbst weg. Dann haben sie nichts als eine unechte Erleuchtung, eine eingebildete Erleuchtung.

Menschen, die versuchen gute Christen oder gute Buddhisten zu sein oder die versuchen ein spirituelles Leben zu führen – das führt nur zu etwas Falschem und zu Trennung.

Versuche nichts, du bist schon *das*. Du warst das immer, du kannst gar nichts anderes sein! (Stille)

Samarpan: Hallo.

Fragende: Ich komme aus einer Welt der starken Gefühle. Ich war immer eine Kämpferin. Seit ich mehr lebe, wozu ich mich inspiriert fühle, werde ich immer stiller und einsamer, zurückgezogener. Das macht mir auch Sorgen, nicht Angst, aber Sorgen. Manchmal fühlt es sich an, als würde ich durch Raum und Zeit reisen. Ich verliere meine Wut und meine Lautstärke. Und außerdem denke ich manchmal auch, dass es langweilig ist.

S.: Wer denkt, dass es langweilig ist?

F.: Meine alte Stimme. Die redet und redet und sagt, es sei nicht in Ordnung.

S.: Ja.

F.: Und die andere sagt: „Doch, ist es!"

S.: Ist es eine Stimme, die sagt: „Es ist in Ordnung"? Oder ist es einfach ein Wissen, dass es in Ordnung ist?

F.: Beides. Manchmal ist es eine Stimme, die wirklich zu mir spricht, wie mein inneres Kind. Und manchmal ist es einfach ein tiefes, sattes Gefühl. Und manchmal macht es mich sehr traurig.

S.: Was macht dich traurig?

F.: (heftig) Bei den starken Gefühlen, den Reibungen, den Kämpfen, den Diskussionen hatte ich das Gefühl, im Kontakt mit mir selbst zu sein, mit der Person, die da war, mit der Welt. Und jetzt ist es so, als sei da eine Mauer aus Watte.

S.: Ja, alles wird weniger klar. Solange du noch im Kampf warst, waren die Grenzen stark und deutlich da. Jetzt verlierst du die Grenzen.

So ist es. Alle Grenzen fallen in sich zusammen. Vorher wusstest du alles. Du wusstest, wer deine Feinde sind und wer deine Freunde, alles hatte für dich seine Ordnung.

F.: Alles unter Kontrolle.

S.: Das stimmt, alles in Ordnung. Und jetzt bricht es auseinander. Keine Grenzen mehr. Die Definitionen stimmen nicht mehr. Freunde, Feinde – bedeutungslos. Ja, so ist es. Es ist die Bereitschaft, nichts zu wissen. Das ist das Erwachen, alle Definitionen zu verlieren, alle Glaubenssätze zu verlieren, alle Grenzen. Denn das war alles nicht wahr.
Und es kann auch Angst machen, es kann verstörend wirken, natürlich. Du kannst es auch nicht vermeiden, es nimmt dich mit. Dieser Frieden zieht dich zu sich.

F.: Es ist langweilig!

S.: Ist es langweilig?

F.: Im Moment schon. Es ist nicht mächtig, inspirierend, voller Feuer...

S.: Ich verstehe. Es ist interessant, sich das anzusehen. Schließe für einen Moment die Augen und fühl dich einfach total gelangweilt. Heiße dieses Gefühl willkommen. Lass dieses Gefühl dich umgeben. Was siehst du in der Mitte davon?

F.: Nichts.

S.: Sieh dir dieses Nichts an. Erkunde es. Kannst du eine Grenze finden?

F.: ... Leere. Das macht solche Angst.

S.: Okay. Heiße die Angst willkommen. Also, was ist jetzt hier?

F.: Ich spüre mich selbst wieder. Im Schmerz, in der Traurigkeit.

S.: Nicht langweilig, oder? (Lacht)

F.: Ich mag deinen Humor. Ich lerne total von dir!

S.: Es ist nicht langweilig, du selbst zu sein. Wenn du wirklich dazu bereit bist, ist es sehr interessant. Diese Leere ist geschwängert von allem. Sie verleugnet nichts. Sie ist voller Leben, voll von allem.

Fragende: Manchmal fühlt es sich so an, als seien alle Gefühle gleichzeitig da.

Samarpan: Sehr intensiv, hm?

F.: Heute Morgen hatte ich ein Erlebnis. Es war wie ein kleiner Geschmack davon, wie es ist, wie es sein könnte, das Nichtgetrenntsein zu erleben. Es kam alles auf einmal: Schmerz, ein Schluchzen und die tiefe Sehnsucht alles anzunehmen. Und die tiefe Erkenntnis, dass das Ja beim Liebemachen das gleiche Ja ist. Da war Freude und Glück und ich habe Gott darum gebeten, dass mir geholfen wird, dass ich so mit Menschen sein kann und nicht mehr an die Trennung glauben muss. Und dann ist da dieses Wissen, dass ich in Ordnung bin, wie ich bin, wenn ich authentisch bin.

S.: Da gibt es ein Geheimnis: Wenn du dich getrennt fühlst, dann fühle dich einfach getrennt! Versuche nicht, dich *nicht* getrennt zu fühlen! Geh nicht in den Verstand und sage: „Ich bin nicht wirklich getrennt, also sollte ich mich auch nicht getrennt fühlen." Fühle dich einfach getrennt! *Diese* Erfahrung! Die lässt dich nicht tatsächlich getrennt sein. Und das ist es, was du entdecken musst, dass die Erfahrung vom Getrenntsein dich nicht getrennt sein lässt.
Aber die Erfahrung des Getrenntseins vermeiden zu wollen, vermittelt dir eine noch stärke Erfahrung des Getrenntseins. Also liegt der Weg nach Hause darin, die Erfahrung des Getrenntseins willkommen zu heißen. Einfach?

F.: Ja. Und die Erfahrung von Nähe ist auch hier. Und es ist immer so: Ja, ich will mehr davon!

S.: Ja, aber das ist gefährlich. Da geraten wir in Schwierigkeiten.
Was dann geschieht ist, dass wir Erfahrungen nachjagen. Wir haben eine wunderschöne Erfahrung des Einsseins mit allem. Und wir sagen: „Ja, das ist es. Das will ich! Das will ich die ganze Zeit!" Dann hängen wir fest und dann kämpfen wir. Wir sind nicht in Frieden damit, wie es ist, und tun so, als ob wir getrennt wären – weil wir uns nicht getrennt fühlen wollen. So vertrackt ist das!
Die mangelnde Bereitschaft, sich schlecht zu fühlen, todunglücklich, getrennt, menschlich – ja, das ist es, was uns die Probleme eingebracht hat! Wir wollen uns nicht menschlich fühlen. Wir wollen uns göttlich fühlen!

Aber das ist nicht das Spiel, das wir spielen. Wir spielen hier das menschliche Spiel!

F.: Ich will beide Spiele gleichzeitig spielen.

S.: Wenn du bereit bist, dich als menschlich zu erfahren, bist du eins mit dir selbst und akzeptierst alles. Dann ist da kein Konflikt.
Wir müssen wachsam sein, weil der Verstand so raffiniert ist. Er wird dich wieder irgendwie zu packen kriegen, dich in einen Kampf verwickeln, in irgendeine Idee davon, was an dir nicht in Ordnung ist. Und der Beweis, dass du nicht in Ordnung bist, ist diese Erfahrung. „Wie könnte ich in Ordnung sein? Ich erlebe Trennung!" – Das muss wahr sein, denn ich glaube meiner Erfahrung. Dann versuche ich, gegen die Erfahrung anzukämpfen, ich versuche, sie zu ändern. Das funktioniert nicht! So geht es nicht. Es geht nur, wenn ich mit der Erfahrung der Trennung in Frieden bin. Dann bin ich wieder in Harmonie.

Fragender: *Schön, dich zu sehen.*

Samarpan: Schön, dich zu sehen.

F.: Du siehst so frisch aus.

S.: Das bin ich auch. Mich gab es noch nie! Ich bin neugeboren.

F.: Ich habe viel Widerstand erlebt.

S.: Aha?

F.: Ich hatte lange Zeit die Erfahrung von Vertrauen. Vertrauen in die Zukunft. Und ich habe sogar den Leuten gesagt, sie sollen vertrauen! Und jetzt ist es weg!

S.: Ist es weg? Oder ist da eine andere Erfahrung?

F.: Es ist das Nicht-Akzeptieren der Erfahrung von Nicht-Vertrauen. Das ist es, was vor sich geht. Und ich habe es natürlich versucht. Manchmal war es da, aber jetzt ist der Verstand die meiste Zeit stark und da ist kein Vertrauen.

S.: Das ist alles im Verstand. Das Vertrauen und das Nicht-Vertrauen. Wenn du im Verstand nach Vertrauen suchst, geht Nicht-Vertrauen damit einher. Suche nicht im Verstand, suche nirgends danach! (Lachen) Suche nach überhaupt nichts.

F.: Das ist die Sache.

S.: Ja. Das ist der einfache Weg.

F.: Ich habe immer noch die Vorstellung, ich müsste etwas tun, ich müsste vertrauen. Ich müsste mein mangelndes Vertrauen akzeptieren.

S.: Du musst dein Nicht-Vertrauen akzeptieren, um dein Vertrauen wieder zu finden! (Lachen)

F.: Ich dachte, das könnte ich nicht tun. (Lachen)

S.: Du musst nichts tun. Dieser Moment gibt dir eine Erfahrung. Du machst diese Erfahrung. Darüber musst du nicht nachdenken. Du musst diese Erfahrung nicht auswerten, du musst sie nicht mit einer anderen Erfahrung vergleichen oder sie beurteilen: „Ist das eine gute Erfahrung? Bedeutet sie, dass ich vertraue? – Wie mache ich das? Bin ich ein guter Mensch? Bin ich auch spirituell genug? Bin ich erleuchtet genug?" Das sind alles Fallen des Verstandes.
Wenn ich in diesem Moment bin, ohne eine Vorstellung davon, dann ist es einfach so, wie es ist. Das ist diese Erfahrung in Reinform. Wenn ich keinerlei Vorstellung davon habe, ist es das, was Buddha das So-sein der Dinge nannte. Da ist das So-sein dieses Moments. Und das bedeutet gar nichts. Es bedeutet nichts über mich, es besagt nicht, dass ich ein guter oder ein schlechter Mensch bin. Denn in Wirklichkeit bin ich nicht. Ich bin nicht. Da ist nur Erfahrung. Und da ist niemand, der diese Erfahrung hat!

F.: Ich kann sehen, wie es funktioniert. Wie ich in die Vorstellung gerate: „Ich habe keine Angst vor der Zukunft." Die andere Seite muss also auch hochkommen.

S.: So ist es immer. Da ist Vertrauen und da ist Zweifel, Glauben und Nicht-Glauben. Es ist dieselbe Medaille.
Papaji hat gesagt: „Lebe einfach nicht im Verstand." Da ist nur dieser Moment. Es gibt kein Ich, über das der Moment etwas besagen könnte. Da ist nur Erfahrung, und die ist angenehm, schmerzhaft, interessant, langweilig oder was auch immer.

Fragende: Ich fühle eine Sehnsucht danach, aufgesogen zu werden und gleichzeitig fühle ich Angst. Als du vorhin mit der Frau sprachst, habe ich auch die Augen geschlossen und konnte einfach da sein. Und ich konnte fühlen, wie alles aufgesogen wird, und ich konnte es geschehen lassen. Einerseits war das gut, es war so still. (Stille)

Samarpan: Da ist niemand, der aufgesogen wird, weißt du! (Lacht) Du bist nur Stille. Nie getrennt. Wir haben nur die Vorstellung, wir seien getrennt, unterschiedlich. Aber das macht es nicht wahr!
Als erstes stellen wir uns vor, wir seien getrennt. Und dann haben wir die Sehnsucht aufgesogen zu werden. Diese Vorstellung kann aber nicht aufgesogen werden. Du bist einfach! (Lacht) Es ist ein Witz, weißt du. (Lachen)

F.: Es ist komisch. Ich hatte jahrelang den Wunsch wieder zu malen. Als Teenager habe ich viel gemalt. Ich konnte alles vergessen und mich darin verlieren. Aber ich konnte nicht wieder anfangen zu malen.

S.: All diese Tätigkeiten müssen an irgendeinem Punkt fallengelassen werden, denn sie werden irgendwie zu einer Qual. Dann denkst du, du müsstest malen, um eins mit dir zu sein. Das ist nicht wahr!

F.: Okay.

Fragende: Eben kam der Satz: „Ich war so lange nicht da!" Jetzt habe ich den Eindruck, dass ich nur deswegen weg war, weil ich im Verstand war. Wenn ich im Moment bin, bin ich hier. Und das ist alles!

Samarpan: Das stimmt! Das ist alles. Und – warst du jemals weg?

F.: Nein!

S.: Nein. Offensichtlich nicht.

F.: Ich war nur mit dem Verstand weg. Ich übe mich darin, hier zu sein. Der Verstand treibt mich immer wieder weg und ich komme immer wieder hierher zurück. Und so geht das den ganzen Tag.

S.: Das stimmt!

F.: Ich bin damit total beschäftigt! (Lachen) Und ich sitze hier und bin total überrascht und denke: Das war alles?

S.: Das ist es! Das ist alles.

F.: *Aber da ist noch etwas. Mein Gefühl ist, dass ich bisher alles aufgenommen, in mich hinein gelassen hätte. Aber das ist auch nur eine Illusion!*

S.: Das stimmt!

F.: *Wenn es einfach geschieht und ich es nicht in mich aufnehme, dann gibt es da niemand.*

S.: Richtig. Genau. Es ist tatsächlich so einfach.

F.: *Ist das ein Witz?*

S.: Ja. Wirklich ein Witz. Deshalb kommt es vor, dass Menschen, die erwachen, nur noch lachen und lachen – weil es einfach ein Witz ist. Wir haben nur geträumt, wir wären weg. Wir haben geträumt, dass wir jemand sind. Es war nie wahr. Nicht einen Moment lang.

F.: *Es ist nur der Verstand, der uns das erzählt.*

S.: Es ist wie eine Sammlung von Erinnerungen, die wir zusammengetragen haben, solange wir denken können. Die ziehen wir auf den Faden auf, den wir „Ich" nennen. Das sind *meine* Erfahrungen und die besagen etwas über *mich*. Aber in Wirklichkeit ist da kein Faden. Der Faden existiert nur in unserer Vorstellung.

F.: *Es geschieht einfach nur.*

S.: Das stimmt. Erfahrungen geschehen einfach. Wenn wir sie nicht durch eine Idee von „mir" zusammenbinden, sind es einfach nur Erfahrungen.

F.: *Ich bin gespannt auf den nächsten Tag!*

S.: (Lacht) Ja! Es wird immer verrückter und lustiger. – Wenn du die Idee von „mir" loslässt, sind alle Erfahrungen interessant. Manchmal schmecken sie schrecklich. Das ist in Ordnung. Manchmal sind sie sehr süß. Das ist auch in Ordnung. Jeglicher Geschmack... (lacht)

DIE MÜNZE FÄLLT

Samarpan: Guten Abend. Was geschieht?

Fragende: Gerade ist ein Gefühl hochgekommen, das ich weggeschoben habe. Das Gefühl ist ein ganz tiefer Schrecken, Horror. Ich kenne es schon lange. Ich habe versucht, mich diesem Gefühl in einer Analyse zu stellen, aber das hat nicht funktioniert. Sobald es hochkommt, verschließe ich mich.

S.: Was ist hier, jetzt?

F.: Eine starke Verkrampfung...

S.: Schließ einfach die Augen und entspanne dich. Was auch immer kommen will, kann kommen.

F.: Ich habe starke Kopfschmerzen.

S.: Die Kopfschmerzen sind gut, sie helfen. Gib ihnen einfach deine Aufmerksamkeit.

F.: Auch der Hals ist zu.

S.: Gut. Einfach *dieses* Gefühl.

F.: Es wandert durch den ganzen Körper. Das Herz klopft stark, da ist ein Zittern... Die Kopfschmerzen werden weniger, jetzt, wo der Schmerz in den Körper geht.

S.: Dieses Gefühl wandert also.

F.: Aber die Blockierung in meinem Hals bleibt.

S.: In Ordnung, gut. Gib allen Empfindungen weiterhin deine liebevolle Aufmerksamkeit, ohne jegliches Bewerten, ohne jegliche Geschichte. – Wie sieht es jetzt aus?

F.: Die Blockierung in meinem Hals ist immer noch da, nichts bewegt sich. Die Kopfschmerzen sind wiedergekommen. Sie füllen den ganzen Kopf aus, das ganze Gehirn.

S.: Kannst du damit einfach in Frieden sein, so wie es jetzt ist?

F.: Im Moment, ja.

S.: Das ist alles, was du jetzt gerade brauchst. Das ist alles, was jemals gebraucht wird, denn wenn wir in den Verstand gehen, werden wir uns an irgendeinem Punkt vorstellen, dass das nicht akzeptabel ist. Aber wenn wir einfach damit hier sind, dann sehen wir das und es ist in Ordnung. Es muss nicht anders sein, jetzt.

F.: *Es ist immer noch hier.*

S.: Das ist in Ordnung. Es ist willkommen, ja? (Lacht) Mehr oder weniger.

F.: *Die Kopfschmerzen schon. Alles, was mit dem Körper zu tun hat, ja, aber der Rest hängt wie ein riesiger Tintenfisch darunter.*

S.: Darunter ist ein riesiger Tintenfisch? Das ist interessant. Lass den Tintenfisch herauskommen! Wie sieht er aus?

F.: *Schwarz und potthässlich.*

S.: Ohhh! (Lachen) Schön!

F.: *Und mein Gefühl ist, ihm einen kräftigen Tritt zu verpassen...*

S.: Du willst ihn treten? Das ist nicht sehr freundlich.

F.: *Ich weiß.*

S.: Wir stellen uns vor, der Tintenfisch sei hässlich und gefährlich und dass er unser Feind sei. Aber wer ist der Feind? Wer will auf wen treten? (Lacht)

F.: *Er wird schon viel schöner.*

S.: Ja. Sobald dir leichter zumute ist, ist der Tintenfisch nicht mehr so hässlich. Er wird freundlicher, er fängt an, mit dir zu spielen. Solange der Tintenfisch keine Angst haben muss, dass auf ihn getreten wird... (Lacht) Ja, so ist das mit Monstern.

F.: *Jetzt ist er weg. Das war nicht so schlimm, wie ich dachte.*

S.: Das ist es! Es ist nie so schlimm, wie wir uns das vorstellen. Nur im Schatten wirkt das Monster dunkel und hässlich. Sobald wir ihm gestatten, ans Tageslicht zu kommen, wird es zu einem beinahe schon niedlichen Tintenfisch.

F.: *Ich werde noch genauer hinsehen.*

S.: Ja. Wunderschön.

Samarpan: Hallo.

Fragende: (Weint) Für mich ist es anders herum. Meine Angst vor dem Tod scheint immer größer zu werden, je mehr ich hinsehe.

S.: Schließe einfach die Augen. Wo in deinem Körper spürst du es?

F.: Überall.

S.: Wie fühlt es sich an?

F.: Zittrig.

S.: Ist das Zittern die einzige Empfindung?

F.: Ich will einfach weglaufen.

S.: Ich verstehe. Das ist die normale Reaktion auf Angst. Es gibt zwei normale menschliche Reaktionen auf eine reale oder eine eingebildete Gefahr: weglaufen oder kämpfen.

F.: Ich habe beides.

S.: Das bedeutet, dass du sehr normal bist, in Ordnung. Da ist also die Tendenz, dass du weglaufen oder kämpfen willst.

F.: Ich werde sehr wütend und sauer, wenn du sagst, es sei einfach eine Illusion. Für mich ist es das nicht! Für mich ist es sehr real.

S.: Natürlich ist es das. Sagte ich, dass es eine Illusion ist? Das habe ich nicht gesagt!

F.: Heute Morgen hast du das behauptet.

S.: Diese sehr reale Angst (Lachen), diese sehr reale Gefahr führt zu diesen sehr realen Reaktionen des Weglaufen- und Kämpfen-Wollens? – Gut. Und was geschieht jetzt?

F.: Ich fühle den Kampf immer, aber jetzt ist da keine Gefahr. Jetzt kann ich in den Raum gehen, wo alles gut ist. Ich habe zwei Katastrophen erlebt, und im Schlaf kommt die damit verbundene Angst auf.

S.: Erzähl mir von den Katastrophen.

F.: Ich hatte einen Autounfall, und das Haus stand in Flammen.

S.: Das hast du mir geschrieben. Die Wohnung unter deiner brannte. Wenn der Feuerwehrmann dich nicht gerettet hätte, wärst du verbrannt oder am Rauch erstickt.

F.: *Da war keine Meditation, da war nur Panik, sonst nichts.*

S.: Diese körperliche Reaktion auf diese sehr reale Gefahr liegt in unserer DNS, das ist Teil unserer Struktur.

F.: *(Weint) Darum fühle ich mich auch gut damit, weil mich das gerettet hat. Wenn du von Illusionen sprichst, macht mich das wirklich wütend!*

S.: Ich verstehe nicht.

F.: *Wenn du sagst: „Gehe in das Zentrum von allem, dann verschwindet alles" – das ist für mich einfach Blödsinn.*

S.: Wenn das Haus wirklich brennt, ist das kein eingebildetes Feuer. Für diesen Körper ist das in dieser Situation real. Aber jetzt, in diesem Moment, ist es nicht real. Genau jetzt ist da kein Feuer, aber du leidest immer noch darunter. Du leidest also an einem Feuer, das nur in der Vorstellung existiert. Aber die Erinnerung ist nicht real. Jetzt ist da kein Feuer, aber das Leiden geht weiter – aufgrund unserer Vorstellungskraft. Wenn du also nachts schläfst, träumst du von dem Feuer. Denn du hast damit noch nicht Frieden geschlossen. Da ist immer noch diese Reaktion, weil du die Angst nicht vollkommen gefühlt hast. Das ist normal bei so etwas.
In dem Moment hast du eine solche Kraft, die dich rettet, aber nachher zitterst du. Das ist eine normale menschliche Reaktion! Wenn der Schock allmählich schwächer wird, fängst du an zu zittern. Das ist in Ordnung. Lass es einfach geschehen.

F.: *Aber wie du gesagt hast: Jetzt gibt es keine Gefahr!*

S.: Nein, es gibt keine Gefahr, aber du hast noch nicht zu Ende gezittert. Du hast noch nicht mit der Angst Freundschaft geschlossen. Die Angst ist hier, um uns zu helfen. Diese Angst hat geholfen, dein Leben zu retten. Dazu ist sie da. Aber jetzt ist das eingebildete Angst – sie ist nicht abgeschlossen.

F.: *Aber jetzt habe ich das Gefühl, dass die Angst wächst.*

S.: Richtig. Weil du tief in dir nicht weißt, dass sie nicht real ist. Du versuchst, das im Kopf zu machen. Du sagst: „Es ist nicht real, es ist nicht real." Du versuchst, es durch dieses Mantra von dir fernzuhalten.

Versuche das nicht im Kopf. Schließe einfach deine Augen, komme in dieses Gefühl, heiße dieses Gefühl willkommen. Lass dich in der Mitte dieser Empfindung sein. Halte hier inne. Lass die Geschichte los, lass die Bilder los – einfach nur diese Empfindung. Lass das Zittern geschehen. Genau so! Entspanne einfach hier. – Wunderschön.

Ja, das ist die Richtung. Es ist egal, wie oft die Angst hochkommt, heiße sie willkommen, so wie jetzt.

Fragende: *Ich habe mich gerade gefragt, ob das, was du Schock nanntest, einfach heißt, im Moment zu sein. Ich stand einmal in Flammen, ich tat einfach, was nötig war, und nachher stand ich unter Schock.*

Samarpan: Ja, genau. Ich hatte auch die Erfahrung, in einem Feuer zu sein und einfach zu tun, was nötig war, um da heraus zu kommen. Interessant wird es, wenn man zurückkommt, sobald das Feuer gelöscht ist. Man beginnt zu zittern.

Ich erinnere mich an eine Sache: Wir hatten nicht wirklich Zeit zu entscheiden, welche unserer Besitztümer wir retten wollten. Und nachher zu sehen, was wir in der Eile an uns gerissen und mitgenommen haben... (Lachen)

F.: *Hier ist es so still. Für mich fühlt es sich wie Luxus an, so still zu sein. Ich kann den Verstand beobachten und die Gedanken daran, was ich nach dem Retreat tun werde. Und es ist nicht hier! Also kommt die Frage hoch: Wie kann ich mir die Stille bewahren und in der Welt funktionieren?*

S.: Du kannst dir nicht vorstellen, wie das geht.

F.: *Wenn da ein Wunsch ist, ist es der Wunsch, das zu erleben.*

S.: Ja, aber es wird nicht so sein, wie du es dir vorstellst – niemals.

F.: *Es scheint so, als ob da nicht mehr so viele Prioritäten und Vorlieben sind. Ich erlebe, wie alle Rollen verschwinden.*

S.: Es wird immer einfacher.

F.: *Etwas scheint zu fehlen...*

S.: Du vermisst das Drama. Natürlich. Wir sollten ein wenig um das Drama trauern. Wir müssen um das Drama trauern, um seinen Verlust. Wir trauern um den Verlust dieser Identität, der Idee, dass ich jemand bin! Das ist eine natürliche Traurigkeit. Wir entdecken, dass sie nicht real ist, aber wir müssen uns trotzdem traurig fühlen! Das alte Leben stirbt, und du weißt nicht, was statt dessen kommt. Du hast keine Ahnung, wie es ist, ein erleuchtetes Leben zu führen. Es ist ein Abenteuer, jeder Tag ist ein Abenteuer. Das kannst du dir nicht vorstellen.

Fragender: Darf ich dir eine direkte Frage stellen? – Ist bei dir der Groschen allmählich oder plötzlich gefallen?

Samarpan: Eine gute Frage! Ich weiß nicht, ob ich eine Antwort habe, aber ich kann darüber sprechen.
Da war eine Erfahrung. Das geschah vor 20, 25 Jahren. Diese Erfahrung war sehr tief. Plötzlich sah ich das Leben ganz anders, als ich es vorher wahrgenommen hatte. Nach ca. einer Woche war die Erfahrung vorbei. Ich habe natürlich versucht, sie zu wiederholen. Ich wusste schon während der Erfahrung, dass ich sie nicht verstand und nicht wusste, wie sie in mein Leben integriert werden könnte.
Ich hörte Osho zu einem anderen sagen: „Vergiss es! Es ist einfach eine Erfahrung!" Also vergaß ich es. Wenn ich heute an diese Erfahrung zurückdenke, ist es nur eine blasse Erinnerung. Diese Erfahrung ist nicht hier! Ich kann sie mir auch nicht vorstellen. Aber sie löste eine Veränderung in meiner Wahrnehmung aus, die nie mehr verschwand. Es ist wie das Öffnen eines Fensters. Wenn du einmal zum Fenster hinausgesehen hast, weißt du, dass es ein Außen gibt – selbst wenn das Fenster wieder verschwindet und die Erfahrung nur innerlich stattfindet.
Aber die Erfahrung, die wie das Fallen einer Münze war, geschah während eines Retreats mit Gangaji. Während dieser Zeit war ich absolut entschlossen, es herauszufinden: Ich wollte für alle Zeiten wissen, was wirklich ist und was nicht. Also war ich mit meiner vollen Aufmerksamkeit dabei. Es war ein Stille-Retreat und ich war total entschlossen, still zu sein. An einem Punkt dachte ich, meine Frau – nicht meine jetzige – wird mich umbringen und es war mir egal. Ich war absolut entschlossen, die Wahrheit herauszufinden. Ich betete zu Ramana um Hilfe, und durch Ramanas Inspiration wurde ich dahin geführt, dass ich herausfand, was wirklich ist und was nicht. Denn das war Ramanas Erfahrung: Als Kind hatte er Angst vor dem Tod. Also sagte er sich: „Lass uns mal sehen. Lass uns herausfinden,

was stirbt!" Ich bin durch einen ähnlichen Prozess gegangen, und alles, woran ich denken konnte, warf ich in ein großes Feuer. Ich wollte alles verbrennen, was nicht wirklich ist.

Irgendwie wusste ich, dass das, was wirklich ist, nicht verbrennen kann. Ich war bereit, alles andere zu verbrennen. Meine Ehe – kein Problem! Meinen Job, alles was ich besaß, alles... Meinen Namen, meine Geschichte, die ganze Idee von mir. Und an einem Punkt sah ich mich nach Samarpan um und wollte ihn ins Feuer werfen, aber ich konnte ihn nirgends finden, denn ich hatte ihn schon mit all den Ideen ins Feuer geworfen. Samarpan ist einfach eine Idee. Das war das Fallen der Münze. Das war die Realisation, dass da niemand ist. Seitdem ist da nur noch Freiheit, denn die einzige Fessel bestand darin, der Idee von mir anzuhaften. Ohne die Idee von Samarpan und ohne die Überzeugung jemand zu sein, gibt es kein Problem, und das ist seitdem tiefer und tiefer geworden.

Aber nur dieser eine Moment war wirklich ein Durchbruch für mich. Das war der Prüfstein. Wenn später etwas geschah, das mich verwirrte, bin ich zurückgegangen zum „Ist da jemand?" – Ich fühle mich wie ein Dummkopf! Ist da jemand, der ein Dummkopf ist? – Oh, da ist niemand! – Dann ist das Dummkopf-Gefühl in Ordnung. So einfach. Und es wird stetig tiefer. So ist es also: Es ist nichts, das einmal passiert und dann vorbei ist. Es ist etwas, das ständig weitergeht.

Meist sehen wir durch eine bestimmte Linse oder von einem bestimmten Standpunkt aus auf das ganze Universum. Die meisten Menschen stehen auf dem Standpunkt: „Ich bin jemand!" Daher wird alles, was ich im Universum sehe, von der Idee aus wahrgenommen, dass ich jemand bin. Ich habe einfach den Standpunkt verschoben. Ich habe angefangen, das Universum von dem Standpunkt aus wahrzunehmen, dass da niemand ist. Das macht es viel einfacher! Von diesem Standpunkt aus hat alles seinen Sinn. Vom Standpunkt eines „Jemand" erscheint es überhaupt nicht sinnvoll.

F.: Danke.

Fragende: *Was du gerade gesagt hast, klang für mich wie: „Du musst das tun, du musst das tun!"*

Samarpan: Lass uns das alles für einen Moment beiseite legen, lass uns einfach da anfangen, wo du gerade stehst. Das ist einfacher, oder?

F.: *Ja. Ich bin gerade bei diesem Zweifel, ob ich bereit genug bin, denn ich habe das Gefühl, dass ich überhaupt nichts tun kann!*

S.: Wofür? Und ob wer bereit genug ist? (Stille)

F.: *Ich habe das Gefühl, ich kann überhaupt nichts tun. Ich kann keine Anstrengungen unternehmen, um...*

S.: Ja. Das kannst du nicht, das ist nicht möglich.

F.: *Ich kann mich nicht erinnern, ob ich eine solche Erfahrung hatte oder was mich hierher gebracht hat!*

S.: Das ist die Gefahr dabei, wenn ich von meiner Erfahrung erzähle, denn es ist nicht deine, und du wirst diese Erfahrung nie machen. Das ist *meine* Erfahrung! (Lachen)
Ein Sannyasin auf der Ranch ging in Oshos Gegenwart durch sehr intensive Erfahrungen. Es wird erzählt, dass Osho ihn aus dem vorbeifahrenden Rolls-Royce nur kurz anzusehen brauchte, dann fiel er um und war für Stunden nicht mehr ansprechbar. Ich war wirklich neidisch. Ich hatte nie eine solche Erfahrung gemacht. Aber das letzte Mal, als ich diesen Mann sah, war er immer noch genau der gleiche Typ wie früher.
Mach dir deswegen keine Gedanken. Wenn ich dich ansehe, sehe ich, dass da nichts verkehrt ist. Du bist wunderschön und auf dem richtigen Weg. Du bist genau, wo du gerade sein musst, und es gibt überhaupt kein Problem. Wenn wir wollen, können wir uns natürlich ein Problem vorstellen, aber es gibt keins! (Lacht)

F.: *Okay. Jetzt kommt eine Beichte.*

S.: Ich liebe Beichten! Lass mich meinen Beichtschal umlegen.

F.: *Ich bin mit J. zusammen. Heute Morgen wollte ich von ihm hören, dass alles in Ordnung ist, obwohl er in Stille ist. Und jetzt fühle ich mich schuldig, weil du erzählt hast, dass deine Frau dich fast umgebracht hätte, weil du in der Stille bleiben wolltest.*

S.: Also – das ist es, was Frauen tun sollten! Es ist die Aufgabe der Frau, den Mann umzubringen. Deshalb hat Osho uns ermutigt, in eine Beziehung zu gehen, denn die Frau sollte den Mann in die Erleuchtung treiben.

F.: *Das ist schön.*

DIE WEISHEIT DES KÖRPERS

Samarpan: Worüber möchtest du sprechen? – Bitte!

Fragende: Gestern sagtest du, dass es zwischen den Erfahrungen, die man macht, keinen roten Faden gibt. Ich sehe bei mir die Gewohnheit, einen Faden zwischen all den kleinen Dingen knüpfen zu wollen, die passieren. Ich liebe das, aber es ist kein wahres Wissen.

S.: Okay. Da glimmt also ein kleines Licht, und du siehst, ja, so ist es!

F.: Ich fühle, dass es so ist, weil es sich gut anfühlt. Aber ich könnte nicht sagen, dass es wahres Wissen ist.

S.: Wissen beginnt oft mit einem kleinen Glimmen, einem Erkennen. Der Verstand sieht: „Ja! Hier ist *etwas!*" Eine Resonanz, aber die ist noch nicht so richtig da. Es ist noch nicht so richtig deins. Das wird geschehen! Im Laufe der Zeit. Da ist ein Aufblitzen, und das ist es, was im Satsang geschieht: Ich lasse es hier und da aufblitzen; und Erkennen geschieht. Aber weißt du, das kann etwas dauern... Als ich anfing Osho zu lesen, erkannte ich jedes Wort als die Wahrheit! Da war eine solche Resonanz! Ich habe einen Absatz gelesen und mich ekstatisch gefühlt: Ja, das ist die Wahrheit! Das weiß ich. Das stimmt, ich weiß es.

Dann habe ich das Buch geschlossen und zwei Schritte gemacht und verstand überhaupt nichts mehr! Vor allem, als ich anfing die Mala zu tragen, war das eine gute Konfrontation, denn die Leute haben mich über Osho befragt – und ich wusste überhaupt nichts! Es gab nichts, was ich über Osho hätte sagen können... – So ist es einfach. Das ist in Ordnung.

Es geschieht von selbst, dass sich das Erkennen vertieft. Es wird irgendwann zur tatsächlichen Erkenntnis, nicht im Verstand, sondern in jeder Zelle deines Körpers. Du weißt einfach, dass das die Wahrheit ist. Es ist dein eigenes Wissen, deine eigene Erfahrung.

Als Osho Amerika verließ, um die Welt reiste und dann nach Indien zurückging, überlegte ich, ob ich nach Poona gehen sollte, einfach, um mit ihm zu sein. Und ich wusste, dass es nicht nötig war! Ich wusste, dass er mir alles gegeben hatte und dass es nur eine Sache der Zeit war, bis es sich in mir gesetzt haben würde.

Ich fing an, ein ganz normales Leben zu führen, und da kam natürlich der Gedanke: „Das sollte ich wissen. Das sollte ich ausdrücken können..."

Aber ich konnte es nicht! Ich führte einfach ein gewöhnliches Leben und ließ es sich setzen.

Das Leben, die Wahrheit macht das ganz von selbst. Du kannst es nicht tun, du kannst es nicht beschleunigen. Du kannst nur offen bleiben. Bleibe im Moment, so gut du kannst. Für alles Weitere wird gesorgt.

Fragender: Hallo. Seit einem halben Jahr bin ich mit dir in Satsang, und seitdem geschehen Dinge, die ich nicht so ganz verstehe.

Samarpan: (Lacht)

F.: Ich sitze z.B. zu Hause und plötzlich sprichst du in mir. Das musst nicht du sein, es können auch Worte von Ramana oder Papaji sein, und manchmal bilden sich in diesem Raum auch meine eigenen Worte. Das ist mit einer solchen Freude, einem solchen Glück verbunden! An einem Punkt ist es leer und still – aber es ist total voll. Es ist so voll, dass es überfließt, und dann kommen immer Tränen. – Am Anfang geschah das hauptsächlich, wenn ich zu Hause war. Jetzt geschieht es auch bei der Arbeit oder auf der Straße, und manchmal muss ich meine Tränen verbergen, wenn ich mit Menschen zusammen bin.

S.: Weil sie diese Freudentränen nicht verstehen würden.

F.: Ich habe dir einmal eine E-Mail dazu geschickt und du sagtest: Das sind Worte jenseits des Verstandes. Bitte sage doch mehr darüber!

S.: Die Stille spricht zu dir und sie sagt immer genau das, was du gerade hören sollst. Sie benutzt Papajis Stimme oder Samarpans Stimme oder Oshos Stimme – aber es ist dein eigenes Selbst, das zu dir spricht.

F.: Und ich kann das nicht beeinflussen?

S.: Du kannst überhaupt nichts tun. Du kannst nicht machen, dass es geschieht, und du kannst es nicht verhindern. Das Beste ist, einfach nicht daran zu denken! Denn alles, woran du festzuhalten versuchst und alles, was du tun willst, wird falsch sein.

Das ist es, was wir mit der Religion gemacht haben. Wir haben versucht, ein System aus dieser Stimme jenseits des Verstandes zu machen. Wir haben versucht, das einzufangen, wir haben versucht, Gott einzufangen.

Jede Religion zeigt dieses Phänomen und das ist interessant: Dafür sind nicht die Leute verantwortlich, die die Wahrheit lieben, sondern die Leute, die die Macht lieben! Das sind die Leute, die die religiösen Bewegungen in Gang bringen.

Wir haben heute eine wirklich gute Gelegenheit, denn wir können sehen, was in Poona geschieht. Das geschieht bei der Ausformung jeder Religion. Die Wahrheitsliebenden haben damit nichts zu tun, sie flüchten! Die, die Macht lieben, bleiben. Das sind die, die sich wegen des Warenzeichens von Oshos Namen streiten.

Aber das ist nicht schlecht. Denn wenn es nur den Wahrheitsliebenden überlassen geblieben wäre, wüssten wir nichts über Jesus. Es sind die Machtmenschen, die die Bibel geschrieben haben, die die Kirchen gebaut haben, die Jesu Worte immer und immer wieder ausgesprochen haben. Sie haben Jesus am Leben gehalten. Wir haben unser Wissen darüber diesen Menschen zu verdanken. Wir haben es hier mit einem fantastischen Paradox zu tun.

Wenn du also die Worte der Wahrheit in deiner eigenen Psyche hörst, bist du bewegt. Tränen kommen, es ist Ekstase, Freude. Mach aber keine Religion daraus. Vergiss es gleich wieder. Bleibe einfach im Moment. Vertraue dem Moment. Vertraue, dass das Göttliche dir alles gibt!

Ich wollte solche Worte der Weisheit, die mir kamen, immer gleich aufschreiben und manchmal habe ich das auch getan. Ich weiß nicht, wo diese Zettel sind. (Lacht) Sie sind nur für mich von Wert und sie sind noch nicht einmal später etwas wert, sondern nur im Moment. In dem Moment ist da eine solche Resonanz!

Ich erinnere mich, wie ich das dann später noch einmal gelesen habe. Es war – nichts! So wie der Versuch, sich an einen Sonnenuntergang zu erinnern. Das ist nicht möglich. Es ist nur im Moment lebendig. In dem Moment bewegt es dich total.

F.: Schon einen Moment später kann man sich kaum daran erinnern. Ich weiß, dass es da war, aber es hat schon völlig die Macht verloren.

S.: Genau. Ich erinnere mich, wie ich nach Osho-Lectures hinausging. Während Osho sprach, war ich total berührt – ich war einfach da! Osho floss in mich hinein, und fünf Minuten, nachdem ich rausgegangen war, konnte ich mich an kein Wort mehr erinnern. Worüber hatte er noch gesprochen? Ich wusste es nicht mehr. Das ist wunderschön. Es ist einfach Gnade.

F.: Ja, so nenne ich es auch.

S.: Offensichtlich ist es einfach Gnade.

F.: Dem gegenüber ist natürliche Hingabe da! Nicht wie jemandem gegenüber, der Macht hat. Es fühlt sich an, als ob mein inneres Selbst sich davor verbeugt.

S.: Ja. Ja. Ein Reporter sprach einmal mit Osho und fragte ihn: „Was ist mit all den Menschen, die dich anbeten?", und Osho sah den Reporter an und sagte: „Ich bete sie an!" – Das ist die Wahrheit! (Lacht)
Wir beten alle die gleiche Wahrheit an. Das ist die Freude! Da ist niemand, der niemand anbetet. Der Körper von Osho – dahingegangen. Die Körper von Ramana, Papaji, Buddha – nicht mehr existent! Aber die Essenz, dieser Christus, dieser Buddha – das ist hier und das ist dein eigenes Selbst!

Fragende: *Gestern nach dem Satsang habe ich lange geweint. Es kam der Gedanke, dass ich es nicht verdient hätte, hier zu sein.*

Samarpan: Das stimmt, niemand hat das verdient – ich am allerwenigsten. (Lacht)

F.: Beim Mittagessen kam der Gedanke: „Habe ich es verdient, das zu essen? Ich habe nicht gearbeitet!" Der ganze Tag war so schön und ich konnte entspannt sein. Dann kam der Verstand immer wieder mit der Geschichte, dass es nicht fair ist, was mir in letzter Zeit widerfahren ist. Als ich hier saß, erkannte ich, dass ich nichts verdient und auch nichts unter Kontrolle habe!

S.: Das stimmt.

F.: Ich kann noch nicht einmal entscheiden, dass ich heiß duschen werde – vielleicht kommt nur kaltes Wasser! Ich habe das Gefühl, dass mein Verstand mich die ganze Zeit aufhalten will. Er will mich schützen und alles organisieren. Es ist verrückt. Ich will, dass da einfach mal eine Pause ist!

S.: Das ist dein Geburtsrecht. Das kannst du gar nicht verdienen! (Lacht) Du kannst es nicht verdienen und du kannst es nicht verlieren. So weißt du, dass es real ist! Denn alles, was man sich verdienen kann, kann und wird man wieder verlieren! Aber dieses ist einfach, wie es ist. Das kannst du dir nicht verdienen.

F.: *Danke.*

S.: Oh, ja.

Fragende: Also, ich will genau genommen alles haben!

Samarpan: Gut!

F.: *Ich könnte immer viel, alles oder auch gar nichts sagen...*

S.: Es ist alles deins, jeder noch so kleine Teil davon. Alle Freude, alle Ekstase, aller Schmerz, alles Leid – alles deins. Wenn du dich einfach öffnest und zu allem ja sagst, erfüllt es dich ganz von selbst. Was wächst, ist die Kapazität, es zu erleben. Es gibt nichts, was sich in Osho oder in Buddha oder in Jesus ergossen hat, was sich nicht auch in dich ergießen könnte. Sie haben einfach nur gelernt, besonders offen dafür zu sein – das ist alles. Es geschieht durch das Leben und indem wir zu allem, was das Leben uns gibt, „Ja!" sagen – das ist schon erstaunlich!
Es ist nicht so, dass ich die ganze Zeit voller Freude wäre. Manchmal ist es schmerzhaft. Ich entspanne mich einfach und sage: „Das ist willkommen." Und dann, einfach so aus heiterem Himmel, ohne Grund, ist da solche Freude. Ich kann nichts tun.
Ich bin heute Morgen aufgewacht und da war solcher Frieden, solche Erkenntnis, wie einfach es ist, wie einfach das Leben ist.

F.: *Für mich ist es manchmal nicht so einfach, in der Gegenwart zu bleiben. Heute Morgen z.B. hatte ich starke körperliche Schmerzen. Ich bin dabei geblieben und habe gesehen, dass dann vieles geschieht – dass Ängste hochkommen oder Gedanken über meine Gesundheit. Ich sehe auch, dass es mir wichtig ist, dass ich mich gesund fühle. Ich genieße es einfach, mich gut zu fühlen und ich sehe, dass ich gern dafür sorge, dass ich mich gut fühle.*

S.: Aber du kannst gar nichts dafür tun, dass du dich gut fühlst, oder?

F.: *Denkst du das? Ich bin mir nicht sicher.*

S.: Das ist ein wichtiger Punkt. Denn wir können tun, was wir wollen. Wir können Vitamine zu uns nehmen, uns ausgeglichen ernähren, uns viel bewegen und tun, was für den Körper gut ist. Und dann ist es, wie es ist. Schmerz kommt. Du weißt nicht, wo er herkommt oder warum er da ist! Aber ich sehe Schmerz als eine Einladung, mehr hier zu sein.

F.: Für mich ist es so, dass Schmerz mir sagt, dass ich meine Aufmerksamkeit auf etwas richten soll.

S.: Sehr direkt. Da sind Schmerzen im Körper, die sagen: „Bitte, gib mir Aufmerksamkeit!"

F.: Manchmal denke ich, sie sagen mir, dass ich etwas anders machen soll.

S.: Ja, aber das ist nicht hilfreich, oder?

F.: Heute Morgen und letzte Nacht hatte ich starke Bauchschmerzen, und ich dachte, vielleicht esse ich jetzt etwas anderes.

S.: Ja, das ist alles möglich!

F.: Heute Morgen habe ich Entspannungsübungen und Gymnastik für den Bauch gemacht und das hat geholfen.

S.: Ja, das stimmt. Alle liebevolle Aufmerksamkeit, die du dem Körper gibst, ist hilfreich. Was nicht hilft, ist, sich deswegen den Kopf zu zerbrechen. Wenn ich dem Schmerz Aufmerksamkeit widme, ist es meist so, wie du gesagt hast. Ich gebe z.B. meinem Bauch Aufmerksamkeit und er sagt: „Zu viel gegessen!" (Lacht)
Diese Bewusstheit kann Auswirkungen haben, nicht unbedingt sofort, aber das kann geschehen. Ich kann weniger essen, ich kann mehr Wasser trinken, ich kann meinem Körper etwas Bewegung verschaffen, ihn ein wenig dehnen, das ist hilfreich. Aber all das entsteht aus der Harmonie des Im-Moment-Seins und nicht, indem du dich bestrafst. Ich kann solche Auswirkungen nicht *machen*. Ich kann gar nichts tun. Ich kann nicht richtig essen, ich kann nicht genug trinken, ich kann nicht richtig Sport treiben. Es kommt nicht daher, dass ich meine, ich sollte das so tun.

F.: Mein Körper sagt es mir.

S.: Das stimmt, das ist die Weisheit des Körpers. Wenn du dem Aufmerksamkeit schenkst, wird es dir der Körper sagen und die Dinge werden sich auf geheimnisvolle Art und Weise ändern. Ich weiß nicht, wie das geschieht. Es ist wirklich faszinierend.

Ich habe immer gern guten Wein getrunken. Ich habe nie viel getrunken, aber eine halbe Flasche konnte ich am Abend trinken. Jetzt kann ich kaum ein Glas trinken, vielleicht ein halbes Glas. Ich habe noch nicht einmal Lust darauf. Ich bin eher neugierig, wie es schmeckt. Ich weiß nicht, was geschehen ist. Ich habe nichts gemacht. Es ist nicht so, dass ich zum Heiligen geworden wäre. Ich bin immer noch derselbe Schuft, der ich immer war.

Das Gleiche ist mir bezüglich Frauen passiert. Ich weiß nicht, wie es kam. Als ich ein katholischer Junge war, ist mir auf recht strenge Art beigebracht worden, dass ich keine Frauen ansehen soll. Mir wurde beigebracht, ich soll der Versuchung widerstehen! Und ich sah nichts als Versuchung! Irgendwann habe ich aufgehört, die Versuchung zu vermeiden. Ich fing an hinzusehen. Und jetzt ist das vorbei! Ich fühle mich nicht mehr hingezogen. Das ist interessant. Ich sehe schöne Frauen: Ah, das ist schön! Aber das löst die alten Programme nicht mehr aus. Ich möchte nicht mehr auf sie springen. Davon ist nichts mehr übrig. Aber ich habe das nicht gemacht. Es ist von selbst geschehen. Auf diese Art kommt es im Leben zur Weisheit.

Wir reden mit einem Meister, und der Meister spricht aus eigener Erfahrung, aber wenn wir diese Erfahrung nicht selbst machen, verstehen wir nicht, was er sagt. Ich kann sagen: „Ich fühle mich nicht mehr von Frauen angezogen. Das muss bedeuten..." So übersetzen wir es: „Das muss also bedeuten..."

Die katholische Kirche hält ihre Priester an, enthaltsam zu leben, aber viele von ihnen sind es nicht, denn nur für die wenigsten würde das ihrer momentanen Wahrheit entsprechen. Man kann nicht wie Jesus werden, so sehr man sich auch anstrengt. Jesus selbst war übrigens nicht enthaltsam. Ich weiß nicht, wo diese dumme Vorstellung herkommt.

Aber darum geht es nicht. Es geht darum, dass ich nicht mehr daran denke. Ich hatte die ganze Zeit an Sex gedacht. Ich konnte gar nichts anderes tun! Ich hatte einen Job, ich sollte Immobilien verkaufen. Ich habe mit einer schönen Frau ein leeres Haus angesehen, und was geschah? Es war nicht sehr gut fürs Geschäft, aber ich hatte viel Spaß!

Es geschieht also einfach. Wenn du bereit bist, im Moment zu sein, kommt alles.

Du bist auf dem richtigen Weg. Du akzeptierst diesen Moment, du akzeptierst dich wie du bist und alles ist perfekt. Wunderschön!

Fragender: *Je näher ich der Wahrheit komme, desto mehr kämpft der Verstand dagegen an.*

Samarpan: Klar. Das ist natürlich.

F.: *Eine Sache, der ich immer noch anhafte, ist der Wunsch, etwas Besonderes zu sein.*

S.: Ja, das kann ich sehen. Schau mal zu deinem Sitz da drüben! (Lachen)

F.: *Ja. Selbst meine Rückenschmerzen sind etwas Besonderes!*

S.: Das ist es, was dein Rücken ist: etwas Besonderes. Er hilft dir, etwas Besonderes zu sein.

F.: *Das andere ist mein starker Wunsch nach deiner Aufmerksamkeit!*

S.: Ich verstehe.

F.: *Ich kann jetzt hier sein und deine Aufmerksamkeit bekommen oder ich kann dumm sein, dann bekomme ich deine Hilfe. Es ist vielleicht der Wunsch nach einer Vaterfigur, die mich sieht, wie ich bin, und mich an die Hand nimmt...*

S.: „Dies ist mein geliebter Sohn! Du sollst an meiner rechten Seite sitzen." Aber sieh einmal die Leute dort, dreh den Stuhl etwas. Jeder gibt dir Aufmerksamkeit. Jetzt kannst du einfach Satsang geben.

F.: *Das ist nicht, was ich will.*

S.: Was ist also deine Erfahrung gerade jetzt?

F.: *Ich kann so viel Aufmerksamkeit nicht genießen. Das ist schwer anzunehmen.*

S.: Das hängt alles zusammen. Die Wahrheit ist, dass ich gerne hier vorne sitze und dass ich die Aufmerksamkeit liebe. Nur auf diese Art bin ich gerne mit Menschen zusammen. Manchmal befinde ich mich in einer anderen Situation. Wenn die Menschen miteinander sprechen und ich nicht im Mittelpunkt der Aufmerksamkeit stehe, ist es schmerzhaft. Aber das sind zwei Dinge: Im Mittelpunkt der Aufmerksamkeit zu sein, gibt mir in Wirklichkeit gar nichts! Und doch ist es Teil meiner Persönlichkeit, so wie es Teil deiner Persönlichkeit ist.
Du bist ein geborener Gruppenleiter. Aber es ist nicht so, dass das Leiten von Gruppen dir irgendetwas geben würde. Es ist auch schmerzhaft und

konfrontativ. Ich kann nicht hier vorne sitzen, ohne im Feuer zu sein. Wer bin ich schon, dass ich hier sitze? Ich bin einfach ein Dummkopf wie alle anderen. Und das ist die Wahrheit. Es ist also wirklich ein Feuer. In ihm wird alles verbrannt.

F.: Ich brauche immer jemanden, der mir sagt, dass ich in Ordnung bin.

S.: Aber das hilft nicht, oder?

F.: Eine kurze Zeit schon.

S.: Das ist richtig. Du musst dich dessen ständig wieder versichern und es ist nie genug. Das ist es auch, was Rockstars entdecken. Sie dachten, wenn ein paar Hundert Leute ihre Musik feiern, wäre das befriedigend. Dann kommen Tausende zu ihren Konzerten und das bringt es auch nicht. Es ist nicht genug, es ist nie genug.
Niemand kann das für mich tun. Ich muss den Schmerz fühlen, ein Dummkopf zu sein, nicht gut genug zu sein. Da ist der Frieden zu finden. Das andere, die Anerkennung von anderen, vergeht schnell wieder.

F.: Wenn z.B. eine Gruppe applaudiert und da ist eine einzige Person die sagt, dass es nicht richtig gut war, bin ich überzeugt, dass sie diejenige ist, die wirklich Bescheid weiß.

S.: Selbst wenn ich der Gruppe glaube, funktioniert es nicht. Dann sagt der Verstand: „Lass es uns noch einmal versuchen! Das hast du gut gemacht – lass uns mal sehen, ob du das ein zweites Mal hinbekommst!" Und ich kann es nicht tun. Ich kann gar nichts tun. Ich kann meinen Körper herbringen und ihn auf diesen Stuhl hier setzen. Was dann geschieht, darüber habe ich keine Kontrolle. Ich kann überhaupt nichts tun. Es liegt nicht in meiner Hand. Und es wird mir auch immer klarer, dass es sowieso nichts mit irgendjemandem zu tun hat. Es ist nicht so, dass „jemand" auf diesem Stuhl sitzt und etwas tut, und andere Menschen empfangen etwas. Was hier stattfindet, ist ein ganz geheimnisvolles Phänomen, und in dieser Form, die wir Satsang nennen, geschieht das Geheimnisvolle. – Jeder ist mit der Absicht hier, es passieren zu lassen, darum geschieht es. Das ist faszinierend.
Wenn du bist, wie du bist, und im Mittelpunkt der Aufmerksamkeit stehst – wird dein Ego getötet. Wir können uns nicht vorstellen, dass es so ist, aber es ist so. Einfach indem du bist, wie du bist. Das verbrennt jegliche Vorstellung von dir selbst, und das geschieht ganz von selbst.

Immer Frieden

Fragende: Ich möchte dir für deine Präsenz in meinem Leben danken. Du bist sowieso in meinem Leben und doch musste ich hierher kommen. Ich glaube, im Moment sind da auch Angst und Scham. – In den letzten Monaten dachte ich, dass ich es nicht richtig mache und dass ich es nicht wert bin. Letztes Jahr erzählte ich dir von meiner Traurigkeit und während des letzten Jahres verschwand eine Illusion nach der anderen. Das war sehr schmerzhaft. Es war auch schmerzhaft, wenn ich wieder einmal bei meinen Illusionen, im Verstand war. Ich dachte, etwas stimmt nicht mit mir, es muss einen anderen Weg geben. Aber gleichzeitig war da auch tiefer Frieden, nicht die ganze Zeit, aber sehr oft.
Ich komme bei der Arbeit und im Leben überhaupt oft an meine Grenzen, alles ist so anstrengend. Ich habe versucht, das zu ändern, weniger zu arbeiten, aber das Angestrengtsein ist immer noch da und ich weiß nicht, wie ich damit umgehen soll. Ich habe das Gefühl, ich habe nicht mehr so viel Kraft wie früher. Aber vielleicht ist das auch nur ein Gedanke.

Samarpan: Wenn ich ein Lehrer wäre, der dir bei der Zwischenprüfung eine Note gibt, würde ich dir eine Eins geben und zwar eine Eins plus. Es läuft alles sehr gut. Dein Leben fällt auseinander. Du verlierst eine Illusion nach der anderen. Du bemerkst, wie schmerzhaft es ist, wenn du im Verstand bist. Großartig, genau richtig.

Es ist natürlich, dass der Verstand ungeduldig wird. So ist es einfach! Deine Programmierung besagt natürlich, dass du es falsch machst. Meine Programmierung ist genauso, daher kenne ich das so gut. Besonders, wenn es gerade keinen Spaß macht und du dich nicht kräftig fühlst. Dann kommt das Programm sehr stark daher und sagt: „Siehst du, das habe ich dir doch gesagt. Du machst sogar das falsch!" Ich sehe nichts, was verkehrt wäre. Du bist wunderschön und alles geschieht perfekt. Wir haben manchmal die Idee, dass es anders, einfacher sein sollte.

Du sagst, dass die meiste Zeit Frieden da ist, und ich sage, dass die ganze Zeit Frieden da ist! Manchmal ist er überdeckt, aber er ist immer da. Und du weißt das! Das kann ich sehen.

Es wird nicht unbedingt angenehmer. Die Hölle ist immer noch die Hölle. So soll es sein. Je näher wir der Freiheit kommen, desto dunkler kann sie aussehen. So ist es.

F.: Wirklich?

S.: Ja, so ist es immer. Wie heißt es: „Kurz vor der Dämmerung ist es am dunkelsten." Das geht aus vielen Berichten hervor. Wenn du auf dem richtigen Weg bist und es richtig machst, werden die Zweifel am stärksten. Dann fühlt es sich am schlimmsten an. Und du fühlst dich hoffnungslos mies: „Ich schaffe es niemals!" So ist es immer!

F.: Ich denke, für mich ist es ein weiter Weg dahin, jeden Tag, jede Minute einfach zu akzeptieren. Und ich tue das, ich lebe es, aber...

S.: Aber... Da ist immer noch Nicht-Akzeptanz, die du nicht akzeptierst. Natürlich. Es kann immer Nicht-Akzeptanz geben, die wir nicht akzeptieren. Wir werden ungeduldig mit uns selbst. Das ist natürlich.
Das ist ein wunderbarer Bericht, weil sich jeder damit identifizieren kann. Es ist mein Bericht, es ist der Bericht von jeder und jedem.

F.: Ich bin manchmal so ungeduldig!

S.: Ja, so ist das eben. So ist der Verstand einfach.

F.: Manchmal denke ich, jetzt bin ich schon so lange mit dir...

S.: Ja, ja: „Du solltest es schon längst drauf haben!" – Ich bin so zufrieden mit dir.

F.: Ich auch. Ich bin so glücklich mit dir! (Lacht) Es ist ein solches Geschenk.

S.: Ein Geschenk! Ja, für mich auch, du berührst mich. Es ist ein Geschenk für mich, dass du in meinem Leben bist!

F.: Ich danke dir so sehr.

Fragende: *Hallo. Das Wort Ungeduld hat mich hergebracht. (Lacht)*

Samarpan: Wir sind ein großer Verein!

F.: Ich bin seit 18 Jahren Sannyasin und denke, dass ich allmählich angekommen sein sollte. Ich kann sehen, wie mein Verstand jedes Wort benutzt, das du zu dieser Frau gesagt hast, und anfängt zu vergleichen und zu prüfen: „Ist es auch schon dunkel genug?" (Lachen)

S.: Ist das nicht toll? Der Verstand ist so schön! Und so berechenbar! Das ist großartig.

F.: *Jetzt gerade fühlt es sich nicht so dunkel an.*

S.: Ja, das kann ich sehen.

F.: *Ich könnte es auch als Unterströmung beschreibe, etwas, was immer stärker wird. Manchmal sind es große Wellen, manchmal kleine, aber darunter ist es immer da. Manchmal fühlt es sich süß an, manchmal neutral, mit viel Raum. Und ich warte immer noch auf den großen Knall.*

S.: Ja, das ist es: Du wartest immer noch auf etwas. Und es ist schon hier! Ich kann sehen, dass es schon hier war.

F.: *Das ist so schwer zu glauben.*

S.: Es ist *unmöglich*, das zu glauben! Darum muss ich es dir sagen. Denn es ist nicht so, wie wir es uns vorstellen.

F.: *Ich glaube, ich habe zu viel darüber gehört. Und es gibt so viele Konzepte, und die ändern sich, viele sind schon verschwunden, aber es sind immer noch welche da.*

S.: Ja...

F.: *(Flüstert:) Was soll ich mit denen machen?*

S.: Ich verrate dir einen Trick. Der Trick ist die Antwort auf die Frage: „Wie ist es, erleuchtet zu sein?" – *Es* ist, wie es ist. Einfach das. Nichts anderes. Das ist ein großartiger Trick. Das ist mein Trick. Weißt du, wie es mir ergangen ist? Ich habe ganz plötzlich entschieden, dass ich erleuchtet bin, und dann dachte ich: „Oh, das ist interessant. Es ist nicht, wie ich es mir vorgestellt habe." Ich hatte mir etwas wie einen großen Knall vorgestellt, dass Raketen abgeschossen werden, die Wolken sich öffnen und Gott sagt: „Du bist mein über alles geliebter Sohn." (Lachen) – Endlose Ekstase, nur Liebesgefühle, etwas in dieser Art.

F.: *So ist es für mich nicht.*

S.: Es ist nicht so, wie du es dir vorstellst. Es ist *so*.
Ich fing an, mein Leben mit anderen Augen zu sehen. Und ich sagte: „Oh, ich bin erleuchtet. Also muss Erleuchtung so aussehen!" – Es sieht nicht aus, wie ich es mir vorgestellt hatte. Es sieht so aus. Es sieht ganz gewöhnlich aus. Manchmal ist da Schmerz, manchmal Freude, und dieser Unter-

strom ist da. Ich bin mir dessen nicht immer bewusst. Aber jedes Mal, wenn ich nachschaue, ist es da. *Das.*

F.: *Aber du hast gesagt, dass dir auch etwas geschehen ist.*

S.: Ich muss etwas beichten. Ich habe geglaubt, es müsste etwas geschehen. Ich wartete darauf, dass etwas geschieht. Also musste ich etwas erfinden. (Lachen) In Wirklichkeit ist nichts geschehen. Ich habe mich einfach ausgetrickst! Ich habe gesagt: „Gut, das ist es. Das ist, was geschehen ist. Das ist der Moment. Das ist der Moment meines Erwachens." Es macht nichts, dass es fünfzehn Jahre früher geschehen war und ich es nicht erkannt hatte. Ich suchte immer noch danach. Also musste ich es erfinden! Ich habe gesagt: „Oh, das ist interessant! Es war nicht so, wie ich gedacht hatte. Keine lauten Raketen. Aber es wird schon in Ordnung sein. Das ist gut genug." Dann habe ich einfach entschieden, dass es das ist. Das ist alles. Wenn du also etwas brauchst, kann ich dir etwas geben, kein Problem.

F.: *Ach ja? (Lacht)*

S.: Ich kann dir die Hände auf den Kopf legen und sagen: „Du bist erleuchtet!" Ich kann dir in die Augen sehen und sagen: „Ja! Das ist es!"

F.: *(Lachend) Ich würde dir nicht glauben. Ich glaube an einen großen Knall. Du müsstest schon etwas erfinden. Ich habe zu viel darüber gehört.*

S.: Ja, ich weiß. Das ist Oshos Trick. Er wollte nämlich, dass wir so lange wie möglich leiden. Das ist sein Witz! Er hat klar gesehen, dass seine halbe Kommune schon erwacht war, und er hat so viele Witze gemacht, weil wir es nicht geglaubt haben. So wie du jetzt. Ich sage dir: Ich sehe es. Ich weiß es. Es ist hier! Es ist offensichtlich! Und wenn es für mich offensichtlich ist, ist es für jeden offensichtlich. Sieh die Leute an! Lass jeden sehen, wie es aussieht. So ist das mit der Erleuchtung. Also los!

F.: *Ja. Ja. Von hier sieht es wirklich so aus.*

S.: Siehst du, du kannst es überall sehen, ich auch.

F.: *(Atmet aus – Stille)*

S.: Osho wollte uns auch beschützen. Er wollte, dass wir warten, bis die Welt bereit ist. Es ging eigentlich nicht um uns. Es ging darum, dass die Welt bereit ist. Er wollte keine Gruppe von Märtyrern.

Du kannst sehen, was heute in Poona passiert. Jedes Mal, wenn jemand seine Erleuchtung realisiert, wird er aus dem Ashram geworfen. Das ist wirklich ein lustiges Phänomen. Die Leute dürfen nur Therapie-Gruppen leiten, bis sie die Wahrheit erkennen. Sobald sie die Wahrheit erkannt haben, sind sie weg vom Fenster! So ist es immer, so war es immer und so wird es immer sein: Die Gruppe will die Erleuchteten umbringen. Die Gruppe will auf ihnen herum trampeln, bis die Vorstellung von Erleuchtung wieder weg ist. Das ist eine seltsame Welt.

Die Jahre sind dahingegangen und du hast deine eigene Erleuchtung nicht erkannt. Währenddessen wurde sie von selbst tiefer. Es ist komisch, es ist ein Gruppenphänomen. Sobald jemand seine Erleuchtung erkennt, wird er von allen schief angesehen, als ob sie es auch bekommen könnten, wenn sie nur genug starren. Als ob sie verstehen könnten, was es ist, was da geschehen ist. Es ist so normal. Es ist einfach das Erkennen deiner Natur, das ist alles.

F.: *Kann ich für einen Moment deine Hand halten?*

S.: Ja, klar.

F.: *Ich bin froh, dass du in meinem Leben bist.*

Fragende: Ich kann mich mit allem, was gesagt wurde, identifizieren – eine sehr gute Schülerin sein, ungeduldig sein, die Sache mit der Freiheit – und ich habe mich gerade gefragt: Bin ich erleuchtet oder nicht?
Was mich fertig macht, ist diese Unsicherheit und diese Wechsel... Selbst in den eineinhalb Stunden, die ich jetzt hier bin, ändert sich alle zehn Minuten alles, es wird immer deutlicher... Ich dachte, dass ich doch zumindest ein Mal nach vorne kommen und etwas Positives sagen könnte, so wie: „Ich hab's" oder „Ich finde immer mehr meine Freiheit und Akzeptanz." Ich sage mir immer wieder deinen Satz: „Akzeptiere das! Es ist ein Gefühl. Es kommt und geht. Kehre einfach zum Jetzt zurück." Ich mache das wirklich und es fühlt sich echt gut an. Das ist schon was! Gestern hatte ich einen tollen Tag, ich war wirklich in meiner Kraft und habe das akzeptiert, auf positive Art gewertet. Dann nervte mich nur eine Kleinigkeit hier bei der Arbeit – und ich war wieder raus aus meiner Kraft. Du sagtest einmal etwas über den Preis der Freiheit. Ich habe angefangen darüber nachzudenken, was für mich der Preis für die Freiheit sein könnte.

Meine Vorstellung dazu ist: „Ich werde wieder zum Leiden zurückkehren, ich werde damit allein sein, ich werde immer nur weggehen und keinen neuen Ort zum Leben finden. Das ist der Preis der Wahrheit für mich."
Ich habe wirklich das Gefühl, dass ich angefangen habe, mich selbst zu lieben und in dieser Wahrheit zu sein – und all dieser Mist ist gleichzeitig da.

Samarpan: Also, was ist Erleuchtung und was nicht?

F.: Ich habe dich zu jemand sagen hören: „Was ist der Unterschied zwischen dir und mir? – Ich suche nicht mehr." Ich habe aber das Gefühl, dass ich einfach nicht mit dem Suchen aufhören kann. Als ob ich immer etwas suchen müsste!

S.: Wer sucht?

F.: Diese Vorstellung von mir, eine Frau, die etwas zu erreichen hat.

S.: Sehr gut. Diese Vorstellung von mir sucht also Erleuchtung und wird sie nie finden. Nie! Unmöglich. Denn diese Idee von mir ist die Nicht-Erleuchtung. Das ist der Witz.

F.: Sehr lustig.

S.: Aber schau in eine andere Richtung. Sieh das an, was immer hier ist! Sieh den Frieden an. Das ist, wer du bist, nicht die Suchende. Du bist das, was gesucht wird. Schließ einfach mal die Augen und entspanne dich. Was siehst du hier?

F.: Eine Bereitschaft, eine wirklich tiefe Bereitschaft für diesen Frieden.

S.: Ja, aber was ist hier? Was ist die Erfahrung?

F.: Es ist so schwierig, dahin durchzudringen, weil mein Verstand, mein Kopf, zweifelt.

S.: Du musst aus dem Verstand herausfallen. Was empfindest du?

F.: Ein Mich-Hingeben – einfach hier zu sitzen ist gut.

S.: Ja, einfach *dies*, das ist immer hier.

F.: Aber ich verliere es immer wieder.

S.: Du verlierst es nie. Das stimmt nicht. Wenn du im Verstand bist, bist du dir dessen nicht bewusst; sobald du dich entspannst, ist es hier.

F.: Wenn es hier ist, gehe ich gleich in den Verstand und frage mich, ob es nicht nur die Vorstellung ist.

S.: Ja. Kommt das jemandem bekannt vor? (Lacht) Das ist ein guter Witz. Das ist so gut.

F.: Ja, wenn ich hier sitze, ist das ausgezeichnet, das stimmt. Aber wenn ich dasitze und mich schrecklich fühle, ist es nicht gut.

S.: Manchmal ist da auch mitten im Schrecklichen ein solcher Witz. Ja? Ja! Mitten in allem.

F.: Das kenne ich!

S.: Ich weiß, dass du das kennst. Ich kann das in deinem Gesicht sehen. Ich kann den Frieden, die Entspannung sehen. Ich kann sehen, dass da nirgendwo ein Problem ist.

F.: Kannst du das noch einmal sagen?

S.: (Lacht) Ja. Es ist offensichtlich!

F.: Ja.

S.: Selbst für dich ist es in diesem Moment offensichtlich.

F.: Es ist also nur eine Vorstellung von mir, die da zweifelt.

S.: Es ist die Vorstellung von dem „Mir", diesem Dummkopf, diesem Narren, der immer beschränkt bleiben wird. So ist er einfach. Er hört nicht auf, ein Dummkopf zu sein.
Allmählich kannst du dich mit der Närrin anfreunden. Du kannst Spaß haben, du kannst über den Witz lachen, dass hier eine solche Dumme ist, die tatsächlich glaubt, dass sie „jemand" wäre! Das ist so lustig! Und sie glaubt nicht nur, dass sie jemand sei, sie glaubt auch noch, sie sei eine, die total verkorkst ist.

F.: Ich finde es viel einfacher, wenn ich damit allein bin, wenn ich mit meiner Wahrheit bin. Dann kann ich damit sein und es akzeptieren und die Bewertungen darüber wegschieben – aber mit anderen Menschen, so wie jetzt hier, fühle ich mich nicht so in meiner Wahrheit und kann nicht so einfach da heraus handeln und Entscheidungen treffen und ich fange wieder zu werten an.

S.: Immer. Immer.

F.: *Dann ist es viel schwieriger dabei zu bleiben; dann kommen wieder solche Dinge wie mit „dem Preis der Freiheit" oder so in der Art.*

S.: Ja, aber dieses Werten geschieht. Diese Vorstellung von mir geschieht. Und da ist Frieden! Die Vorstellung von mir und das Werten müssen nicht aufhören, damit Frieden hier sein kann!

F.: *Nein?*

S.: Schau nach und sieh.

F.: *Nein. Genau genommen, nein.*

S.: Genau genommen kannst du im Frieden bleiben und dir diese Show angucken.

F.: *Ja, aber dann muss ich immer noch etwas damit tun.*

S.: Warum? Was musst du damit tun?

F.: *Entscheidungen treffen, handeln... Ich kann nicht einfach nur dasitzen und mich beobachten!*

S.: Weißt du, wir können jetzt theoretisch oder praktisch sein. Praktisch gesehen: Ist da irgendeine Entscheidung, die in diesem Moment getroffen werden muss?

F.: *In diesem Moment des Friedens?*

S.: In diesem Moment.

F.: *Nein.*

S.: So einfach ist es.

F.: *(Seufzt) Irgendwie macht es das „Ich" gern kompliziert.*

S.: Der Verstand macht es kompliziert und wenn ich mich mit dem Verstand identifiziere, bin ich kompliziert! Ich muss eine Entscheidung treffen und ich bin ein Narr und ich fühle mich schlecht und ich bin dieses und ich bin jenes. Oder es kommt Wut hoch.
Entscheidungen werden getroffen, und das hat nichts mit mir zu tun.

F.: *Wenn ich hier sitze, ist das so offensichtlich!*

S.: Das stimmt. Wenn du hier bist, ist es offensichtlich. Und du kannst immer hier sein! Genau genommen *bist du immer hier.*

Wenn du im Verstand bist, bist du nicht hier. Du bist es und du bist es nicht. Wenn du im Moment bist, bist du da, wo du wirklich bist. Siehst du, wir haben diese Pseudo-Identität, die Vorstellung von „mir". Wir haben die Möglichkeit, uns vorzustellen, dass wir das sind – und das ist sehr verwirrend.

F.: Ich verwechsle das oft. Ich bewege mich immer mehr in die Wahrheit, in das, was ich wirklich bin. Und manchmal bin ich dann verwirrt: Ist das jetzt das wahre Ich oder die Vorstellung vom Ich? Aber wenn ich wirklich ehrlich bin, weiß ich es natürlich.

S.: Natürlich weißt du es! Das ist wahr. Du weißt es, jeder von uns weiß es. Deshalb bist du hier. Sonst würdest du schreiend raus rennen!
Es stimmt, du weißt! (Lacht)

Fragende: *Es ist nur eine ganz kleine Erfahrung, aber für mich ist es von Bedeutung. Ich saß auf der Mauer und aß hier wie jeden Tag. Und zu meiner Überraschung fand ich eine Schnecke in meinem Salat!*

Samarpan: (Lacht) Das ist doch keine Überraschung!

F.: Für mich lag die Überraschung darin, dass ich über diese Schnecke lachen musste. Ich musste einfach nur lachen. So etwas habe ich noch nie erlebt! Da war kein Ekel, kein Schreck – nichts! Ich habe sie einfach herausgenommen, zusammen mit dem Blatt, auf dem sie saß, und es war in Ordnung. Dann fand ich noch eine Schnecke. Sie war kleiner und ich hätte sie fast übersehen. Ich lachte auch über sie und nahm sie heraus. So weit war das in Ordnung. (Lachen)
Aber dann habe ich angefangen zu denken. Ich bemerkte den Verstand. Da war der Gedanke: „Vielleicht habe ich schon eine Schnecke gegessen oder da sind noch mehr, die ich übersehen könnte...", all diese Gedanken. Aber die waren alle nicht wichtig. Es war einfach nur die Schnecke, nichts weiter.
Dann hatte ich das schon wieder vergessen und lag unter einem Mangobaum, und es war etwas so Besonderes unter diesem Baum, ich kann es nicht beschreiben. Dann ist mir dieses Erlebnis wieder eingefallen und ich habe klar erkannt, dass da eigentlich nur eine Schnecke war...

S.: Das stimmt. Wir entscheiden uns in jedem Moment. Wir entscheiden, ob wir darüber nachdenken oder ob wir einfach damit im Moment sind.

F.: Und ich wünschte so sehr, dass ich es immer so machen könnte.

S.: Ja. Das ist alles. Das ist alles, was wir jemals tun müssen. Einfach mit dem zu sein, was gerade ist. Es ist egal, womit der Moment ausgefüllt ist. Mit einer Schnecke oder... Es ist egal.

Für den Rest deines Lebens geht es also einfach darum, dich darin zu üben hier zu sein. Das ist alles, was wir jemals tun müssen. Und du wirst nie, niemals ans Ende dieser Übung gelangen. Es gibt immer noch mehr. Es gibt immer ein noch tieferes Hier-Sein. Ist dir das aufgefallen? Du kannst hier sein und das ist toll, es ist gut und dann, ganz plötzlich, ändert sich etwas und du bist auf noch tiefere Weise hier. Dann ändert es sich wieder und du gelangst noch tiefer – und du liebst diese Schnecke einfach. (Lacht) Und dann erkennst du: „Oh, diese Schnecke bin ich! Sieh mich an, ich krieche gerade auf diesem Blatt herum und mir geht es prächtig."

Es gibt unbegrenzt viele Ebenen von *hier*. Wir kommen nie ans Ende davon. Ist das nicht wunderbar? Das ist so großartig. Oh, wunderschön.

Fragende: Ich bin immer noch mit dem „Jemand-Sein" beschäftigt. Ich verstehe, was du sagst, aber... In Köln in deinem letzten Satsang, als ich niemand mehr war, war es anders als jetzt. Jetzt denke ich wieder, dass ich jemand bin. Aber ich denke jetzt anders darüber, weil ich weiß, dass es eine Illusion ist.

Samarpan: Ja, das stimmt.

F.: Und doch ist es ein ganz anderes Gefühl als in Köln. Damals war da niemand mehr!

S.: Ja. – Kabir soll gesagt haben: „Die Erfahrung der Wahrheit dauerte einige Minuten an, und ich verbrachte den Rest meines Lebens damit, dieser Wahrheit zu dienen." Weißt du, es ist die Wahrheit. Das ist offensichtlich, das ist auch meine Erfahrung. Und meine alltägliche Erfahrung ist sehr, sehr normal.

Fragende: *Heute hat mich wieder vieles berührt.*

Samarpan: Ja! Wir sind in der Liebe. Ist es nicht wunderschön, in der Liebe zu sein?

F.: *Ich wollte eigentlich etwas ganz anderes sagen: Ich habe in einem Buch gelesen, dass wir uns immer darin üben, Meister zu sein. Das hat mich daran erinnert, was du über deine Entscheidung gesagt hast.*

S.: Was bedeutet das für dich?

F.: *Das bedeutet, dass alles schon geschehen ist und dass ich mich einfach im Hier-Sein üben kann.*

S.: Wunderschön. Ja, das ist es, das ist alles. Das kann ich unterschreiben.

F.: *Und heute ist nichts Besonderes geschehen. Ich habe einfach beobachtet, was geschieht. Meine Menstruation hat angefangen, zu spät, genau zum Retreat, vielen Dank, und ich hatte Krämpfe. Normalerweise lege ich mich dann einfach ins Bett und will nichts wissen und niemand sehen. Heute, selbst als meine Tochter in der Schule war, habe ich mich nicht ins Bett gelegt, ich habe einfach beobachtet, wie es mir geht und was getan werden muss. So einfach. Ich wusste einfach in jedem Moment: jetzt das. Oft gerate ich in Stress, wenn ich pünktlich sein muss. Heute war es kein Problem, alles geschah rechtzeitig. So einfach! Also – keine große Sache.*

S.: Es gibt nur kleine Dinge. Das Leben ist eine Ansammlung kleiner Dinge. Wenn wir einfach mit den kleinen Dingen Frieden schließen, ist das alles, was bleibt.

F.: *Jetzt kommt Traurigkeit, ich weiß nicht warum.*

S.: Ist Traurigkeit willkommen?

F.: *Ja. Sie ist schon wieder weg.*

S.: Sie kam nur kurz zu Besuch. Manchmal muss die Traurigkeit einfach nur herausfinden, ob sie noch willkommen ist.

F.: *Jetzt fühlt es sich wieder so an, als könne ich nicht aufstehen.*

S.: Dann bleib hier. Kein Problem.

DIE MELODIEN DES LEBENS

Samarpan: Guten Morgen. – Ich habe vor kurzem eine Lehrerin sagen hören: „Ich bin es nicht, es ist mein Meister. Ich weiß überhaupt nichts. Mein Meister spricht durch mich."

Mir gefiel das nicht, aber es weist auf etwas hin. Es weist auf die Wahrheit hin. Es geht darum herauszufinden, was die Quelle ist, egal wie ich es ausdrücke: Die Quelle ist mein Meister oder Gott oder Arunachala. Es ist nicht die Persönlichkeit, es ist nicht die Idee, die „Samarpan" heißt, der ist so dumm wie nur irgendjemand. Es ist *das*, diese Göttlichkeit, dies, von dem nicht in Worten gesprochen werden kann.

Eines Tages sprach Gangaji mit Papaji und fragte ihn: „Was bedeutet Ramana?" Sie wusste, dass all die indischen Namen eine Bedeutung haben, weil es nicht sein Geburtsname war, den ihm seine Eltern gegeben hatten. „Was bedeutet Ramana?" Und Papaji sagte: „Weißt du, Ramana ist kein Name. Ramana ist das, was im Herzen jedes Menschen wohnt." Ramana ist nichts als *das*, dieses Christus-Bewusstsein, diese Buddha-Natur, dieses göttliche Sein. *Dies* ist, wer du bist, nicht diese Person. Die Person ist nur eine Fiktion. Sie hat nichts mit dir zu tun. Du bist einfach nur das. Das ist alles, was es gibt. Im ganzen Universum gibt es nichts als das. Wenn du dem deine Aufmerksamkeit schenkst, bist du einfach glücklich, dann ist da Frieden. Dann gibt es keine Probleme, nirgends. Das ist die Quelle. Das ist die Quelle von allem. Wenn du auf die Quelle eingestimmt bist, hast du unbegrenzte Kraft. Nicht, dass es da jemanden gäbe, der unbegrenzte Kraft hätte. Unbegrenzte Kraft *ist* einfach. Das Göttliche lebt dich, atmet dich, fließt durch deine Venen.

Alles, was wir tun müssen ist, in die richtige Richtung zu sehen, das ist alles, einfach zur Quelle hin. Du kannst den Verstand total ignorieren, der ist nicht von Bedeutung. Wir haben versucht, den Verstand zu durchschauen, wir haben versucht, ihn zu ändern. Wir sagen: „Hier ist etwas falsch, das müssen wir in Ordnung bringen." – Vergiss es! Ignoriere das! Es stört nicht, es kann dich nicht berühren. Wenn du aufhörst, dem Energie zu geben, hat es keine Macht mehr. Die Macht, die der Verstand hat, geben *wir* ihm. Du bist die Quelle. Du bist die Quelle aller Macht. Wenn du diesen Ideen und Gedanken Energie gibst, scheinen sie lebendig und real zu werden. Wenn du den Gedanken aber die Macht entziehst, brechen sie zusammen. Sie stören überhaupt nicht, es ist egal, wie verrückt sie sind. Das ist kein Problem.

Fragende: Gestern war ein starker Tag, und abends – es scheint mir, als ob ich abends entschieden hätte, nicht mehr zu suchen.

Samarpan: Und?

F.: Plötzlich konnte ich sehen, was ich seit etwa einem halben Jahr immer wieder fühle: diese überschäumende Freude.

S.: Ja.

F.: Selbst wenn Gefühle auftauchen, die nicht angenehm sind, ist darunter Stille und überschäumende Freude.

S.: Ja.

F.: Vor ungefähr drei Jahren hatte ich für einen Tag die Erfahrung einer ganz anderen Art von Wahrnehmung. Das wollte ich wieder haben. Ich dachte, das muss es sein, so muss es sich anfühlen.

S.: Ich hatte den gleichen Gedanken: „Oh, das ist es! Wenn ich diese Erfahrung kontinuierlich habe, werde ich angekommen sein." – Nein.

F.: Wenn ich zurückblicke, habe ich das Gefühl, dass sich seit dem Tag alles wunderschön entwickelt hat in meinem Leben.

S.: Das stimmt.

F.: Ohne dass ich etwas dafür getan hätte.

S.: Das stimmt, etwas verschiebt sich. Es ist eine ganz subtile Verschiebung. Wir müssen genau hinsehen, um es zu erkennen. Im Großen und Ganzen sieht das Leben weiterhin gleich aus. Die Gewohnheiten bleiben so ziemlich die gleichen, die Persönlichkeit hat sich nicht sehr verändert, und doch war da eine subtile Verschiebung. Mein Leben wurde einfacher, auf ganz subtile Art einfacher. Das kannst du sehen, wenn du zurückblickst

F.: Und das, obwohl ich im letzten Jahr einen Bandscheibenvorfall hatte. Ich war krank und total erschöpft, und von außen wurde ich als depressiv wahrgenommen, aber ich habe das nicht gefühlt.

S.: Das ist interessant, nicht wahr? – So ist es oft. Du hast nicht das Gefühl, dass du etwas tust, mit anderen Worten, deine Energie hält völlig an. Sie geht nach innen. Es ist interessant: Wenn das im Westen passiert, nennen wir es Depression. Wenn es im Osten passiert, nennen wir es Meditation. (Lachen)

Weißt du, Ramana war besonders depressiv. (Lacht) Er konnte zeitweise noch nicht einmal alleine essen. Und dir half die Bandscheibe innezuhalten.

F.: *Sie half mir, meinen Job aufzugeben.*

S.: Was auch immer gebraucht wird, wird uns das Leben geben. – Sehr gut. Also, letzte Nacht hast du dich entschlossen aufzuhören.

F.: *Ja, so fühlt es sich an.*

S.: Das ist eine wunderbare Entscheidung, aufzuhören nach etwas anderem zu suchen, denn offensichtlich ist es *hier*. Das ist es. Gib dem deine Aufmerksamkeit. Es ist wirklich so einfach. Je mehr du dem deine Aufmerksamkeit gibst, desto wahrnehmbarer wird es, desto voller und tiefer – und das ist alles, was gebraucht wird. Das ist das Vertiefen und das ist das Reifen. (Stille)

Mach das zum Hauptfokus in deinem Leben, einfach diese Verschiebung der Aufmerksamkeit, und alles wird funktionieren. Es läuft vielleicht nicht so, wie du denkst, es läuft auf seine eigene Art. Und das bedeutet nicht, dass da kein Schmerz sein wird. Schmerz ist ein Teil des Lebens. Starke Gefühle sind ein Teil des Lebens. Alles ist hier willkommen. – Großartig.

Fragender: *Hallo. Ich fühle mich nach Feiern.*

Samarpan: Hervorragend.

F.: *Etwas Starkes ist geschehen und ich habe nichts entschieden. Du hast mich von Erleuchtung befreit. (Lachen)*

S.: Das ist mein Job.

F.: *Und weißt du, was paradox ist? – Erleuchtung geschieht, aber völlig normal und gewöhnlich. Irgendwie öffnet mir das die Augen für die Schönheit meines Lebens. Ich bin von Dankbarkeit erfüllt, weil du es mir gezeigt* *hast. Ich konnte es nicht sehen, weil ich immer auf der Suche nach diesem Heiligenschein gewesen bin.*

S.: Ja, Hörner stehen dir besser. (Großes Gelächter)

F.: Ja, das ist gut, das ist der Punkt. Danke. Ich darf also sein, wie ich bin.

S.: Ja, lass den Teufel für alle sichtbar werden. Das ist die Freude.

F.: Da ist viel Energie. Ich male damit, ich bin erfolgreich, und so kann ich die Wahrheit sichtbar machen.

S.: Ja, das ist deine wilde Energie, darin liegt viel Kraft. Da ist so viel Energie, das macht Angst, du vertraust dem dann nicht richtig. Du denkst immer noch, du müsstest es doch ein bisschen kontrollieren. Aber es ist wild.

F.: Es liegt auch viel Freude darin. (Weint)

S.: Was findest du hier, in der Mitte davon?

F.: Wahrheit, Kraft, Freude und Stille, alles auf einmal.

S.: Hier ist es sehr still.

F.: Wenn ich das zulasse.

S.: Wenn du nichts bevorzugst, ist es still. Wenn du der Euphorie nicht den Vorzug gibst und die Depression nicht ablehnst, dann ist es einfach still. Alles ist hier.

Samarpan: Hallo.

Fragende: Hallo. Ich denke, ich bin von Erleuchtung weit entfernt und das ist in Ordnung.

S.: Ich habe diesen Gedanken in deinem Gesicht gesehen. (Lacht)

F.: Mir wird bewusst, wie wichtig es für mich immer war, geliebt zu werden. Deshalb habe ich manchmal vergessen, mich selbst zu lieben. Mir wird klar, wie oft ich mich davon abhängig gemacht habe, was andere über mich denken und wie sie mich sehen. Manchmal weiß ich noch nicht einmal, was ich mir wünsche oder was ich will oder fühle. Der Wunsch, ein

guter Mensch zu sein, ist stark, und vielleicht habe ich deshalb mit bud-
dhistischer Meditation angefangen, weil dort Liebe und Mitgefühl im Mit-
telpunkt stehen. Ich fühle mich gut, wenn ich Liebe fühle, aber ich habe das
Gefühl, dass das nicht immer ehrlich ist.

S.: Sehr gut. – Kannst du das machen? Kannst du dich jemals wirklich lieben *machen*?

F.: *Nicht wirklich, aber manchmal ist es durch Meditation möglich, in dieses Gefühl hineinzukommen.*

S.: Genau. Es ist möglich, sich das Liebevolle vorzustellen, und es fühlt sich sogar so an. Wir können unser Herzchakra dazu bringen sich zu drehen, das ist nicht schwer. Einfach ein kleiner Trick. Aber das führt zu nichts. Wir können immer tiefer in solche Phantasien hineingehen, aber das ist nicht sehr befriedigend, denn es ist eindimensional und du bist viel mehr als das. Du bist alles. In dir ist das ganze Potential, nicht nur das der netten, liebevollen Person. – Da ist auch die fiese, kleine teuflische Frau, und in dieser Lebendigkeit ist so viel mehr Freude. Das ist wild und unkontrollierbar, es macht Spaß. Du hattest Einblicke. Das ist deine wahre Natur.

F.: *Ja, aber ich frage mich, wie weit ich es zulassen kann, wirklich so zu sein, wie ich bin.*

S.: Ja, das ist die Frage. Großartig.

F.: *Denn die anderen sind auch wichtig.*

S.: Was ist auch wichtig?

F.: *Die anderen zu respektieren und sie nicht zu sehr zu verletzen.*

S.: Wir können respektvoll sein, wir können den Zehn Geboten folgen oder den Tausenden von Regeln Buddhas, aber wie du schon bemerkt hast, ist das nicht echt. Es ist ein Ersatz, es ist der Verstand, der versucht, es richtig zu machen, und das ist nicht die Quelle. Das ist nicht, wer du bist. Da geht dann immer dieser Kampf, dieser Konflikt vor sich. Was du bist, ist lebendig, wild, voller Leben, voller Liebe: manchmal gewalttätiger Liebe, manchmal hingebungsvoller Liebe, manchmal sanfter Liebe, alles. Es ist nicht eindimensional, es ist nicht kontrollierbar.
Ich will dir deine Freiheit geben. Die Frage ist, wie sehr ich vertrauen kann. Kann ich mir trauen und mich trauen zu sein, wie ich bin? Denn ich weiß, dass ich auch gemein sein kann. (Lacht) Ich weiß, ich bin zu allem

fähig und ich will niemanden verletzen, na ja, vielleicht. (Lachen) Aber wenn ich an den Punkt komme, an dem ich dich wirklich als mich selbst erkenne, dann kann ich nichts gegen dich Gerichtetes tun. Ich kann vieles tun, was von außen betrachtet falsch erscheinen mag. Das bemerken wir auf unserem Weg durchs Leben: Wenn du dich wie ein Opfer fühlst, wird dich auch jemand zum Opfer machen. Du läufst dann mit einem Schild herum, auf dem steht: „Ich bin ein Opfer." Dann sagst du: „Oh, dieser schlimme Mensch, der mich zum Opfer gemacht hat, hätte das nicht tun sollen. Der Mensch hat mich verletzt."

Genau genommen hat dieser Mensch dir einen Dienst erwiesen. So ist es in Wirklichkeit. Wenn wir einfach so sind, wie wir sind, kann das provozierend für andere sein, und dann sagen sie (Samarpan mit weinerlicher Stimme): „Du hast mir wehgetan, wie konntest du nur so gemein zu mir sein?" – Aber du hast gar nichts getan, du warst einfach du selbst und in Wirklichkeit bist du einfach in Harmonie mit dem Universum. Das ist das Vertrauen: Das Vertrauen ins Sein, in dich. Das funktioniert nicht durch das Befolgen von irgendwelchen Regeln. So zu sein, wie du bist, ist auch nicht möglich, indem du übst, möglichst liebevoll zu sein. Ich sehe in deinem Gesicht, wie anstrengend das ist. Aber du bist so schön, du bist auf eine so natürliche Art im Fluss. Es besteht kein Bedarf, das irgendwie zu kontrollieren. Vertraue *dem*. Das ist wunderschön. Das ist einfach die göttliche Energie, die in dir fließt. Nur der Verstand hat davor Angst. Der Verstand will das kontrollieren, begrenzen, weil er es nicht versteht.

Lass dich so wild sein, wie du bist, lass dich einfach sein – lass alles los! Fühle das Fließen, die natürliche Energie. Vertraue dem, gib deine Aufmerksamkeit dahin. Das ist viel besser als irgendein Mantra oder spirituelle Übungen. Das macht dich lebendig. Gott will in diesen Körper kommen und Spaß haben. Mach dir keine Sorgen. Du kannst nichts verkehrt machen. Okay? – Wunderschön.

F.: Danke.

Fragende: Hier ist es so wunderbar. Mein Herz schlägt, keine Langeweile mehr... Ich war einfach neugierig, was die Leute hier machen. (Lachen)

Samarpan: Ja.

F.: Alle hier wollen erleuchtet sein, also will ich jetzt auch erleuchtet sein. (Lachen)

S.: Du hast es erkannt. Du hast deine eigene Erleuchtung erkannt. Das ist es, was dich hergebracht hat.

F.: Ich weiß.

S.: Ja.

F.: Ich wollte immer ich selbst sein, entsprechend dem Sei-du-selbst von C.G. Jung. Das ist mein Weg. Ist das Erleuchtung?

S.: Jung ging in die richtige Richtung. Ich weiß nicht, ob er angekommen ist, aber das ist die Richtung.

F.: Okay, also sind wir auf dem gleichen Weg, ob es jetzt Tao ist oder... Es ist alles das Gleiche.

S.: Alle Wege führen zur gleichen Wahrheit. Die Weisheit stammt aus der gleichen Wahrheit. Du kannst aber alle Wege loslassen, du kannst alles Wissen loslassen und du kannst deine Jung-Bücher weglegen, denn du musst über Jung hinausgehen. Du kannst dich selbst direkt entdecken, schließlich bist du die Quelle.

F.: Die Teufelin in mir, der Drache, meine Göttin, meine schmutzigen Seiten, meine Lüsternheit und die Heilige.

S.: Die Archetypen, wie Jung sie nannte, sind Bilder von dir selbst.

F.: Wenn ich den Bildern verhaftet bleibe, sind es auch nur Vorstellungen.

S.: Genau, das ist der Punkt.

F.: Als ich das erste Mal bei dir war, war nicht nur das Nichts, sondern auch Licht innen.

S.: Beschränke das noch nicht einmal auf Licht oder Dunkelheit. Es gibt nichts, was *hier* ausgeschlossen wäre. Du bist alles und nichts. Alles, was wir sagen, ist falsch. Dein Verstand kann an keinem Bild, Wort oder Konzept festhalten. Es ist das, was jenseits von Bildern, Wörtern, Konzepten, Farben, Licht, Dunkelheit ist. Das ist, wer du bist.

F.: Einfach so, wie es immer ist? – Ich will auch deine Hand halten, so wie die anderen Frauen. Das ist sehr schön. Ich will hier sitzen und etwas ganz Besonderes sein. Es macht mir Spaß, damit zu spielen.

S.: Ja, wir können auf alle möglichen Arten spielen.

F.: Ich danke dir. Ich lerne sehr viel von dir.

Fragende: *Für mich fühlt es sich anders an, nämlich so, als ob ich immer weniger weiß, wer ich bin oder was ich für Eigenschaften habe. Ich habe das Gefühl, dass ich sagen kann, wie ich einmal war, aber selbst das verschwindet. Manchmal fühlt sich das ganz natürlich an und manchmal fühlt es sich irgendwie komisch an.*

Samarpan: Ich verstehe. Manchmal ist es merkwürdig, weil da nichts Bekanntes mehr ist, an dem wir uns festhalten können.

F.: Ich habe immer noch einiges zu tun, zwei meiner Kinder wohnen noch bei mir.

S.: Ja, Mutterschaft geschieht noch.

F.: Ich muss die Schule für die Kinder finanzieren, aber wenn ich denke, wo sich das alles hinbewegt, dann weiß ich nichts.

S.: Das stimmt.

F.: Oder was ich gern tun würde...

S.: Da ist niemand mehr, der sehen will, dass es auf bestimmte Art geschieht. Wie fühlt sich das an?

F.: Im Moment ist es in Ordnung. Ich erinnere mich gerade, dass ich mich manchmal, wenn ich morgens aufstehe und zur Arbeit gehe, wie eine Träumerin fühle.

S.: Ja, wie in einem Traum.

F.: Genau. Ich tue die Dinge, ich mache meine Arbeit, aber irgendwie ist da keine Verbindung. Manchmal, wenn ich mit meinem jüngeren Sohn spreche, bin ich völlig überrascht, weil ich gar nichts fühle, während wir über seine Probleme sprechen. Es ist nicht so, dass ich nicht mit ihm sprechen will, sondern bei mir geschieht einfach nichts.

S.: Es berührt dich nicht. Wie alt ist er?

F.: Er ist schon achtzehn.

S.: Was ist für ihn das Thema?

F.: *Er ist an der Schwelle, ins Leben hinauszugehen. Er hat eine Lehre angefangen und draußen ist nicht alles so nett für ihn. Er hat einen Chef, der ihn nie lobt. Alles ist immer nur „okay". Es sollte immer noch besser sein, selbst wenn es gut war.*

S.: Ich hatte auch mal so einen Chef. Sein Name war Mac. Er hat nie ein Wort gesagt. Wir wussten, dass es Zeit war mit der Arbeit anzufangen, wenn er den Kompressor anstellte. Wir haben für die Gaswerke gearbeitet und Löcher in die Straße gegraben. Er sagte kein Wort, stellte den Kompressor an und wir alle wussten, was wir zu tun hatten. Wenn es Zeit für die Mittagspause war, stellte er den Kompressor ab. (Lachen) Einmal hat er zu mir gesagt, dass ich es gut mache. Ich glaube, ich hatte sechs Monate lang für ihn gearbeitet. Aber weißt du, dieses eine Mal war genug.

F.: *Bei ihm war es genauso. Er musste einmal zu einem externen Kurs gehen und vorher sagte der Chef zu ihm: „Weißt du, da draußen ist es ganz schön hart." Für meinen Sohn war der Kurs viel einfacher als die Arbeit mit dem Chef und er bekam gute Noten. Das einzige, was sein Chef sagte, war: „Ich hätte nicht gedacht, dass du da so gut abschneidest." Das war's für ein Jahr.*

S.: Das nennt sich „linkshändiges Kompliment". (Lachen)

F.: *Es ist nichts Besonderes, weil er mein Sohn ist, ich sehe das überall, aber überwiegend ist da das Gefühl, davon nicht berührt zu werden – irgendwie neutral.*

S.: Fast kalt, ja.

F.: *Ist es einfach so?*

S.: Manchmal ist es so.

F.: *Okay.*

S.: Oft, wenn ich einen Brief bekomme, ist in den ganzen ein oder zwei Seiten nur ein Satz, der mich berührt. Dann ignoriere ich alles andere und antworte nur auf das, was mich berührt. Manchmal merke ich, dass da ein Urteil ist, dass ich von etwas anderem berührt sein sollte und darauf antworten sollte, aber ich bin nicht dafür verantwortlich, was mich berührt. Ich habe das nicht unter Kontrolle, also ist es nicht meine Angelegenheit.

F.: Ich weiß innerlich, dass ich es wissen werde, wenn ich etwas tun soll, und wenn nicht, dann eben nicht.

S.: Ja, das stimmt für dich jetzt gerade, weil deine Zeit als Mutter vorbei ist. Dein Sohn wohnt vielleicht noch zu Hause, aber deine Aufgabe ist praktisch getan.

F.: Ich habe mal zu dir gesagt, dass ich das Gefühl habe, keine Kinder mehr zu haben. Ich fühle mich nicht mehr so verantwortlich für ihn, da ist kein so starkes Muttergefühl mehr. Ich habe es bemerkt, als es verschwand. Jetzt ist es eher so, dass da jemand ist, der Probleme hat und sprechen möchte. Ich habe das bei jedem meiner vier Kinder so empfunden, dass das Muttergefühl irgendwann weg war und auch nicht wiederkam.

S.: Ich habe einmal eine Katzenmutter mit ihren Jungen beobachtet. Das ist toll, denn da kannst du alles, was sich bei uns in achtzehn Jahren vollzieht, in ein paar Wochen beobachten. Da ist erst die totale Hingabe, wenn sie sich noch nicht einmal von den Jungen wegbewegt, wenn sie mal muss. Dann bewegt sie sich jeden Tag ein bisschen weiter weg, kommt aber gleich zu den Jungen zurück und ist wieder total für sie da. Aber nach ein paar Wochen ist es so weit, dass sie sie wegtritt. Sie sagt: „Ich bin fertig! Ihr könnt das jetzt alleine, lasst mich in Ruhe!" (Lachen) Und sie ist richtig aggressiv zu ihnen, sie stößt sie weg. Das ist die Natur, und das ist es, was du fühlst.

F.: Ich habe einen meiner Söhne aus dem Haus geschubst.

S.: Der Muttersohn ist weg! Lustig, nicht wahr? —Wirklich lustig ist es, jemand zu beobachten, der diesen Zeichen keine Aufmerksamkeit schenkt. Da ist eine Mutter in ihren Sechzigern und eine 45-jährige Tochter, und diese Beziehung ist immer noch da. Verrückt.

F.: Aber ich fühle das jetzt auch mit vielen anderen Dingen.

S.: Ja, wenn etwas vorbei ist, ist es vorbei, und daran kannst du nichts ändern, es ist einfach vorbei. Dein Lieblingsessen schmeckt dir auf einmal nicht mehr. Was ist passiert, was ist mit dem Geschmack? – Die Dinge ändern sich einfach von selbst.

F.: Okay.

Samarpan: Hallo.

Fragende: Es hat mich getroffen, was du über Schilder gesagt hast. Ich habe das Gefühl, ich trage große Schilder mit mir herum, auf denen steht: Nähere dich mir nicht. – Dabei sehne ich mich nach einer Beziehung.

S.: Das ist interessant, nicht wahr?

F.: Es sieht so aus, als ob es einfach nicht dazu kommt.

S.: Das stimmt, du kannst dieses Schild nicht ändern.

F.: (Lacht)

S.: Gut, ich sage dir, wie du das Schild ändern kannst. Das ist ein Geheimnis. – Sei bereit zu fühlen, was da ist, heiße einfach jedes Gefühl willkommen. Wenn du dich einsam fühlst, fühle dich einsam. Wenn du dich traurig fühlst, weil da keine Beziehung ist, fühle dich einfach traurig. Schließe Freundschaft damit, wie es gerade ist. Dann kann sich das Schild ändern. Das ist dann der Anfang davon, dich selbst zu lieben.

F.: Nachdem ich das letzte Mal hier bei dir saß, war da erst eine große Erleichterung und nach einer Zeit der Erschöpfung kam eine große Lust. Da hätte ich gern einen Mann gehabt.

S.: Manchmal sind die Männer etwas langsam, weißt du.

F.: Dann hat es sich wieder gewandelt.

S.: Das stimmt. Dein Schild, auf dem steht: „Männer, ich bin bereit", bleibt nicht lange. Das ist in Ordnung, lass es gehen. Egal, welches Gefühl kommt, bleib dabei. So findest du ins Leben. So kommst du in deine Fülle, denn es sind nicht die Männer, die dir etwas zu geben hätten. Du hast alles! Lust ist schon da, Sexualität und Lebendigkeit auch. Du brauchst keinen Märchenprinzen, der das erwecken müsste. Das ist die Idee, die sterben muss, denn das ist nicht die Wahrheit. Du musst deine eigene Lust erwecken. Und das tust du, indem du alles total intensiv fühlst.

F.: Alles?

S.: A-l-l-e-s!

F.: Aber da sind auch Gier und Neid und Wut...

S.: Ja! Das alles ist weggesperrt. Da wird deine Lust weggesperrt, denn du verneinst die Wut und den Neid und all dieses hässliche Zeug.

F.: Ich könnte sie auch alle zum Narren halten und provozieren und böse sein.

S.: Ja, ja.

F.: In den letzten Tagen habe ich mich so gemein gefühlt.

S.: Männer lieben das, weißt du?

F.: Aber damit vertreibe ich sie, das ist die Falle.

S.: Du musst damit spielerischer sein, du verscheuchst sie, ziehst sie aber auch an. Das ist das Lieblingsspiel der Frau: „Sieh mal, wie sexy ich bin!" – „Geh weg, geh weg!" (Lachen) Tu das alles! Verleugne keinen Aspekt deiner selbst.

F.: Aber es ist nicht fair.

S.: Es ist unfair! (Lachen) Es ist total unfair, der arme Typ hat keine Chance, es treibt ihn in den Wahnsinn.

F.: Das könnte Spaß machen. (Lacht)

S.: Jaaa. (Lachen)

F.: Da ist noch etwas anderes, was ich dich fragen möchte. Voriges Mal, bevor ich diesen Platz hier verließ, hatte ich das Gefühl, dass du Tränen in den Augen hattest. Ich wollte dich fragen, ob du berührt warst.

S.: Total! Ich bin immer total berührt, absolut berührt, wenn jemand hier sitzt und bereit ist, wahrhaftig zu sein und all diese feinen Gefühle willkommen zu heißen. Ich fühle die Gefühle einfach mit euch und das berührt mich. Ich liebe es.

F.: Danke.

S.: Bitte!

Fragender: Heute hast du mich total verwirrt.

Samarpan: Oh, gut, das ist meine Hauptaufgabe.

F.: Nicht nur meinen Verstand, den verwirrst du so oft, dass mir das schon nichts mehr ausmacht.

S.: Was ist da noch, was verwirrt werden kann?

F.: *Meine Gefühle sind ganz anders.*

S.: Ja und? – Denkst du, die Gefühle würden etwas bedeuten?

F.: *Die sind jetzt sehr stark und ganz anders.*

S.: Ja.

F.: *Das letzte Mal saß ich vor zwei Jahren hier bei dir. Ich habe eine komplizierte Frage über das Erwachen gestellt und du hast gesagt: „Das ist zu kompliziert, gehe einfach in die Stille.“ Ich denke, das war ein guter Ratschlag. Ich habe oft daran gedacht, und vor allem im Satsang und im Retreat praktiziere ich das sehr oft. Heute Morgen, als ich hier saß und die wunderschöne Musik hörte, war ich in einer solch süßen Harmonie und fühlte mich so gut und so dankbar und ich war sicher, dass es die Art ist, wie ich in der Stille, in meinem Herzen bin, wie ich diese Liebe fühlen kann. Dann hast du vorhin gesagt: „Vergiss das alles, sei einfach, wie du bist“, und dagegen fühle ich Widerstand. Das klingt so fatalistisch. Da ist so viel Brutalität in der Welt, und es fühlt sich so gut an, im Herzen und in der Liebe zu sein. Jetzt bin ich irgendwie verwirrt.*

S.: Wenn du Musik machst, kannst du dich an keiner Note festhalten. Du musst diese Note loslassen, um die nächste spielen zu können. Wenn du die erste Note nicht loslässt, entsteht einfach nur ein Geräusch. So ist das Leben. Das Leben ist ein ganzes Orchester mit feinen Klängen. Du kannst an nichts festhalten. Ja, das Gefühl von Liebe ist wunderschön, aber du kannst das nicht festhalten. Das geht nicht. Etwas geschieht, und die ganze Energie ändert sich. Genau wie es heute Morgen geschah. Genau als du sagtest: „Okay, jetzt habe ich es, alles was ich tun muss, ist in der Stille sein, und dann sind da all diese Liebesgefühle.“ Und dann sagt dieser Blödmann hier etwas und stört. (Lachen) Das ist meine Aufgabe. Meine Aufgabe ist es, alles zu stören, denn du kannst dich an nichts festhalten. Ich will dir das ganze Orchester geben, ein Orchester, das sich aus tausend Einzelheiten zusammensetzt, mit der lauten Trommel, den schrillen Zimbeln und den süßen, feinen Flötentönen, den Geigensaiten, den Hörnern, so stark, scharf, klar. All das ist deins.

Die Kontrolle fällt weg, du wirst immer lebendiger. Ich liebe, was ich da sehe, das ist wunderschön. Das ist wirklich, du wirst wirklich, die Kontrolle verschwindet. Du willst immer noch festhalten, das kannst du ruhig wollen, es ist in Ordnung. Es ist schön, was geschieht. Vertraue dem.

F.: Danke.

❧❧❧❧❧❧❧❧❧

Fragende: *Ich fühle mich wie eine der Motten, die immer ums Licht herum sind. Ich dachte immer, die sind doch völlig dumm. Sie fliegen ums Licht herum, bis sie tot sind.*

Samarpan: Ja, wie die Motten, die können nicht von der Flamme weg bleiben, das stimmt. Wundervoll.

F.: Ich will herausfinden, ob da ein Schild ist, das ich um den Hals trage.

S.: Du kannst den Reaktionen der Leute immer entnehmen, was du für ein Schild trägst, denn es ist eine universelle Regel, dass die Menschen befolgen müssen, was auf deinem Schild steht. Was siehst du im Außen reflektiert?

F.: Da hätte ich eine Geschichte.

S.: Okay.

F.: Ich arbeite selbstständig mit Hawaiianischer Massage. Gerade bevor ich hergekommen bin, ist es mir zum zweiten Mal passiert, dass ich nicht bezahlt wurde, weil die Leute pleite waren.

S.: Du wurdest nicht bezahlt, das ist interessant. Wer sollte zahlen?

F.: Ich habe in einem Hotel gearbeitet und wurde vom Hotelmanagement monatlich bezahlt. Ich war weg, und als ich zurückkam, sah ich, dass kein Geld auf dem Konto war und dass sie pleite waren. Das ist jetzt zum zweiten Mal passiert.

S.: Das ist interessant, nicht wahr? Wenn es einmal passiert, kann das Zufall sein. Wenn es zweimal passiert, ist da wahrscheinlich eine Botschaft für dich drin. Was besagt die?

F.: Mein Freund hat mir das letzte Retreat bezahlt. Das ist, was passierte, und es hat mich sehr berührt. Er brachte mich in die Situation, etwas von jemandem anzunehmen.

S.: Das ist wunderschön. Das berührt dich wirklich.

F.: Dieses Mal hat er mir den Flug bezahlt, und das ist etwas, was ich nicht gewohnt bin.

S.: Diese starke unabhängige Frau, die immer für sich selbst sorgt, und plötzlich funktioniert das nicht und dann gibt dir Gott trotzdem das Geld – durch die Hände deines Freundes. Du lernst, dass dich das Leben total unterstützt. So lehrt uns das Leben. Es nimmt dir etwas, wovon du meinst, dass es dir zustünde, und dann schafft das Leben einen Ausgleich, den du dir nicht hättest ausdenken können. Das ist zu viel für den Verstand. Der Verstand weiß nicht, was er damit anfangen soll. Großartig. Das ist es. Die Illusion von: Ich muss es tun, ich muss für mich selbst sorgen, ich muss verantwortlich sein, sonst sterbe ich – das ist etwas sehr Starkes für dich.

F.: Ich habe drei Brüder und eine Schwester und war die Älteste, und ich hatte das Gefühl, dafür verantwortlich zu sein, dass alles funktioniert.

S.: Ja, das stimmt, du bist für die ganze Welt verantwortlich.

F.: Meine Mutter war unglücklich, und ich hatte das starke Gefühl: Wenn ich nicht handle, tut niemand etwas.

S.: Also hattest du keine Kindheit. Du musstest direkt ins Erwachsensein gehen. Du musstest in der Familie die Rolle der Mutter übernehmen. Und jetzt kannst du fühlen, wie es sich anfühlt, wenn für dich gesorgt wird wie für ein Kind. Das ist sehr berührend. Letztendlich wird für dieses Kind gesorgt, so perfekt, so liebevoll.

F.: (seufzend) Du sorgst auch für mich.

S.: Ich liebe es, Papa zu sein. (Lachen) Ich habe so wundervolle Kinder.

F.: Ich habe mir immer gewünscht, dass mein Vater mir das ein Mal sagen würde. Er hat das nie gesagt. Jetzt weiß ich, dass er mich liebt, auch wenn er es nicht sagt. Und ich liebe ihn.

S.: Das stimmt

F.: Das war immer ein großer Kampf, ich habe alles getan, um ihn an den Punkt zu bringen, dass er mir endlich einmal sagt, dass er mich liebt. Damit habe ich Jahre zugebracht. Ich war Punk und habe mich mit der Polizei angelegt, ich hatte keine Haare auf dem Kopf, ich habe alles getan. Ich dachte, er muss mich so lieben, wie ich bin, und ich habe versucht, so schlimm wie möglich zu sein. Irgendwann konnte ich dann spüren, dass ich ihn liebe.

S.: Ja, das ist der Punkt, das ist die Liebe.

F.: *Und ich denke immer noch, ich sollte dem Kerl, der mich nicht bezahlt hat, eine Lektion erteilen.*

S.: Nein. Warum? Du bist nicht seine Mutter. (Lacht)

F.: *Das stimmt, er kann für sich selbst sorgen.*

S.: Ja, Gott kümmert sich um uns alle, wir müssen das nicht tun.

F.: *Okay.*

S.: So ist es einfacher. Lass das einfach los.

EWIGE FATA MORGANA AM HORIZONT

Fragende: *In der letzten E-Mail, die du mir geschrieben hast, hast du meine Geschichte übers Verlassenwerden erwähnt. Ich konnte mich gar nicht erinnern, dass ich dir jemals davon erzählt habe.*

Samarpan: Aber habe ich getroffen? (Lacht)

F.: *Das große Thema meines Lebens.*

S.: Das Hauptthema.

F.: *Heute Morgen wurde das wieder einmal ausgelöst. Am Nachmittag war mir, als ob ich in tiefem Frieden wäre, dann kam das Thema wieder, dann wieder der Frieden und dann wieder dieses Thema. Ich weiß, dass da einfach viel Traurigkeit ist. Ich könnte viele Geschichten darüber erzählen, woran ich es festmache, aber das ist nicht wirklich wichtig. Als ich vor ein paar Tagen auf den großen Steinen am Meer saß – ich liebe diesen Platz, kamen große Wellen und ich dachte, sie fressen mich auf. Dann hatte ich den Gedanken, dass ich einige der Steine dort sammeln sollte. Ich denke, die Verlassenheitsgeschichte ist einer dieser Steine. Ich brauche dabei Hilfe.*

S.: Schließ die Augen und sei einfach verlassen – ohne jegliche Hoffnung, für immer alleingelassen. (Stille) Es wird niemals jemand kommen und dich da rausholen.

F.: *Es ist, als ob ich Mauern um mich aufgebaut hätte, so dass niemand kommen kann.*

S.: Interessant. – Also entferne die Abgrenzungen.

F.: *(Weint)*

S.: Jemand könnte kommen, aber es will niemand.

F.: *Ich sehe auch niemanden, es ist, als ob ich auf einer ganz kleinen Insel wäre. Da ist nur noch die Spitze der Insel, und da bin ich und rund herum ist der Ozean. (Weint lange)*

S.: Was ist jetzt hier?

F.: Ich habe so lange darauf gewartet, jetzt fühle ich deine Hand, meine Füße, und es brennt immer noch, anders als vorher. Es ist jetzt wie ein Sich-Öffnen. Es ist, als ob meine Augen sich innerlich öffnen, als ob ich überallhin sehen kann. (Lange Stille)
Jetzt bin ich bei mir und fokussiert. Ich fühle das im ganzen Körper. Ich glaube, das war's. Danke. Danke, mein Freund.

S.: Ja.

Fragende: *Hallo Samarpan. Mein Leben hat sich drastisch verändert. Ich habe gemerkt, dass ich keine Wahl habe, dass ich zur Seite gehen und das Leben machen lassen muss. Nicht mehr die Kontrolle zu haben ist schwer für mich, aber da ist noch etwas anderes. Ich finde es auch lustvoll, etwas nach meinem Willen zu kreieren, und dem, was in meinem Kopf vor sich geht, Ausdruck zu geben.*

Samarpan: Das ist interessant, nicht wahr? Das ist ein Spiel, das wir spielen können. Viele Menschen verbringen ihr ganzes Leben damit, dieses Spiel zu spielen. Dieses Spiel vom Manifestieren, die Macht zu fühlen... Aber ist das befriedigend?

F.: *Ich finde schon. Der Moment, in dem es sich nach meinem Willen manifestiert.*

S.: Da ist Spaß und viel Genießen. Aber ist das für dich wirklich das Ultimative? Das ist das Thema, denn viele Menschen verschaffen sich auf die eine oder andere Art Macht, und es stimmt, du kannst alles manifestieren. Ich meine, du bist Gott, also warum nicht? Du kannst in deinem Leben alles manifestieren, wovon du träumst – und dann? (Lacht)
Du bekommst alles, was du willst. Stell dir das für einen Moment vor. Du bekommst alles, genau so wie du es willst. Und dann?

F.: *Ich glaube, darüber muss ich erst einmal schlafen. (Lachen) Ehrlich gesagt, weiß ich es nicht.*

S.: Das ist ein wirklich wichtiges Thema, denn was will ich mit diesem Leben machen? Manche Menschen haben sich entschieden, dass sie am meisten Spaß haben, wenn sie ihr ganzes Leben mit Geldverdienen verbringen, und das ist auch ein Manifestieren. Da geben sie ihre ganze Energie hinein, und das funktioniert dann auch. Sie werden sehr reich. Osho hat von Andrew Carnegie erzählt. Er war einer der reichsten Männer der Welt, vielleicht der reichste. Er hatte Milliarden Dollar verdient, und an seinem Sterbebett fragte ihn jemand: „Du musst mit deinem Leben so richtig zufrieden sein. Du hast so viel Geld verdient, mehr als irgendjemand." Und er sagte: „Nein, ich wollte eigentlich doppelt so viel verdienen."

Siehst du, das ist der Trick, wenn du es dem Verstand entsprechend machst – er wird niemals befriedigt sein. Es ist nie genug. Mit anderen Worten: Wonach uns wirklich hungert, kann durch die Manifestation nicht befriedigt werden. Da liegt es nicht. Darum sprechen wir von einer Illusion. Es ist wie eine Fata Morgana in der Wüste, sie ist immer dort, am Horizont, und sie kommt nie näher.

F.: Ja, ich verstehe.

S.: Was ich sagen will ist, dass das befriedigt, was real ist. Das ist meine Definition. Wenn es real ist, ist und bleibt es für immer befriedigend. Bei allem, was ich in dieser Welt jemals wollte, zeigte sich letztendlich, dass es das nicht gewesen ist. Alles wird einfach zu Staub.

F.: Das musste ich auch erleben, gerade jetzt – dass in kürzester Zeit alles zusammenbrechen kann.

S.: Ja.

F.: Ich gebe aber nicht so einfach meine Kraft weg.

S.: Wir sprechen nicht davon, deine Kraft wegzugeben, sondern genau vom Gegenteil. Wir sprechen davon herauszufinden, worin die wahre Kraft liegt, worin deine Kraft liegt, denn wir haben unsere Kraft an den Verstand abgegeben. Und das ist ein schlechtes Geschäft. Das wird niemals befriedigend sein. Das ist die alte Geschichte davon, mit Satan ein Geschäft abzuschließen. Das ist eine wunderbare Geschichte, denn das ist genau, worüber wir sprechen. Es ist das Geschäft mit dem Verstand: „Gib mir, was ich will, und ich gebe dir meine Hingabe." Das klingt vielleicht wie ein gutes Geschäft, aber es ist nicht real und nicht befriedigend. Alles Geld der Welt bringt nicht die Erfüllung. Du kannst das sehen, wenn du dir die reichsten Menschen ansiehst und schaust, ob sie wirklich glücklich sind. Sieh dir die beliebtesten Menschen auf der Welt an oder die mächtigsten. Sind sie glücklich? Sie haben alles, keine Frage. Der Präsident der USA kann in seinen Jet springen und überall hinfliegen, und er muss nicht in der

Economy Class sitzen wie wir. (Lachen) Er hat Luxus. Aber sieh ihn dir an, sieht er glücklich aus?

F.: Da setze ich nicht mit dem Vergleichen an.

S.: Wo setzt du an?

F.: Ich will selbst entscheiden, ob ich ein glückliches Leben führe oder ob ich eine Beziehung habe oder...

S.: Also, was steht an erster Stelle, das glückliche Leben oder die Beziehung? (Lachen)

F.: Das glückliche Leben.

S.: Aber irgendwie gehört eine Beziehung dazu, oder?

F.: Sie könnte dazu gehören. – Wenn ich glücklich bin, bin ich glücklich.

S.: Das ist sehr weise. Du musst also einfach herausfinden, worin das Glück besteht. Das ist es, wonach wir alle suchen. Wir suchen nach dem wahren Glück, dem Glück, das nicht kommt und geht. Und das liegt in deiner Macht, das ist dein Geburtsrecht.

F.: Aber ich kann das nicht tun, ich kann es nicht manifestieren.

S.: Das ist interessant. Es stimmt, du kannst es nicht machen; und gleichzeitig *ist* es hier. Es ist dein Geburtsrecht. Es geht nur darum, es zu entdecken. Du musst es nicht manifestieren. Es ist schon manifest.

F.: Meine Frage ist wohl: Tun oder nicht tun?

S.: Aber du kannst diese Frage nicht beantworten. Jeder Moment beantwortet diese Frage. Es gibt keine Antwort, denn wenn wir versuchen, sie im Verstand zu beantworten, sagen wir: „Gut, jetzt verstehe ich: Ich darf nichts tun." Was bedeutet das? Wie sieht das aus? Bedeutet das, dass ich für immer auf diesem Stuhl sitzen muss? Dass ich mich nicht bewegen darf? Das ist nicht Freiheit.
Wahres Nicht-Tun ist einfach mit dem Leben zu tanzen. Ich sage zum Leben: „Wie du auch immer mit mir tanzen willst – das ist es, was ich will." Das macht am meisten Spaß. Ich weiß nicht, was es ist, ich weiß nicht, wie es aussehen wird, ich lasse mich überraschen. Ich sage einfach „ja". Ich habe herausgefunden, dass es immer interessant ist, dass es immer voller Leben ist. Aber ich kann keine Entscheidung treffen, das muss ich auch nicht, das Leben tut es. Das Leben tut es immer. Alles, was ich tun

muss, ist einfach zu sagen: Ja, damit kooperiere ich. Ich bin in Frieden damit, ich liebe das. Das ist meine Freiheit, das ist meine Kraft, das ist meine Freude, und hier ist es gut, hierin finde ich alles. Ich kann es nicht machen und doch ist es hier.

Hier gibt es also viel Paradoxes. In meiner Kraft zu sein heißt, meine Kraft abzugeben. Ich gebe die Macht des Verstandes ab an mein – nenne es mein Höheres Selbst, nenne es Gott, nenne es das Universum, denn ich weiß, dass es das ist, was Freude bereitet.

Das ist ein solch süßer Dienst: Ich will in meinem Leben nichts anderes als dem Göttlichen dienen. Ich kann mir keine bessere Lebensart vorstellen. Glaube mir, wenn ich eine bessere Lebensart fände, würde ich ihr nachgehen. (Lacht)

F.: Ich glaube dir. Gut, danke.

Fragender: *Hallo. Gestern Abend im Satsang hast du dieses kleine Geheimnis erzählt, wie es sich anfühlt, erleuchtet zu sein: Du sagtest „einfach so". – Ich sagte: „Wow, damit kann ich umgehen." Jemand stellte eine Frage über deine Erleuchtungserfahrung und du sagtest, das ist lange her, du kannst dich kaum erinnern. Ich habe innerlich gelacht. Und dann sagtest du, dass du dich an einem bestimmten Punkt einfach dafür entschieden hast, erleuchtet zu sein.*

Samarpan: Ich habe entschieden, dass Erleuchtung schon war. Ich erkannte, dass da niemand ist, der erleuchtet oder nicht erleuchtet sein kann. Das sah ich ganz klar. Ich dachte, wenn das nicht Erleuchtung ist, dass ich klar sehe, dass da niemand ist, dann weiß ich nicht, was Erleuchtung ist. Und ich habe entschieden, dass das gut und gut genug ist. Zuvor wollte ich immer noch eine weitere Erfahrung von Erleuchtung. Zwanzig Jahre ist es mir so ergangen: Ich strebte nach einer weiteren Erfahrung, und ich hatte viele Erfahrungen, aber keine war so tief wie die ursprüngliche vor zwanzig Jahren. Ich hatte eben die Vorstellung, jede weitere Erfahrung sollte genauso tief sein. Die ganze Zeit habe ich die Tatsache ignoriert, dass ich es wusste – ich wusste, dass ich schon erleuchtet war.

Ich möchte dir eine kleine Geschichte erzählen. Nach dieser Erfahrung sagte ich: „Diese Erfahrung – ich weiß nichts über Erleuchtung, aber das hat etwas damit zu tun." Da war irgendwie Wissen, Weisheit, Klarheit.

Und ich war ganz klar berührt, mein ganzes Leben war anders. Ich fühlte mich erleuchtet und fand das gut, aber es war natürlich eine Vorstellung. Es war die Vorstellung, wie es aussehen sollte und wie ich handeln sollte. Einmal kam dann eine Herausforderung von einem der Gruppenleiter im Osho-Ashram, wo ich war. Er sagte zu mir: „Denkst du, du wärst erleuchtet oder so etwas?" – Das war nicht schön von ihm, es war schrecklich. Das hat mich fertig gemacht. An diesem Punkt musste ich zugeben, dass ich dachte, schon erleuchtet zu sein, oder ich musste es verleugnen. Ich verleugnete es und litt darunter. Das war selbstzerstörerisch. Wochenlang habe ich total gelitten. Ich hatte meine Kraft weggegeben, ich hatte meine Erleuchtung verleugnet. Es ist verständlich, dass das passiert war, denn ich war wie ein Kind und sehr unsicher, und da war der große Gruppenleiter, der „ganz klar die Wahrheit kannte". Er war so schön, ich liebte ihn total, und er zerstörte mich. Ich habe zugelassen, dass ich zerstört werde, ich habe meine Kraft weggeben. Als ich allein für mich das letzte Puzzlestück einsetzte und erkannte, dass da niemand ist, war ich absolut entschlossen, niemals mehr meine Kraft wegzugeben und niemals jemanden zu fragen: „Denkst du, dass ich erleuchtet bin oder nicht?"
Ich habe das für mich selbst entschieden. Als ich zu Papaji ging, habe ich ihn das nicht gefragt. Ich habe es ihm gesagt, aber ich habe ihn nicht gefragt. Und als ich ihn verließ und wieder nach Deutschland ging, habe ich nicht um seine Erlaubnis gebeten, Satsang zu geben. Ich habe zu ihm gesagt, dass ich das Gefühl habe, so den Rest meines Lebens verbringen zu wollen, und ob er mir seinen Segen gibt. Er sagte: „Ja, ich segne das." Ich habe nicht um Erlaubnis gebeten. Ich habe meine Kraft nicht weggegeben. Ihr seid alle erleuchtet, ihr wart es immer. Es geht darum, zu erkennen, was deine Erleuchtung ist, und dem deine Kraft zu geben, die Erleuchtung zu leben, ein erleuchtetes Leben zu führen, und auf keinen Dummkopf zu hören, der dir sagt, du wärst das nicht. Höre auf niemand, der dir sagt, du wärst nicht in Ordnung oder du wärst nicht genug.

Fragende: *Ich sehe, dass es wirklich funktioniert, in die Mitte von allem zu gehen. Aber vielleicht gibt es einen Hinweis, wie ich das noch effektiver tun kann oder wie es einfacher sein kann?*

Samarpan: Ich werde es dir nicht zu einfach machen. (Lachen) Gibt es ein Thema, das für dich aktuell ist?

F.: Ich fühle mich sehr zentriert und weiß, dass nichts schief gehen kann. Aber dann kommt auch immer wieder existentielle Angst hoch: „Was würde passieren, wenn ich wirklich von hier weggehe."

S.: Ist es denn möglich, von hier wegzugehen? Hier ist unabhängig vom Ort! Ist es jemals nicht in Ordnung, hier zu sein?

F.: Wenn ich hier bin, ist es immer gut.

S.: Ja! – Und wenn du das Hier verlässt und in eine Geschichte, eine Phantasie, eine Vorstellung gehst?

F.: Dann fühlt es sich meistens nicht so gut an.

S.: Ich hätte niemals daran gedacht, dass ich mein Leben in Deutschland verbringen könnte. Das ist für einen Amerikaner einfach nicht vorstellbar. (Lachen) Und für einen Kalifornier schon gar nicht.

F.: In Frankfurt!

S.: In Frankfurt, und auch nicht im besten Teil von Frankfurt. Es macht Spaß, das Leben ist gut, und es kümmert sich auf eine Weise, die ich mir nicht hätte vorstellen können. Als ich Amerika verließ, um nach Deutschland zu kommen, war ich mit einer anderen Frau verheiratet. Wir kamen für neun Monate mit neun großen Koffern nach Frankfurt. (Lachen) (Lacht) Das hat mich buchstäblich umgebracht. Ich hatte noch nie Satsang gegeben. Ich konnte mir nicht vorstellen... Ich bin damit gesegnet, dass ich zu dumm bin, um an vieles zu denken. Das hat mir wirklich schon sehr gute Dienste erwiesen. Es heißt ja: Die Dummen gehen dahin, wo sich die Engel nicht hin trauen. Das passt. Ich hätte mir nichts von dem hier vorstellen können. Ich kann das immer noch nicht, ich habe keine Ahnung von all dem. Manchmal sagt Marga: „Du weißt nicht, was es bedeutet, das alles zu organisieren." Und ich antworte: „Das stimmt, ich weiß es nicht."
Ich habe keine Ahnung, und ich könnte es niemals tun, unmöglich! Das Leben liebt es, mit dem Unmöglichen zu spielen. Mir ist also aufgefallen, dass jedes Leben so ist, wie es sein soll, und das schließt alles mit ein: Beziehung oder keine Beziehung, Arbeit, Wohnung. Wenn es an der Zeit ist, dass sich etwas ändert, ändert es sich, da können wir gar nichts machen, und bis es an der Zeit ist, wird sich nichts ändern, egal was passiert und wer was glaubt. Ich sehe das die ganze Zeit, was Beziehungen angeht. Der Mann droht damit, die Frau zu verlassen: „Wenn du nicht endlich so bist, wie ich dich haben will, gehe ich." – Schön, geh! Sieh mal, ob du gehen

kannst. Wenn du gehen kannst, dann soll es so sein und wenn nicht, dann nicht. Da gibt es gar nichts zu diskutieren. Alle Diskussionen über Beziehungen sind Blödsinn, und so ist es in jeder Hinsicht mit deinem Leben: Es ist, wie es ist. Niemand kann das ändern. Du kannst es nicht ändern und niemand sonst. Es ist, wie es sein soll.

Wenn du das mit deinem ganzen Wesen spürst, wenn du dem vertraust, dann ist da Kraft. Darin liegt eine solche Kraft. Du lässt dich von niemandem einschüchtern, denn du bist fest in der Kraft verwurzelt. Darum sage ich: Fordere alles heraus! Gehe dieses Risiko ein. Nur so kannst du das entdecken. Du entdeckst deine Kraft, du entdeckst, dass du dem Leben vertrauen kannst, nicht, weil du es richtig machst, nicht, weil du etwas tust, von dem ein anderer denkt, dass du es tun solltest, sondern weil dein Leben gerade genau so sein soll.

Ich war sehr beeindruckt von dem Lehrer, der so couragiert reagierte, als ein ehemaliger Schüler, der der Schule verwiesen worden war, zurückkehrte, um die Lehrer zu töten. Der Junge kam, mit mehreren Pistolen bewaffnet in die Schule und tötete, wild um sich schießend, viele Menschen. Dieser eine Lehrer hatte sich in einem Raum eingeschlossen. Er hörte etwas vor der Tür, öffnete sie, und da stand dieser Junge. Der Lehrer sagte: „Robert, bist du der, der all dies tut? Du kannst mich umbringen, aber du musst mir in die Augen sehen.“

Das ist die Kraft, das ist dieses Wissen, dass du dem Leben vertrauen kannst. Er war in seiner Kraft, und der Junge konnte es nicht tun. Er hatte die Pistole, aber er konnte ihn nicht umbringen. Ich liebe diese Geschichte, sie berührt mich total, und sie berührt genau diesen Punkt.

Wir müssen das Leben herausfordern, wir müssen zu ihm sagen: „Was auch immer passiert, tu es für mich, los! Gib alles, ich bin bereit, egal was es ist.“ Das macht viel mehr Spaß als zu versuchen zu manipulieren oder nett zu sein oder was auch immer.

F.: Danke.

Samarpan: Hallo.

***Fragende:** Ich war krank und habe mir gesagt: „Das kann jedem passieren, es ist in Ordnung“ – aber ich fühle mich bestraft.*

S.: Wie wirst du bestraft?

F.: Von der Existenz, als ob für mich nicht gesorgt wird – ich weiß, das sind nur dumme Gedanken, aber... Es ist, als ob Gott mich bestraft, weil ich ihn nicht an die erste Stelle gesetzt habe.

S.: „Du hast es falsch gemacht. Gott straft dich. Uijuijui."

F.: Ja, ich weiß, es ist dumm, aber...

S.: Ich kann dir eine andere Art anbieten, wie du es sehen kannst. Was ich sehe ist, dass dich Gott damit auf eine ganz spezielle Art total berührt. Das ist reine Gnade, diese Erinnerung an den Tod, die Erinnerung an die Zerbrechlichkeit des Körpers. Das ist kein Zeichen, dass du es falsch gemacht hast, sondern genau das Gegenteil: Du hast es richtig gemacht!

F.: (Weint) Okay.

S.: Du bist gesegnet, du bist total gesegnet, das kann ich sehen, und ich kann sehen, dass du die Gnade annimmst. Ich habe dich noch nie offener gesehen als jetzt. Ich weiß, dass es schmerzt, ich weiß, dass bei dir alles Mögliche hochkommt. Das ist alles wunderschön, das ist alles Gnade. Die Eierschale ist angeknackst worden und zwar, weil du so sehr geliebt wirst, nicht weil du es falsch gemacht hast.
Weißt du, das ist die New-Age-Religion, eine Wiederauflage des alten Christentums, der Glaube, dass eine Krankheit des Körpers bedeutet, dass du Mist gebaut hast: „Wenn du wirklich spirituell wärest, wenn du wirklich auf Gott eingestimmt wärest, dann wärest du immer gesund." Was für ein Blödsinn!
Ich bin glücklich über die Gelegenheit, diese kleine Rede zu halten. (Lacht) Es ist alles Gnade, und manchmal sind körperliche Krankheiten der größte Segen, der größte Kuss, den uns das Göttliche geben kann. Denn sie erschüttern unser Fundament und erwecken wirklich unsere Aufmerksamkeit.

Fragende: Hallo. Ich verstehe da was nicht. Einerseits sollte ich in der Lage sein, mit meinem Verstand alles Mögliche zu manifestieren, und dann ist da noch die Möglichkeit, mich einfach vom Göttlichen führen zu lassen. Wie kann das Universum bei diesen Möglichkeiten bloß perfekt funktionieren?

Samarpan: Das ist erstaunlich, nicht wahr? (Lachen) Die einzige Erklärung, die ich habe, ist, dass es davon abhängt, ob es für mich vorgesehen ist, dass ich zaubern kann. Wenn es so ist, wird es Teil des Universums sein, denn hier ist Raum für alles. Ich habe das getan, weißt du, ich habe in meinem Leben gezaubert. Darum ist mir völlig klar, dass es nichts ist.

F.: Hättest du denn auch die Möglichkeit gehabt, dein Leben so weiterzuführen, oder bestand diese Möglichkeit nicht?

S.: Ich habe mich während dieses Lebens für die Wahrheit entschieden. Irgendwie habe ich mich an die Leben erinnert, in denen ich mit Macht gespielt habe, und ich hatte Angst davor, denn ich kenne diese Verführung. Macht ist sehr verführerisch. Ich bin also durch vieles hindurchgegangen, um damit Frieden zu schließen. Wenn der Gedanke daran aufkam, etwas zu manifestieren, wusste ich genau, ich könnte es tun. Ich habe damit auch in diesem Leben gespielt, ich weiß, dass ich die Magie, diese Macht immer noch in mir habe. Dann schaue ich, wie ich es haben will. Woher weiß ich, was für mich das Beste ist? Wird es mich glücklich machen, etwas zu ändern, etwas zu manipulieren? Wird mir das irgendetwas geben? Ich finde immer wieder heraus, dass ich es einfach nicht weiß, ich weiß nicht, wie es sein sollte. Ich vermute, dass es perfekt ist, wie es ist. Genau genommen weiß ich, dass es perfekt ist, wie es ist. Also habe ich einfach nicht die Energie, etwas zu ändern. Ich kann noch nicht einmal die Energie aufbringen, um einen anderen zu ändern. Wenn ich dich ansehe, sehe ich, dass du ganz genau an dem Punkt bist, an dem du gerade sein musst, und darüber bin ich sehr glücklich. Ich brauche dich nicht zu ändern.
Es ist wie in der alten Geschichten vom Meister, der auf der Bergspitze sitzt. Der Schüler kommt und sagt: „Meister, kannst du wirklich Berge versetzen?" Und der Meister sagt: „Ja, aber ich habe sie lieber, wo sie sind." (Lachen)
Ich habe die Welt lieber so, wie sie ist, und zwar alles. Sogar – da haben Freunde von mir E-Mails herumgeschickt mit Petitionen, dass Indien und Pakistan keinen Krieg anfangen sollten, oder dass der Präsident der USA ökologischer denken sollte – da ist alles Mögliche im Umlauf. Aber es ist das Gleiche: Ich weiß nicht, wie es gehen sollte, und ich kenne niemanden, der das wüsste. Was ist, wenn die Transformation der Menschheit davon abhängt, dass Indien und Pakistan Krieg führen und sich gegenseitig mit Atomwaffen beschießen? Ich weiß nicht, was benötigt wird. Ich weiß nicht, was geschehen soll. Und darum bin ich in Frieden. Ich weiß, dass alles auf perfekte Weise geschieht, aber ich weiß nicht, wie das aussehen

sollte. Weder weiß ich, was geschehen soll, noch weiß ich, was nicht geschehen soll. Es ist so viel einfacher, in Frieden zu sein. Ständig Berge zu versetzen ist viel Arbeit. An idiotische Politiker Petitionen zu schicken, dass sie keine Idioten sein sollen – das ist harte Arbeit und ich bin sehr faul.

F.: Jetzt weiß ich aber immer noch nicht, ob es funktionieren würde.

S.: Die Sache ist, dass dein bewusster Verstand nur ein ganz kleines Instrument ist. Er ist nicht, wer du bist. Wenn der bewusste Verstand nicht an der Macht des Lebensflusses ausgerichtet ist, ist er völlig unfähig. Das ist die andere Sache, die ich entdeckt habe: Wenn das kleine „Ich" will, dass etwas so und nicht anders ist, aber das, was ich wirklich bin, es anders will, rate mal, wer dann gewinnt? (Lacht) Es ist so viel einfacher, an dir selbst ausgerichtet zu sein. Du musst nichts wissen und dir keine Sorgen machen – wenn du etwas wissen sollst, wird es dir schon gesagt werden, kein Problem. Das macht es einfach.

VEREIN DER DRAMA-QUEENS

Samarpan: Guten Morgen.

*Fragende: Gestern Abend bin ich aufgesprungen und hier nach vorn ge-
kommen, irgendwie außer Kontrolle. Deine Worte berührten mich nicht.
Ich war wie in einem Vakuum. In der Folge fühlte ich Ablehnung, Wut und
Enttäuschung, weil meine Frage nicht beantwortet wurde. Du sprachst nur
über deine Geschichte und deine Erfahrung, hast aber meine Frage nicht
direkt beantwortet. Dann hat sich mein Herz zusammengezogen und eine
Stimme sagte: „Die Antwort ist in dir! Er kann deine Frage nicht beantworten!"*
*Nach einiger Zeit bin ich brav nickend zu meinem Platz zurückgegangen.
Und dann habe ich die Stille völlig verloren. Ich fühlte mich schuldig, weil
ich gegen dich rebelliert habe – es war wie gegen Gott rebellieren!*

S.: „Du hast alles falsch gemacht!"

*F.: Dann habe ich mich nur noch selbst verdammt. Jetzt ist es wie ein
Spiel, das in mir vor sich geht: „Das ist es, ich sehe meine Kraft!" Und
dann sagt mein Verstand immer: „So bist du nicht liebenswert, du isolierst
dich..."*

S.: Interessant, nicht wahr?

*F.: Jetzt sitze ich hier wie ein Kind, das vom Papi hören will, dass immer
noch alles in Ordnung ist.*

S.: Und was ist jetzt hier?

*F.: Viel Kraft in meinem Herzen, mein Herz schlägt stark. Wenn ich nicht
denke, fühle ich mich völlig eins mit mir.*

S.: Ist das nicht wundervoll? Du hast alles falsch gemacht, und du bist
immer noch in Frieden mit dir. Das ist sehr wichtig. Wir machen es die
ganze Zeit falsch! Ich mache es falsch, du machst es falsch, unser ganzes
Leben ist voll davon, dass wir es falsch machen, und dann ist da die Idee,
dass wir deshalb verdammt sind.
Aber die Wahrheit ist: Es ist egal. Es ist in Ordnung! Wenn ich nicht im
Verstand bin und darüber nachdenke, ist da kein Problem. Da ist Frieden,
ich ruhe in mir. Das ist immer so, egal worum es gerade geht! Egal, was im

Außen passiert, egal, wie die Geschichte ist – du kannst *das* nicht berühren. Umstände können das nicht berühren.

Ob Samarpan die Frage beantwortet hat oder nicht, ob wir bekommen haben, was wir wollten oder nicht, es ist egal – du bist! Nichts kann das berühren.

F.: Das ist es.

S.: Das ist die Kraft! Das ist deine wahre Kraft. Niemand kann dir das wegnehmen. Und niemand kann dir das geben. Samarpan kann dir nicht geben, was du nicht schon hast.

F.: Das Spielen mit dir und mit der Gruppe ist auch so toll.

S.: Ich genieße es auch.

F.: Ich habe das Gefühl, dass ich bis ans Ende meiner Tage zum Satsang kommen will, und zwar nicht, weil ich erleuchtet werden will, dass stelle ich mir langweilig vor. Ich mag das Leben, dieses Auf und Ab, dieses Vor und Zurück...

S.: Ja, das ist es! So sieht Erleuchtung aus. (Lachen)
Mir ist gestern auch etwas passiert. Heute Morgen gab es deswegen Irritationen. Als M. gestern nach vorne kam, verpasste ich sie. Irgendwie haben wir die Verbindung verloren. Hast du das bemerkt, M.? Ist das auch anderen aufgefallen? Irgendwie verstand ich nicht, was du sagtest, und ich wollte dich nicht unterbrechen – ich war zu höflich – und habe die Tatsache verpasst, dass M. im Verstand war. Wir haben alle gefühlt, dass wir da nicht mit ihr sein konnten. Dass sie allein irgendwo war, in einer Phantasie. Und ich habe meine Arbeit nicht richtig gemacht. Ich habe Mist gebaut! Ich habe es nicht mitbekommen. Ich habe alles falsch gemacht. (Lacht) Ich bin kein guter Guru!
Heute Morgen bin ich spazieren gegangen und das ging mir durch den Kopf – und was ich zu M. sagen sollte... Und dann sah ich einfach auf das Meer – und der Frieden war da.
Ich habe Mist gebaut, aber der Frieden ist so oder so hier. Gott liebt mich sowieso. Ich habe alles falsch gemacht. Ist das nicht wunderbar?

F.: Ich liebe dich dafür, dass du es falsch gemacht hast!

Fragende: *Gestern und auch heute rasen die Gedanken. Ich kann nichts dagegen tun, ich habe es versucht, aber je mehr ich dagegen ankämpfe, desto mehr Gedanken kommen.*

Samarpan: Das stimmt, so ist es. Je mehr wir gegen die Gedanken ankämpfen, umso mehr Kraft geben wir ihnen.

F.: *Ich habe nicht gekämpft. Ich habe bemerkt, dass darunter die Stille ist, obwohl die Gedanken rasen.*

S.: Das ist es! (Lacht) Du musst den Verstand nicht zum Stillstand bringen. Der Frieden ist so oder so hier.

F.: *Aber ich fühle mich so erschöpft.*

S.: Vom Kämpfen? – Klar! Das regelt sich auch von selbst. Wenn du dich erschöpft fühlst, hörst du einfach auf zu kämpfen. (Lachen)

F.: *Also gut.*

S.: Da gibt es einen kleinen Trick, der manchmal hilft: Wenn ich in den Verstand gehe, fühle ich das sofort im Körper, hauptsächlich in den Schultern und in den Armen. Wenn ich der Anspannung Aufmerksamkeit gebe, geht sie zurück und die Gedanken sind kein Problem mehr.
Irgendwie ist da einfach ein natürliches Wissen. Es ist, als ob wir lernen könnten, im Verstand zu sein und auch, dem Verstand fernzubleiben. Es geht darum, auf die Zeichen zu achten, die dir zeigen, was gerade geschieht.
Du findest deinen eigenen Weg. Du weißt. Es ist interessant, dass es keinen Spaß macht und anstrengend ist, gegen den Verstand anzukämpfen. Sobald du erkennst, dass du gerade kämpfst, gibt es auch die Möglichkeit nicht zu kämpfen.

F.: *Und was ist mit den Kopfschmerzen? Sie dehnen sich im ganzen Kopf aus. Manchmal habe ich das Gefühl, mein Hirn platzt gleich.*

S.: Kopfschmerzen sind sehr hilfreich! Für mich sind Kopfschmerzen die direkteste Hilfe, um nicht in den Verstand zu gehen. Das ist sehr direkt.
Wenn ich den Gedanken Aufmerksamkeit gebe, wird der Kopfschmerz viel stärker. Und wenn ich meine Aufmerksamkeit einfach auf den Schmerz richte, kommt es zur Entspannung. Sobald ich wieder in die Gedanken gehe, ist der Schmerz wieder da. Das ist eine Art Biofeedback. Es funktioniert sehr gut!

Die Körperempfindungen sind hilfreich, sobald du gelernt hast, wie du sie gebrauchen kannst.

F.: Ich werde es versuchen.

Samarpan: Oh, lass M. als Erste herkommen. Ich habe schon über sie gesprochen und jetzt kocht sie. (Lacht) Hallo.

Fragende: *(Weint) Die Nacht war furchtbar für mich, ich weiß nicht, was geschehen ist.*

S.: Wir sind einfach in die falsche Richtung gegangen, das ist alles. Wir sind in den Verstand gegangen und haben ihm dadurch Macht gegeben. Deshalb hat er dich die ganze Nacht lang gequält.

F.: So war es wirklich.

S.: Ja, so ist es dann immer. Also lass uns zurückkommen. Was ist hier?

F.: Tränen, eine große Traurigkeit.

S.: Okay, da sind Tränen und große Traurigkeit. Wenn die Traurigkeit nicht so groß wäre, wenn es einfach Traurigkeit wäre... Denkst du, dann könntest du sie einfach fühlen? (Lachen)

F.: (Lacht) Ich kann's versuchen.

S.: Also, ist die Traurigkeit hier?

F.: Ich kann es nicht benennen.

S.: Okay. Also einfach ein Gefühl. Wo in deinem Körper ist es am stärksten? – Im Kiefer. Gib diesem Gefühl deine Aufmerksamkeit. Fühle es einfach. Ohne Bewertung, ohne Geschichte.

F.: (Weint)

S.: Da ist die Tendenz, in den Ausdruck zu gehen und das zu dramatisieren. Und das bringt dich in den Verstand. Komm einfach zur Empfindung zurück. Es ist nur eine Empfindung, nichts Dramatisches. Nur eine Empfindung im Kiefer. Interessant, oder?

F.: Es ist weg... Irgendwie ist es tiefer geworden.

S.: Entspannung tritt ein.

F.: Jetzt fühlt es sich wie ein Knoten an.

S.: Knoten sind in Ordnung. Gib dem Knoten deine liebevolle Aufmerksamkeit. Kannst du mit dem Knoten in Frieden sein? – Ah, warte mal, da geht wieder ein Drama los.

F.: Das kommt sogar ohne Gedanken.

S.: Nein, das kommt nicht ohne Gedanken.

F.: Ich habe keinem Gedanken angehaftet!

S.: Das ist etwas ganz Feines und es geht sehr schnell. Wir geraten ganz schnell ins Dramatisieren. Wenn du fühlst, wie es kommt, halt einfach inne und entspanne dich.

F.: Es ist, als ob mein ganzer Körper in so einem Moment anspannt und dann geht das Drama los.

S.: Ja. So geht das Dramatisieren los. Die Feder spannt sich und ist bereit zu springen. Es ist gut, den ganzen Mechanismus zu beobachten. Das ist ein Mechanismus, den du in deinem Leben immer und immer wieder hast sich abspulen lassen. Daran ist nichts verkehrt, aber das ist nicht die einzige Möglichkeit. Wir erforschen einfach mal andere Möglichkeiten.

F.: Jetzt fühlt es sich wie ein Vibrieren an.

S.: Kannst du mit diesem Vibrieren in Frieden sein?

F.: Ja, es ist schön. Ich bemerke, wie sich ein Knoten bildet und sich dann wieder auflockert... Das geht immer weiter.

S.: Ja, endlose Unterhaltung. Damit können wir den ganzen Tag verbringen. Das ist schön. Daran ist nichts verkehrt. Je mehr wir lernen, einfach mit den Erfahrungen zu sein und nicht... Siehst du, es geht nicht darum, irgendetwas zu tun. Wir unterdrücken oder drücken aus. Aber wenn wir einfach innehalten, kommen und gehen die Empfindungen. Der Knoten zieht sich zusammen und lockert sich.
Die Empfindungen tauchen im Körper auf. Sie kommen und schaffen eine Anspannung und dann wieder Entspannung. Und du kannst das alles beobachten. Es bedeutet nichts. Du musst da herum keine Geschichte spinnen. Du musst es nicht dramatisieren. Es geschieht einfach, und es hat überhaupt nichts mit dir zu tun.

F.: Sobald der Knoten da ist und ich das nicht verstehe, habe ich das Gefühl, ich müsste etwas tun.

S.: Ja. Da ist die Idee, dass Knoten nicht in Ordnung sind: Wenn da ein Knoten ist, bin *ich* nicht in Ordnung. *Ich* habe einen Knoten und *ich* muss ihn loswerden!

F.: Was hochkommt ist, dass meine Mutter Brustkrebs hatte. Und wenn du jetzt sagst, dass Knoten in Ordnung sind...

S.: Ja, der Knoten ist auch in Ordnung! Ja?
Deine Mutter hat Brustkrebs, das kann besser werden und sie lebt weiter, oder sie stirbt. Geht es ihr gut? – Also ist das die Geschichte. Die Geschichte ist, dass es ihr gut geht. Das ist eine mögliche Geschichte. Aber mit dieser Geschichte geht noch eine Geschichte einher, und zwar die, die du gerade fühlst. Die Geschichte, dass es ihr gut geht, hilft da nicht. Denn es ist immer noch der Tod, mit dem wir uns hier konfrontiert sehen! Der Tod deiner Mutter und dein eigener Tod.

F.: Es war wie ein psychologischer Tod, durch den ich angefangen habe, meine Gefühle zu unterdrücken.

S.: Heiße die Gefühle einfach willkommen.
Stopp. (Sie weint) Stopp! Du musst es nicht dramatisieren. Fühle einfach das Gefühl, heiße es sanft willkommen. Du musst es nicht rauswerfen. Du musst es weder unter- noch ausdrücken. Sei einfach freundlich zu dem Gefühl. Wo in deinem Körper fühlst du es? Im Kopf? Gut. Diese Empfindung.
Der Kiefer spielt für dich eine besondere Rolle. Der Kiefer steht für das Kontrollieren-Wollen, für deine Wut, nicht kontrollieren zu können – und das hängt mit deinen Gefühlen zusammen. Dein Wille ist, alle Gefühle unter Kontrolle zu halten. Das ist in Ordnung. So funktioniert deine Psyche einfach. Es ist wichtig, damit Frieden zu schließen. Sobald du fühlst, wie sich dein Kiefer anspannt, gib dem deine Aufmerksamkeit. Kämpfe nicht dagegen an, fühle es einfach.

F.: Jetzt ist da ein Bild von einem Schwert, das das alles durchtrennen will.

S.: Nein, nein. Kein Schwert, kein Kampf. Lege das Schwert nieder. Sei verteidigungslos.

F.: Es fühlt sich an, als würde es nie weggehen!

S.: Das ist egal. Es ist egal, ob es jemals weggeht. Es kann ewig hier sein. Und es wird wahrscheinlich mehr oder weniger für den Rest deines Lebens hier sein. Also kannst du dich genauso gut damit anfreunden. Es ist, wie es ist, weißt du. Du bist, wie du bist. Und das wird sich nicht wesentlich ändern. Du wirst immer die Tendenz haben, den Kiefer anzuspannen. Es ist, wie es ist. Es geht nicht darum, deine Tendenzen loszuwerden oder zu ändern. Es geht darum, dich mit ihnen anzufreunden und in der Lage zu sein, sie zu verwenden, um in Frieden zu sein. Dein Kiefer ist wie eine Dharma-Glocke, so wie meine Schultern für mich eine Dharma-Glocke sind. Sie erinnern mich daran, mich zu entspannen, um hier zu sein. Sie erinnern mich daran, dass ich in den Verstand abgedriftet bin, und helfen mir dabei zurückzukommen. Dein Kiefer ist dein Helfer. Das ist dein Engel, der dich erinnert.

F.: Jetzt ist der Körper entspannt. Es ist noch Anspannung da, aber nicht mehr so stark.

S.: Ja. Das ist in Ordnung. Gib dem deine Aufmerksamkeit. Das kann deine Meditation sein. Das hilft dir, hier zu sein. Das ist eine gute Hilfe. Okay?

F.: Ja, danke.

❧❧❧❧❧❧❧❧❧

Fragender: *Ich bin heute Nacht um drei Uhr aufgewacht und dachte: Alles in Ordnung! Ich stimme dem zu, was du gesagt hast: „Du bist schon das!"*

Samarpan: Okay!

F.: Ich gebe jetzt zu, dass ich da bin. Es ist nicht erleuchtend, es ist einfach: Ich bin, wie ich bin!

S.: Ja. Du bist einfach.

F.: Die Erfahrungen bleiben gleich: Schokolade schmeckt noch wie Schokolade. Alles ist gleich, nur mit dem kleinen Unterschied: Wenn ich innehalte, fühlt es sich weiter an. Es ist mehr wie ein Zuhause.

S.: Ja, genau so.

F.: Ich muss nirgendwohin gehen.

S.: Das ist es. Nichts zu bekommen, nichts zu erreichen – einfach dies.

F.: Ja.

S.: Du fühlst dich natürlicherweise hierhin gezogen. Das macht einfach mehr Spaß. Es ist entspannender. Also hilft dir alles, hierher zu kommen. Wenn du einmal die Idee loslässt, dass du etwas zu tun hättest, dass du irgendwohin gehen müsstest, dass du irgendetwas erreichen müsstest, dann ist es hier in Ordnung – dann kannst du dich einfach entspannen. Es geschieht von selbst, dass du tiefer ins Hier gelangst. Nicht durch spirituelle Übungen oder so, nein, es geschieht einfach.

F.: Es fühlt sich nicht spirituell an.

S.: Ja. Es ist überhaupt nicht spirituell. Es ist einfach normal.

F.: Jetzt kann ich also nur noch meine Wahrheit leben. Das ist alles, was es gibt.

S.: Ja. Alles ändert sich. Manchmal wird die Schokolade anders schmecken. Das ist egal.
Es ist nicht so, dass es da etwas wie ein Ziel gäbe. Siehst du, der Verstand kann ganz schnell mit einem Ziel daherkommen. Zum Beispiel, dass Samarpan gesagt hat: „Sex ist kein Thema mehr." Das kann zu einem Ziel werden. Nein! Kein Ziel!

F.: Das freut mich!

S.: Was geschieht, geschieht. Da gibt es gar nicht viel zu reden. Da geraten wir in Probleme, weil der Meister einfach über das redet, was nicht in Worten ausgedrückt werden kann. Das meiste von dem, was geschieht oder nicht geschieht, kann nicht ausgesprochen werden. Es ist so subtil! Es irgendwie zu benennen ist bedeutungslos.

F.: Danke.

S.: Nichts zu danken!

Fragende: Ich habe auch die Tendenz zum Dramatisieren.

Samarpan: Ja, ich weiß.

F.: Ich gelte schon immer als Drama-Queen, und manchmal mag ich es.

S.: Das ist ein großer Verein.

F.: Da ist auch eine Tendenz, die Bilder, die kommen, zu benutzen...

S.: In die Bilder zu gehen, ja? – Das ist die Gefahr. Denn wenn wir in Bilder gehen, gehen wir in den Verstand, in eine Phantasie.

F.: Und das fühlt sich sehr real an!

S.: Es fühlt sich sehr real an. Das stimmt.

F.: Seit gestern fühle ich mich irgendwie geladen. Da ist ein Widerstand, mir hier das Zeug von all den anderen anzuhören. Ich fühle ein Geladensein, es hat mit Unzufriedenheit zu tun. Es drückt sich oft in Wut aus, dann schreie ich meine Tochter oder die Hunde an. Das führt zu einer kleinen Erleichterung und dann tut es mir leid. Aber es geschieht immer wieder.

S.: Ja, das ist der Punkt. Es auszudrücken führt zu nichts. Wenn du erkennst, dass das Ausdrücken zu nichts führt, ist da die Möglichkeit, einfach innezuhalten und die Gefühle willkommen zu heißen, statt sie an jemandem abzureagieren.

F.: Ich erinnere mich gerade, dass du mal gesagt hast: „Sei, wie du bist! Du musst dich nicht entschuldigen!" In diesen Momenten erscheint es mir aber angemessen, zu sagen: „Es tut mir leid!", denn das bedeutet, dass ich den Schmerz des anderen fühle.

S.: Genau. Das ist es, was wir tun. Wir lassen unsere Gefühle an anderen aus und sagen dann: „Es tut mir leid!"

F.: Nein, nicht so!

S.: Es ist egal. Das führt zu nichts. Es ändert nichts, weißt du. Es geht darum innezuhalten, bevor wir es ablassen. Es geht darum, mit unseren Gefühlen Freundschaft zu schließen. Wenn wir das tun, wollen wir sie gar nicht mehr herauslassen. Das ist alles. Deine Wahrheit zu leben heißt nicht, ständig in der Gegend herumzuschreien.
Sei einfach mit dem, was passiert, in Frieden. Das muss nichts mit einem anderen zu tun haben. Es geschieht alles *hier*. Du musst niemandem etwas beibringen oder zeigen, du musst niemanden ändern. Es ist alles hier.

F.: Damit hast du gerade einen Punkt getroffen. Im Moment leuchtet bei mir eine rote Lampe: Ich fühle Druck und da ist ein Bild von jemandem, der mich erdolchen will.

S.: Ja. Lass das Bild los. Sei einfach mit dem Gefühl. Gib dem Gefühl deine liebevolle Aufmerksamkeit. Das ist es, was wieder in die Entspannung führt.

F.: Da ist auch der Gedanke: Ich habe das jetzt schon so lange! Ich will es nicht mehr.

S.: Siehst du, das ist es, wo du dich verhedderst. Das ist es, wo du ins Ausdrücken gehst: „Ich will es nicht mehr!" Aber das funktioniert nicht. – So kannst du es nicht loswerden. Es ist Teil deiner Struktur. Deshalb ist es am besten, damit Freundschaft zu schließen.

F.: Das klingt vernünftig.

S.: Sei einfach damit. Gib dem für den Rest des Tages deine Aufmerksamkeit.

Fragende: Ich könnte dich umarmen. Ich bin so glücklich! Letzte Nacht lag ich im Liegestuhl und sah den Sternenhimmel und rutschte plötzlich ganz tief in mich und war zuhause.

Samarpan: Ja.

F.: Jeder Atemzug war reinste Köstlichkeit.

S.: Oh, wunderschön.

F.: Und das ist natürlich wieder verschwunden.

S.: Natürlich.

F.: Natürlich! Das ist mir klar. Aber was zurückgeblieben ist: Wenn ich in die Stille gehe, dann ist da nur Frieden. Ist das die Quelle?

S.: Muss wohl so sein! (Lachen)

F.: Ich habe das Gefühl, wenn Gefühle hochkommen und ich in die Stille gehe, ist da Frieden. Ich habe das alles schon früher gefühlt, dem aber nie viel Aufmerksamkeit gegeben.

S.: Lass mich eines sagen: Der Verstand hat die Tendenz, neue Arten des Vermeidens zu finden. Ich möchte dich einfach daran erinnern, dass in der Mitte jedes Gefühls Frieden ist. Es ist nicht so, dass wir in den Frieden gehen, um das Gefühl zu vermeiden.

F.: Nein, nein, so meinte ich das nicht. Ich habe das zum ersten Mal vor acht Jahren gefühlt, als mein Mann starb. Ich habe die Trauer total gelebt, aber ich konnte nie sagen, dass es mir schlecht geht, denn da war etwas, durch das ich fühlte: „Egal was passiert, mir geht es gut!" Und ich habe nicht wirklich verstanden, was das war. Als meine Schwester starb, war es auch wieder so. Und in den letzten viereinhalb Jahren ist es mir einfach gut gegangen. Ich habe immer gesagt: „Das ist, weil sie alle gestorben sind!" (Lachen)

S.: (Lachend) Ich verstehe!

F.: Das Einverstandensein stand schon immer vor der Tür. Aber jetzt habe ich das Gefühl, dass Frieden da ist, wann immer ich mich darauf konzentriere.

S.: Ja, sobald du dem Frieden deine Aufmerksamkeit gibst, fällt dir auf, dass er da ist – er war immer schon da.

F.: Er ist immer da! Ich muss nur danach schauen.

S.: Das stimmt. Genau.

F.: Es ist so schön! Ah, es ist so… leicht! Ich bin so dankbar.

GOTTES MENSCHLICHE ERFAHRUNGEN

Fragende: Ständig sind da so viele Gedanken – aber es gibt nichts zu sagen. Es fühlt sich so dumm an, darüber zu reden.

Samarpan: Hast du überhaupt eine Vorstellung davon, wie wunderschön du zurzeit bist? Etwas an dir ist entspannt, so schön. Ich bin so berührt. Seit Jahren komme ich hierher und sehe dich im Satsang. Erst bist du nur aus Neugier gekommen, dann hast du viel geredet, auch Blödsinn. Und dann ist etwas geschehen. Ich mag das sehr, was geschehen ist. Ich bin überwältigt, und ich bin so froh, dass du hier bist!

F.: Ich auch.

S.: Wunderschön.

F.: Ich kann auch fühlen, wie etwas in mir schmilzt, wenn ich dich ansehe. Manchmal ist da ein bisschen Angst, weil ich denke: „Vielleicht mache ich es nicht richtig." Wie alle. Und altes Zeug kommt hoch. Ich bemerke, dass ich, wenn ich dich ansehe, mich selbst sehen kann.

S.: Das ist die Wahrheit.

F.: Ich habe auch eine Geschichte. Ich habe mit einem alten Freund eine Erfahrung gemacht. Da gab es den Moment, als wir uns gegenseitig ansahen. Vorher war da immer einfach diese Gier gewesen: „Wir wollen uns – ah!"
Ich wusste, dass das für mich jetzt nicht der richtige Moment war, das war nicht, was ich gerade wollte, also sah ich ihn einfach an. Und ich konnte in seinen Augen diese Gier, dieses Wollen, diese Sehnsucht sehen, die ich die ganze Zeit in mir gesehen hatte. Ich sah das und dachte: „O mein Gott, das bin ja ich! Du siehst dich selbst."
Da war Scham, nein, eher Mitgefühl. Ich sah ihn weiter an, und dann kam der Moment, wo er so wunderschön wurde. Er entspannte sich total und ich konnte mich entspannen, und wir sind einfach miteinander verschmolzen, ohne irgendetwas zu tun.

S.: Oh, ja. Das ist es, wonach dich wirklich hungert. Das ist es, was Sex uns geben sollte – was selten geschieht. Das. Wunderschön…

F.: Ich war in letzter Zeit wirklich dankbar. Ich war so glücklich in Indien. Ich kam zurück und fand mich – hier. Einfach nichts. Einfach nur ich, allein mit mir. Ich wollte das nicht akzeptieren. Ich wollte das mit den Leuten in Indien wiederhaben, die mich mochten. Ich wollte eine so schöne Zeit verbringen. Aber ich erkannte, dass Gott mir zeigt, dass ich jetzt einfach mit mir sein soll.

S.: Und was hast du gefunden?

F.: Ich habe damit gekämpft. (Lacht) Aber jetzt ist es besser. Ich entdecke so viele schöne Dinge, die ich einfach mit mir machen kann, und die Nähe, von der du kürzlich sprachst.

S.: Das hat nichts mit bestimmten Sachen, mit bestimmten Situationen zu tun, das hat mit nichts zu tun.

F.: Ich habe einen Körper, der fühlen und sich bewegen will, mit vielen Gefühlen, sexuellen Gefühlen... Und das lebe ich!

S.: Nein, nein, das ist nicht wahr. All das ist nicht wahr. Das ist eine Geschichte.

F.: An dem Punkt sind wir jetzt?

S.: Ja, das ist der Punkt. Das ist die Geschichte, die dich im Leiden hält: „Ich bin eine Frau, die bestimmte Bedürfnisse hat, die Gefühle hat und will und, und, und..."
Das ist nicht wahr. Das bist du nicht! Du bist nur Gott.
Du bist nur Gott – und machst die Erfahrung, ein Mensch zu sein. Das ist in Ordnung. Mit all dem Genuss und all den Schmerzen und allen Gefühlen und allem anderen, was dazugehört. Aber das ist es nicht, wer du bist! Wenn du dich nicht mit dieser falschen Vorstellung von dir selbst identifizierst, ist da kein Problem. Dann können Gefühle kommen – kein Problem. Lust kann kommen, sie ist willkommen. Es kann zu Sex kommen, das ist in Ordnung. Wenn nicht, ist es auch in Ordnung. Nichts wird gebraucht, nichts fehlt. Du bist niemand, der irgendetwas braucht. *Das* ist die Geschichte. Kernstück des Leidens ist die Identifikation, die falsche Identifikation und der Versuch, es perfekt zu machen. Es geht um eine Geschichte, und die Geschichte ist einfach eine Phantasie, eine Vorstellung. – Wir sind hier, um genau das zu entdecken: Was ist wirklich? Was ist nicht wirklich? Wenn du entdeckst, was wirklich ist – und das hast du natürlich –, je tiefer du in der Entdeckung bist, desto weniger haftest du der Geschichte an.

Nicht, dass du die Geschichte nie mehr aufnehmen würdest. Das passiert trotzdem! Aber jedes Mal, wenn das passiert, ist da Schmerz und du kannst dich daran erinnern, innezuhalten und einfach hier zu sein. Dann ist Nähe da. Dann ist Schönheit da. Nichts fehlt. Nichts wird gebraucht. Es braucht nur etwas Übung, weißt du, das ist keine große Sache. Das Leben hilft dir dabei, jeden Tag. Das Leiden hilft dir. Ich kann sehen, wie dir geholfen wird. Es macht dich wunderschön. Es macht dich weich. Die Maske ist weg!

F.: Ich fühle es, es ist immer hier. Ich fühle Kraft. Ich könnte explodieren! Das ist unglaublich. Es kann nicht ausgesprochen werden, es kann nicht erklärt werden.

S.: Es kann nicht verstanden werden! Der Verstand kennt das nicht!

F.: Er wird weggeblasen!

S.: Nur wenn der Verstand weggeblasen ist, ist *das*. Wenn du mit dem Verstand identifiziert bist, bezweifelt er es. Er sagt: „O nein, das kann nicht sein. Das wäre zu einfach!"

F.: Und ich fühle, wie der Widerstand in meinem Körper kommt und geht. Die Kraft ist da, und es fließt... und es ist unendlich. Und da will ich sein. Das ist es. Der Widerstand ist eine alte Geschichte, die wie ein altes Muster an mir hängt.

S.: Gönne dem Widerstand keinen Gedanken. Mach dir deswegen keine Sorgen. Da wird immer Widerstand sein, und das ist in Ordnung. Es ist sogar Widerstand in unserer DNS. Das ist uralt, das ist der Widerstand der Menschheit. Gut. Das tut nicht weh. Wenn wir dem keine Energie geben, wenn du nicht versuchst, das zu ändern oder ähnliches...
Ich habe einen Brief von jemandem bekommen, der sagt, dass Psychotherapie einfach Blödsinn ist. Es sei nur ein Umstellen der Möbel in unserer Gefängniszelle. Das gefällt mir! Das ist wunderschön. Statt aus dem Gefängnis herauszutreten, stellen wir die Möbel in der Zelle um. Ja, so ist es. Mach dir keine Gedanken wegen solcher Dinge. Das führt zu nichts. Du hast nichts damit zu tun. Du bist *jetzt* frei. Und das warst du immer.

F.: Ja, so ist es. Ich weiß überhaupt nichts.

S.: Ja. Am besten ist, wenn sich der Verstand dem unterwirft, was er nicht versteht, weil er es nicht verstehen kann. Der Verstand beugt sich der Wahrheit und sagt: „Ich weiß überhaupt nichts!" Und das ist Freiheit. In der Hingabe liegt Freiheit. „Ich weiß nicht!" – Nichts wird gebraucht. Alles ist in Ordnung.

F.: Danke, dass du hier bist. Danke an alle! Ihr seid mir solch wunderschöne Spiegel! Danke euch allen.

Fragender: *Einerseits ist da Schönheit, dieses Paradies hier, das Meer, alles. Samarpan ist hier und das ist der Hauptgewinn. Auf der anderen Seite ist es das Gleiche, als sei ich in Stuttgart auf dem Weg zur Arbeit im Stau. – Wenn ich hier bin, ist es das gleiche.*

Samarpan: Das stimmt! Faszinierend, nicht?

F.: Weißt du, manchmal ist es schwierig, darüber zu sprechen. Aber in diesen Momenten ist es so klar. Und jetzt, wo ich aus meiner Erinnerung spreche, ist es schon wieder anders. Aber es gibt Momente, in denen es völlig klar ist.

S.: Ja, das Paradies ist hier. Es ist egal, wo hier ist! Es ist egal, wie hier aussieht, wer es bevölkert... Jemand sagte einmal: „Du hast Kalifornien verlassen und bist nach Deutschland gekommen? Bist du verrückt?" Es ist das Gleiche. Das Gleiche! Ich bin froh, dass ich hier bin.

F.: Ich möchte noch über etwas anderes sprechen: Ich bin immer öfter allein. Aber ich bin nicht einsam.

S.: Ja.

F.: Mein Alltag sieht jetzt so aus: Ich gehe zur Arbeit und wieder nach Hause. Da bin ich dann allein. Und ich bleibe da und nichts wird gebraucht.

S.: Ja.

F.: Aber ich stelle auch fest, dass ich mich immer weiter von Menschen zurückziehe. Bei der Arbeit gehen die anderen zusammen zum Mittagessen und ich gehe woanders hin. Ich treffe keine Freunde. Ich habe keine. Ich bin nicht mehr hinter Frauen her. Ich bin für alles offen, aber ich renne nirgends hinterher. Und ich war oft noch einsamer, wenn ich in einer Beziehung war!

Wenn der Verstand ins Spiel kommt, sagt er: „Jetzt bin ich verrückt. Ich ziehe mich aus der menschlichen Gesellschaft zurück und werde alles verlieren." Aber da ist auch etwas in mir, das sagt: „Alles ist in Ordnung!" Das kann ich auch immer mehr fühlen, das kommt zunehmend.

S.: Die Gesellschaft – und das bedeutet natürlich: dein eigener Verstand – glaubt, es sollte anders sein, es sei verrückt, gefährlich, falsch. „Es sollte anders sein. Du solltest wie alle anderen sein." Das ist es, was wir glauben. Ist das nicht erstaunlich? Die ganze Welt ist verrückt! Und wir glauben, es sei gesund, mit anderen verrückten Menschen zusammen zu sein! Das ist faszinierend. Kein Wunder, dass wir dann verrückt bleiben. Alle meine Freunde gehen durch die gleiche Erfahrung: allein sein, aufhören, sich mit Freunden zu treffen, Dinge alleine tun. Ich liebe es auch, allein zu sein.

In meinem Fall ist es so: Ich habe eine Frau – aber ich tue nicht viel für sie! Ich spreche kaum mit ihr, und wie durch ein Wunder ist sie damit in Frieden. Es ist lustig. Heute Abend, in meinem Zimmer, werde ich an meinem Laptop sitzen und meine Frau wird an ihrem Laptop sitzen. So werden wir den Abend zusammen verbringen.

Das Schöne ist, dass wir damit beide glücklich sind. Aber der Verstand versteht das nicht, er schafft Probleme. Wenn wir entscheiden, dass der Verstand nichts weiß, können wir mit dem, was ist, in Frieden sein. Das Leben führt dich in diese Richtung und es ist offensichtlich, dass es Spaß macht. Es macht keinen Spaß, die Mittagspause mit deinen Kollegen zu verbringen. Es macht alleine mehr Spaß.

F.: *Abends denke ich manchmal, dass ich jetzt ausgehen müsste, aber es geht nicht. Es zieht mich wieder nach Hause. Ich werde müde. Ich habe keine Energie dafür.*

S.: Richtig.

F.: *Es ist nicht möglich.*

S.: So hilft uns das Leben. Das Leben hilft dir, das Richtige zu tun. Du hast einfach keine Energie, um auszugehen und zu spielen. Großartig!

F.: *Das einzige, was ich zwei oder drei Mal in der Woche mache, ist Unterwasser-Rugby spielen. Das ist vielleicht meine Art von dynamischer Meditation.*

S.: Unterwasser-Rugby! (Lachen) Davon habe ich noch nie gehört.

F.: Das ist ein deutsches Spiel. Das Gute daran ist, dass ich nicht sprechen muss, wir sind unter Wasser! (Lachen) Und nachher gehen alle zusammen ein Bier trinken, und ich gehe nach Hause.

S.: Ich hatte ein Erlebnis, als ich vor ein paar Tagen Golf spielte. Das ist das einzige, was mich aus dem Haus locken kann! Ich war auf dem Golfplatz, es war ein Feiertag und es waren viele Leute da. Der Manager kam in seinem Golfplatzfahrzeug vorbei und sagte: „Wissen Sie, Sie müssen mit den Leuten hier zusammenspielen!" Da waren noch drei Leute, die auch Englisch sprachen. O Mist, da hatte ich ein Problem!
Sie haben also mit dem Gewöhnlichen angefangen: „Woher kommen Sie? Was tun Sie?" – und diesen ganzen Mist. Ich merkte, wie folgende Worte aus meinem Mund kamen: „Ich möchte nicht sprechen. Ich bin heute in Meditation." (Lachen) Wir haben eine schöne Zeit zusammen verbracht! – Aber Unterwasser-Rugby ist noch etwas anderes.

F.: Da kommt mir in den Sinn: So trainiere ich meinen Körper. Dabei habe ich doch gelernt, dass es keinen Körper gibt! Das ist ein Widerspruch.

S.: Ja, das scheint paradox zu sein. Und doch gibt es Körper und denen geht es besser, wenn sie trainiert sind.
Wahrscheinlich ist aus diesem Grund Yoga entwickelt worden: Nicht, um Menschen beim Erwachen zu helfen, sondern um Menschen, die schon erwacht sind, zu helfen, den Körper noch ein bisschen zu behalten. Denn sonst geht der Körper zu Grunde. Er braucht Hilfe, er braucht Bewegung.

F.: Und was ist mit Papaji und Ramana mit ihrem „Vergiss den Körper, verschwende keine Aufmerksamkeit darauf"?

S.: Oh, Papaji ist jeden Morgen spazieren gegangen und Ramana auch. Er ist jeden Tag um den Arunachala spaziert. – Es bedeutet, dem Körper nicht zu viel Bedeutung beizumessen. Aber wenn jemand sagt: „Hey, lass uns Golf spielen gehen", gehe ich mit. Das ist die einzige Bewegung, die ich meinem Körper verschaffe. Es fühlt sich gut an.

F.: Ist dann gleichzeitig das Wissen da, dass du nicht der Körper bist?

S.: Ich weiß, dass ich nicht der Körper bin. Das ist kein Problem. Und doch ist da eine gewisse Identifikation mit dem Körper. Das scheint auch wieder paradox zu sein. Aber ich denke, dass der Körper ohne diese Identifikation nicht überleben würde.

Bei Ramana war die Identifikation sehr subtil. Es war fast so, als sei er gar nicht im Körper. Aber Papaji hat gesagt: „Da wird immer eine gewisse Identifikation mit dem Körper sein." Das hat seinen Sinn, und ich mache mir deswegen keine Sorgen. Das stört nicht. Ich mache mir über diesen Körper keine Sorgen. Ich will natürlich tun, was sich für den Körper gut anfühlt: ein bisschen Bewegung, nicht zu viel essen, meine Asthma-Medizin nehmen. Aber ansonsten mache ich mir da keine Gedanken. Wenn der Körper stirbt, ist das in Ordnung. Ich bin bereit. Dieser Körper lebt so lange, wie es der Plan vorsieht. Mir ist das egal. Es liegt nicht in meiner Hand. Ich sage: „Gott, wenn du willst, dass dieser Körper weiterlebt, musst du dich um ihn kümmern." Ich bin bereit. Und ich bin bereit, Satsang zu geben, solange dieser Körper dazu in der Lage ist. Wenn es an der Zeit ist, dass er stirbt, ist das in Ordnung. Das ist kein Problem.

Als Papaji im Krankenhaus war und das Ende nahte und die Ärzte versuchten, ihn am Leben zu halten, weil das Ärzte nun einmal tun, sagte Papaji: „Genug. Das war's." – Kein Problem.

Fragende: Als ich hierher kam, war ich so glücklich, dass ich hier bin! Ich war auch da glücklich, wo ich vorher war. Aber hier zu sein fühlt sich noch voller an, mehr... Heute Morgen sagtest du etwas über das Entspannen des Körpers. Mir ist aufgefallen, dass mir das nicht gelingt.

Samarpan: Es ist gut, das zu bemerken. Sei einfach mit der Anspannung. Das kann interessant sein! Nicht, um sie zum Verschwinden zu bringen. Das ist zu gewalttätig. Das ist nicht freundlich. Sei freundlich zur Anspannung. Gib ihr deine liebevolle Aufmerksamkeit.

F.: Als ich hier ankam, habe ich mich gleich von jemandem massieren lassen. Ich wollte etwas aus meinem Körper heraus massiert haben.

S.: Eine Massage ist schön – aber etwas aus deinem Körper heraus massieren... Sind die Verspannungen weg? – Nicht alle? Das ist der Punkt. Schließe Freundschaft mit ihnen. Dann ist die Massage auch freundschaftlich. Nicht, um die Anspannung zum Verschwinden zu bringen, sondern als Hilfe, um dich mit all den Verspannungen und Knoten anzufreunden.

Wir haben schon lange Anspannungen in unseren Körpern. Die Anspannungen sind wie tiefe Erinnerungen. Ich weiß, dass Ida Rolf und andere mir da wahrscheinlich widersprechen. Aber ich habe keine Ergebnisse gesehen, die mich wirklich beeindruckt hätten. Ich habe viele Menschen gesehen, die eine Rolfing-Behandlung bekommen haben. Es war lustig, als ich in einem Osho-Zentrum in Kalifornien war. Da waren viele Körpertherapeuten aus Poona. Sie boten eine Körperarbeit-Ausbildung an und fragten mich, ob ich mitmachen möchte. Ich sagte, dass mir Körperarbeit zu viel Arbeit ist. Ich habe meinen Körper aber zur Verfügung gestellt, um an ihm arbeiten zu lassen. Die Therapeuten waren alle sehr frustriert. Egal, wie sehr sie drückten und zogen, dehnten und drehten, mein Körper war immer noch verkorkst. Es ist, wie es ist.

F.: Der Wunsch, möglichst lange zu leben, hat für mich etwas mit Festhalten zu tun. – Aber es ist alles in Ordnung.

S.: Ja, das ist Teil deiner Struktur, Teil der Struktur dieses Körper-Geistes. Du kannst damit in Frieden sein oder dagegen kämpfen. Diese Wahl hat jeder von uns. Wir haben nicht die Wahl, es zu ändern; wir haben die Wahl, es nicht ändern zu wollen. Das ist viel einfacher als zwanzig Jahre lang Körperarbeit oder Psychotherapie oder was wir da sonst noch alles tun könnten.

F.: Manchmal ist es schwer, den alten Gewohnheiten nicht mehr zu folgen.

S.: Was ist die Wahrheit? Sag jetzt einmal die Wahrheit.

F.: Du weißt, dass ich oft Probleme habe.

S.: Und?

F.: Dieser Körper-Geist hat einfach die Tendenz, wissen zu wollen, was er arbeiten soll. Da ist Energie zum Arbeiten, da ist viel Initiative zu arbeiten!

S.: Wunderbar! Kein Problem.

F.: Und ich sehe, wie ich es sabotiere, also geschieht es nicht.

S.: Du siehst, wie du sabotierst...?

F.: Ich habe z. B. eine Zeitungsanzeige aufgegeben. Erst wollte ich in deinem Team arbeiten.

S.: Als ich es ablehnte, hast du eine Zeitungsanzeige aufgegeben? Und dann?

F.: *Das letzte, was geschah, bevor ich hierher kam, war, dass mir das Telefon in die Badewanne fiel...*

S.: Genau genommen hat Gott das Telefon in die Badewanne fallen lassen! Der Verstand hat eine Anzeige aufgegeben, und Gott hat das sabotiert. Ist das nicht klar?

F.: *Das stimmt.*

S.: Gott hält uns immer auf dem richtigen Weg, egal, was der Verstand tun will, um etwas zu bekommen, etwas zu machen – Gott ist der Saboteur.

F.: *Die Motivation zum Tun und Machen ist ein Resultat der Angst.*

S.: Ja, das stimmt. Das ist richtig. Es ist der Verstand, der tun und machen will. Da ist kein Problem, nichts wird gebraucht, alles ist richtig, aber der Verstand kommt mit „Ja, aber wir müssen etwas tun...“ – Okay?

Fragender: *Deine Worte durchbohren meine Rüstung.*

Samarpan: Gut so.

F.: *Und so fallen die Zwiebelschichten ab.*

S.: Es ist einfach, mit dir zu arbeiten. Da muss ich nur mit einem ganz kleinen Kaliber ran.

F.: *Ja, deine Worte sind ganz sanft, darin liegt kein Angriff. Da ist ein Gefühl, dass ich, wenn ich wieder nach Hause gehe, an den Schichten festhalten werde.*

S.: Wir werden sehen. Für wie einfach du das hältst! (Lacht) Das wird nicht möglich sein. Es kann nicht wieder so werden wie vorher. Die Häute passen nicht mehr.

F.: *Ja. Für mich ist Wut eine alte Haut, und die ist über Schmerz oder Verletztsein gelagert. Da ist die Tendenz, mich nicht verletzt fühlen zu wollen.*

S.: Ja, Wut ist ein guter Schutzschild. Es ist eine wirklich gute Verteidigungsstrategie. Nur wenn du entdeckst, dass da nichts ist, was verteidigt werden muss, kann Entspannung geschehen. Dann willst du die Wut gar nicht loswerden.

F.: Wenn ich zum Beispiel die Dynamische Meditation mache, lebe ich meine Wut zwar aus, aber ich fühle sie dabei nicht wirklich. Echt fühlt sich Wut nur an, wenn sie im alltäglichen Leben ausgelöst wird.

S.: Wenn du die Dynamische Meditation machst, bringst du dann deine Energie ins Außen?

F.: Ja, ich schlage auf ein Kissen ein und danach fühle ich Leichtigkeit. Allerdings habe ich auch das Gefühl, dass es eine Art von Therapie ist, die den Punkt nicht richtig trifft.

S.: Osho kam durch seine Therapeuten darauf. Er sagte: „Oh, das ist toll. Wir setzen das alles zusammen und machen eine dynamische Meditation daraus." Osho hat es geliebt, innovativ zu sein. Als die Therapeuten anfingen, nach Poona zu kommen, mit ihren Encounter-Gruppen und ihrer Körperarbeit, ihren Primärarbeit-Schreien, sagte er: „Ja! Lasst uns das alles machen!"
Bezüglich der Dynamischen Meditation frage ich mich manchmal, warum die Leute das überhaupt machen. Denn vor allem bei dir ist es so klar, dass du es nicht brauchst. Du kannst in jedem Moment in Meditation sein. Du musst nicht kreischen und schreien, um einen Moment lang Frieden zu spüren.

F.: Wenn ich die Wut wirklich fühle, ist das die Zeit, um zu kreischen und zu schreien – vielleicht.

S.: Vielleicht!

F.: Ich habe oft das Gefühl, dass ich Wut spüre und nichts damit mache. Es ist, als ob mein Mund zugeklebt ist. Dann habe ich das Gefühl, dass ich es nicht herauslassen kann.

S.: Das ist gut, ein guter Punkt. Du sprichst davon, Wut zu unterdrücken: „Oh, das muss ich hinunterschlucken. Ich fühle mich nicht sicher genug, um es auszudrücken, also muss ich es runterschlucken." – Was ich vorschlage, ist, es weder runterzuschlucken noch es auszudrücken, sondern damit Freundschaft zu schließen. An der Wut ist nichts verkehrt. Sie ist großartig! Eine wunderschöne Energie. Sie ist deine Freundin. Sie ist eine mächtige Kraft, eine sehr starke Energie. Sie kann zum Töten verwendet werden. Sie kann zur Selbstverteidigung verwendet werden, aber meistens ist kein Ausdruck nötig. Wenn sie da ist, halte einfach inne, dann bist du wirklich in deiner Kraft. Das ist es, wovon wir sprechen.

Lass mich das noch ein bisschen erklären: Normalerweise ist der Ausdruck von Wut nicht machtvoll. Meistens geschieht das aus einer Machtlosigkeit, Frustration, Verletzung heraus. Dann liegt etwas wie Rache darin, wie „Du hast mir wehgetan und jetzt werde ich dir wehtun".

F.: Und wenn ich das jetzt nicht auslebe, trampelst du weiter auf mir herum...

S.: Es ist interessant, damit zu spielen, denn es ist eine so vitale Kraft und sie ist so nah! Ich bemerke, wenn ich bei mir und in meiner Kraft bin, wenn ich nichts unterdrücke und jederzeit Wut da sein darf, tritt mir niemand auf die Zehen.

F.: Wie neulich Morgen?

S.: Keine Ahnung.

F.: Du sprachst hier darüber und sagtest, dass du Leute angeschrien hast, weil sie Lärm gemacht haben.

S.: Ja. Ich will das nicht analysieren oder verteidigen. Ich kann noch nicht einmal etwas über Richtig oder Falsch sagen. Ich bin mit dem, was geschehen ist, in Frieden. Ich bin in Frieden mit der Reaktion, zu der es kam. Ich weiß nichts darüber. Es geschieht sehr selten, dass es zu diesem Explodieren, diesem Wut-Herausbringen kommt.

Meistens habe ich das Gefühl, dass es nicht nötig ist. Aber es ist immer hier. Das Potential ist immer hier. Es wartet einfach. Das ist für jeden so offensichtlich, dass niemand das ausprobieren will. Niemand wird mir auf die Zehen treten, das weiß ich.

Da ist noch ein Punkt, den ich übersprungen habe: Du sagtest, dass die Wut als Reaktion kommt, wenn dich jemand emotional verletzt. Das ist der Punkt. Denn wenn ich bereit bin, das Gefühl zu fühlen, das ausgelöst wurde, dann wird die Wut nicht benötigt. Es ist, als ob die Wut sagt: „Nein, ich will dieses Gefühl nicht fühlen. Du bist der Böse, weil du mich das fühlen lässt!"

Aber wenn ich bereit bin, es zu fühlen, gibt es kein Problem. Weißt du, es ist nicht leicht, mich wütend zu machen. Meine Frau schafft das manchmal. Aber sie ist beinahe die Einzige.

Manchmal versuchen Leute im Satsang, mich zu provozieren oder mit mir zu kämpfen, und ich habe meinen Spaß damit. Ich fühle mich nicht verletzt. Das ist der Punkt: Es geht darum, mit den Gefühlen Freundschaft zu schließen, denen gegenüber du nicht freundlich eingestellt bist.

F.: Ja, gar keine Schutzschicht haben, völlig offen sein.

S.: Wenn du bereit bist, ohne Schutzschicht zu sein und dich nackt fühlst, kann die Wut Urlaub machen. Sie ist weiter da, wenn sie gebraucht wird. Aber sie ist nicht ständig in Aktion. Es ist die Verletzlichkeit, dieses Ohne-Schutzschicht-Sein. Fühle das – das ist es. Heiße das willkommen. Das ist interessant.

F.: Warum?

S.: Es ist etwas so Grundlegendes. Es ist existentielle Angst. Angst vor dem Tod, das ist die Hauptsache. Schließe damit Frieden, dann ist dein Leben leicht. Wenn du dem Tod ins Angesicht siehst und sagst: „Gut, Tod, tu das Schlimmste!" – Du zitterst, und der Tod kommt. Du siehst dem Tod ins Angesicht und sagst: „Gut. Ich werde mich nicht bewegen, egal, was geschieht."

F.: Genau. Aufgrund der Ereignisse in meiner Familie gab es schon ganz früh in meinem Leben den Wunsch, mich mit dem Tod auseinander zu setzen. Später habe ich Kampfsport gemacht und versucht, diese Angst zu besiegen. Das war immer ein großes Ding für mich.

S.: Wenn du dich der Angst stellst, ist kein Kampfsport mehr nötig. Kennst du die Geschichte von dem Meister, der in Meditation sitzt, und dem Samurai, der mit seinem Schwert kommt? Der Meister bleibt einfach sitzen. Der Samurai wird wütend, weil der Meister ihn überhaupt nicht beachtet. Also sagt der Samurai zum Meister: „Weißt du nicht, wer hier vor dir steht? Ich könnte dir den Kopf abschlagen, ohne mit der Wimper zu zucken." Und der Meister sieht ihn an und sagt: „Weißt du nicht, wer hier vor dir sitzt? Ich könnte mir den Kopf abschlagen lassen, ohne mit der Wimper zu zucken." Das ist es: Mit der Angst in Frieden zu sein bedeutet, mit dem Tod in Frieden zu sein. Es gibt nichts Mächtigeres.

F.: Danke.

In Harmonie
mit dem wahren Selbst

Fragender: Ich hatte einen Gedanken, der mir verrückt erschien, und das macht es auf eine Art einfacher, darüber zu sprechen. Ich wusste plötzlich, dass, wenn ich in Satsang bin, diese Liebe, die dann im Raum ist, auch auf mich herabregnet. Und dann kam dieser verrückte Gedanke: „Aber wenn du da vorne bei Samarpan bist, vielleicht mag er dich dann nicht. Seine Liebe fällt dir nur unbeabsichtigt zu, wenn du auf deinem Platz sitzt, weil du nun einmal im Raum bist."

Samarpan: Wie von herumirrender Gnade getroffen werden! (Lachen)

F.: Ja.

S.: Das ist gut!

F.: Ich hatte heute Morgen die Vorstellung, dass ich mein ganzes Leben lang nach Liebe gesucht habe, die für mich da ist. Als ich zur Welt kam, waren alle um mich herum mit dem täglichen Überlebenskampf beschäftigt. Ich denke, das Baby ist nicht besonders enthusiastisch empfangen worden!

S.: Das scheint ein Thema zu sein, das sich durch unser aller Leben zieht.

F.: Heute Morgen saß ich auf der Mauer und sah aufs Meer, und für den Bruchteil einer Sekunde wusste ich, dass du mich meintest und meinst. Ich bin seit zehn Jahren auf dem Weg, die Liebe in mir zu fühlen. Im Kontakt mit anderen Menschen muss ich mich ganz sicher fühlen, um mich den Gefühlen von Sehnsucht nach Liebe oder des Liebe-Gebens öffnen zu können.

S.: Das ist der Moment. Der Moment, wo Jesus am Fluss Jordan steht und Gott sagt: „Du bist mein geliebter Sohn." Das ist der Moment. Das ist die Wahrheit. – Ja, *du!* Unglaublich!

F.: Ja, das ist völlig unglaublich.

S.: Der Verstand kann das einfach nicht glauben.

F.: Ich habe aus gutem Grund auch ein Herz.

S.: Das Herz weiß. Der Verstand kann es nicht verstehen, aber das Herz weiß. Ja, ich! So verkorkst, wie ich bin. So unwert wie ich bin? Ja! Alles ist für mich: die Gnade, die Liebe. Das regnet alles herab – nur für mich!

F.: *Danke.*

S.: Zu guter Letzt können wir dieses Kind auf dieser Erde willkommen heißen.

Fragende: *Guten Morgen. Als ich vor ein paar Tagen das erste Mal hier saß, stellte ich dir eine Frage über Kraft. – Ich kenne übrigens keinen Unterschied zwischen Kraft und Macht, also verwende ich beides. Du hattest meine Frage überhaupt nicht beantwortet.*

Samarpan: Das mache ich oft. Aber meistens fällt das niemandem auf.

F.: *Mir ist es aufgefallen. Im ersten Moment war ich darüber sehr traurig. Denn mir steht etwas auf der Stirn geschrieben: „Die Menschen verstehen mich nicht!"*

S.: Weißt du was? Die Menschen verstehen dich tatsächlich nicht! Und weißt du noch etwas? Niemand versteht den anderen. Das ist die Wahrheit.

F.: *Ja. Als ich von hier wegging, war ich erst traurig und dann, ganz plötzlich, habe ich alles wieder in mich hineingenommen! Das war sehr gut. Ich dachte: „Wenn du mich nicht verstehst, ist mir das doch egal!"*

S.: Ah! Ja. Ja. Das ist deine Antwort! (Lacht)

F.: *Ich habe auch erkannt, dass es bedeutungslos ist, ob mich jemand versteht. Es ist schön, wenn es geschieht. Aber ich mache mich davon nicht mehr abhängig. Seitdem habe ich so viel Kraft! Was ich im Moment entdecke, ist eine Art von Kraft des Seins!*

S.: Ja. Das ist die Kraft! Die Kraft des Seins, die Quelle.

F.: *Das ist sehr schön. Das ist wie ein Wunder! Du musst mir gar nichts erzählen!*

S.: Ja, ich kann dir gar nichts erzählen. Du hast alles! Ich kann dich höchstens erinnern, dass du alles hast. Ich kann darauf hinweisen. Aber es kommt nicht dadurch zu dir.

Damit hast du angefangen: „Niemand versteht mich!" Mich versteht auch niemand. Das ist gar nicht möglich. Es ist dem Verstand nicht möglich zu verstehen, was ich da bloß wieder alles sage!

Aber ich kenne dieses Geheimnis und ich weiß, dass du es auch kennst! Wenn du damit durch etwas Magisches oder durch irgendeinen Trick in Berührung kommst, bist du mit der Quelle verbunden. Mit der Quelle aller Macht, der Quelle allen Wissens. Denn du *bist* die Quelle! (Lacht)

F.: Ich hatte mir das irgendwie anders vorgestellt, dass es voller Frieden ist.

S.: Wir können uns das einfach nicht vorstellen, und es ändert sich ständig. Es gibt also nichts, woran wir uns festhalten können. „Wie bin ich? Wie ist es, ich zu sein?" – Ich habe keine Ahnung.

Es ist jeden Moment anders. Darum ist es interessant. Das gibt dem Leben die Würze.

Das macht Spaß! Dieses Sich-Öffnen, das Entdecken hört nie auf.

F.: Ja. Also danke, dass du Mist gebaut hast.

S.: Das kann ich echt gut. Darin habe ich viel Übung. – S. hat gesagt, dass ihr zusammenarbeitet. Ich liebe es, wenn meine Freunde zusammenarbeiten. Denn es gibt nicht so viele Menschen auf der Welt, die bereit sind, die Wahrheit zu sagen und zu leben.

Wenn ihr also bereit seid, in eurer Kraft zu sein und eure Wahrheit zu leben, und wenn S. und diese Frau und du zusammen spielt, dann werdet ihr euch gegenseitig provozieren, euch ermutigen, und ihr werdet es auch alle zusammen falsch machen – und ihr werdet zusammen viel Spaß haben. Das ist großartig.

Fragender: Hallo. – Mein Verstand zieht mich immer wieder stark zu sich zurück. Vor allem morgens, wenn ich aufwache. Ich denke an dies und das. Wenn ich bei mir zuhause bin, ist es richtig schwer, wieder in den Augenblick zu kommen.

Samarpan: Willst du eine ganz einfache Art wissen? – Mit jedem Gedanken geht ein Gefühl einher. Denkst du gerade an zuhause? Was für ein Gefühl kommt da?

F.: *Ein schönes Gefühl*

S.: Gehe in das schöne Gefühl, es wird dich hierher bringen. Dann bist du da zuhause, wo du bist.

F.: *(Lacht) Aber dann stelle ich mir immer noch vor, zuhause zu sein. Aber ich bin nicht zuhause, ich sitze hier.*

S.: Du bist überall, in jedem Moment. Es ist nur dieser Körper, der gerade hier auf diesem Stuhl sitzt. Das ist gerade die Illusion – dass du hier bist und nicht dort. Du bist in Wirklichkeit überall.

F.: *Das kann ich nicht glauben.*

S.: Wir können damit spielen. Als die ersten Astronauten auf dem Mond landeten und Bilder zur Erde schickten, änderte sich das Bewusstsein auf der Erde. Plötzlich konnte jeder auf dem Mond stehen und auf die Erde schauen. Das erweiterte unser Bewusstsein. – „Wow! Ich stehe auf dem Mond! Was ist das für eine wunderschöne Erde! Ich sehe die Erde jetzt ganz anders. Da sind keine Grenzen! Ich sehe keine Trennungen, keine Nationen... nur diese blaue Murmel, die so wunderschön leuchtet."
Wenn du einen Gedanken an zuhause hast, kannst du zuhause sein. Fühle einfach, wie sich zuhause anfühlt, und du bist da!
Du bist sowieso zuhause – in dem Zuhause, das überall ist. Das bewirkt, dass es dich aus dem brabbelnden Verstand heraus hierher bringt. Dich kann alles hierher bringen. In jedem Moment. Ein Gedanke kommt, ein Gefühl geht damit einher, und du reitest auf dem Gefühl nach Hause. Jedes Gefühl ist eine Einladung, nach Hause zu kommen. Das ist die Hilfe.
Es geht einfach darum, etwas Neues zu lernen. Wir haben gelernt, uns im Verstand immer nur im Kreis zu drehen. Wir folgen einem Gedanken, der zu einem anderen Gedanken führt, der zu einem anderen Gedanken führt, und das geht im Kreis herum.
Jedes Gefühl bringt uns hierher. Das ist es, was uns Tantra lehrt. Alles, jedes Gefühl, bringt dich hierher. Sexuelle Gefühle können dich hierher bringen. Wir können in den Verstand gehen und im Kreis herumrennen, oder wir können davon Gebrauch machen, um hierher zu kommen. Das ist die Wahl, die wir haben. In jedem Moment haben wir diese Wahl.

F.: *Okay. Danke.*

Fragender: *Vor einigen Jahren traf ich eine hellsichtige Frau, die mir sagte, dass ich in mehreren Leben Macht missbraucht habe, und für dieses Leben habe ich entschieden, dass ich von meiner Macht keinen Gebrauch machen will. Ich habe Angst davor, meine Macht wieder zu missbrauchen.*

Samarpan: Ich verstehe.

F.: *Aber irgendwie komme ich so auch nicht klar.*

S.: Das verstehe ich auch.

F.: *Also ist die Frage: Wie in der Kraft sein? Es einfach akzeptieren, dass ich Macht habe? Ich weiß es nicht.*

S.: Gut. Wessen Macht ist es? Und wozu ist sie da?

F.: *Ich habe gehört, wie sich die Wellen des Meeres an der Küste brechen. Da habe ich plötzlich eine solche Kraft gefühlt – so groß und weit und weiter. Da war kein Impuls, irgendetwas damit zu machen.*

S.: Siehst du, wir missbrauchen die Macht, wenn wir sie dafür benutzen, dem Verstand zu dienen, um dieser Idee von mir zu dienen: „Ich will jemand sein." Das ist es, worum es bei dem ganzen Machtmissbrauch geht: Wenn wir die göttliche Macht dazu benutzen, um dem Ego zu dienen, macht das nicht glücklich.
Der Verstand ist ein schrecklicher Tyrann. Du gibst ihm Macht, und er will mehr. Das kannst du bei allen Menschen, die an der Macht waren, sehen – durch die ganze Menschheitsgeschichte. Sie sind nie zufrieden! Das ist die Natur des Verstandes. Er will immer noch mehr.

F.: *Als ich in die Macht hinein spürte, konnte ich sehen, wie einfach der Verstand da aufspringt.*

S.: Das stimmt! Der Verstand will sie besitzen. Für mich ist das ein faszinierendes Thema, weil das mein ganzes Leben durchdringt. Denn ich sitze hier und das ist wirklich ein Kraftplatz. Ich sehe die Ergebnisse dieser Kraft! Und ich bin überwältigt. Es geschehen erstaunliche Dinge. Menschen erwachen, Menschen kommen in die Freude. Sie lassen ihr Leid fallen. Das ist ein Wunder!
Dann sagt der Verstand: „Ich tue das!" – Das ist ein Witz! Da ist niemand, der das tut. Die Idee, dass es jemand tut, ist Unsinn! Niemand kann das tun. Es ist zu gigantisch, es ist jenseits von allem.

Und was ich sehe ist: Je mehr ich die Macht erlebe oder in der Position bin, ein Umwandler der Macht zu sein, desto bescheidener werde ich. Es ist klar, dass ich überhaupt nichts tun kann.

Ich meine, der Beweis ist, dass ich alles falsch machen kann – und es funktioniert trotzdem! (Lachen) – So ungefähr. Je mehr du in die Wahrheit kommst, desto weniger musst du vor der Macht Angst haben.

F.: Ja. Das ist es.

S.: Ich meine, du musst natürlich wachsam sein. Der Verstand wird immer versuchen, das in Besitz zu nehmen. Wenn noch etwas übrig ist, irgendwelche Tendenzen des Verstandes, die nicht in Frieden sind, werden sie sich zeigen. Dann wirst du Dummheiten machen.

F.: Und meine Art, die Macht überhaupt nicht zu gebrauchen...

S.: Das ist auch eine Art von Missbrauch! Das ist es, was Jesus gesagt hat: „Stell dein Licht nicht unter den Scheffel!"

F.: Ja, wenn ich meine Macht nicht gebrauche, schneidet mir das die Wurzeln ab.

S.: Du musst das Licht leuchten lassen, denn es ist nicht dein Licht. Es ist das *göttliche* Licht, das durch dich leuchten will.

Wenn du wirklich bereit bist, dich in eine gefährliche Lage zu bringen – es ist gefährlich, hier zu sitzen, weißt du – dann hat das Ego keine Chance! Es wird total zerstört!

Das ist echte Konfrontation: Bereit zu sein, im Licht zu stehen und zu sagen: „Hier bin ich. Mit all meinem Mist, mit all meiner Schönheit, hier bin ich. Nimm mich, wie ich bin." Ja. Das bedeutet wirklich im Feuer zu sein. Das brennt alles weg.

F.: Wenn ich dich so sprechen höre, fühle ich auch den Wunsch, dem Göttlichen zu dienen.

S.: Darum bist du hergekommen. Es gibt heute so viele von uns auf diesem Planeten, und wir sind nur dieses eine Mal hier. Wir sind hergekommen, um dem Göttlichen zu dienen. Es ist an der Zeit, dass sich der Planet transformiert.

Fragende: *In meinem spirituellen Leben habe ich versucht, mich von jeglicher Macht fernzuhalten, um der Gefahr des Missbrauchs aus dem Weg zu gehen. Jetzt geht es um meine Arbeit, um das Setzen von Zielen. Irgendwie klappt das nicht, weil ich nicht mehr aus egoistischen Motiven handeln kann. Aber anscheinend bin ich gut darin, Dinge zu manifestieren, also geschieht es irgendwie, und ich möchte darüber gern mehr herausfinden. Du sagtest kürzlich über das Manifestieren, dass es nur geschieht, wenn es mit dem Göttlichen in Übereinstimmung ist. Ich fühle, dass das auch meine Erfahrung ist. Aber jetzt geschehen Dinge im Arbeitsbereich, mit denen ich nicht klarkomme.*

Samarpan: Vielleicht sollst du das gar nicht auf die Reihe kriegen. Das ist es, was ihr drei euch dann ansehen müsst. Das ist die Herausforderung. Du hast die Gelegenheit zu diesen Spielen. Worum geht es dabei? Dienst du dem Göttlichen?

Gott liebt alle Spiele. Gott liebt es, Geldverdienen zu spielen, Golf zu spielen... Wir lieben alle Spiele! Da gibt es nichts, was nicht erlaubt wäre, und wenn wir mit uns selbst in Harmonie sind, ist das wunderschön. Wenn wir dem Ego dienen, ist es hässlich. Das ist also dein Tanz. Dann kommt dein Verstand ins Spiel, der Verstand der Menschen, mit denen du zu tun hast, kommt ins Spiel – da gibt es Tendenzen abzuweichen, und das wird dir ganz direkt auffallen. Du wirst in eine Richtung gehen, und plötzlich verliert sich die Kraft. Offensichtlich wird es nicht vom Göttlichen unterstützt. Der Verstand hatte das unterstützt und darauf Energie verwendet. Wenn der Verstand einer Sache Energie gibt, wird der Treibstoff nur für kurze Zeit reichen. Was dem Göttlichen dient, bezieht die Energie von der Hauptkraftquelle. So lernst du.

F.: Also geht es darum, wachsam dafür zu sein, ob ich mit dem Göttlichen in Harmonie bin.

S.: Ja. Es geht um Harmonie mit dir selbst, mit deinem wahren Selbst. Dass ihr in Harmonie mit eurem eigenen Selbst seid und den Tanz zusammen mit anderen Menschen tanzt. In Form von Arbeit spielen, Geld verdienen spielen, all diese Dinge tun, das alles macht Spaß!

Du kannst nicht wissen, wie es aussieht. Es ist dir nicht möglich, das zu sagen; der Verstand kann nicht durchschauen, wie es aussehen sollte. Darum macht es Spaß. Es ist ein Abenteuer! Ich kann dir nicht sagen, wie es aussieht, niemand kann dir sagen, wie es aussieht. Es zeigt sich von selbst. Bleib dir selbst treu! Das ist es, was dich auf dem richtigen Gleis hält.

Wenn du aus deiner Kraft fällst, fühlt es sich mies an. So weißt du es. Wenn du dich an eine Idee verkaufst, fühlt sich das schrecklich an. Das weißt du aus eigener Erfahrung. Richte deine Aufmerksamkeit darauf! Das ist großartig. Das ist wundervoll, das bedeutet, in der Wahrheit zu leben. Jeder von uns kann das und sollte das tun, nicht weil es richtig ist, sondern weil es Spaß macht. Dir selbst gegenüber wahrhaftig zu sein, ist der größtmögliche Spaß. Dieses Leben ist unser Spielplatz.

Wenn du dir selbst gegenüber wahrhaftig bist, wenn du in deiner Kraft bist, bist du in Harmonie mit dem Göttlichen. Wenn du einem Gedanken folgst, einer Idee des Verstandes, führt dich das in die Ödnis. Ich liebe solche Bilder. Sie drücken aus, wie es sich anfühlt.

F.: Danke.

Fragende: Ich beschäftige mich gerade damit, wie es sein wird, wieder in Köln zu sein. Hier, in diesem Paradies, finde ich es sehr einfach, in Harmonie zu sein. In Köln finde ich das zeitweise sehr schwierig.

Samarpan: Ja. Es sollte schwer sein.

F.: Da kommt auch die Idee, von dort wegzugehen.

S.: Nein, das ist nicht der Punkt. Wir machen Urlaub, weil das eine Möglichkeit ist, den Verstand zurückzulassen. Darum ist es ein Urlaub, darum ist es leicht und macht Spaß. Aber dann gehst du wieder in den Verstand. Es ist deine Aufgabe, die Welt zu transformieren. Deine Aufgabe ist es, zurück in die Hölle zu gehen und sie ins Paradies zu verwandeln und nicht, das Paradies in eine Hölle zu verwandeln. (Lachen)
Das ist unsere Aufgabe. Das ist die Geschichte von Adam und Eva. Wir sind ins Paradies gekommen und haben dem Verstand Macht gegeben. So haben wir das Paradies in die Hölle verwandelt. Jetzt ist es unsere Aufgabe, das wieder rückgängig zu machen!
Das tun wir, indem wir die Wahrheit sagen, indem wir hier sind, so gut wir können. Und das tun wir, indem wir all die Gefühle des In-der-Hölle-Seins fühlen. So verwandeln wir die Hölle wieder ins Paradies. Das nimmt dem Verstand die Macht. Ich wüsste nicht, warum du nicht in Köln leben solltest. Die Hölle da ist so gut wie jede andere. Das ist egal.

F.: Ich kann gerade sehen, wie ich mich manchmal verkaufe.

S.: Sehr gut. Es ist gut, das zu sehen.

F.: Nein, es ist schmerzhaft!

S.: Ja, und das ist ein sehr guter Schmerz! Der Schmerz ist dein Lehrer. Der Schmerz zeigt dir, wenn du dich verkaufst und aus deiner Kraft heraus bewegst. Es ist immer wegen irgendeiner Idee – der Idee einer Beziehung, der Idee von Macht oder der Idee, es richtig zu machen.

F.: Einen Job nicht zu verlieren...

S.: ... an einem Job festzuhalten.

F.: Oder an einem Klienten.

S.: Halte an nichts fest. Das kannst du sowieso nicht. Sei einfach in einem konstanten Loslassen. Das ist der Weg.
Was mir Gott auch geben will – ich bin bereit, und das Göttliche ist sehr großzügig. Alles, was gehen will – ich bin bereit. Ich balle die Fäuste nicht, meine Hände sind offen. Der Vogel kann kommen und auf meiner Hand sitzen und jederzeit wieder wegfliegen. Das ist ein Leben in Harmonie.

F.: Das klingt so einfach.

S.: Es braucht ein bisschen Übung, das ist alles. Du hast alle Hilfe, die du brauchst. Ich bin mit dir. Darum bin ich in deinem Leben. Einfach um dir zu helfen, diese einfache Sache zu lernen. Und ich liebe es, in deinem Leben zu sein!

F.: Ich liebe es auch! Danke.

Richtig auf dem falschen Weg...

Samarpan: Guten Abend.

Fragende: Da ist so viel Energie! Und es ist nicht leicht, sie auszudrücken. Der Verstand hat sich die letzten vier Tage lang verrückt gemacht und überlegt, wie das auszudrücken... (Lachen) Es ist solch ein Witz!

S.: Der Witz ist, dass der Verstand es nicht tun kann! Das ist nicht möglich. Es gibt keine Möglichkeit, das vorwegzunehmen. Wenn du hier sitzt und etwas aus deinem Mund kommt und du hast keine Ahnung, was es sein wird – in der Art geschieht es. Die gute Neuigkeit ist, dass du es nicht falsch machen kannst, und die schlechte ist, dass du es nicht richtig machen kannst!

F.: Du tust so gut! – Ich würde gerne erzählen, was geschehen ist. Letzte Nacht lag ich im Bett, mein Verstand war überaktiv, und ich habe mich entschlossen, das zu beenden: „Stopp! Es ist mir egal, ob ich es jemals in Worte werde kleiden können. Jetzt bleibe ich hier, bei dem, was jetzt ist!" – Und da ist der Körper. Und da ist so viel Energie! Also suchte ich nach der Mitte davon. Es war, als ob ich deine Stimme hörte: „Geh genau in die Mitte davon." Die Energie war wie sexuell, im unteren Bauch. Ich habe diese Stimme gehört: „Geh mitten hinein!" Und es ist einfach Glückseligkeit... Nicht nur körperlich!

S.: Ja. Und was dann?

F.: Dann kam der Verstand und sagte: „Aber du bist nicht der Körper!" Und es war mir egal. (Lacht) Ich bin nicht der Körper, aber was ich bin, schließt den Körper mit ein! Es schließt alles, alles mit ein.

S.: Ja.

F.: Auch das Nichts! Und es macht einen solchen Spaß, weißt du, Küchenschaben zu sehen oder Rosen... Manchmal glaube ich, dass die Leute bestimmt denken, ich starre sie an – ich sehe sie einfach anders an.

S.: Alles und jeder ist interessant.

F.: Nach dem Satsang heute Morgen habe ich mich in die Hängematte gelegt – ich bin auch das Meer, ich fühle es! Ich habe es nicht richtig an-

gesehen, ich weiß, wie es aussieht, es war wie das Meer mit geschlossenen Augen zu sehen. Es war nur: Ich! Ich bin!

S.: Das ist alles, was wir wirklich sagen können: „Ich bin." Und selbst „ich bin" ist zu viel. Aber einfach nur „bin" zu sagen wäre seltsam.
Das ist es, was Jesus gesagt hat: „Ich bin, der ich bin." Das ist es, wo es aufhört. Alles, was ich noch sagen könnte, stimmt nicht. Einfach nur dieses Sein. Das ist es! – So einfach. (Stille)

Fragender: *Was ich gestern Morgen gesagt habe, war Mist.*

Samarpan: Sehr gut. Ich erinnere mich nicht mehr, was es war. Egal: sehr gut.

F.: *Ich habe den ganzen Tag darunter gelitten. Ich habe so etwas gesagt wie, dass ich gerade herausfinde, wer ich bin...*

S.: Und das stimmt nicht?

F.: *Nicht so, wie ich es gesagt habe.*

S.: Der Verstand findet es nicht heraus, und doch geschieht das Herausfinden. Da ist kein Ich, das sagen könnte: „Ich tue es!" – Entdecken geschieht.

F.: *Ja, ich kann sehen, dass es wahr ist – nur nicht so, wie ich es gesagt habe.*

S.: Ja. Schön! Darum ist es so vertrackt. Weil es offensichtlich ist, jeder hier entdeckt das. Aber da ist kein Ich, das es entdeckt. Es gibt niemanden, der jemals erleuchtet worden wäre! Vergiss das nicht. All die „großen Erleuchteten" sind einfach Menschen, die herausgefunden haben, dass da kein Ich ist, das erleuchtet sein könnte. Das ist die Erleuchtung. Lustig, nicht wahr? (Lacht) – Je weniger sie die Vorstellung haben, sie wären jemand, desto mehr respektieren wir sie für dieses „Nichts". Ich kann es nicht in Worte fassen. Es ist so, als ob da einfach jemand etwas Raum einnimmt. Osho ist ein solcher „Stellvertreter". Das Göttliche kann an dieser Stelle leuchten und da ist niemand, der im Weg wäre.

F.: *Ich kann das sehen, aber ich hatte den falschen Weg eingeschlagen.*

S.: Es ist sehr wichtig, den falschen Weg einzuschlagen. Du musst alle falschen Wege einschlagen! Nur so kannst du herausfinden, dass es falsche Wege sind.

Jedes Mal, wenn du einen falschen Weg einschlägst, lernst du etwas sehr Wichtiges. Du wirst etwas bescheidener. Mach alle Fehler! Jedes Mal, wenn du einen Fehler machst, gelangst du tiefer in die Wahrheit, landest du mit den Füßen mehr auf dem wahren Boden.

Osho sprach von einem Meister, der immer wieder unerleuchtet wurde. Einfach um noch einmal einen Weg zu finden, erleuchtet zu werden. (Lachen) Das ist großartig. Er fand so viele Wege. Das empfehle ich sehr. Ich möchte jedem empfehlen, so oft wie möglich unerleuchtet zu werden! (Lachen)

F.: Aber ich fühle mich auch unsicher! Und ich kann sehen, wie ich mich aus Unsicherheit an die Illusion klammere, jemand zu sein.

S.: Ja. Natürlich. Darum will jeder eine Person, ein Jemand sein. Das gibt uns die Illusion von Sicherheit.

F.: Ich konnte gestern sehen, dass das nicht funktioniert, dass es vielmehr das Gegenteil ist.

S.: Das ist es, was ich meinte! Es ist wirklich wichtig, Fehler zu machen! Du hast da etwas sehr Wichtiges gelernt! Wenn du bereit bist, total als Idiot dazustehen und vor allen alle Fehler zu machen, das ist großartig! Es brennt wirklich, nicht wahr? „Oh Mist, was habe ich gesagt... Ohhh!"

F.: Ja, ich fühle Scham...

S.: (Lacht) Großartig.

F.: Als heute Morgen über Macht gesprochen wurde, sah es so aus, als könnte es eine gute Sache sein, über Macht zu verfügen. In meinem Fall geht es einfach um meine Unsicherheit, und ich habe dafür keine Verwendung!

S.: Das stimmt. So ist es am einfachsten.

F.: Ich habe schon erwartet, dass du das sagst!

S.: Genau genommen ist es schwerer, nützlich zu sein. Menschen, die den Weg des Nützlichseins im Zusammenhang mit Macht gehen, müssen sehr vorsichtig sein. Das ist ein Weg voller raffinierter Fallen. Denn das Leben belohnt das mit Erfolg, Geld, Anerkennung...

Drei Frauen, die zusammen ein erfolgreiches Geschäft führen – das ist etwas Schreckliches. Denn die anderen sagen: „Wow! Sieh dir die an! Die sind toll! Die machen das perfekt!" – Es ist viel einfacher, ein Versager zu sein. Es ist vertrackt, erfolgreich zu sein! Du musst dann ständig wachsam sein. Du wanderst wirklich auf einem schmalen Grat. Der Dumme zu sein ist viel einfacher. Völlig nutzlos zu sein – das ist großartig!

F.: *(Bricht in Lachen aus) Okay.*

S.: Weißt du, wir müssen alle unseren eigenen Weg gehen. Wir können nicht den Weg eines anderen gehen. Jeder Weg ist maßgeschneidert.
Ich kenne den Weg des Versagens sehr gut. Der Weg des Erfolges und der des Versagens werden zu einem: Letztendlich tut niemand etwas, und nichts wird getan. Das Allerwichtigste ist, dass du Spaß hast!

F.: *Den habe ich meistens.*

S.: Wenn du Spaß hast, machst du es richtig.

Samarpan: Wie geht es dem Krüppel? (Lachen)

Fragender: *Bald kann ich den Glöckner von Notre-Dame geben! Es ist eine sehr starke Energie. Aber seit ich das habe (zeigt auf seine Hüfte), kümmern sich ganz wundervolle Frauen um mich! Jetzt kenne ich den Trick!*

S.: (Lacht)

F.: *Es ist an der Zeit, dass ich sage, was ich denke.*

S.: Okay!

F.: *Wie du schon sagtest: Man kann es sowieso nicht falsch machen. Ich habe nichts zu verlieren. Seit ich die falschen Vorstellungen von Erleuchtung so klar sehe, habe ich eine überwältigende Erfahrung gemacht. Aber da ich weiß, dass man sich sehr leicht etwas vormachen kann, möchte ich das erst einer Feuerprobe unterziehen und es dir sagen. Allmählich kommt in mir das Wissen auf, dass ich in meinem Leben auch Dinge richtig gemacht habe! (Großes Gelächter)*

S.: Offensichtlich!

F.: (Stille) Aber irgendwie kriege ich das gerade nicht klar. Wenn ich mir mein Leben so betrachte, habe ich immer getan, was ich wollte.

S.: Ja.

F.: Ich war immer ein Außenseiter. Ich wusste immer, dass da etwas ist, was mich führt. Dem bin ich treu geblieben und habe auf diese Weise viel Geld verdient.

S.: Ja.

F.: Es scheint mir wichtig, dir das hier vor allen Leuten zu sagen, um zu testen, ob ich wirklich bin, was ich sage.

S.: Alle in diesem Raum haben ihr Leben perfekt geführt. Manchmal sieht es erfolgreich aus wie in deinem Fall, manchmal sieht es nach totalem Versagen aus. Aber alles ist perfekt. Jedes Erlebnis führt dich genau in die richtige Richtung. Die Gefahr eines erfolgreichen Lebens ist der Gedanke, dass ein anderer es falsch macht. Das ist die Falle. Denn jeder macht es perfekt.

F.: Das ist so verrückt an dieser Realisation! Indem ich sehe, dass ich alles richtig gemacht habe, kann ich plötzlich auch sehen, dass jeder es richtig gemacht hat! Das ist eine unglaubliche Erkenntnis!

S.: Ja, großartig.

F.: Es geht einfach darum, es wirklich zu verstehen. Das hat enorme Konsequenzen...

S.: Ja, die hat es.

F.: Es ist einfach wunderschön. Was für eine Erleichterung!

S.: Ja, das ist Freiheit. Freiheit ist die Erkenntnis, dass du es nicht falsch machen kannst. Wenn du es falsch machst, machst du es nicht falsch. Das ist einfach nicht möglich!

F.: Das ist die Rückenschmerzen wert!

S.: Mit Sicherheit. Das stimmt. (Lacht)

Fragender: (Stille) Sehr oft, so wie jetzt gerade, fühle ich mich ganz dumm.

Samarpan: Oh, gut! (Lacht) Willkommen im Klub!
Weißt du, wenn jemand hierher kommt und etwas richtig Dummes macht, genießen das alle sehr. Jeder sagt: „Ha! Da ist jemand noch dümmer als ich!" (Lachen)

F.: Ich hatte nicht vor herzukommen, nur um allen zu erzählen, wie dumm ich mich fühle. Ich habe eigentlich gar nichts Bestimmtes beabsichtigt, als ich herkam. Ich habe einfach das Gefühl, dass da etwas in mir ist, was heraus will – das explodieren will, aber nur halb. Es ist wie explodiert werden.

S.: Gut. Aber warum nur halb?

F.: Wenn ich ganz explodieren würde, wäre alles vorbei! (Lachen)

S.: Was wäre vorbei?

F.: Weiß ich nicht.

S.: Siehst du, das ist es, was du herausfinden musst! Halb wird nicht reichen. „Nur halb" ist der Versuch, auf der sicheren Seite zu bleiben. Du musst herausfinden, ob es überhaupt möglich ist, dass irgendetwas vorbei ist!

F.: Ja, gut. Ich höre das und sage: Ja, das stimmt.

S.: Ja, aber dieser Mensch hat nichts unter Kontrolle. Er kann nichts tun, und er kann nichts verhindern. Auf dieser Ebene geschieht es nicht. Es geschieht *hier*.
Schließe für einen Moment die Augen und sei einfach in der Explosion. Sei einfach still. Mach dir keine Sorgen, die Explosion wird sich um alles kümmern. – Was siehst du?

F.: Etwas wie einen Ozean.

S.: Gut. Geh etwas tiefer. Es ist, wie einen Schritt zurückzutreten. Lass dich in dich selbst hinein sinken.
Was ist hier?

F.: Nichts.

S.: Erzähl mir etwas über das Nichts. Kannst du ein Ende von diesem Nichts finden?

F.: *Nein.*

S.: Kannst du eine Trennung zwischen dir und dem Nichts finden?

F.: *Nein.*

S.: Fehlt es hier an irgendetwas?

F.: *(zögernd) Nein. – Ich bin nicht sicher, ob ich ehrlich war, als ich gesagt habe, dass es keine Trennung zwischen mir und dem Nichts gibt.*

S.: Okay. Also sieh noch einmal in das Nichts hinein. Kannst du hier etwas finden?

F.: *(Stille) Ich kann nichts finden, weil ich das Gefühl habe blind zu sein.*

S.: Aha. Das ist so, entweder weil du blind bist oder weil es nichts zu sehen gibt. (Lacht)

F.: *Woher weißt du, dass ich nicht blind bin?*

S.: Ich weiß es nicht. Ich hatte nur jahrelang den gleichen Eindruck: „Oh, ich kann einfach nichts sehen!" (Lacht)
Wenn du dann in den Verstand zurückgehst, wird er dir natürlich erzählen, dass du es nicht richtig gemacht hast, dass das Ganze nur eine Illusion ist oder so. Und doch – hier im Nichts weißt du. Du weißt aus deinem tiefsten Wesen heraus, dass es das ist, was du bist. Das ist es, was immer deine Aufmerksamkeit wollte. Das ist die Explosion. Und das Explodieren wird nie aufhören, dieses Entdecken wird nie aufhören.

F.: *Wenn ich versuche, in dem zu bleiben, geht das nur für kurze Zeit.*

S.: Versuche gar nichts zu tun. Es ist egal!
Immer wieder wird dich etwas da herausholen – Gedanken werden dich herausholen, Wünsche werden dich herausholen. Das ist okay. Das ist normal. Du musst nichts weiter tun als loslassen, wenn du immer wieder zurückgezogen wirst. Das ist normal, so wie die Schwerkraft.
Du musst überhaupt nichts *tun*. Du musst an nichts festhalten. Du musst nichts vermeiden. Es ist deine Natur! Die Welt ist voller lustiger Dinge, von denen wir uns angezogen fühlen. Wir gehen also in die Illusion, und dann kommen wir wieder nach Hause und ruhen in *dem*. So sind wir im Gleichgewicht.

Im Laufe deines Lebens wirst du immer desillusionierter. Das ist gut so! Denn du hast dieses Zuhause, in das du zurückkehren kannst. Das ist die Wahrheit deiner selbst.

Du bist bereit. Das Leben wird dich lehren. Mach dir keine Sorgen. Das Leben hat dich schon dein ganzes Leben lang gelehrt und es wird dich weiter lehren. Es wird dir zeigen, was real ist und was nicht.

F.: *Hat es einen Sinn, sich über Dinge wie Arbeit Sorgen zu machen? (Lacht) Nein, nicht Arbeit... Wenn ich das frage, fühle ich mich wieder so dumm.*

S.: Das ist okay. Ich mag dumme Fragen!

F.: *Wenn ich eine solche Frage stelle, kenne ich schon die Antwort.*

S.: Ich weiß. Aber lass es uns trotzdem aussprechen, auch wenn wir alle die Antwort wissen.

F.: *Mich hat heute auch das Thema Ehrlichkeit sehr bewegt: „Wie ehrlich bin ich? Bin ich überhaupt ehrlich?"*

S.: Eine sehr gute Frage. Schon allein die Tatsache, dass du diese Frage stellst, zeigt deine Reife. Wenn du deine Ehrlichkeit in Frage stellst, beobachtest du. Du weißt, dass du in der Lage bist, unehrlich zu sein. Das ist gut. Dann wirst du wirklich wachsam sein. Die Bereitschaft, wachsam und wahrhaftig zu sein, ist alles, was nötig ist. Das tatsächliche Wahrhaftig-Sein entwickelt sich allmählich, und du hast den Rest deines Lebens, um das zu lernen.

F.: *Ich habe das Gefühl, von hier aus bin ich immer am Ende meines Lebens.*

S.: In Wirklichkeit bist du am Anfang deines Lebens. Immer!

Es spielt keine Rolle, ob dein Leben nur noch fünf Tage dauert. Du bist trotzdem am Anfang! Und das ist das Beste daran, weißt du – du lernst einfach! Du lernst, ehrlich zu sein. Du lernst, wie du erkennen kannst, was wahr ist und was nicht. Du lernst alles über die menschliche Natur, und das alles ist *hierin* enthalten.

Die ganze menschliche Natur ist in deinem Körper-Geist. Das ist die einzige Art, wie du alles darüber lernen kannst. Es ist praktischer Natur, und es geht nie zu Ende. Wir sind immer am Anfang des Lernens. Und das ist gut so!

Samarpan: Amüsierst du dich?

Fragende: Ja. Es ist wie sprachlos sein, unfähig zu reden. Aber jetzt wollte ich einfach herkommen.

S.: Wie geht es deinem Zahn?

F.: Nicht besser. Es sollte noch ein Zahn gezogen werden, aber ich habe nein gesagt. Ich will das jetzt nicht. Es ist komisch. Heute Morgen hatte ich bezüglich der Unfähigkeit zu sprechen das Gefühl...

S.: Ich weiß, das ist hart für dich, nicht wahr?

F.: Alle, denen ich nahe gekommen bin, haben sich über mich lustig ge-macht. Ich hatte das Gefühl, sie sind gemein zu mir. Und dann, als ich hier im Satsang war, war das alles weg. Es gab einen Zusammenhang zwischen der Unfähigkeit zu sprechen und etwas jenseits davon. Als du über das Magische gesprochen hast, habe ich das nicht richtig begriffen. Ich weiß nicht...

S.: Es ist einfach an der Zeit, dass du in dir selbst ruhst. Es gibt nichts zu tun. Nichts zu denken, nichts zu sagen, nichts zu verstehen. Höre einfach dem Meer zu. Sinke in dich selbst hinein. Du bist bereit. Du brauchst nichts sagen. Du hast in deinem Leben genug geredet.

F.: Ich hatte plötzlich das Gefühl, dass ich zumindest ein Mal hier nach vorne kommen sollte.

S.: Ich bin froh, dass du gekommen bist. Die Kunst besteht darin, einfach zu beobachten, wie der Verstand etwas tun oder sagen will. Entspanne dich. Beobachte deinen Körper, sieh, wo Anspannung ist, und entspanne dich noch mehr. Das ist es, worum es hier geht.

Buddha ist ohne Vergangenheit

Fragende: *Gestern Abend hat mich etwas wirklich getroffen: Es geht darum, wie wahrhaftig ich lebe, welche Rollen ich spiele, was wirklich ist... Ich habe da eine Leiche im Keller.*

Samarpan: Gut! Lass sie uns ans Tageslicht bringen!

F.: *Einerseits bin ich eine sehr gute Ehefrau! (Lachen)*

S.: Also los – lass uns zum interessanten Teil kommen!

F.: *Andererseits hatte ich so einige Affären, natürlich heimlich.*

S.: Unter strengster Geheimhaltung.

F.: *Ich bin selbst ziemlich eifersüchtig. Ich würde meinem Mann die Augen auskratzen, wenn er es wagen würde, das Gleiche zu tun. Die Männer, mit denen ich zusammen war, hätte ich nie geheiratet. Es ging mir auch nicht so sehr um Sex. Sie waren einfach sehr lebendig, das fand ich anziehend. Sie taten, wonach ihnen war, ohne Kompromisse. Danach sehne ich mich, so würde ich gern leben: „Das will ich jetzt – also tu ich das!"*

S.: Ja.

F.: *Wenn das dann vorbei war, war ich wieder die gute Ehefrau, sogar eine noch bessere als vorher. Ich war dann auch bei der Arbeit noch besser. Am schlimmsten war es, als ich in Indien war. Alle dachten, mir ginge es um Gebet und Meditation – und ich wollte auch meditieren... (Lachen) Aber stattdessen zog ich nach drei Wochen mit einem verrückten Inder durch ganz Indien. Osho und Sannyas zu nehmen waren vergessen. Das war die beste Zeit meines Lebens.*

S.: Ja! Ja.

F.: *Aber gestern kam mir der Gedanke, dass ich das vielleicht meinem Mann hätte beichten sollen.*

S.: Warum?

F.: *Das weiß ich auch nicht. – Ich habe versucht mir vorzustellen, wie es wäre, ihm das jetzt zu erzählen. Aber das würde nur schlafende Hunde* *wecken. Es würde Stress bedeuten. Obwohl das alles so intensiv war, ist mein Interesse an solchen Affären jetzt verschwunden.*

S.: Das stimmt.

F.: Trotzdem ist da ein Urteil, dass ich bei all dem nicht ehrlich war. Zumindest nicht meinem Mann gegenüber! Mir selbst gegenüber schon.

S.: Das ist schwierig und ich weiß, dass ich mir mit dem, was ich jetzt sage, Probleme einhandeln werde.
Manchmal hängt das Aussprechen der Wahrheit davon ab, was der Partner versteht. Das ist die Nähe. Wenn mein Partner in der Lage ist zu verstehen, was ich erzähle, dann gibt es die Möglichkeit, sich über diese wertvolle Zeit mitzuteilen.
Ich erinnere mich daran, was mit meiner ersten Ehefrau geschah. Ich hatte alle möglichen Affären. Wir machten eine Therapie, um unsere Ehe wieder in Ordnung zu bringen, und eines Tages ging mir in einer dieser Therapiesitzungen ein Licht auf und mir war klar: „Was ich tue, ist nicht falsch! Was falsch ist, ist die Vorstellung, dass ich meiner Frau treu sein sollte!" Die Vorstellung von Ehe war: Mir ist es nicht gestattet zu tun, wonach ich mich fühle.
Aber was aus meinem Mund kam, war: „Ich will nicht verheiratet sein!" Das sagte ich zum Therapeuten. Er und meine Frau reagierten sehr ähnlich. Er sagte: „Gut – die Therapie ist vorbei!" Und meine Frau sagte: „Gut – die Ehe ist vorbei!"
Das richtete sich nicht gegen jemanden. Es war etwas, was für mich sehr wichtig war. Der Therapeut konnte das nicht verstehen und meine Frau auch nicht.
Ich hatte gar nicht daran gedacht, mich von meiner Frau zu trennen. Ich hatte kein Problem mit ihr. Es hatte nichts mit ihr zu tun, genau so, wie das nichts mit deinem Mann zu tun hat. Und doch ist es für *dich* sehr wichtig.

F.: Ja. Ich könnte hier nicht mit dir sitzen, wenn ich immer noch so mit Männern beschäftigt wäre, wie ich es war.

S.: Ja, das stimmt.

F.: Heute interessieren sie mich nicht mehr auf diese Art.

S.: Genau so finden wir das heraus. So lernen wir im Leben! Wir gehen in all die verbotenen Ecken. Wir finden heraus, was sich dort verbirgt. Wenn du es wirklich herausfindest, entdeckst du, dass es nichts ist! Aber die einzige Möglichkeit, das herauszufinden, ist, dorthin zu gehen!

Das heute deinem Mann zu erzählen wäre verrückt!

Papaji hat gesagt: „Es ist nichts geschehen." Das ist weise, nichts ist geschehen. Es ist völlig offensichtlich, dass nichts geschehen ist! Wir können uns vorstellen, dass etwas geschehen sein könnte. Das tun wir normalerweise, darauf stürzt sich der Verstand. Wir können aber ganz klar sehen, dass nichts geschehen ist: Du bist weiterhin mit deinem Mann zusammen. Du bist weiterhin mit ihm in Harmonie. Alles ist in Ordnung!

F.: Ja.

S.: Jetzt diese alte Geschichte hervorzukramen würde nur seinen Verstand darauf ansetzen, was damals alles geschehen sein könnte. Das ist alles.

F.: Wenn er insgeheim etwas Ähnliches getan hätte, würde ich es lieber auch nicht wissen wollen!

S.: Da brauchen wir gar nicht hineinzugehen – das ist alles nur im Kopf. Du weißt es nicht, und da gibt es nichts zu sagen, da ist nichts geschehen. Wir haben nur in diese dunkle Ecke gesehen und diesen alten Kram ans Tageslicht gebracht – schön.

F.: Danke.

Fragende: Seit gestern fühle ich Sprachlosigkeit – dass es nichts mehr zu sagen gibt. Die Ruhe, die Stille. Und doch sind meine Gedanken wie Flöhe. Sie springen zu meinem Job, zu meinem Leben, das nicht hier ist. Das tut weh und es kommen Tränen, weil ich total mit dem identifiziert bin, was ich tue. Ich lebe die Dinge hundertprozentig, mit Spaß und Engagement. Ich kann es vielleicht so beschreiben: Ich arbeite mit einem Stein. Der Stein und ich kommunizieren, wir sind miteinander im Fluss. Ich vergesse Zeit und Raum. Es ist das totale Im-Fluss-Sein – und dann ist es vorbei, aber in dem Moment bin ich total identifiziert.

Samarpan: Das ist ein Missverständnis, es stimmt nicht. Wenn du und der Stein eins seid, mit wem bist du dann identifiziert? Mit dem Stein?

F.: Ich kann es nicht beschreiben!

S.: Ja, ich weiß. Darum sage ich, dass das Blödsinn ist! Was du beschreibst, ist Totalität. Dich hundertprozentig hineinfallen zu lassen, dich total in dieser Arbeit zu verlieren. Wenn du identifiziert bist, geht das nicht, dann ist das nicht möglich!

F.: *Ich erlebe es als Identifikation. Das gleiche Phänomen kann ich auf etwas übertragen, das auch hier ist: Ich komme auf Besuch, ich will nur beobachten – aber ich bin doch involviert.*

S.: Ja, das stimmt. Das ist nicht Identifikation! Ich sage dir, wie Identifikation aussieht: Du sitzt hier und denkst an deine Arbeit, das ist Identifikation. Aber wenn du dich total an deine Arbeit verlierst, ist das das genaue Gegenteil!

F.: *Also muss ich es nicht anders machen?*

S.: Nein, bitte! Mach es nicht anders! Tu es mit all deiner Leidenschaft, mit so viel Totalität, wie du nur kannst. Halte nichts zurück. Darum bist du so lebendig! Darum macht es so viel Spaß, mit dir zu sein! So lernen wir, das Leben zu leben, das ist wunderschön! Und es ist selten.

F.: *Danke.*

S.: Die meisten Menschen arbeiten so: Sie tun ihre Arbeit, aber sie denken an den Urlaub. Wenn du total in deiner Arbeit bist, ist das köstlich, wunderbar, fantastisch! Es ist egal, was es für Arbeit ist. Es ist keine Identifikation!

F.: *Ich erlebe es so: Ich identifiziere mich mit dem, was ich lebe. Nicht mit meinen Freunden, aber Freundschaft ist mir wichtig. Ich bin auch durch eine Freundin hier gelandet – und jetzt bin ich hier.*

S.: Da sind vielleicht Identifikationen, aber nicht das, wovon du sprachst. Du verstehst es, und es ist wunderschön!

F.: *Es ist grandios, und ich will es nicht mehr hergeben.*

S.: Nein, gib das nicht auf, mehr davon!

Fragende: Hallo. Die letzten Tage waren für mich die Hölle. Vorher hatte ich einige wunderschöne Momente und das Gefühl, ich bin mit allem im

Fluss, alles ist ganz leicht, ohne dass ich etwas tun würde. Ich hatte Momente, wo man sagen könnte: Du bist zuhause! Das ist es! – Das war wunderschön.

Samarpan: Ja, das ist Gottes Aufmerksamkeit. Für diese Schönheit würdest du alles tun.

F.: Das war in ganz normalen Situationen, wenn ich z.B. beim Essen war. Es zeigte sich auch mit verschiedenen Gesichtern, es kam auf verschiedene Art. Es konnte wie eine Unterströmung sein oder wie ein nicht-sexueller Orgasmus. Ich weiß nicht, was dann geschah. Ich geriet wieder in den Verstand und es war vorbei.

S.: Und jetzt du denkst, dass du etwas falsch gemacht hast? – Ich möchte dir gerade das Gegenteil sagen.

F.: Ich weiß nicht, ob ich etwas falsch gemacht habe.

S.: Wenn du in dieser Schönheit bist, denkst du, du könntest für immer und ewig hier bleiben! „Ja, das ist es, ich bin angekommen, und jetzt wird der Rest meines Lebens so sein!" Aber das geht nicht! Du musst zurück in die Hölle! Da sind Hausaufgaben, die du zu machen hast.

F.: Ja, es war wirklich schrecklich. Gestern hatten wir eine lange Pause; ich sah, wie alle zusammen lachten und Spaß hatten, und ich fühlte mich so schrecklich. Ich versuchte, irgendwie das Paradies wieder zu finden. Ich hatte das Gefühl, dass jetzt Stress aufkommt. Ich konnte nicht mehr essen und nicht mehr schlafen. Es fühlte sich an, als ob ich krank werde, oder wie ein Auto, das in den Graben gefahren ist und mit durchdrehenden Rädern heiß läuft. Ich wäre auch nicht in der Lage gewesen, hier nach vorne zu kommen. Heute Morgen kam es an einen Punkt, wo es so schmerzhaft war. Ich fühlte die Hölle; ja, ich war wirklich in der Hölle!

S.: Richtig. Das ist die Aufgabe: zurück in die Hölle zu gehen und damit Freundschaft zu schließen. Das ist die harte Arbeit, die zu tun ist. Die leichte Arbeit ist vorbei. Jetzt kommen wir zur harten Arbeit – das zu akzeptieren, was du einfach nicht akzeptieren kannst!

F.: Ich habe mich so fürchterlich gefühlt, und hatte Angst, dass das nie mehr weggeht.

S.: Ja. Das ist es, was du akzeptieren musst.

F.: Dann hörte ich deine Stimme: „Ja, es wird nie mehr weggehen!"

S.: Gut, das war wirklich meine Stimme! (Lachen)

F.: *Dann musste ich mich einfach entspannen. Ich versuchte, es zu akzeptieren, aber das konnte ich nicht. Dann habe ich zumindest akzeptiert, dass ich es nicht akzeptieren kann. Jetzt fühle ich mich schon etwas besser.*

S.: Ja, so *ist* es einfach, so ist das Leben. Wir denken, es sollte immer einfach und leicht und voller Freude und Glückseligkeit sein. Das ist es nicht! Ich kam heute Morgen zu spät zum Satsang, weil ich mich nicht gut gefühlt habe! Ich fühlte mich schwach, hatte einfach keine Energie, war wie ausgelaugt. Ich bin fast die ganze Nacht über wach gewesen, da ging vieles vor sich, es gab vieles zu akzeptieren – viele unakzeptable Dinge. An einem Punkt kehrte sich alles um, ich war voller Energie, sprang aus dem Bett, und hier bin ich.
Ich muss euch das erzählen, weil ihr diesen Teil nicht seht! An einem Punkt wollte ich ungeduscht, unrasiert und nicht ordentlich angezogen hierher kommen und euch das sehen lassen… Nur Marga bekommt das zu sehen. Aber so ist es! Das nennt sich Leben.

F.: *Ich bin froh, dass du das geteilt hast!*

S.: Ich teile das gerne!
Ich weiß, was wir für einen Eindruck bekommen können. Wir sehen Osho an und sehen ihn nur, wenn er leuchtet! Wir sehen ihn nicht mit seinen Rückenschmerzen, nicht seine Asthmaanfälle. Wir sehen nicht, was er durchmacht – wir sehen nur die Schönheit.
So ist es. Das ist alles Teil des Lebens. Erwarte nichts anderes. (Lacht)

Fragende: *Es stimmt, es gibt so viele Situationen zum Üben.*

Samarpan: Ja, und sie sind wirklich alle eine Gnade. Wir denken, es wären Probleme, Sorgen oder Schwierigkeiten, aber es sind einfach Lehren. Das ist alles Gnade.

F.: *Heute Morgen sah es so aus, als sei da ein Problem. Die Frau, die sich normalerweise um meine Hunde kümmert, rief an und sagte, dass sie krank sei, und nichts, was ich daraufhin versuchte, funktionierte. Also habe ich mich hingesetzt und zu Gott gesagt: „Bitte arrangiere du das für mich. Ich* *weiß nicht, wie ich das machen soll."(Erzählt die Geschichte sehr ausführlich...)*

S.: Und was ist jetzt übrig?

F.: *Ich fühle mich aufgeregt. Ich habe meinem Verstand erlaubt, mich verrückt zu machen. Gestern sprachen wir darüber. Ich kann die Verbindung sehen zu der Frage: Wer ist hier die Herrin? Wer trifft die Entscheidungen? Als ich hierher kam und deine Ungeduld bemerkte, war ich total sauer. Das hatte eine Macht! Und ich dachte: „Er wirft noch Holz ins Feuer! Es sieht anders aus, als ich dachte." Ich möchte gern teilen, wie es sich für mich gestern angefühlt hat. Ich ging nachhause...*

S.: Lass mich dich mal unterbrechen. – An dem, was geschieht, ist nichts verkehrt. Du verstehst alles. Aber es ist unnötig schmerzhaft für dich und alle anderen, wenn du die Geschichten immer wieder ausführlich erzählst. Das Leben von jeder und jedem von uns ist voller Erfahrungen! – Wenn ich dir all meine Erfahrungen zwischen dem letzten und diesem Satsang erzählte, würdest du schreiend davonlaufen! Ich will mir das noch nicht einmal selbst erzählen! Es reicht, da einmal durchzugehen.

Das ist, was du in deinem Leben tust: Du kaust immer wieder auf den gleichen Erfahrungen rum. Schmeckt es besser, wenn du wieder einmal daran rumkaust? – Einmal reicht! Mache einfach eine Erfahrung und das war's! Es reicht. Du musst nicht mehr darüber nachdenken, du musst es nicht analysieren, eine Geschichte daraus machen, deine Freunde damit langweilen... Das bedeutet, das Leben in der Stille zu leben.

Wir machen alle Erfahrungen – aber während ich eine frühere Erfahrung wieder durchlebe, verpasse ich die Erfahrung jetzt. Das Leben serviert uns fortwährend Erfahrungen. Verschwende deine Zeit nicht damit, Erfahrungen wiederzukäuen! Es gibt neue Erfahrungen, die gemacht werden wollen! Das Leben ist sehr großzügig. Wir müssen nicht an den alten Erfahrungen festhalten, lass sie gehen.

Es ist nicht so, dass wir durch sie mehr lernen, wenn wir immer wieder darüber nachdenken. Lernen geschieht nicht dort, Lernen geschieht durch einfaches Hier-Sein – unmittelbar. Lerne die Lektion – dann musst du nicht mal wissen, was du gelernt hast! Das ist der wichtige Teil.

Wir tendieren zu der Einstellung: „Jetzt habe ich das gelernt, und jetzt lerne ich das". Wir wollen Lernerfahrungen sammeln, als ob das von Nutzen wäre. Sie haben ihren Wert, aber nicht, wenn sie angehäuft werden.

F.: *... wie ein Faden.*

S.: Richtig, lass sie los. Sieh, was die nächste Erfahrung ist. Das ist der einfache Weg.

F.: *Ja.*

S.: Mir geht es nicht so sehr um mich und die anderen Leute hier, sondern um dich, denn du bist diejenige, die diese Geschichten immer und immer wieder hören muss! Wir müssen es uns nur ein Mal anhören, und das ist schon anstrengend genug.
Aber es ist für dich wirklich wichtig! Es ist eine bedeutsame Veränderung. Ich kenne das aus eigener Erfahrung. Es ist so viel einfacher, im Moment zu leben! Das bedeutet nicht, dass du keine schmerzhaften Erfahrungen mehr machen würdest.

F.: *Wenn ich etwas Wichtiges erkannt habe, fühle ich den Drang mich mitzuteilen, natürlich möglichst ohne eine Geschichte!*

S.: Ja, da ist der Drang sich mitzuteilen. Da ist der Drang darauf rumzukauen. Es ist die gleiche Gewohnheit: „Oh, ich hatte da eine tiefe Einsicht! Oh, ich fühlte einen solchen Schmerz!" Alles altes Zeug, buddeln in der Vergangenheit!

F.: *Ja, das war etwas von gestern...*

S.: Das stimmt, uralte Geschichten! Lass gestern los und sei einfach hier.

F.: *Okay. Danke.*

Fragende: *Ich wollte mich hier in diesem Retreat mit meiner Arroganz konfrontieren, denn ich habe Probleme, die Arroganz zu akzeptieren. Gestern Abend im Satsang näherte sie sich mir, ich bemerkte sie, und dann kam die Arroganz wie eine riesige Welle und erfüllte meinen Bauch, mir war sofort schlecht.*

Samarpan: Wunderschön!

F.: *Nachts musste ich mich immer wieder übergeben. Nach dem fünften Mal, als das Elend einfach zu groß wurde, saß ich vor der Toilette und betete...*

S.: Das ist ein guter Ort zum Beten! (Lachen)

F.: „Bitte, nimm den Schmerz weg. Du kannst sehen, wie klein und elend ich mich fühle. Ich verspreche, dass ich ganz demütig sein werde!" Aber ich wusste gar nicht genau, was das eigentlich bedeutet. Dann bin ich wieder ins Bett gegangen und die Krämpfe waren nicht mehr da. Als ich mich dann ein bisschen entspannt hatte, verstand ich etwas besser, was Demut ist. In dem Moment war klar, dass es nicht meine Arroganz ist! Ich erkannte, dass es die größte Arroganz ist zu denken, es sei meine!

S.: Ja, das ist es.

F.: Und der Grund, warum ich hier sitze und so berührt bin, ist: Ich besitze gar nichts mehr!

S.: Das stimmt! Es hat alles nichts mit dir zu tun. Es ist nur die Arroganz des Verstandes!

F.: Ja, für den Verstand ist es schwierig, es macht ihn verrückt, er kämpft dagegen an.

S.: Klar. Immer.

F.: Ich kann damit leben!

S.: Miss dem einfach immer weniger Bedeutung bei, das ist die Demut.

F.: Nicht so wichtig.

S.: Wenn wir einfach hier sind, ist es egal, was da für Gedanken sind. Es ist egal, was wir für Bewertungen haben. Es ist alles Unsinn, es bedeutet nichts.

F.: Es geschieht einfach…

S.: Ja. Ich sehe, dass ich nichts verstehe. Der Verstand will denken, er will die Vorstellung haben, dass er versteht. Er springt umher, wertet aus, will Urteile fällen, eine Geschichte darüber erzählen, wie die Dinge liegen – seiner Meinung nach!
Aber er verfügt nur über sehr begrenzte Informationen, er sieht nicht das ganze Universum. Er erfasst nur einen ganz kleinen Ausschnitt – und aufgrund dessen fällt er seine Urteile!
Kennst du die Geschichte von den drei blinden Männern, die einen Elefanten beschreiben wollten? Jeder der Männer greift nach einem anderen Teil des Elefanten. Einer von ihnen hat den Schwanz in der Hand, einer den Rüssel, und einer ein Bein. Und daraufhin beschreiben sie den Elefanten.

So ist das mit dem Verstand. Es ist, wie einen Elefanten nur anhand des Schwanzes beschreiben zu wollen. Das ist ein Witz! Der Verstand versteht ganz offensichtlich nicht.

Ich bin nur der, der still dasitzt und nichts weiß; der beobachtet, wie die Erfahrungen kommen und gehen; der beobachtet, wie sich diese Lebensgeschichte entwickelt. Und noch nicht einmal das!

Ich kann noch nicht einmal eine Geschichte initiieren, eine Geschichte enthält schon zu viel. Dein Leben hat erst recht zu viele Aspekte, es kann einfach nicht auf eine oder mehrere Geschichten begrenzt werden!

Das ist es, was wir tun, wenn wir Geschichten erzählen: Wir reduzieren das Leben auf Geschichten. Wir schmeißen Dinge heraus, die nicht hineinpassen, damit wir Geschichten haben, die uns gefallen. Aber es ist offensichtlich, dass keine Geschichte wahr ist. Sie muss Fiktion sein – weil zu viel weggelassen wird!

F.: Danke.

Fragende: Es geht um das Gleiche. Ich sehe, wie der Verstand versucht, Kontrolle auszuüben, indem er einen roten Faden sucht, um daraus eine Geschichte zu machen.

Samarpan: In jedem Moment haben wir zehntausend Eindrücke. Aber neuntausendneunhundertneunundneunzig passen nicht in die Geschichte. Sie werden einfach beiseitegelassen. Der Verstand sucht sich nur die aus, die am besten in die Geschichte passen. So ist es, und so ist es bei uns allen. So funktioniert der Verstand.

F.: Das ist eine solche Kontrolle!

S.: Die Kontrolle liegt in unserer engen und begrenzten Sichtweise. Sobald wir anfangen, uns zu öffnen, funktioniert die Geschichte einfach nicht mehr. Da ist zu vieles, was nicht hineinpasst!

F.: Es ist so ermüdend, alles zusammenzuhalten!

S.: Ja, es ist harte Arbeit.

F.: Da ist noch etwas anderes: Der Teufelskreis mit der Wut ist immer noch hier. Sie verändert sich, aber dann kommt sie wieder. Die Wut war schon immer hier und wird immer hier sein. Wenn die Wut kommt, dauert es so lange, bis sie umgewandelt wird. Ich habe mich gefragt, ob ich mich darin suhle...

S.: Du kannst es nicht falsch machen. Es ist völlig egal. Es dauert so lange, wie es dauert.

Das ist interessant. Ich sehe dich und ich sehe, dass du wirklich leidest. Und dann sehe ich wieder zu dir hinüber, und du leidest immer noch! Aber an irgendeinem Punkt ist dann das Leiden vorbei, die Entspannung kommt, die Tränen kommen und es geht dir gut. So ist es, wunderschön. Perfekt. (Lacht)

F.: *(Weint)*

S.: Ich liebe dich.

F.: *Da ist so viel, was ich nicht verstehe...*

S.: Ich weiß, es ist unglaublich zu glauben, dass wir wirklich in Ordnung sind, so wie wir sind. Der Verstand will das einfach nicht wahr haben, er sagt: „Ich weiß, ich bin völlig verkorkst. Ich sollte nicht so sein." – Es ist, wie es ist.

Gott ist total geduldig, du wirst total akzeptiert. Es gibt überhaupt keine Vorstellung, keine Bewertung, da ist keine Beschuldigung. Ich weiß, es gibt das Bild von Gott als dem Richtenden. Aber das ist nicht wahr! Nur der Verstand urteilt. Wir haben diesen Gott kreiert, der wie ein Superhirn aussieht, der sich alles notiert... (Lacht) Als ich ein Kind war, habe ich das wirklich geglaubt. Ich weiß nicht, ob mir das beigebracht worden ist oder ob ich mir selbst ausgedacht habe, aber ich hatte wirklich die Vorstellung, dass Gott sich Notizen macht. Und jedes Mal, wenn ich Mist baute: „Dafür gibt's zwei Jahre Fegefeuer!"

Das alles ist nur der Verstand. Gott urteilt nie, da ist nur totales Mitgefühl. Es ist hart, menschlich zu sein. Und es ist sehr komplex. Es erfordert eine Menge Geduld. Aber es ist in Ordnung, da Gott immer und ewig geduldig ist. Wenn es jemanden gibt, der urteilt, dann ist es nur der Verstand.

ALLES PERFEKT,
UM NACH HAUSE ZU KOMMEN

Samarpan: In den letzten Tagen scheint es in allen E-Mails um das Thema Beziehungen zu gehen. Ein vertracktes Thema, nicht wahr?

Ideen wie „Ich brauche jemand", „Ich habe es falsch gemacht", „Ich könnte das aber besser" usw. tun weh. „Wenn ich das nur besser machen würde, wäre alles in Ordnung, dann würde die Liebe nicht sterben. Dann wären wir ewig glücklich."

Ursprung des Schmerzes ist, dass wir am falschen Ort nach Liebe zu suchen. Das sehen wir nur selten, weil wir uns darin verlieren. Wir konzentrieren uns so auf die Beziehung. Wir vergessen, wo die Liebe ist.

Die Liebe ist genau hier, sie ist immer hier. Sie hängt nicht von der anderen Person ab. Das hängt nicht von der Geschichte ab. Sie ist hier! Wir lieben es zu lieben. Und da ist die Idee, dass ich dafür ein Objekt brauche. Wenn mein Liebesobjekt sich nicht so verhält, wie es das meiner Meinung nach tun sollte, stört mich das.

In Wirklichkeit gibt es nichts, was mich davon abhalten könnte zu lieben. Ich kann in jedem Moment lieben, in Liebe sein. Wir konzentrieren uns auf die andere Person und auf ihr Verhalten. „Wird er anrufen?" – „Sollte ich anrufen?" – statt einfach in Liebe zu sein!

Heute, wo E-Mails in Sekundenschnelle um den Globus jagen, frage ich mich manchmal, wie es war, als man seiner Geliebten noch einen Brief schrieb, der per Schiff auf die Reise ging. Wenn alles klappte, bekam sie ihn nach Monaten. Nach weiteren Monaten bekam man die Antwort, wenn es funktionierte. Mein Gott!

So vieles kann in sechs Monaten geschehen! In sechs Monaten können wir vier oder fünf Beziehungen hinter uns bringen! (Lachen)

Fragende: Vorhin habe ich auf einem Stuhl gesessen, an diesem Körper heruntergesehen und gedacht: „Dieser Körper ist ein Symbol für alle möglichen Gedanken, die andere Menschen und ich zu ihm haben." Und dann ist da ein noch größerer Körper, Persönlichkeit genannt, und damit ist es das Gleiche! In dem Moment fühlte ich wirklich, dass es nichts gibt! Es

sind alles nur Projektionen. Das hier ist völlig neutral, und alles ist einfach Projektion. Im Grunde geht es in Beziehungen auch nur um Projektionen: „Mache ich es richtig oder mache ich es falsch?“ – Das ist die grundlegende Projektion. Ich hatte das Gefühl, dass es niemand und nichts gibt. Als ich hierher kam, ging mir der Gedanke durch den Kopf: „Was zieht mich an den Körpern und Persönlichkeiten der anderen Menschen an? Was ist Energie und was ist Resonanz? Ist das alles nur Einbildung?“

Samarpan: Das ist interessant. Wir bekommen einen Eindruck davon, was es bedeutet, wenn die Meister sagen: „Das alles ist Illusion!“ Denn dieser Körper hat nichts mit mir zu tun, und die Persönlichkeit auch nicht.

F.: *Das ist es, was ich vorhin sehr tief fühlte.*

S.: Du kannst diese Worte hören, aber bis du nicht selbst diese Erfahrung machst, sind es nur Worte. Wenn du einmal die Erfahrung gemacht hast, dass du nicht der Körper bist und dass du nichts mit der Persönlichkeit oder der Geschichte zu tun hast...

F.: *Dann bin ich frei.*

S.: Das ist die Freiheit. Großartig.

F.: *Kannst du etwas über die Themen „Energie“ und „Mitschwingen mit anderen“ sagen?*

S.: Das ist ein heißes Eisen, daran will ich mir nicht die Finger verbrennen. Wer kann das alles verstehen? Was bedeutet das alles? – Ist das Energie? Ist das Chemie? Was bedeutet Karma? – Karma ist ein gefährliches Konzept, denn wenn wir erst mal denken, dass eine Beziehung karmisch ist, dann wird es wirklich ernst. „Oh, diese Beziehung ist etwas ganz Besonderes!“ Und was bedeutet „besonders“? – Das ist einfach eine neue Ausrede, um meine Kraft wegzugeben, um nicht in der Wahrheit, im Moment zu sein.
„Es ist etwas Besonderes! Ich muss es beschützen. Diese Beziehung kann ich nicht vor die Hunde gehen lassen!“ – „Sie ist etwas Besonderes!“ – So ein Mist!
Wenn sie wirklich karmisch und etwas Besonderes ist, kannst du so radikal sein, wie du nur willst, sie wird bleiben. Dann kannst du sie gar nicht loswerden. (Lachen) So weißt du, ob sie etwas Besonderes ist.

Sei mit nichts vorsichtig. Wenn etwas zu Ende gehen soll, geht es zu Ende, und dann gibt es nichts, was du tun kannst. Und wenn es nicht zu Ende gehen soll, wird es nicht zu Ende gehen, ganz egal, was du machst.

Du bist frei, so zu sein, wie du bist. Du musst nicht vorsichtig sein. Wenn du dem Moment und der Wahrheit treu bist, wirst du in deiner Kraft sein, immer mehr.

F.: *So etwas wie Verbindlichkeit, „sich wirklich einlassen wollen" und Vereinbarungen haben darin keinen Platz?*

S.: Da haben wir ein weiteres Problem. Verbindlichkeit – wem oder was gegenüber ist so etwas wie Verbindlichkeit möglich? Ich kann mich nicht einlassen – denn da ist kein „mich".

Marga und ich haben geheiratet, und das war ein Anerkennen von etwas, was ist. Ich weiß, dass da auch das Eheversprechen ist. Aber du kannst nicht wirklich etwas versprechen. Denn die Person, die etwas verspricht, ist nicht die, die das Versprechen hält. In jedem Moment ändert sich etwas. Alle sieben Jahre erneuert sich jede Zelle im Körper. Selbst der Körper ist ein anderer. Es ist nicht der gleiche Körper wie der, der das Versprechen abgegeben hat.

Es geht also nicht darum, etwas zu versprechen. Es geht um das Erkennen dessen, was ist. Marga und ich sollen offensichtlich zusammen sein. Das muss dann wohl karmisch sein! Kismet – Schicksal. Ich weiß nicht, warum. Es ist einfach so.

Die Heiratszeremonie und der Ehevertrag sind ein Anerkennen. Es ist wie eine Mitteilung an die Welt: „Okay, wir bleiben zusammen." Und es ist eine Konvention. Eine Aussage.

Der Zweck ist, die Dinge einfacher zu machen. Die Frauen müssen nicht hinter mir herjagen und die Männer nicht hinter ihr. Wir sagen: „Die Jagd ist vorbei. Wir sind nicht mehr auf der Jagd." Wir suchen nicht mehr.

Du hast noch ein anderes Wort erwähnt: „Vereinbarung". Ich denke, Vereinbarungen sind etwas eher Kurzfristiges. Ich kann nicht die Vereinbarung treffen, den Rest meines Lebens mit Marga zusammen zu sein. Ich kann sagen, dass es das ist, was ich gerne hätte. Wir kommen mit der Idee zusammen, dass wir bis zum Tode zusammen sein werden oder bis nach dem Tod. Aber da gibt es viele Dinge, die ich nicht unter Kontrolle habe.

Meine Ex-Frau und ich haben uns auch aneinander gebunden. Aber das Leben hatte andere Pläne. Das Leben hat die Dinge geändert. Das heißt nicht, dass sie oder ich gegen die Vereinbarung verstoßen hätte.

Die meisten Vereinbarungen sind eher kurzfristig. „Wir vereinbaren, dass wir uns morgen um 14.30 Uhr treffen." Gestern hatten wir mit jemand eine solche Vereinbarung. Dann waren wir ein paar Minuten zu spät und der Typ hatte einen Anfall! Er zeigte auf seine Uhr, als wir ankamen, tanzte herum und machte eine große Show, weil wir sieben Minuten zu spät kamen... Was für ein Quatsch! Sieben Minuten zu spät sind für mich noch pünktlich.

Ich war mit einer Frau verheiratet, die bei einer Stunde Verspätung noch pünktlich war! Aber da ist mir Marga doch lieber, denn wenn sie eine Zeit nennt, ist sie ziemlich verlässlich, das macht es einfacher. Darum geht es bei Vereinbarungen.

Vereinbarungen lassen die anderen wissen, was sie erwarten können. Du kannst erwarten, dass ich so ziemlich pünktlich sein werde. Das macht es einfach. Das bedeutet, dass niemand allzu lange warten muss. Wenn ich sage, dass ich etwas tun werde, tue ich das.

Was bei Vereinbarungen geschieht, ist, dass wir etwas zusagen, ohne innezuhalten und innerlich zu fühlen, was die Wahrheit ist. Wenn jemand zu mir sagt: „Lass uns zusammen eine Tasse Kaffee trinken", und das Programm „netter Mensch, der es jedem recht machen will" startet, dann ist meine Antwort schnell: „O ja, das wäre schön!" Aber das war nur ein Programm! Hätte ich innegehalten und es überprüft, hätte ich bemerkt, dass ich mit diesem Menschen in Wirklichkeit keinen Kaffee trinken will!

Über Osho-Sannyasins wird oft gesagt, dass man sich nicht auf sie verlassen kann. Wenn sie sich nicht an eine Vereinbarung halten, sagen sie: „Ach, ich war einfach im Moment!" – Und wie wäre es damit, im Moment zu sein, wenn sie die Vereinbarung treffen? Wenn du im Moment bist, während du eine Vereinbarung triffst, gibt es kein Problem. Dann gibt es keinen Konflikt.

Du möchtest doch bei der Arbeit mit Menschen zu tun haben, bei denen du dich auf das verlassen kannst, was sie sagen! Wenn du im geschäftlichen Bereich herausfindest, dass jemand sich nicht an Vereinbarungen hält, machst du einfach keine Geschäfte mehr mit dem Menschen. Du machst Geschäfte mit jemandem, mit dem das mehr Spaß macht, mit Leuten, die sich an Vereinbarungen halten.

Fragende: *Ich erkenne, dass es alles gibt, und ich bin eingeladen, an der Kraft des Seins, an der Lebendigkeit oder auch an dem Frieden teilzuhaben. Es ist, als ob ich jetzt die Tatsache sehen kann, dass da alles ist.*

Samarpan: Wunderbar.

F.: *Bis jetzt war ich der Meinung, ich müsste diese Dinge erschaffen. Jetzt erkenne ich, dass sie da sind und ich eingeladen bin teilzunehmen – ich glaube, ich wiederhole mich.*

S.: Du wiederholst dich, weil da jetzt ein neues Sehen ist. Und es ist wirklich überwältigend!

F.: *Ja. Manchmal verliere ich es.*

S.: Ja, natürlich!

F.: *Und ich kann es nicht machen. Es ist einfach so, dass ich es ganz plötzlich wieder sehen kann!*

S.: Ja. Wir sehen die Freiheit wieder und wieder und wieder. Sie wird uns nicht alleinlassen. Sie wartet darauf zu sagen: „Hallo. Hier bin ich!"
Wir sind hier in diesem überwältigenden Vergnügungspark. Und wir haben nichts als E-Eintrittskarten. Warst du schon in Disneyland? – Das sind die richtig guten Fahrten. Die billigen, die einfachen, wo die kleinen Kinder immer nur im Kreis fahren, das sind die A-Eintrittskarten. Großartig. Es ist toll, das zu entdecken!

F.: *Aber es ist nichts und gleichzeitig alles. Mein Verstand ist immer noch etwas verwirrt.*

S.: Der Verstand versteht das nicht. Darum müssen wir, wenn wir „nichts" sagen, auch „alles" sagen. Und jedes Mal, wenn wir „alles" sagen, müssen wir auch „nichts" sagen. Denn so ist es. Der Verstand kann das nicht begreifen. Das Leben ist zu geheimnisvoll, zu voll, um gesehen zu werden. Es ist zu voll vom Nichts. (Lachen)

F.: *Das ist in Ordnung.*

S.: Wir haben den Rest unseres Lebens, um das zu erforschen. Wir werden es nie verstehen. Aber wir können es immer und ewig erforschen.

F.: *Gut. Ich habe also Zeit, um es zu erforschen.*

S.: Fühle dich eingeladen, es zu erforschen.

Fragende: *Ich denke, ich bin ein gutes Beispiel, was Beziehungen angeht. Das kommt immer wieder hoch. Wenn ich an meine vergangene Beziehung denke, ist da immer noch viel Schmerz.*

Samarpan: Wenn du den Schmerz fühlst, wenn du ihn einfach einlädst, ohne die Geschichte, was geschieht dann?

F.: *Dann weine ich, und dann entspanne ich mich. Es ist, als ob ich schon darüber hinweg sein will.*

S.: *Das ist das Leiden, darüber hinweg sein zu wollen.*
Warum? Warum willst du darüber hinweg sein? Wenn es nicht dieses Leiden ist, ist es etwas anderes. Das Leben ist damit sehr großzügig. Du bist über diesen Mann hinweg, und dann wird da der Nächste sein, über den du hinwegkommen willst. Versuche nicht, über irgendetwas hinweg zu sein! Das ist das Geheimnis. Wenn du damit einfach im Moment bist, ist das einfach, was geschieht. Das ist es, was dir das Leben präsentiert.
Ich habe eine E-Mail bekommen, in der mir eine Frau schreibt, dass ihr Freund nebenan wohnt. Sie weiß also, dass er da ist, wenn er nachhause kommt. Und dann meldet er sich nicht! Sie wartet am Telefon und er ruft nicht an. Sie weiß aus Erfahrung, dass er auch nicht anrufen wird. Sie müsste anrufen. Dann geht das Ganze wieder los! Und sie will darüber hinwegkommen, sie will das beenden oder darüber sprechen oder irgendetwas damit tun. Das ist die Falle! Wenn wir es aber als Meditation benutzen: „Hier ist es! Ich gehe damit wieder in den Verstand! Das dumme Telefon klingelt einfach nicht! Dieser Mistkerl ruft einfach nicht an!" – und dann wieder hierher zurückkommen und fühlen, wie es sich anfühlt, diese Gefühle willkommen heißen: Frust, Wut, Eifersucht, Angst – all das!

F.: *Das kenne ich alles!*

S.: Das ist ein ganzer Teller voll. Akzeptiere einfach den Teller! Ohne Geschichte ist es einfach ein Teller voller Erfahrungen, voller Gefühle – sehr reich! So viele Gelegenheiten anzukommen. Es bietet sich die Möglichkeit alles zu verwenden, um nach Hause zu kommen. Der Verstand wird dich wieder in die Geschichte ziehen. Das ist in Ordnung. Und dann kommst du wieder hierher zurück. Fühle, wie es sich anfühlt, hier zu sein. Fühle die Gefühle! Interessant! Darum geht es.

F.: Und das ist stark!

S.: Eine sehr starke Medizin! Eine sehr gute Meditation!

Fragender: Ich habe auch etwas zum Thema Beziehungen zu sagen, und ich habe...

Samarpan: Und was ist dir in die Hand gesprungen?

F.: Der Vogel kam. Heute Morgen nach dem Satsang hatte ich auf einmal eine Frau im Arm. Das war so schön! Heute Nachmittag habe ich einen Spaziergang ins Dorf gemacht und konnte fühlen, wie der Verstand wieder dahin zurückspringen wollte. Ich konnte also aus der Stille heraus wirklich sehen, wie mein Verstand dahin zurückspringen wollte, so wie er es schon tausend Mal getan hat. Aber der Unterschied war, dass ich es bemerkte, vielleicht zum ersten Mal.

S.: Ja! Ja! Wunderschön. Das ist der Wert des Innehaltens, das ist der Wert eines Retreats. Es verlangsamt die Dinge, damit du all die Muster des Verstandes erkennen kannst.

All die Beziehungen, die ich eingegangen bin – länger, kürzer, wie auch immer –, Hunderte von Beziehungen: 99% davon waren nicht nötig, 99% davon bedeuteten einfach nur, dass der Verstand versuchte, etwas andauern zu lassen, was schon vorbei war. Da gab es nichts mehr! Nichts zu erlangen, kein Karma, das abgearbeitet werden musste – nichts!

Interessant. Wir können mit solchen Dingen spielen. Je stiller du bist, desto mehr kannst du im Moment sein und desto klarer siehst du, wie der Verstand funktioniert.

Und wenn du wirklich still bist, kannst du auch den Verstand der anderen Person sehen. Du kannst beobachten, wie die Gedanken der anderen Person in eine Geschichte wandern. Und wenn du dich nicht bewegst, endet diese Geschichte auch – ganz schnell.

Fragende: Ich möchte dich etwas über den Körper fragen. Denn ich bin eine Body-Workerin und arbeite mit Massage. Ich finde, es geht eher darum, den Körper zu lieben als irgendetwas zu tun. Dann höre ich hier:

„Du bist nicht der Körper!" Ich habe das Gefühl, dass ich durch Körper-arbeit in Satsang sein kann oder nach Hause kommen kann, zurück zu mir.

Samarpan: Ja. Richtig.

F.: Ist das nicht ein Widerspruch?

S.: Nein, das ist kein Widerspruch!

F.: Ich weiß nicht – es fühlt sich komisch an: Ich arbeite mit Hilfe von etwas, das ich nicht bin, und mit etwas, das ich auch nicht bin...

S.: Genau das meine ich: Der Verstand kann das nicht verstehen. Aber lass mich versuchen es zu erklären. Du stehst an dem Tisch, da liegt ein Körper vor dir, und du berührst den Körper. Da ereignet sich ein Energiephäno-men. Wir machen damit das Gleiche, was wir mit unseren Gefühlen tun: Wir folgen ihnen einfach nach Hause. In diesem Fall ist es das Gefühl, einen anderen Körper zu berühren: Das bringt uns aus dem Verstand in den Moment.

Es ist also egal, ob wir Musik machen, künstlerisch tätig sind, Körper be-rühren, Liebe machen – alles bietet die Möglichkeit, es als Vehikel zu ver-wenden, um nach Hause zu kommen.

Wenn wir zuhause sind, erkennen wir, dass da kein Körper ist. Das ist der Grund, warum ich nie Körperarbeit machen konnte! Ich berühre den Kör-per des Klienten und bin einfach zuhause. Jeder Impuls, etwas zu tun, ver-schwindet. Ich bin zuhause und zufrieden. Das ist für den armen Menschen keine besonders befriedigende Session! Wenn das bei dir noch nicht so ist, wenn du Köperarbeit noch ausführen kannst, dann ist das gut so!

F.: Ich war ein bisschen verwirrt, weil ich mich gerade für eine Rolfing-Ausbildung angemeldet habe. Du hast vor ein paar Tagen über Rolfing gesprochen...

S.: Das war ein Glaubenssatz von mir, mein eigenes Vorurteil. Wenn mein Osteopath, er ist sehr gut, mit mir arbeitet, weiß ich nicht, was in ihm vor sich geht, aber es ist reiner Satsang. Es ist eine sehr subtile und sehr tiefe Arbeit. Er macht fast gar nichts. Genau genommen macht er gar nichts, und das ist das Geheimnis. Wenn ich mich auf den Tisch lege und jemand tut etwas, das hasse ich. Denn der Verstand ist im Weg, und das finde ich schmerzhaft. Der Verstand versucht, etwas in Ordnung zu bringen, zu kor-rigieren, zu finden und das ist nicht angenehm.

Ich habe viel Körperarbeit bekommen – ich würde es nicht Rolfing nennen, aber sehr tiefe Körperarbeit, und ich habe das sehr genossen. Aber es wird immer weniger. Mein Körper reagiert sehr schnell auf ganz sanfte Anregungen. Vor allem, wenn ich mit jemandem zusammen bin, dem ich vertraue, kann der Körper wirklich loslassen, dann kann viel geschehen! Aber sobald der Verstand ins Spiel kommt, fängt der Körper an, Widerstand zu leisten. Dann ist es nicht sicher!

Ich weiß es also nicht. Ich bin kein Rolfing-Experte und kann nicht sagen, was da möglich ist. Aber ich habe eine Frage an dich. Du bist offensichtlich erfolgreich mit dem Massieren und es unterstützt dich – nicht nur finanziell, sondern darin, hier zu sein. Es ist deine Meditation.

F.: Ja. Mir gefällt auch, dass es in Stille geschieht. Es geht hauptsächlich nicht darum, etwas zu ändern, sondern den Körper zu lieben. Es hängt auch von der anderen Person ab. Es kann ein Segen sein, es kann wirklich eine Liebesgeschichte sein. Rolfing ist etwas ziemlich Tiefes. Ich habe darüber nachgedacht. Bei Hawaiianischer Massage setze ich den ganzen Körper ein, ich tanze, ich tue viel. Beim Rolfing hatte ich das Gefühl, dass so wenig getan wird und so viel passiert! Ich finde es anziehend, dass es so mühelos geschieht. Es hat bei mir körperlich viel bewirkt und mich auch mit neuen Gefühlen konfrontiert. Bei dieser Arbeit fühlte ich mich auch sehr gesehen und die Schönheit war nach der Session da, wenn ich einfach da liegen konnte und mich innen fühlte. Außerdem ist es ein Prozess von zehn Sessions und bei der Hawaiianischen Massage kommen die Menschen meist nur ein Mal.

S.: Es ist also die Verbindlichkeit einer längeren Beziehung.

F.: Das andere ist, dass ich mir nicht sicher bin, ob meine Bewerbung für die Ausbildung angenommen wird.

S.: Das ist nicht deine Angelegenheit! Du fühlst dich zu etwas hingezogen – ich sehe das bei dir – und jedes Sich-Hingezogen-Fühlen ist wunderschön. Ich sehe, dass zwischen dir und Rolfing eine Liebesgeschichte ist, und das ist wunderschön! Geh da weiter, finde es heraus! Wenn deine Bewerbung abgelehnt wird, ist das in Ordnung. Habe keine Angst davor!

F.: Die letzten Jahre habe ich mich viel damit beschäftigt, was mein Ding ist.

S.: Das wirst du nie wissen!

F.: Ich war auf Menschen neidisch, die z.B. malen und in ihrer Arbeit völlig aufgehen, die wirklich enthusiastisch sind. Im Moment kann ich enthusiastisch kochen, ich kann enthusiastisch Liebe machen, ich kann bei meiner Arbeit enthusiastisch sein. Damit ist vielleicht schon die Idee verschwunden, dass ich noch etwas anderes finden muss!

S.: Gehe einfach dahin, wo du dich angezogen fühlst. Mach dir keine Gedanken, was die ultimative Arbeit für dich sein könnte. Wenn da eine ultimative Arbeit ist, wird sie dich finden. Gehe einfach dahin, wo es dich hinzieht. Mach dir darüber keine Gedanken. Wenn du dich hingezogen fühlst, tu es!

F.: Okay.

S.: Ich liebe es, wenn ich mir widerspreche. Denn das Leben *ist* ein Widerspruch, und wenn ich mir nicht widerspreche, ist es nicht die Wahrheit.
Ich liebe es, wenn ich jemandem einen Rat gegeben habe, und dann kommt die Antwort: „Ich weiß, du hast mir etwas anderes geraten, aber ich fühlte mich nun mal da hingezogen und bin dieser Anziehung gefolgt." Es ist immer perfekt!
Das ist der einzige Rat! Folge dem, wo du dich hingezogen fühlst. Das ist wunderbar. Immer!

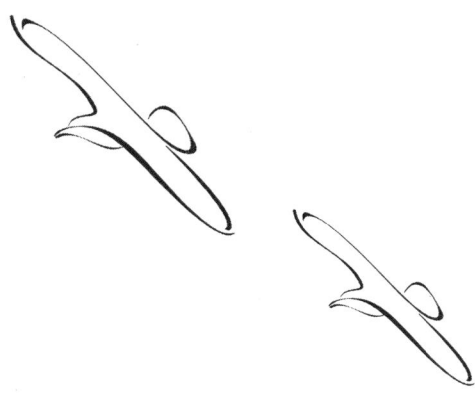

Wenn du es berührst, wird es dich beissen

Samarpan: Guten Morgen.

Fragende: Hallo Samarpan. Es gibt etwas Verwirrung zwischen meinem Herzen und meinen Gedanken. Eine innere Stimme sagt mir schon seit längerer Zeit: „Es wird nie jemanden oder etwas für dich geben." Das macht mich nicht frei, sondern traurig. Da ist keine Hoffnung. Manchmal erinnere ich mich daran, was du über Hoffnung gesagt hast. Wenn ich früher in mich hineingesehen habe, habe ich etwas Hoffnung gefunden, aber jetzt ist da gar nichts.

S.: Das ist ein guter Punkt. Da ist der Gedanke: Ich werde nie eine Beziehung haben, ich werde nie irgendetwas haben.

F.: Oder was ich habe oder was ich lebe, bedeutet gar nichts für mich. Es ist das Gleiche mit Dingen, die ich sehr mag, wie Malen.

S.: Das hat alles keine Bedeutung.

F.: In dem Moment fühlt sich das gut an, aber es bedeutet mir nichts, und das macht mich traurig.

S.: Das ist wirklich ein guter Punkt. Die Illusion hat sich aufgelöst oder fast aufgelöst, und das bringt keine Freude mit sich.

F.: Nein. Wenn mir das bewusst wird, ist da keine Freude. Die Freude ist nur im Moment. Freude kommt nur auf, wenn ich hier bin – dann ist sie plötzlich da.

S.: Wenn wir an diesem Punkt sind, gibt es zwei Möglichkeiten: Die eine ist, darüber nachzudenken. Das bedeutet Leid. Die andere Möglichkeit ist, es einfach zu fühlen – jetzt. Schließe die Augen und entspanne dich. Heiße die Gefühle willkommen, die mit dieser Realisation einhergehen – die Traurigkeit. Sei einfach still, kein Gedanke darüber. Was ist hier?

F.: Nichts.

S.: Und wie ist es hier?

F.: Still.

S.: Fehlt es hier an irgendetwas?

F.: Ich weiß es wirklich nicht.

S.: Komme einfach hierher zurück.

F.: Ich fühle Traurigkeit.

S.: Gut – heiße die Traurigkeit wirklich willkommen. Lade die Traurigkeit für immer ein, bedingungslos, total, ohne irgendetwas zurückzuhalten. (Stille) Entspanne einfach da hinein. Lass dich von der Traurigkeit liebkosen. (Stille) Wenn Gedanken kommen, lass sie einfach wieder gehen. Gib ihnen keinerlei Aufmerksamkeit, gib deine Aufmerksamkeit der Empfindung, die sich Traurigkeit nennt. In diesem Moment ist die Traurigkeit deine Liebhaberin. Sei einfach mit dieser Geliebten im Moment. (Stille) Was ist hier?

F.: Frieden.

S.: Das Wichtige ist, dabei zu bleiben, nicht wieder in den Verstand zu gehen, wieder in die Geschichte. Sei einfach mit dieser Liebhaberin. (Stille) Du hast für dich selbst das bestmögliche Leben entworfen. Es ist nicht so, wie es der Meinung der meisten Menschen nach sein sollte. Aber es ist perfekt. Es hat alle Zutaten, um dir deine Freiheit zu zeigen und zu geben. Es hat das Potential, dich von den Träumen zu befreien, die dein Gefängnis darstellen. Nachts, wenn du schläfst, kommen Träume. Wir verlieren uns einfach in dieser Traumwelt, und die nimmt uns in sich auf und stellt alles Mögliche mit uns an.

Jemand hat mich einmal gefragt: „Wenn das jede Nacht beim Schlafen geschieht, muss es doch eigentlich auch geschehen, wenn der Körper gestorben ist?" – Es stimmt, das ist es, was uns immer wieder zurückbringt. Wir verlieren uns im Traum und der Traum bringt uns in einem anderen Körper wieder zurück. Nur wenn wir von den Träumen befreit sind, müssen wir uns nicht mehr verlieren. Wenn du den Tag mit so viel Bewusstheit wie möglich verbringst, wenn du vom Tag gut Gebrauch machst und alles benutzt, um dadurch zurück nach Hause zu kommen, dann wird dich jeder Gedanke und jedes Gefühl aus dem Traum heraus und zurück nach Hause führen, in diesen Moment. Das verändert die ganze Struktur. Wenn du den Wachzustand wirklich wach verbringst, wird sich der Schlafzustand auch verändern. Dann bist du frei. Dann hat das ganze Leben der Freiheit gedient, und das ist der Zweck dieses Lebens. Das ist es, worum wir gebeten haben: um Freiheit. Wir haben nicht um einen besseren Traum gebeten.

Wir hatten so viele Träume, wunderschöne Träume und Albträume, aber die sind alle nicht befriedigend. Sie haben alle keine Substanz. Das kann uns nur die Freiheit geben. Nur ganz bei und mit uns selbst zu sein, ist befriedigend. Aber da ist die alte Tendenz, dem Traum Energie zu verleihen. Und da sind Vorstellungen, wie der Traum aussehen sollte. Der Traum, den du für dieses Leben ausgewählt hast, ist ein Traum, um das Träumen zu beenden. Wir haben uns entschieden: „Wir kreieren jetzt einen Traum zum Erwachen."

Das ist vielleicht nicht so angenehm. Aber ich finde es einfacher, aus unangenehmen Träumen aufzuwachen als aus angenehmen. Ich sehe das immer wieder: Menschen kommen zum Satsang, und sie sind infiziert. Ich kann sehen, wie nah sie der Freiheit sind. Und dann läuft ein Mann oder eine Frau vorbei (Lachen), sie springen in den nächsten Traum hinein und ich sehe sie monatelang nicht wieder. (Lacht) Sie sind nicht daran interessiert zu erwachen, sie sind gerade in einem zu schönen Traum. Also mach dir keine Sorgen: Wenn du ein Leben ohne diesen Beziehungstraum gewählt hast, ist das wirklich ein Segen.

F.: Mein letzter Beziehungstraum ist erst vor ein paar Monaten zu Ende gegangen – nach sieben Jahren. Nicht nach sieben Jahren Beziehung, sondern sieben Jahre lang hatte ich gedacht, dass ich diesen Mann liebe und dass das niemals aufhören würde.

S.: Sieben Jahre der Hoffnung? (Lacht)

F.: Ich habe versucht, diesen Traum zu beenden, und habe das jahrelang nicht geschafft.

S.: Manchmal weigert sich ein Traum einfach zu sterben.

F.: Vor ein paar Monaten saßen wir zusammen und ich sah ihn an und erkannte, dass da niemand ist. Das hat mich freigemacht, aber es war auch sehr unangenehm.

S.: Ja, es gibt so etwas wie eine schrecklich unangenehme Traurigkeit, die Phase des Trauerns. Die kannst du nicht überspringen, du musst da durchgehen. Das ist sehr wichtig.

F.: Bei der Trauer geht es nicht nur um diese Person.

S.: Ja, es ist die Trauer um alle Träume. Die Illusion stirbt und wir müssen trauern. – Du musst es fühlen, und du musst dabeibleiben, es zu fühlen.

Bleibe einfach hier, kein Problem. Es gibt nichts anderes, wo du hingehen müsstest. Du musst nur hier sein. Wunderschön.

F.: Hab vielen Dank.

S.: Gern geschehen!

Samarpan: Hallo.

Fragende: Hallo. Ich habe eine Last, über die ich gern sprechen möchte.

S.: Okay. Wir haben hier einen Korb, in dem wir Lasten abladen.

F.: Es ist etwas, was sich sehr tief auf mich auswirkt, auf meine ganze Struktur. Es geht um Geld. Ich war schon in allen möglichen Situationen, was Geld angeht, und jetzt bin ich in einer Situation, wo ich etwas Geld habe.

S.: Das ist belastender als kein Geld zu haben?

F.: Nein, es ist sehr schön.

S.: Ja, gut.

F.: Manchmal habe ich Lust, es zu teilen, was auch viel Spaß macht. Mir ist aufgefallen, dass es in Wahrheit nicht bedingungslos geschieht.

S.: Sehr gut.

F.: Ich rede mir ein, es sei bedingungslos, aber das ist es nicht, und da sitzt die Last.

S.: Das stimmt, das ist die Last.

F.: Es ist sogar mehr als eine Erwartung. Es geht dabei um Macht – ich übe Macht aus.

S.: Ja, das können wir oft beobachten, was Geld angeht. Geld ist eine Macht, denn die meisten Menschen gieren danach. Menschen, die Geld haben, lernen das meist sehr schnell. Sie müssen nur mit ein paar Geldscheinen winken, damit lässt sich jeder gewinnen.
Als ich Taxi fuhr, gab es einen Ölbaron, der mit seiner Gefolgschaft aus Texas kam. Wir haben ihn immer am Flughafen abgeholt. Er brauchte

mehrere Taxis für seine ganzen Leute. Er verschaffte sich den bestmöglichen Service, ganz einfach dadurch, dass er jedem Taxifahrer 100 Dollar gab. Was sind wir gesprungen! (Lachen) Alle gingen vor diesem Mann in die Knie. Es hat Spaß gemacht! Mir waren die 100 Dollar gleichgültig, aber ich habe es genossen. Es war ein so offensichtliches Spiel! Dieser Texaner mit seinem riesigen Hut, einer Zigarre – der typische texanische Ölmogul – was für ein Witz! Jeder verbeugte sich vor ihm.

F.: Das ist ein schönes Spiel. Du hast gestern alte Freundschaften erwähnt – und was mir klar wird, ist, dass es Freundschaften kaputtmacht – aber nur, weil ich etwas erwarte.

S.: Das ist richtig.

F.: Es kann auch wunderschön sein. Aber immer, wenn ich das Gefühl habe, auf diese Freundschaft kann ich mich verlassen, dann bekomme ich gerade von dieser Freundin einen Schlag ins Gesicht.

S.: Das ist eine wahre Freundin.

F.: Ja, denn so wurde es mir wirklich klar gemacht, ansonsten hätte ich es nicht bemerkt.

S.: Das stimmt. „Du kannst mich nicht manipulieren – keine Chance." Das ist eine gute Freundin. „Du kannst mir Geld geben, wir können zusammen spielen, wir können alles Mögliche machen, aber ich werde mir immer selbst treu bleiben." So bricht die ganze Manipulation automatisch zusammen.

F.: Es hat bei mir lange gedauert, es war ein Kampf.

S.: Es hat so lange gedauert, wie es gedauert hat. Es ist in Ordnung – sogar perfekt. Dieses andere Programm folgt dann auf dem Fuße, es lautet: „Ich bin ja wirklich ein Dummkopf, weil es so lange gedauert hat, bis ich das endlich gelernt habe." – Es braucht immer alles so lange, wie es braucht, kein Problem.

F.: Was auch schmerzhaft ist: Was bedeutet Geld dann überhaupt? Es ist ein ganzes Familienprogramm, ein Lebensprogramm. Es ist nicht nur Sicherheit, es ist Liebe, Bestätigung und ein Gefängnis.

S.: Ja, wenn du das glaubst, dann hält es dich gefangen. Wenn du es nicht glaubst, ist es nichts.

F.: *Irgendwie ist es sehr schwierig.*

S.: Was erzählst du da jetzt für einen Blödsinn? Wir geraten schnell wieder in die alten Mantren zurück. Wir wissen dann nicht mehr, was wir sagen sollen, wollen aber weiter sprechen, also sagen wir: „O ja – aber es ist so schwierig!" Blödsinn! Nichts ist schwierig; es ist, wie es ist.

F.: *Danke.*

Fragende: *Hallo. Ich möchte hier meine Wahrheit teilen. Zum ersten Mal erlebe ich wirklich Freiheit ohne Urteile.*

Samarpan: Wunderschön. Das können wir mit dir feiern.

F.: *Ich feiere es schon für mich selbst. Es ist so... Ich kann es gar nicht glauben. (Lacht)*

S.: (Lacht)

F.: *Als die Frau vorhin hier vorne war, habe ich alles, was du gesagt hast, auch für mich angenommen – dass sie dieses Leben erwählt hat, um ein Leben ohne Träume zu leben, um alles Träumen zu beenden. Da kam mein Beziehungs-Thema hoch und die Frage: „Wäre es nicht möglich, dass..."* (Lachen)

S.: (Lacht) Das ist gut! Das ist perfekt. Da müssen wir gut zuhören.

F.: *Ist es nicht möglich, eine Beziehung in Wahrheit zu leben?*

S.: Was für ein schöner Traum! Das ist es wirklich! Das ist, was Osho „den letzten Albtraum" nennen würde. (Lachen)

F.: *Mist!*

S.: Der Verstand ist so gerissen! Er erfindet den perfekten Traum, um dich zu packen: „Dieser ist nicht so wie all die anderen Träume! Nein, nein, dies ist ein spiritueller Traum!" (Lacht)

F.: *Ja, aber... Ja, ich habe versucht, den feinen Unterschied zwischen dem Egotrip und der Wahrheit klar zu sehen. Wenn es wirklich so ist, dass es am meisten Spaß macht, die eigene Wahrheit zu leben...*

S.: Das ist richtig.

F.: Ich mache hier auch die Erfahrung, dass ich mich diesem Ort, diesen Menschen, dir, so verbunden fühle, es ist Freiheit und es ist Liebe und es ist hier!

S.: Es ist überall!

F.: Aber dann kann das doch auch mit einem Mann da sein, oder?

S.: Ich sagte ja, es ist überall. Wenn du in jedem Moment bereit bist, für die Wahrheit zu sterben, ist es hier! Wenn ein Mann daherkommt, ist das schön. Aber sei äußerst achtsam, du kannst sehr schnell in diesen Traum geraten, diesen Beziehungstraum. Und die schlimmste Art von Beziehungstraum ist der Traum von einer spirituellen Beziehung. Ganz schnell lebst du nicht mehr die Wahrheit. Ganz schnell opferst du dem Traum diesen Moment. Es ist so verführerisch, sich davon einfangen zu lassen! Sei da sehr wachsam, komme gar nicht erst mit irgendeinem Gedanken in Berührung. Das ist es, was Papaji uns immer wieder gesagt hat: „Wenn du das berührst, wird es dich beißen!" (Lacht)

F.: Das ist ein Hinweis, den du mir auch schon einmal in einer E-Mail geschrieben hast.

S.: Das muss für dich eine besonders wichtige Botschaft sein.

F.: Ich bin schon oft gebissen worden.

S.: Bleib im Moment! Vergiss alles andere! Der Moment wird für dich sorgen. Der Moment enthält alles. Es steht nicht in deiner Macht, wie der Moment aussieht, was auch immer dir der Moment gibt. Wenn du meine Beziehung mit Marga siehst, könntest du sagen: „Das ist der perfekte Traum."

F.: Ja, eine spirituelle Beziehung.

S.: Ja, wir haben eine spirituelle Beziehung, wir lieben beide die Wahrheit. Ich bin bereit, in der Wahrheit zu sein, sie ist bereit, in der Wahrheit zu sein, und wir tanzen diesen Tanz zusammen. – Aber so ist es nicht! Es ist so und es ist nicht so.
Das Einzige, was du tun kannst, ist, in der Wahrheit zu sein. Wenn Gott dir einen Partner geben will, der auch in der Wahrheit sein will – wunderschön! Aber das ist nicht deine Angelegenheit, du kannst es nicht geschehen machen, du kannst daran gar nichts machen. Also ist es besser, noch

nicht einmal darüber nachzudenken. Das ist der Punkt. Dieser Gedanke bringt dich sofort vom Moment weg, das ist sehr verführerisch.

F.: Danke.

Samarpan: Hallo.

Fragender: Hallo. Was du gerade sagtest, trifft wohl auch auf mich zu, und was du vor ein paar Tagen sagtest über den „geborenen Gruppenleiter" und dass Satsang-Geben für mich ein Weg sein könnte, mein Ego zu verbrennen, ist wirklich wie ein Same, den du in mein Wesen gelegt hast, oder wie das Wässern eines schon vorhandenen Samenkorns. Plötzlich passen all die Erfahrungen der letzten Jahre wie Puzzleteile zusammen, wie ein Rad mit einer neuen Mitte. Es ist toll. Mir fällt natürlich auch auf, wie sich der Verstand darauf stürzt.

S.: Das stimmt.

F.: Er überlegt, wie das getan werden kann, will planen...

S.: Da kannst es nicht tun und du kannst es dir nicht vorstellen.

F.: Wie du schon immer gesagt hast: „Es kommt, wenn es soweit ist, da gibt es nichts zu tun."

S.: Gib deine Energie der Mitte. Das ist es, worum sich alles dreht. Gib deine Energie dahin und sage: „Gott, hier bin ich, dir zu Diensten. Verwende mich, wie du willst. Ich weiß nicht, wie es aussieht. Ich bin bereit, aber ich kann es nicht tun. Du musst es tun, du musst es arrangieren." Das ist die Wahrheit!

F.: Ja, darin liegt der Frieden. Wenn ich weiß, dass ich nichts tun kann und muss, ist es einfach. Es liegt nicht in meinen Händen. – Aber immer und ewig nur warten...

S.: Da hast du Recht. Wenn du auf etwas wartest, bist du nicht hier. Warte auf nichts, sei einfach hier! Es geschieht immer alles hier. Es ist alles hier, immer.

F.: Ja, und das ist alles.

S.: Das ist wirklich interessant. Ich beobachte, wie ein Buch entsteht. Auf dem Buch wird Samarpans Name stehen, aber ich habe damit gar nichts zu tun. Ich kann es offensichtlich nicht tun. Ich habe schon oft in meinem Leben versucht, ein Buch zu schreiben. Aber ich kann es einfach nicht. Ich beobachte, wie es geboren wird, und da ist so wenig, was ich tun kann, um das auch nur zu unterstützen. Ich kann nur dasitzen und es beobachten, und es geschieht genau so, wie es geschehen soll, und es hat überhaupt nichts mit mir zu tun. Das ist wirklich eine eindrucksvolle Meditation. Da ist nichts, woran sich der Verstand festhalten könnte, da ist nichts, was er in Besitz nehmen könnte.

F.: Da ist noch etwas Interessantes. Ich habe vor ungefähr zwei Jahren ein Buch geschrieben – ich musste sechs Wochen lang einfach schreiben. Nachher war ich enttäuscht, weil nichts weiter geschah. Ich erkannte, dass es darum ging, einfach all meine Gedanken niederzuschreiben.

S.: Ja. Du musst dir darüber keine Gedanken machen. Ich habe Schreiben oft benutzt, um Dinge zu verarbeiten. Ich schreibe über meine Kindheit und es kommen Gefühle hoch und die fühle ich einfach. Wenn ich mit dem Schreiben fertig bin, ist es vorbei – unvollendet, unkorrigiert, aber es hat seine Aufgabe erfüllt. Irgendwie *ist* es vollkommen.

F.: Danke.

Fragende: Da ist der Gedanke, was um mich herum geschieht und was in mir geschieht, sei etwas Unterschiedliches. Mir fällt immer wieder auf, dass ich sehr beim Äußeren bin und immer nur für kurze Zeit innen. Kann ich das ändern?

Samarpan: Es ist einfach: Du musst nur Geduld haben.

F.: Aber die Identifikation ist außen und nicht innen.

S.: Natürlich, das ist es ja, das ist das Außen. Außen ist die Identifikation, die Idee, dass ich jemand bin, etwas tue, nichts tue, es richtig mache, es falsch mache. Jedes Mal, wenn dir auffällt, dass du in einer Geschichte bist, in einem Dialog, einer Idee – entspanne dich, komm zurück! Fühle den Körper, fühle, was da gerade für ein Gefühl ist, entspanne dich, komm wieder hierhin. Dann gehst du wieder in den Verstand – es ist in Ordnung

– und kommst wieder zurück. Das ist alles, was ich den ganzen Tag lang tue. Etwas fällt im Verstand auf, gut, ich komme zurück, das ist alles, sonst gibt es nichts zu tun.

Wir müssen geduldig sein. Der Verstand kommt daher und sagt: „Samarpan, wie viele Jahre lang gibst du jetzt schon Satsang – und du gehst immer noch jede zweite Minute in den Verstand? Was bist du denn für ein Idiot? Kannst du nicht einfach in Samadhi bleiben?" (Lachen) So ist es halt. (Lacht) Ich bin für dich hier. Ich bin hier, weil ich wie du bin. Wenn ich mit mir Geduld haben kann, kannst du mit dir Geduld haben, kein Problem.

F.: *Ja.*

Fragende: *Es ist sehr interessant: Da ist nichts, woran ich mich festhalten könnte, und es gibt nichts zu verleugnen. Mir wird immer wieder vom Leben klargemacht, dass es einfach ist, wie es ist. Heute Morgen erkannte ich, dass selbst das Bild, das du mir einmal mit auf den Weg gegeben hast – das vom Meister und dem Diener im Haus – nicht mehr funktioniert.*

Samarpan: Gut. Alle Vorstellungen und Bilder sollen nur dazu dienen, dich hierher zu bringen. Wenn du einmal hier bist, bist du hier. Sei einfach hier, wie es auch immer ist.

F.: *Es ist vertrackt. Als ich gestern hier saß, kam die Urteilende durch. Dann habe ich über sie geurteilt und hatte den Rest des Tages schreckliche Kopfschmerzen.*

S.: Der Körper hilft dir hierbei wirklich. Die Kopfschmerzen kommen, um dich zu erinnern.

F.: *Ich habe mit dem Kopfschmerz herumgespielt. Da erkannte ich, dass ich versuche, etwas zu tun. Ich meinte, dass ich etwas tun oder erreichen muss. Am Abend fühlte ich dann Traurigkeit, die sich so alt wie die Menschheit anfühlte – in diesem Körper zu sein, in diesem Körper zu leben...*

S.: Bei der Traurigkeit geht es um das Gefangensein im Körper und im Traum. Wenn du frei bist, ist es toll, im Körper zu sein. Dann kannst du mit dem Körper tanzen. Der Körper ist dein Diener – kein Problem. Das ist ein ganz subtiler Unterschied. Ich weiß, worüber du sprichst. Ich denke, die meisten von uns haben einen Geschmack davon. Die Vorstellung, dass der Körper uns fesselt – so ist es nicht! Mit dem Körper ist alles in Ordnung. Menschen begehen Selbstmord, weil sie denken, dass sie frei sein werden, wenn sie den Körper getötet haben. Dieses arme Tier zu töten – dabei ist der Körper gar nicht das Problem!

Der Körper ist dein Diener, er wird genau das tun, was du ihm sagst. Wenn du ihm sagst, dass er krank sein soll, wird er krank sein. Er ist wirklich solch ein guter Diener! Der Körper ist einfach ein Vehikel für uns, um in unserer Schöpfung zu spielen. Das haben wir noch nicht gelernt, und deshalb sind wir hier. Wir lernen, in unserer Schöpfung in Freiheit zu tanzen, ohne uns im Traum zu verfangen. Das zu lernen, ist alles, was wir hier tun.

Irgendwann zwischendurch kommt der Gedanke: „Oh, Mist, ich habe es wieder falsch gemacht. Mein Gott, ich bin mal wieder in einem neuen Körper! Warum tue ich das bloß immer wieder?" Dann fangen wir an, dem Körper dafür die Schuld zu geben, ihn dafür zu bestrafen – aber der Körper hat gar nichts getan! Es ist nicht die Schuld des Körpers.

Es ist einfach dieser subtile Tanz, das Lernen, sich nicht von den Mächten der Illusion packen zu lassen und im Moment zu sein. Das ist unser Spiel und es ist ein wunderbares Spiel. Es ist das allerbeste Spiel! Ein kniffeliges Spiel!

F.: Mit dem Verstand ist es auch das gleiche Spiel, mit allem, auch mit den Gefühlen – einfach dieses eine Spiel?

S.: Ja. Der Verstand ist die Welt. Der Verstand ist die Illusion. Es ist das Gleiche. Die Gefühle sind einfach Körperreaktionen auf den Verstand. So verstehe ich die E-motion, diese Bewegung (*engl. motion = Bewegung*), die Bewegung aus dieser Idee heraus oder als Reaktion auf diese Idee. Es ist ein faszinierend verzwacktes Spiel.

Unsere Freundin hier sprach von der Erfahrung, in ein Feuer zu geraten. Eines der Dinge, die dieses Spiel so interessant machen, ist, dass der Körper den Unterschied zwischen einer tatsächlichen und einer eingebildeten Gefahr nicht kennt. Die meisten Menschen leben in Angst vor irgendeiner eingebildeten Gefahr. Die Psychoanalytiker sprechen von „frei schwebenden" Ängsten. Es sind Ängste, die sich nicht auf etwas Wirkliches beziehen, eher vage Ideen, dass etwas nicht stimmt. Eine Vorstellung, dass ich in irgendeiner Hinsicht nicht in Ordnung bin – ganz subtil. Der Körper reagiert einfach auf diese Vorstellung, da ist Anspannung, Adrenalin wird ausgeschüttet, grundlos. Da ist keine Gefahr, alles ist in Ordnung, aber wir stellen uns etwas vor, das angeblich falsch ist. Das macht es interessant.

F.: Das berührt mich, denn ich habe das Gefühl, dass sich dieser Tage das ganze Energiesystem meines Körpers verändert. Ich habe das Bild der Chinesinnen vor Augen, deren Füße eingebunden waren. Wenn die Verbände gelöst wurden, konnten sich die Füße nicht sofort wieder richtig öffnen, es war zu schmerzhaft. Es geschah ganz allmählich. Ich habe auch das Gefühl, dass es sich bei mir gerade langsam ändert.

S.: Körperliche Änderungen gehen ganz allmählich vor sich. Da sind viele Empfindungen. Viel Energie ist in Bewegung, und das geschieht alles ganz sanft und langsam. Sehr schön.

F.: Das ist alles. Danke.

NIEMAND VERDIENT ES...

Fragende: Auf dem Kissen für den nächsten Fragenden zu sitzen hatte schon was. Es ist sehr viel einfacher, hier bei dir zu sitzen! Ich konnte sehen, wie sich das, was ich sagen wollte, immer wieder änderte, und am Ende wurde es so verwirrend, dass ich überhaupt nichts mehr wusste!

Samarpan: Ja, das ist die Aufgabe des Kissens für den nächsten Frager! (Lachen)

F.: Das kann ich jedem empfehlen. Und da ist auch Stille. Das ist faszinierend! Bei all der Unruhe im Verstand... Eigentlich weiß ich gar nicht, warum ich hergekommen bin. So viele Themen kamen hoch. Immer öfter höre ich dann deine Stimme in mir, was du dazu sagen würdest. Damit ist das Thema dann erledigt. Wenn ich in den Verstand zurückgehe, sind die Themen immer wieder da. Irgendwie hatte ich die Idee, dass sie, wenn sie einmal verschwunden sind, auch wegbleiben. Aber das ist ganz klar nicht so.

S.: Es geht nicht darum, irgendetwas zum Verschwinden zu bringen. Es geht darum, diesen Ideen Macht zu entziehen. Man nennt es auch: dem Tiger die Zähne ziehen! Wenn ich bereit bin, alles zu fühlen, dann ist es egal, was da ist. Es ist egal, welche Geschichten da sind, es ist egal, welche Impulse da sind, es ist egal, was für eine Programmierung da ist...

F.: Das ist es, was ich mit „verschwinden" meinte. Das Thema, das ich mir gern genauer anschauen würde, ist das Thema Beziehung.

S.: Gut.

F.: Das ist nichts wirklich Neues, alles wurde schon gesagt. Meine letzte Beziehung ist vor ein paar Monaten zu Ende gegangen. Wenn ich darauf zurückblicke, kann ich sehen, dass ich hauptsächlich mit einer Idee in Beziehung war. Ich habe keine Ahnung, wer dieser Mann ist, mit dem ich da so lange zusammen war. Was für mich am schwierigsten loszulassen ist, ist der Traum – immer noch. Das, was ich nicht loslassen will, gibt es gar nicht.

S.: Schließe die Augen und heiße die Traurigkeit willkommen. Sei still. Keine Idee hier. Entspanne einfach in der Traurigkeit. Es ist der Tod eines Traumes. Bewege dich nicht. Lass die Traurigkeit dich umgeben.

F.: (Weinend) Ich weiß nicht, ob ich starr oder still werde.

S.: Das ist egal. (Lacht)

F.: Es ist immer entspannend für mich, wenn du sagst, dass es egal ist.

S.: Es ist egal, weil wir nicht versuchen, irgendetwas zu machen. Die Traurigkeit ist willkommen – so lange, wie sie kommen will. Wenn sie den Rest deines Lebens bleiben will, ist sie willkommen. (Stille) So ein wunderschöner Traum!

F.: Ich kann sehen, dass da immer noch die Vorstellung war, dass ich den Traum loslassen muss.

S.: Du musst überhaupt keinen Traum loslassen! Es ist ein *Traum*! (Beide lachen)

F.: (Stille) Ich glaube immer noch daran.

S.: Nein, das tust du nicht. Du würdest gern daran glauben: „Es ist ein so schöner Traum – warum kann er nicht wirklich sein?“

F.: (Weint - Stille) Ich habe das Gefühl, ich bin da nur halb durch. Was du sagst, stimmt völlig: Ich will es nicht loslassen, ich kann das sehen... Es ist einfach so, wie es jetzt ist: Ich will es nicht loslassen! Ich denke natürlich, dass ich es loslassen sollte!

S.: (Lacht) Wir machen so viele gute Witze!

F.: Jedes Mal, wenn du Marga erwähnst, denke ich: „Es ist möglich, es ist möglich!“

S.: So ist es nicht. Es ist nicht wie einer der Träume, die ich gehabt habe. Es ist anders. Es ist genau genommen nichts. Das ist nichts. An diesem Platz sitzen ist nichts. Den Guru spielen ist nichts. Es ist alles nichtig, es ist alles bedeutungslos.

F.: Das erschreckt mich. Als ich das letzte Mal vor dem Nichts, der Bedeutungslosigkeit stand, hatte ich richtig Angst. Denn es hatte wirklich keine Bedeutung.

S.: Ja! Wenn du die Angst fühlst, heiße sie einfach willkommen. Es geschieht immer wieder. Wir kommen an die Tür, wir stehen vor Gottes Haus und flippen aus. Der Verstand spielt verrückt, und die Angst ist so stark! – Heiße die Angst einfach willkommen.

F.: Ich denke, das ist viel besser als das, was ich gemacht habe: mich dafür fertig zu machen, dass ich nicht gesprungen bin!

S.: Es ist egal. Ist die Angst verschwunden? Nein? – Gut. Lade sie ein. Heiße sie jetzt willkommen. Entspanne dich in der Angst.

F.: Es ist sehr einfach, jetzt innerlich wegzugehen.

S.: Komm einfach ganz sanft zurück. Atme weiter. Lasse einen Angst-Orgasmus zu. Es ist in Ordnung. Komme einfach in den Körper zurück.

F.: Es ist das Gefühl, ich sollte etwas tun.

S.: Es gibt nichts zu tun. Wir gehen nirgendwohin. Wie fühlt sich dein Körper jetzt an?

F.: Da ist einfach nur eine Vibration, und da ist immer noch Traurigkeit – wie eine Wolke im Brustbereich.

S.: Fühle den Schmerz – es ist gut.

F.: Es ist so schwierig, dabei zu bleiben. Der Verstand kommt jetzt sehr stark an.

S.: Das ist in Ordnung, ganz natürlich. Es ist egal, wie oft du in den Verstand zurückgehst. Komme einfach ganz sanft hierhin zurück. Alle Gefühle werden auf dich warten. Sie können viele Leben lang warten. Sie sind sehr, sehr geduldig.

F.: Gut. Mein Verstand sagt, ich müsse es hier und jetzt tun.

S.: Es gibt nichts zu tun! Es gibt überhaupt nichts zu tun. Das ist es! So schön!

F.: Es ist so sehr in meinen Zellen, dieses Etwas-Tun-Müssen!

S.: Ich weiß. Du bist so schön und ich bin so glücklich mit dir!

F.: Und ich bin so glücklich mit dir.

S.: (Lacht) O ja!

F.: Danke. Ich bin so glücklich und habe gleichzeitig das Gefühl, ich würde es nicht verdienen.

S.: Ja, du verdienst es nicht. Ist das nicht toll? Hier sind wir alle, und niemand verdient es!

Fragender: *Ich bin hier, um die Wahrheit zu erleben.*

Samarpan: Sehr gut!

F.: Du hast gesagt, dass die Tür des Gefängnisses weit offen steht.

S.: Genau genommen hat es noch nicht einmal eine Tür – und auch keine Wände. (Lachen)

F.: Ich bin nicht ganz sicher, ob ich mir nicht doch den Kopf an einer Wand anschlage, wenn ich nach draußen gehen will.

S.: Wenn du eine Wand vor dir siehst, dreh dich einfach um! (Lacht) Du bist frei. Du warst immer frei. Du *bist* Freiheit. Und in dieser Freiheit hast du die Möglichkeit, dir einzubilden, du seiest nicht frei. Das ist die wahre Freiheit!

F.: Wenn ich das alles als Gedanken nehme, verstehe ich es ganz gut. Aber das reicht mir nicht!

S.: Das ist ein guter Anfangspunkt!

F.: Das reicht mir nicht!

S.: Natürlich reicht das nicht!

F.: Ich will es erleben! In den letzten Tagen bin ich viel in die Stille und in Meditation gegangen mit der Frage „Wer bin ich?" – und wer es ist, der diese Gedanken hat, der diese Entspannung und diese Stille fühlt...

S.: Nein. Wenn du die Entspannung und Stille fühlst, dann frage nicht weiter.
Die Frage dient nur dazu, dich da hinein zu bringen. Sobald du in die Stille kommst, frage nicht mehr. Denn das Fragen bringt dich wieder aus der Stille heraus!

Siehst du, es ist viel einfacher, als wir es uns vorstellen. Es geht nicht darum, dass der Verstand die Stille versteht – dazu wird es nie kommen. Ruhe einfach in der Stille, nicht wissend. Das ist die Freiheit.

***

Fragende: Hallo Samarpan. Ich wollte wissen, wie es ist, hier zu sitzen, hier in diesem Moment zu sein.

Samarpan: Wie ist es hier?

F.: Am Anfang hat mein Herz stark geschlagen.

S.: Und jetzt?

F.: Ja, es ist aufregend! Ich fühle mich in meinem ganzen Körper präsent. Und ein bisschen unsicher.

S.: Es ist schön, sich unsicher zu fühlen. Wenn du mit dieser Achterbahn fährst, verlierst du die Grenzen, die Struktur, Mauern, Abwehrmechanismen – darum ist es interessant.

F.: (Lacht) Ja, es wird aufregend, lebendig...

S.: Ja, da liegt die Lebendigkeit, in der Unsicherheit.
Dieses Lernen, das Leben wirklich zu leben – dafür braucht man ein ganzes Leben! Es gibt immer noch mehr zu lernen – das zu akzeptieren, hiermit Freundschaft zu schließen. Da ist immer noch etwas, um es willkommen zu heißen, zu akzeptieren – Schmerzhaftes, Angsterregendes, Unakzeptables! Das ist es, was wirklich interessant ist: das Unakzeptable. Entspanne dich einfach. Heiße es willkommen. Sei in Frieden damit!

F.: Es ist wie neu geboren werden.

S.: Ja, wie neu geboren werden!

F.: (Lacht und weint) Ich habe das Gefühl, ich bin so ungeschickt dabei, laufen zu lernen!

S.: Mach dir über das Laufen lernen keine Gedanken! Als wir geboren wurden, konnten wir nicht laufen. Wir sind hilflos geboren worden. Dafür ist überhaupt nichts erforderlich. Es geschieht ganz von selbst.

F.: Es ist einfach und schwer!

S.: Die Schwierigkeit liegt nur in der Vorstellung, du solltest laufen. (Lacht) – Ich liebe es, die Hebamme zu spielen!

F.: Danke!

S.: Bitte! Du bist absolut willkommen!

F.: Was für ein Glück das ist! Du sagtest einmal, es ist unser Geburtsrecht.

S.: Ja, es ist unser Geburtsrecht: Freiheit, Lebendigkeit, die ganze Welt. Es ist deins. Alles ist deins, alles: die Freude und der Schmerz. Es ist alles deins, zu deiner Unterhaltung. Du wirst einfach zum Vergnügen in diese Welt hineingeboren. So eine wunderschöne Welt, voll von allem! Alles, was dir bleibt, ist wie ein kleines Kind zu sein. Dann siehst du die Welt zum ersten Mal.
Eine Freundin beschrieb, wie sie ihr Kind beobachtete. Es spielte mit etwas, steckte es in den Mund, sah sie zwischendurch an, so ging es stundenlang. Das ist alles, was du tun musst! Das Universum von innen und von außen erkunden. Alles ist neu! Immer der Anfang. Wir bringen das nie zu einem Ende. Wir werden es nie vollständig erforscht haben. Wir sind immer das kleine Kind, das entdeckt. Und es gibt immer noch mehr zu entdecken. Ein endloses Entdecken.

Samarpan: Du kannst ja heute fast schon wieder gehen!

Fragender: Es ist wirklich ein Wunder! Ich hatte diese Rückenschmerzen in den letzten zehn Jahren immer wieder. Wenn der Nerv so eingeklemmt wird, kann da nur mein Chiropraktiker etwas tun. Aber jetzt, mit dieser Übung, die du empfohlen hast, aus der Geschichte raus und ins Gefühl hinein zu gehen, konnte ich den Krampf irgendwie auflösen und in den Körper kommen. Der Körper konnte sich aufrichten und die Energie konnte wieder fließen. Du hast das gemacht wie Jesus!

S.: Kein Problem! Das Geheimnis, auf dem Wasser zu gehen, besteht darin, dort hinzutreten, wo Steine unter der Wasseroberfläche sind! (Lachen) Wann immer ich Schmerzen im Körper habe, ist mein Gebet: „Also, Gott, du kannst alles! Wenn du willst, dass es mir so geht, ist das in Ordnung. Wenn du mich heilen willst, ist das auch in Ordnung. Ich weiß, du kannst alles. Es ist in Ordnung!"

Das ist mit allem so. Werft eure Überzeugungen weg, die ihr über Krankheit und körperliche Gebrechen habt, denn wir haben da so viele Glaubenssätze, die uns nicht helfen, wie: „Ich muss zu meinem Chiropraktiker, wenn das mit meinem Rücken wieder losgeht!" Oder: „Wenn ich eine Grippe bekomme, bin ich für so und so viele Tage krank!" Es gibt keine Regeln. Alles ist möglich.

F.: *Offensichtlich.*

S.: Offensichtlich.

F.: *Jetzt habe ich auch die Energie, wieder mit dir zu streiten!*

S.: (Bricht in Gelächter aus) Okay! Willst du loslegen?

F.: *Ich denke, in mir kämpft der Künstler gegen den inneren spirituellen Lehrer, der Künstler gegen die Wahrheit. Ich kam heute auf die Terrasse und sah unten im Hafen eine fantastische Jacht. Wirklich etwas Besonderes, das kann ich beurteilen, denn mein Vater war Segler. Dann kam ich hierher, und die Musikerin spielte ein wunderschönes Musikstück. Ich habe mir jetzt eine ganze Zeitlang diese Dachkonstruktion hier angesehen, die ist genial. Wovon ich also spreche, ist das Umsetzen eines Traumes. Ich habe dich sagen hören: „Es ist alles ein Traum, nur Illusion." Jetzt komme ich zu der essentiellen Frage: „Was wäre denn mit der Welt, wenn alle nur so dasitzen würden wie du? Bei jedem Impuls, jedem Drang, diese Schönheit, diese göttliche Schönheit sichtbar zu machen, würden wir sagen: „Ach, was soll's, es ist alles Illusion!" – Oder wie Osho es ausgedrückt hat: „Das Gras wächst von alleine." Das geschieht auch manchmal in mir: Auf der einen Seite ist da die Leidenschaft, diese Schönheit sichtbar zu machen, und auf der anderen Seite das tiefe Wissen, dass es mich gar nicht braucht. Was wäre die Welt ohne Kunst?*

S.: Warum willst du dir das vorstellen? Das ist der Punkt. Siehst du, du hast dich gar nicht mit mir angelegt. Ich habe überhaupt nichts gegen das, was du gesagt hast.

F.: *Ja, das weiß ich! Aber ich komme mir irgendwie blöd vor, wenn ich immer wieder Träumen über das Sichtbarmachen der Schönheit nachhänge. Aber das macht mich zum schöpferischen Menschen und bringt mich zu meiner Göttlichkeit zurück!*

S.: Daran kannst du gar nichts ändern. So bist du einfach.

F.: Ja. Das sehe ich genauso! Ja! Und ich stehe nicht im Weg.

S.: Das stimmt.

F.: Dann ist die Sache erledigt!

S.: Ich kann dasitzen und nichts tun. Ich kann mich an der Kunst erfreuen, wenn jemand einen Steinblock nimmt und ihn sich ausdrücken lässt – das entfernt, was im Weg ist, so dass ein Gesicht erscheint. Das ist wunderbar! Farben zu nehmen und eine Leinwand lebendig werden zu lassen, das ist wunderschön! – Ich kann das alles übrigens nicht.
Was du hier siehst, ist *meine* Kunst. Ich liebe meine Kunst. Ich tue das Gleiche. Ich entferne einfach das, was nicht wichtig ist, und lege die Schönheit frei. Es ist das Gleiche, aber es ist anders. Es sieht so aus, als würde ich nichts tun. Und das stimmt, ich tue nichts. – Und du auch nicht. (Lacht)

F.: Ja, auf eine Art. Nur ist meine Kunst manchmal ein bisschen mühsamer.

S.: Nein, sie ist nicht mühsamer!

F.: Ich muss mir die Hände schmutzig machen.

S.: Gut. Dir wird alle Energie gegeben, die du brauchst, und du liebst es, mit dieser Energie zu tanzen! Du kannst dir die Hände schmutzig machen, und das liebst du auch.

F.: Ja. Es erdet mich ein bisschen.

S.: Ja. Das ist es, was ich immer sage: Alles, was du tun musst, ist zu sein, wie du bist! Das ist nichts tun!

F.: Ja, das ist gut. Genau. Das ist es, was ich hören wollte.

S.: Das stimmt. Wir verstehen Osho falsch. Er redet darüber, irgendwo zu sitzen? – Nein. Er redet vom Malen, von Bildhauerei, vom Musikmachen – das ist nichts tun!

F.: Okay. Das war ein wunderbares, leidenschaftliches Gespräch!

S.: Ja. Manchmal musst du eben ein wenig mit Gott ringen!

F.: Ja. Ich liebe dich!

S.: (Lacht)

≈≈≈≈≈≈≈≈≈

Fragende: *Hallo Samarpan. Ich habe mich hier ja auf etwas eingelassen! Ich bin nichts mehr; nichts hat mehr irgendeine Bedeutung – und doch bin ich alles. Das ist paradox!*

Samarpan: Das ist es wirklich. Versuche nicht, das mit dem Verstand zu verstehen. Er wird dir Kopfschmerzen bereiten, das garantiere ich dir!

F.: *Ich habe das Gefühl, ich habe keine Wahl.*

S.: Du hast keine Wahl... In Bezug auf was?

F.: *Über nichts. Es wird getan! Warum sagst du dann manchen Leuten, sie hätten eine Wahl?*

S.: Du hast eine Wahl, nur eine einzige: Wohin du deine Aufmerksamkeit richtest. Du kannst sie auf den Verstand lenken – du weißt, wie das ist. Oder du kannst sie auf den Moment richten. Du weißt, wie das ist. Das ist die einzig freie Wahl, die du hast. Das ist der einzig freie Wille.

F.: *Ich bin überrascht, dass ich das können soll. Das geschieht auch von selbst.*

S.: Du bist Bewusstsein. Das ist, wer du bist. Wohin du deine Aufmerksamkeit lenkst – das ist es, was sich manifestieren wird. Das ganze Universum ist die Manifestation dieser göttlichen Aufmerksamkeit.
Wenn du deine Aufmerksamkeit auf irgendetwas Vorgestelltes richtest, wird das solider. Es wird wie etwas Reales erscheinen. Wenn du ihm die Aufmerksamkeit entziehst, verliert es an Macht. Das ist die einzige Wahl, die du hast!
Du kannst bewusst damit spielen. Probiere es jetzt aus, lenke deine Aufmerksamkeit auf eine Empfindung in deinem Körper. Und jetzt lenke sie auf einen Gedanken. Jetzt bringe sie in den Körper zurück. Das ist einfach, ja?

F.: *Ja. Da ist mein Fuß, der wehtut. Und im Moment ist da kein Gedanke. Den muss ich erst fabrizieren.*

S.: Ja. Das ist in Ordnung.

F.: *Da ist folgender Gedanke: Ich war vor sieben Jahren bei Ramesh in Indien. Ich habe natürlich überhaupt nichts von dem verstanden, was da* *gesagt wurde. Ich erinnere mich nur daran, wie er immer sagte: „Du hast keinen freien Willen. Du bist nur Bewusstsein. Und jetzt geh und genieße dein Leben!"*

S.: Ja, ich weiß, dass Ramesh das sagt. Ich sage es einfach nur etwas anders, das ist alles. Es scheint, als sagten wir unterschiedliche Dinge, aber – wahrscheinlich nicht.

F.: Muss wohl so sein.

S.: Ich bin ein ganz praktischer Mensch. Ich bin kein Inder, ich bin Amerikaner. Also bin ich gern praktisch. Ich gebe euch gern Schlüssel mit denen ihr im Moment etwas anfangen könnt. Das ist ganz einfach und praktisch, denn jeder Moment gibt dir die Gelegenheit, noch präsenter zu werden.

F.: Das finde ich so schön! Ich bin auch praktisch! Das war das Einzige, was noch zu klären war.

S.: Ja.

F.: Denn ich stimme dir völlig zu.

S.: Weißt du – ich habe einfach Recht! (Lacht)

F.: Wunderschön! (Lacht auch) Im Moment.

S.: Solange Ramesh nicht hier mit mir sitzt, gibt es da keinen Zank!

Fragende: Ich hatte vor einiger Zeit eine Beziehung, die mit einer Katastrophe zu Ende ging.

Samarpan: Wie sieht eine Katastrophe aus? Ist jemand gestorben?

F.: Nein. Ich war einfach sehr unglücklich.

S.: Du fühltest dich unglücklich. Was bedeutet das? Traurig, wütend?

F.: Beides. Ich will das nie mehr fühlen! Es gab eine Zeit, wo ich mich mit mir ganz gut fühlte. In der Beziehung, die ich jetzt eingegangen bin, habe ich angefangen, schreckliche Dinge zu kreieren, mit denen ich mich gar nicht gut fühle. Damit würde ich wirklich gern aufhören. Ich frage mich, ob ich jetzt die Beziehung beenden sollte. Ich weiß nicht, was ich tun soll.

S.: Das ist ganz einfach: Fühle einfach die Gefühle!

F.: *Nein! (Lachen)*

S.: Du kannst solange nein sagen, wie du willst.

F.: *Die letzten Nächte lag ich im Bett und hatte wieder diesen Schmerz im Körper.*

S.: Ja. Es geht einfach nicht. Du kannst den Schmerz nicht meiden. Du hast völlig Recht, wenn du sagst, dass du die gleiche Situation wieder kreiert hast. Du hast das getan, weil es darum geht, den Schmerz zu fühlen! Du wirst das wieder und wieder tun, bis du letztendlich sagst: „Gut! Ich werde diesen dummen Schmerz fühlen. Gut, okay!" (Lachen)
Wir haben das alle gemacht, darum lacht jeder. Wir haben alle versucht, den Schmerz nicht zu fühlen! Wir haben es auf alle erdenklichen Arten versucht.

F.: *Es wäre einfacher, den Schmerz zu fühlen und dann zu wissen, dass es da ein Ende gibt. Das kann ich sehen! Es kommt mir vor, als hätte ich nichts gelernt. Ich komme mir wirklich dumm vor!*

S.: Ja. Es scheint endlos zu sein. Ich verstehe. Es sieht immer endlos aus – bis du „ja" sagst, bis du wirklich so richtig „gut!" sagst. Dann lässt du den Schmerz kommen. In dem Moment, in dem du das total akzeptierst, ist es nicht nur nicht endlos, es ist überhaupt nichts! Aber solange du dagegen kämpfst, ist es etwas! Je mehr du es ablehnst, desto mehr wird es zu etwas.

F.: *Das ist sehr interessant!*

S.: Du bist eine ganz schöne Kämpferin!

F.: *Aber ich will nicht gegen mich selbst kämpfen.*

S.: Genau. Also bist du am richtigen Ort. Du bist gerade in diesem „Nein": „Nein, ich will es nicht!" – Also gehe da einfach hinein. Sei einfach hier. Sei im Nein. Denke nicht darüber nach. Denke nicht über die Beziehung nach. Denke nicht über die Geschichte nach. Denke einfach nur „Nein" – das ist alles. Das ist deine Hausaufgabe. Ja?
Gehe da wirklich hinein!

IN SAMARPANS TAXI

Samarpan: Guten Morgen.

Brief: Letzte Nacht hatte ich einen Traum. Ich habe geträumt, ich wäre in einer Gruppe, und wir waren zusammen in einem Schwimmbecken. Plötzlich fing das Wasser im Becken an zu steigen. Es stieg höher und höher, und alle anderen verließen das Becken. Ich kletterte auch raus, aber ich war völlig allein und nackt. Ich fand etwas zum Anziehen. Ich fühlte mich allein und weinte und wusste nicht, wo ich hingehen oder was ich tun sollte. Und dann kam ein kleines Taxi – es war so klein, aber es war ganz klar ein Taxi mit einem kleinen Taxischild auf dem Dach. Es hielt neben mir an und ein Mann stieg aus und ging weg. Dann stieg die Taxifahrerin aus. Es war eine kleine, alte, sehr warmherzige Frau. Sie bot mir an, mit ihr zu fahren, aber ich sagte, dass ich kein Geld habe und nicht wisse, wo ich hinwollte. Sie sagte, dass das egal sei, ich könne mitfahren und sie würde mich irgendwohin bringen. Ich entnahm ihrer Stimme, dass es ein wunderschöner Ort sein müsse. Mir wurde plötzlich klar, dass das normal ist. Ich hatte das vergessen, aber als ich in die Augen dieser kleinen Taxifahrerin sah und sie mir, erkannte ich das Licht in ihren Augen und wusste, dass sie zuhause ist, dass das zuhause ist. Du warst da in deinem kleinen Taxi als die kleine Taxifahrerin, als ich nicht mehr wusste, wo ich hingehen und was ich tun sollte. Du warst da, um mich nach Hause zu bringen, um mir zu zeigen, wo zuhause ist. Ich fühle eine solche Sehnsucht, mit dir in der Flamme der Wahrheit zu verbrennen. Es ist wie eine Liebesaffäre mit dem Göttlichen.

S.: Ja, ich bin euer Taxifahrer, der euch nach Hause bringt, und ihr müsst noch nicht einmal wissen, wo das ist, denn ich weiß es.

Fragende: Guten Morgen.

Samarpan: Hallo. Ist es ein guter Morgen?

F.: Ja. – Seit gestern ist bei mir sowas wie ein Licht an, seit S. davon gesprochen hat, dass es möglich ist, sich selbst nicht mehr im Weg zu stehen.

Als du sagtest, dass du das meinst, wenn du sagst, dass es nichts zu tun gibt, kam etwas wie: „Warum hast du das nicht schon früher gesagt?"

S.: (Lacht) Oh, Entschuldigung! (Lachen) Es ist lustig, wenn ich mir hundert Mal die gleiche Osho-Kassette angehört habe und plötzlich sagt er etwas Neues... Dann verstehe ich nicht, wie das möglich ist.

F.: Ich bin keine Künstlerin, ich kenne das Verschwinden beim Malen und Bildhauern nicht, aber ich kenne es aus anderen Situationen, wie z.B. vom Tanzen oder wenn ich im Garten arbeite und die Hände tun das einfach und alles geschieht von selbst. Dann war da etwas wie: „Ja, dies, das möchte ich genauer erkunden." Das klingt anders als still dazusitzen und das Nichts zu erforschen. Und dann kam: „Gut, ich kann also auch so nichts tun." – Alles!

S.: Das ist es, was Nichtstun bedeutet. Es bedeutet alles. Es bedeutet einfach das Tanzen deines Tanzes.

F.: Dann kam: „Das ist es!" Und dann kam natürlich eine Stimme: „Wenn du denkst, das sei es, dann ist es das nicht."

S.: Das stimmt.

F.: Es stimmt: Es wird die ganze Zeit besser.

S.: Es ist einfach hier, in diesem Moment. Du kannst es nicht planen, du kannst es nicht herbeiführen. Einfach aus dem Weg zu gehen, das ist richtig.

F.: Ich konnte die halbe Nacht nicht schlafen, weil es so intensiv war, und deine Stimme kam wieder, und die Freude, es nicht auszudrücken, sondern zu fühlen. Oft ist da allerdings das Bedürfnis, es auszudrücken, denn das ist ein Teil von mir, ich bin extrovertiert. Ich kann beides.

S.: Es ist noch nicht einmal ein Bedürfnis – du bist einfach so. So ist es einfach: herumtanzen, im Dreck spielen...

F.: Ich glaube, es gab noch einen Grund, dass ich nicht schlafen konnte: Denn er hat sich gestern zum ersten Mal gezeigt.

S.: Er?

F.: Ja, ich weiß: „Aufpassen!" – Aber es ist so großartig. Ich bin ihm auch heute Morgen zufällig begegnet. Ich erlebe es so: Wenn ich meine, mir würde etwas fehlen und im Wollen bin – wenn ich ihm wirklich begegnen will, dann begegne ich ihm nicht.

S.: Das stimmt. So lehrt uns das Leben, auf perfekte Art.

F.: Ja, und das hilft mir auch.

S.: All das hilft dir. Wenn du einfach im Loslassen bist, wenn du einfach in Frieden bist, dann bist du wie eine Blume, die all die Bienen anzieht. Jeder Mann hält dich für die attraktivste Frau der Welt, aber wenn du etwas willst...

F.: Auch wenn ich es tun will, zum Beispiel beim Tanzen. Ich habe es oft versucht, etwas wie: „Guckt, wie toll ich tanze!" – Das fühlt sich schrecklich an, geschauspielert, und jeder sieht es auch so.

S.: Es fühlt sich schrecklich an und sieht schrecklich aus. (Lachen)

F.: Peinlich.

S.: Ja, das ist es, peinlich. Bei Musik ist es das Gleiche: Wenn jemand versucht, Musik zu *machen*, tut das richtig weh. Wenn jemand versucht, Kunst zu *machen*, Dichten, Tanzen – oh... So lehrt uns das Leben auf perfekte Art. Ist das nicht toll? Das Leben lehrt uns in jedem Moment so perfekt und ganz sorgsam. – Wunderschön.

F.: Es kommt oft vor, dass mein Verstand schon vorher in Worte fassen will, was ich hier sagen werde. Wenn ich das dann hier sage, ist es wiedergekäut und langweilig. Es ist wie: „Seht, was ich für eine tolle Erkenntnis hatte!"

S.: Das kommt vor, das geschieht jedem. Du kannst es einfach ignorieren. Es hat keinen Wert, es ist in Ordnung.

F.: Es hat so ausgesehen, als ob da ein Problem wäre. Erst kam: Versuche nicht schon vorher, es in Worte zu fassen. Aber irgendwie ist es schade darum, denn während ich das tue, ist es, als ob ich im Satsang in einem Dialog mit dir wäre, und es kommen Antworten. Das ist toll, ich will damit nicht aufhören. Aber dann kam: „Gut, aber wenn du vorne sitzt, lass es los – drück es neu aus."

S.: Das ist ein sehr interessanter, guter Punkt – diese Versuchung. Deshalb ist es nicht so gut, Dope zu rauchen, denn auch das bringt dich in so etwas hinein. Du kannst Dope rauchen und den Satsang als wunderbar erleben, du hörst all die weisen Worte, sagst weise Worte und verstehst alles. Das ist die Verlockung, der verführerische Zauber des Verstandes. Es ist der „weise Verstand". Lass dich davon nicht schnappen, das ist eine Falle. Ich kenne diese Falle sehr gut. Ich habe darin viel Zeit verbracht.

F.: Darüber wollte ich auch noch mit dir sprechen. Da war der Gedanke, dass z.B. Musiker Drogen nehmen, um sich selbst nicht im Weg zu stehen, um im Fluss zu sein.

S.: „So kann ich im Jetzt und Hier sein." – Nein, das ist es nicht, das ist trügerisch! Es ist mental. Der Verstand kennt so viele Tricks, es gibt so viele Arten, wie er dich verführen kann, und das ist eine seiner Lieblingsarten. Du kiffst ein bisschen, fühlst dich wundervoll und hast Klarheit und Weisheit. Und du bist im Verstand. Es ist ein schöner Verstand, es ist so verlockend, aber es ist der Verstand. Du bist nicht hier.

F.: Ich rauche hin und wieder. Ich fühle mich dann manchmal nicht verbunden.

S.: Es bringt dich in eine Traumwelt. Es ist wie eine kurzzeitige geistige Verblendung. Es ist angenehm, darum ist es attraktiv. Du fühlst dich gut, du fühlst dich weise und fantastisch.

F.: Nicht immer.

S.: Natürlich nicht.

F.: Jetzt brauche ich etwas Mut: Ich habe immer am liebsten vor dem Liebemachen gekifft – um so richtig loslassen zu können. In letzter Zeit wird mir immer klarer, dass wenn der andere oder ich es tun will, es schrecklich ist. Aber in den wertvollen Momenten, wenn es einfach geschieht, wenn es sich einfach entfalten kann, ist es wunderschön.

S.: Wenn du einfach im Moment bist, weißt du nicht, wie der Moment sein wird. Manchmal ist es schmerzhaft, manchmal ist es ekstatisch, du hast es nicht unter Kontrolle. Drogen sind ein Versuch, den Moment unter Kontrolle zu bringen, aber das ist nicht wahrhaftig.

F.: Ja, ich denke wohl, ich bräuchte das, weil es sonst nicht möglich ist, aber das ist natürlich Mist.

S.: Das ist die Vorstellung. Du hast eine Vorstellung davon, wie du es haben willst: „Ich will, dass es frei und leicht ist, also rauche ich vorher ein bisschen." Wie wäre es, es so sein zu lassen, wie es ist? Da ist immer der

Versuch zu kontrollieren, zu manipulieren, es zu arrangieren. Es kann sein, dass du bemerkst, dass du gerade gar nicht mit diesem Mann zusammen sein willst. Aber wenn du ein bisschen rauchst, fällt dir das gar nicht auf. Du benutzt die Droge, um deine Blockaden zu überwinden. Vielleicht sollten die Blockaden da sein – vielleicht sind sie da, um dir zu helfen.

F.: Da ist auch die Idee, viel zu rauchen. Ich denke, das kommt aus dem Gefühl heraus, dass es an etwas mangelt. Dabei weiß ich, dass es nicht nötig ist. Alles ist hier.

S.: Wenn du aus dem Gefühl eines Mangels heraus handelst, verkaufst du deine Seele, um das zu bekommen, was du zu brauchen meinst.

F.: So bekomme ich es sowieso nicht, das ist die falsche Richtung.

S.: Ganz genau, ganz einfach.

F.: Ich habe oft genau dafür gebetet. Das hörte sich so an: „Bitte lass mein wahres Wesen durchscheinen."

S.: Kein Problem, es ist bereit – bereit zu leuchten. Sehr gut.

Fragende: Hallo. Als ich gestern Morgen hier saß, haben mich zwei Dinge getroffen, von denen ich dachte: Das ist es! Ich konnte es im ganzen System fühlen. Zum einen ging es um die „freischwebende" Angst. Das hängt mit dem Gefühl zusammen, dass ich falsch bin, dass etwas für mich ganz schrecklich, fürchterlich, endlos, unaussprechlich falsch ist.

Samarpan: Dass du unheilbar falsch bist.

F.: Ein hoffnungsloser Fall.

S.: Ja, wir haben hier einen ganzen Raum voll hoffnungsloser Fälle.

F.: Ich habe mich gefragt, ob ich die Einzige bin. – Ich spüre, dass es wichtig ist, das auszusprechen, es zu fühlen, mich damit zu zeigen, da wirklich hineinzugehen.

S.: Und?

F.: Das tue ich hiermit.

S.: Du willst dich als hoffnungslosen Fall outen.

F.: Und ich hoffe, es so auflösen zu können. Das ist der Trick! (Lacht)

S.: Nein, sei wirklich hoffnungslos. Dir gegenüber sitzt auch so ein hoffnungsloser Fall, wirklich hoffnungslos. Ich habe einfach die Hoffnung aufgegeben. Gott muss mich akzeptieren, wie ich bin, denn ich bin hoffnungslos. Das ist die Freiheit. Sei wirklich hoffnungslos! Du hast eine Strategie verfolgt, um Hoffnung zu finden.

F.: Ich weiß.

S.: Suche nicht nach Hoffnung. Es gibt keine Hoffnung. Du wirst immer so sein. Das ist die Freiheit! Es ist der allergrößte Witz! Du wirst immer, immer genau so sein, wie du bist – und es ist kein Problem. Es soll genau so sein. Gott hat dich so gemacht. Die Therapiegruppen, alle Anstrengungen, um das zu ändern, sind Energieverschwendung, weil es sich einfach nicht ändern *soll*. Wir machen eine Therapiegruppe und versuchen, etwas zu ändern, und dann sagen wir: „Tja, vielleicht muss ich standhaft sein." – Ja, du bist standhaft; du bist Änderungen gegenüber standhaft, denn du sollst dich nicht ändern. Du sollst hoffnungslos sein. Du sollst genau so sein! Wenn du damit Frieden schließt, bist du frei. Du musst nicht eine Kleinigkeit ändern. Nichts! Zwanzig Jahre Psychotherapie und du änderst dich nicht! Entspanne dich einfach, sei einfach hoffnungslos.

Fragende: *Hallo. Was ich gern wüsste, ist: Du hast mehrmals, immer wieder einmal, erwähnt, dass wir in einer Zeit der Transformation leben.*

Samarpan: Die ganze Welt ist in einer Umwandlung begriffen. Marga hat eine Zeitschrift mit nach Hause gebracht. Auf der Titelseite ist ein Bild von mehreren Politikern in Ballonform, die über das von Macht trunkene politische Ego sprechen. – Das ist hervorragend. Und es geschieht überall, die Menschen fangen an, die Wahrheit zu sagen, selbst in den Zeitschriften.

F.: Weißt du, warum ich jetzt hier sitze? Es geht genau darum, dass ich mich als Journalistin so zerrissen fühle. Vielleicht erinnerst du dich daran, wie wir kurz nach dem 11. September miteinander sprachen. Ich zweifelte wegen meinem Job und dem Anspruch, im Radio die Wahrheit zu sagen – auch schon vor, aber noch mehr nach dem 11. September –, und ich hatte das Gefühl, es ändert sich etwas, da findet eine Umwandlung statt. Wenn ich ein Interview führe und es mir wirklich um die Wahrheit geht, fühlt sich das gut an, aber die Frage ist, ob das nicht einfach ein Ego-Trip ist, ein Mich-Feiern als erleuchtete Journalistin? Andererseits habe ich herausgefunden, dass es egal ist, was ich tue – wenn ich es wirklich wahrhaftig tun will und es Spaß macht, ist es gut und für mich wahrhaftig. Und mit dieser Einstellung könnte ich gut arbeiten.

S.: Siehst du, hier müssen wir wachsam sein, denn der Verstand will das verstehen, und das kann er nicht. Denn du bist nur im Moment erleuchtet. Du weißt nicht, wohin das führen wird und wie es aussehen wird. Vielleicht wirst du eine erleuchtete Journalistin sein, vielleicht wirst du ein erleuchteter Mensch sein, der irgendwo unter einer Brücke lebt – du weißt es nicht. Es ist egal. Wenn du wahrhaftig bist, trägst du deinen Teil zur Transformation der Welt bei.

F.: *Das ist es, was du mit Transformation meinst, dass immer mehr Menschen wahrhaftig werden?*

S.: Es findet eine Atomexplosion der Wahrheit statt. Was du hier siehst, ist die Explosion. Was du hier fühlst, sind die Schallwellen der Explosion. Meine einzige Aufgabe ist es, im Moment zu sein, in der Wahrheit zu bleiben, und das ist auch deine Aufgabe. Du musst nicht versuchen, es zu durchschauen, du musst es nicht verstehen, du musst nicht wissen, wie es aussehen wird – du musst einfach nur im Moment sein! Das Leben wird es dir zeigen, jeder Moment wird es dir zeigen. Das ist ein erleuchtetes Leben. Wenn du bereit bist, wahrhaftig im Moment zu sein, ist es kein Problem.

F.: *Da ist noch der Rest eines Wunsches, meine Mitmenschen zu missionieren, die Welt zu verbessern, Samarpan ins Radio zu bringen und alle hören zu. So kann ich die Welt verändern.*

S.: Das ist nichts, was gemacht werden kann. Samarpan wird im Radio zu hören sein, wenn die Zeit dafür da ist. Wenn es soweit ist, wird es geschehen. Da ist keine Person, die das tun wird; die Flut wird mit sich bringen, dass es geschieht.

F.: *Das ist es, was ich meine. Ich habe allerdings noch die Haltung der Handelnden. Irgendwie hänge ich da fest, so wie ich hier sitze: Wenn es Spaß macht, mache ich es, wenn nicht, dann nicht – wie die Terroristen. Und sie haben es gemacht. Ich glaube, die Terroristen haben irgendwie etwas in Bewegung gesetzt, das war wie ein Weckruf. Es ist dieser missionarische Teil. Reicht es wirklich, einfach zu warten, einfach auf genügend Menschen zu warten?*

S.: Diese Revolution kann nicht von außen gemacht werden. Sie kann nur von innen in Gang gesetzt werden. Das ist die wahre Revolution. Nur, indem jedes einzelne Individuum Teil der Explosion wird, kann das geschehen. Du kannst das nicht erzwingen, so wie du niemandem eine Religion aufzwingen kannst. Das ist Blödsinn. Sieh dir all die Religionskriege an, die es gab. Die Christen und Moslems bekriegen sich seit Hunderten, seit Tausenden von Jahren. Sie wollen Verständnis erzwingen. Die Moslems wollen die Christen zwingen zu verstehen, und die Christen wollen die Moslems zwingen zu verstehen. Das ist merkwürdig, denn es geht um das gleiche Verstehen. Im Mittelpunkt steht das Gleiche – da ist kein Widerspruch, da gibt es in Wirklichkeit keinen Kampf.

Nur wenn wir das vom Mittelpunkt, vom Zentrum aus machen, wird es zu dieser Transformation kommen, denn das ist keine Revolution der Ideen. Das ist eine Revolution der Wahrheit. Also muss sie auch von der Wahrheit her kommen. Der Verstand will immer aus der Wahrheit heraustreten und sagen: „Ja, aber es ist im Namen der Wahrheit, also ist es richtig." Blödsinn! So kann es nicht geschehen! Es geschieht nur dadurch, dass die Wahrheit gelebt wird.

F.: *Und dass sie überall gelebt wird.*

S.: Überall!

F.: *Das ist auch so ein Gedanke, den ich hatte: Mit diesen Menschen hier zusammen sein, ist so viel – alle schwingen mehr oder weniger zusammen, die Atmosphäre ist so unterstützend, aber wieder nach Hause zu gehen, zu den anderen Menschen... Da dachte ich: Das wird hart. Und gleichzeitig weiß ich, dass das Blödsinn ist. Denn wenn ich wahrhaftig bin, ist es egal, wo ich bin.*

S.: Das stimmt. Wenn ich die Wahrheit lebe, sehe ich überall Wahrheit. Wenn ich die Wahrheit lebe, habe ich Antennen, durch die es sich ergibt, dass ich mich mit einem anderen in Wahrheit verbinde. Ich mache mir keine Gedanken über Vorstellungen oder Konzepte, wir begegnen uns einfach von Herz zu Herz. Das ist einfach. Du kannst jedem von Herz zu Herz begegnen. Das ist kein Problem. Du begegnest den Menschen da, wo sie sind. Und das ist, wo sie gerade sein sollen, also ist es in Ordnung.

Wir haben die Vorstellung, dass wir die Menschen ändern und von da wegbewegen müssen, wo sie gerade sind. Nein! Die ganze Welt ist in dieser Revolution, die ganze Welt erwacht! Du kannst überall Anzeichen davon sehen. Niemand muss sich ändern, niemand muss korrigiert werden.

Niemand ist da falsch, wo er gerade ist. Jeder ist in der Explosion an einem anderen Ort. Ob im Zentrum der Explosion oder ganz außen, es ist in Ordnung. Es ist alles perfekt, es ist alles ganz genau so, wie es sein soll. Wir müssen nichts erzwingen; wir müssen es nicht erzwingen, dass Samarpan im Radio zu hören ist. Warum sollte ich im Radio sein und zu jemandem sprechen, der mich nicht hören will? Wenn jemand nicht bereit ist, Samarpan zu hören, sollte ich nicht im Radio zu hören sein. Wenn es da draußen genug Menschen gibt, die Samarpan im Radio hören wollen, wird Samarpan im Radio oder im Fernsehen sein. All das geschieht genau zur richtigen Zeit. Darauf können wir vertrauen, dass es genau richtig kommt! Wir müssen nichts erzwingen. Es ist immer der Verstand, der versucht, Dinge zu erzwingen und Dinge zu ändern. Der Verstand wird zum Hindernis, denn er sieht die Perfektion der Dinge nicht.

F.: Das ist wirklich Vertrauen-Lernen. Ich habe das Gefühl, ich lerne vertrauen – nicht nur, was all das Gefühlsmäßige angeht, sondern auch im täglichen Leben, bei allem, was ich tue, ob ich jetzt hier das Geschirr spüle oder...

S.: Das hier ist dein Lernfeld, um zu lernen, hier zu sein.

F.: Danke.

S.: Nichts zu danken!

Fragende: Ich frage mich, wie es sein wird, zurückzugehen und dich nicht mehr jeden Abend oder jeden Tag zu haben.

Samarpan: Aber du hast mich jeden Tag und jeden Abend. Du musst nur am richtigen Ort nachschauen. Ich bin immer mit dir. Ich bin nicht von dir getrennt. Jedes Mal, wenn du anhältst, kannst du das sehen.

F.: Manchmal ist es schwierig anzuhalten.

S.: Nein, es ist niemals schwierig anzuhalten. Manchmal ist es nicht möglich anzuhalten: Wenn du nicht bemerkst, dass du nicht anhältst, kannst du auch nicht anhalten. Aber sobald es dir auffällt, ist es kein Problem. Kannst du das sehen?

F.: Da sind ein paar Entscheidungen, die ich treffen muss. Ich hatte jetzt hier eine Auszeit, aber wenn ich zurück bin, kann ich mich nicht mehr vor diesen Entscheidungen drücken.

S.: Was musst du entscheiden?

F.: Ich muss entscheiden, ob ich weiter in meiner alten Wohnung wohne oder nicht.

S.: Mit Entscheidungen ist es ziemlich einfach: Wenn es an der Zeit ist, in dem Moment ist es ganz einfach. Entweder wirst du feststellen, dass du in der Wohnung bleibst, oder du wirst entdecken, dass du dabei bist, dir eine andere Wohnung zu suchen. Aber während du hier sitzt, kannst du das nicht entscheiden. Das ist es, was der Verstand tut: Er versucht vorzugreifen. Dann denken und denken wir: „Was soll ich nur machen, vielleicht dies, oder doch besser das?" – Wenn du zurückkommst, wird etwas geschehen, und es wird offensichtlich sein. Du kannst das jetzt noch nicht sehen. Es ist noch nicht an der Zeit, das zu überblicken. Es ist, als ob du in einer Stadt die Straße entlang gehst und weißt, dass du jetzt bald irgendwo abbiegen musst. Jemand hat gesagt, dass du in die „Schön-Wetter-Straße" einbiegen musst – aber bis du das Straßenschild siehst, weißt du nicht, wo die Straße ist. Sobald du zu dem Schild kommst, ist es klar. Und so ist es jedes Mal im Leben. So werden Entscheidungen getroffen: nur im Moment, nicht im Voraus. Wir verschwenden so viel Zeit und Energie darauf, wir zerbrechen uns den Kopf, um Dinge zu entscheiden, bevor es an der Zeit ist. Warte einfach! Es wird klar sein. Darauf kannst du vertrauen.

F.: Aber…

S.: Okay, sehen wir uns das „Aber" an.

F.: Ich habe mehrere Jobs, viele verschiedene Klienten, und doch wird mir meine Arbeit oft langweilig, obwohl ich in diesen „verbundenen Zustand" kommen kann.

S.: Was für Arbeit ist es?

F.: Ich gebe Massagen und auch Seminare.

S.: Gibst du gern Massagen?

F.: Ja, je nach Stimmung.

S.: Es hängt davon ab, ob du gerade Lust dazu hast oder nicht.

F.: Wenn die Person da ist, dann muss meine Stimmung egal sein, dann muss ich die Massage geben. Aber selbst dann kann ich in diesen wunderschönen inneren Raum gehen, denn wenn ich einmal angefangen habe, ist es in Ordnung. Aber es fühlt sich ein wenig mühsam an.

S.: Wo ist die Mühe? Das ist sehr interessant. Du sagst, wenn du einmal mit dem Massieren angefangen hast, ist es in Ordnung. Es ist, wie wenn ich in den Satsang-Raum komme und mich auf den Stuhl gesetzt habe. Dann ist es in Ordnung. Etwas geschieht; hier ist Energie, die mich trägt. Ich kann mich richtig mies fühlen, bevor ich zur Tür reinkomme. Sobald ich hier sitze, übernimmt das Göttliche und die miesen Gefühle warten. Wenn ich wieder zur Tür rausgehe, sind sie wieder da. Aber solange ich hier bin, bin ich hier. Ist es für dich auch so?

F.: Es ist das Gefühl, dass die Menschen soviel von mir wollen. Es ist wie ein Ziehen und Zerren an mir.

S.: Du hast meine Frage nicht beantwortet, du tanzt um sie herum, bleibst im Verstand. Da können wir alles Mögliche finden, aber das interessiert mich nicht. Ich will herausfinden, wie es wirklich ist. Du hast mir ein paar widersprüchliche Dinge erzählt. Du hast erzählt, dass es nicht um die Person geht, sondern um deine Stimmung, und als ich dann versuchte, diesen Erfahrungsraum zu öffnen, bist du in einen anderen Gedanken gesprungen – über Leute, die zu viel von dir wollen.

F.: (Lacht)

S.: Es geht darum, die Wahrheit zu sagen. Wenn du bereit bist, die Wahrheit zu sagen, wird alles klar werden.

F.: Ich weiß noch nicht, was wahr ist.

S.: Nur wenn du im Moment bist, kannst du wirklich wissen, was geschieht. Denn der Verstand, und deinen Verstand kennst du inzwischen, wird dir immer erzählen, dass es so, wie es ist, nicht in Ordnung ist. Ich kann bisher kein Problem sehen. Du hast mich davon noch nicht überzeugt. Wenn da kein Problem ist, kannst du dir die ganze Übung sparen, dann kannst du auch etwas anderes machen und damit das gleiche „Problem" haben.

F.: Genau so ist es, denn ich mache so viel Verschiedenes. Ich könnte dir jetzt auch noch etwas über meinen anderen Job erzählen und über den dritten auch noch.

S.: Genau. Das Problem ist der Verstand und nichts anderes. Das Problem ist, im Verstand zu sein und nachzudenken über... Jeder hier kann Probleme finden, wenn wir über unseren Job nachdenken.

Bei mir ist es das Gleiche. Wenn ich darüber nachdenke, wie viele E-Mails in meinem Computer auf Antworten warten, kann ich genauso wie du in Stress geraten. Aber wenn ich mich einfach hinsetze, wenn ich mich danach fühle, wenn ich die Energie fühle – das kann ich nicht *machen*. Das ist etwas Besonderes, das ist E-Mail-Satsang. Ich setze mich hin und nehme mir einen Brief vor und denke nicht an irgendwelche anderen. Ich fange nicht an, mich zu hetzen, ich bin damit einfach im Moment, dann geschieht etwas. Es kommt eine Antwort – oder es kommt keine Antwort und ich lege es auf die Seite. Es ist noch nicht reif, ich muss es noch etwas reifen lassen.

F.: Und hier – langweilt es dich nie?

S.: Es ist schwer, hier gelangweilt zu sein. Manchmal ist es schmerzhaft. Wenn jemand in eine Geschichte geht, ist es schmerzhaft. Aber das ist einfach nur ein Anzeichen, dass ich jetzt eingreifen sollte, denn ich bin nicht der einzige, den das schmerzt. Alle anderen im Raum schmerzt das auch. Das ist einfach meine Aufgabe. Manchmal habe ich hierfür mehr Energie und manchmal weniger. Manchmal bin ich brillant, manchmal bin ich irgendwie verschlafen. So ist es, so ist das Leben.

F.: Das kann ich verstehen.

S.: Wenn ich mich so akzeptieren kann, wie ich bin, und akzeptieren kann, wie ich mich im Moment fühle, ist es egal, was ich mache. Dem, was du mir über das Massieren erzählt hast, habe ich bisher entnommen, dass es dich in den Moment bringt, und das ist gut.

F.: Und so ist es auch mit Gruppen. Wenn ich vor einer Gruppe stehe, liebe ich das, es ist perfekt.

S.: Da ist also in Wirklichkeit nichts verkehrt, aber wenn du darüber nachdenkst, kann es durch das Nachdenken nerven. Wenn du denkst, dass jemand etwas von dir will, was du nicht geben kannst oder willst, dann fühlst du dich genervt. – Du kannst es nicht anders tun, als du es tust.

F.: Ich denke, darum geht's – in dem Moment auch bei der Wahrheit zu bleiben.

S.: Wenn du bereit bist, in der Wahrheit zu sein und dich von der Wahrheit nicht wegbewegst, ist es kein Problem.

Heute Morgen klopfte jemand an mein Fenster und bat mich, zu kommen und seine Hände zu halten, weil er körperliche Schmerzen hatte. Aber ich hatte dazu überhaupt keinen Impuls. Der Verstand sagte natürlich: „Was bist du für ein gemeiner Kerl, Samarpan! Du solltest nett zu ihm sein!" Aber wenn ich im Moment in der Wahrheit bleibe, wenn ich der Wahrheit verbunden bleibe, muss ich da bleiben, wo ich bin und vertrauen, dass für alles gesorgt wird. So war es auch. Jemand brachte ihn ins Krankenhaus und alles war bestens. Das ist der Punkt.

Niemand kann dich nerven, wenn du in der Wahrheit bleibst.

DER MOMENT IST WAHRHAFTIGKEIT

Samarpan: Guten Abend!

Fragende: Ich hatte einen Albtraum. Es hat etwas mit dem zu tun, was du gestern zu mir gesagt hast.

S.: Was habe ich gestern gesagt?

F.: Du hast zu mir gesagt: „Lass die Traurigkeit deine Geliebte sein!" – Den Albtraum will ich gar nicht detailliert erzählen.

S.: Oh, die Geschichte wollen wir hören, vielleicht eine Kurzversion.

F.: Ich war mit meinem älteren Bruder in einem Haus. Wir waren beide noch klein. Ich musste das Haus für ein paar Stunden verlassen, um etwas zu erledigen. Als ich zurückkam, fand ich meinen Bruder in einem Raum, wo er Holz gehackt hatte, neben einem Holzstapel. Dann fiel mir auf, dass er sich beide Füße abgehackt und mit einem Messer verletzt hatte. Ich war schockiert. Ich ging zu ihm und wusste nicht, was ich tun sollte. Wir legten uns auf den Boden. Ich streichelte ihn, und dann bemerkte ich, dass er eine Wunde hatte, die tödlich war. Dann kamen meine Eltern und brachten ihn in die Psychiatrie. Das ist der ganze Traum. Der Hintergrund des Traumes ist meine Geschichte mit meinem älteren Bruder. Es kommt mir vor, als ob das die einzige Geschichte ist, die nicht abgeschlossen ist. Auf eine Art war er mein erster Geliebter.

S.: Wie hängt der Traum mit der Geschichte von dir und deinem Bruder zusammen? Lebt er noch?

F.: Er lebt noch, aber ich habe ihn seit acht Jahren nicht gesehen. Unsere Geschichte war vorbei, als er seine erste Freundin traf. Da hat er mich fallen gelassen. Er hat kein Wort mehr mit mir gesprochen.

S.: Bist du mit deinem Bruder sexuell geworden?

F.: Wir haben nicht miteinander geschlafen. Aber es ist etwas geschehen. Er kam mitten in der Nacht in mein Zimmer.

S.: Das ist sehr wichtig. Das hat einen sehr tiefen Eindruck hinterlassen.

F.: Vielleicht ist da ein Zusammenhang. Denn nach diesem ersten Mal hat er mich völlig fallen gelassen, mich verlassen. Er hat das ein paar Mal

gemacht, jedes Mal, wenn wir uns begegnet sind. Wir haben in einer grö-
ßeren Wohngemeinschaft zusammengelebt, mit seiner Frau und meinem
Freund. Er sagte, ich sei eine Lügnerin, ich wäre total unehrlich, falsch –
jedes Mal das Gleiche. Es gibt niemanden, der mich so sehr verflucht hat
wie er.

S.: Es ist sehr wichtig, dass du verstehst, was mit ihm los ist, weil du geglaubt hast, was er gesagt hat. Es hat nichts mit dir zu tun. Er hat Schuldgefühle wegen seiner sexuellen Gefühle seiner Schwester gegenüber. Er ist
mit diesen Gefühlen nicht in Frieden. Er musste sich von dir isolieren und
dich verstoßen und dich zur Sicherheit auch noch zur Lügnerin erklären.
Sonst wärst du für ihn eine Gefahr gewesen.

F.: *Ich weiß das im Kopf.*

S.: Okay. Was dann also ansteht, ist das Fühlen der Gefühle. Fühle einfach
diese tiefe Traurigkeit darüber, dass du von deinem ersten Geliebten zu-
rückgewiesen wurdest. Er war dein Geliebter, dein Bruder, dein bester
Freund. Als dir das weggenommen wurde, hat es eine tiefe Wunde hinterlassen. Es ist, als wäre dir ein Teil von dir entrissen worden. In deinem
Traum verwundet er sich selbst, und so ist es wirklich. Das tut er. Er fügt
sich selbst Schmerz zu.

F.: *Ich habe das wirklich gefühlt. Ich habe mit ihm vor zehn oder zwölf*
Jahren gesprochen...

S.: Erwarte nicht, dass dadurch irgendetwas geklärt wird, wenn du mit ihm
sprichst.

F.: *Ich habe das ein Mal gemacht. Das muss ich nicht noch einmal ma-*
chen. Aber ich frage mich, was es mit diesen starken Gefühlen auf sich hat,
die da hochkommen.

S.: Sie sind einfach da. Es ist einfach dieses nicht gefühlte Gefühl, das
hochkommt. Heiße es wie eine alte Freundin willkommen. Es ist an der
Zeit! Gott sei Dank, dass es kommt.

F.: *Ich dachte, ich hätte das schon so oft gefühlt!*

S.: Das ist egal. Es wird weiter kommen, bis es abgeschlossen ist. Du
kannst es nicht beschleunigen. Du kannst es nicht verstehen und nicht
selbst zum Abschluss bringen. Heiße es einfach willkommen. Es ist wunderschön. – Diese Geschichte berührt mich tief. (Stille)

F.: Danke.

S.: Oh, ja.

❧❧❧❧❧❧❧❧❧

Samarpan: Hallo! Du bist also wieder unter den Lebenden! – Das heute Morgen war Angst erregend, hm?

Fragender: Ja, das war es. Was für eine Überraschung! Die letzten zwei Tage waren so schön! Ich konnte die Geschichte über das kleine Kind, das ich einmal war, nicht mehr finden. Das war so eine Erleichterung!

S.: Zwei Tage der Freiheit!

F.: Heute Morgen bin ich dann um sechs Uhr aufgewacht und fühlte Schmerz. Er wurde immer schlimmer. Da habe ich mich erinnert: „Atme da hinein! Konzentriere dich auf den Schmerz." Dann wurde er noch schlimmer, und ich bat jemanden um Hilfe. Da waren sehr freundliche, wissende Leute. Der Schmerz wurde immer schlimmer und ich bekam echt Angst. Und dann kam ich, wie du weißt, zu dir und bat um Hilfe. Ich kann mich nicht mehr an viel erinnern. Ich weiß nur, dass ich immer weiter in den Schmerz hineingeatmet habe, dann kam ich in dieses kleine Krankenhaus. Sie gaben mir etwas zur Schmerzlinderung, und nach einer halben Stunde begann dann der Schmerz, ganz allmählich zu verschwinden. Der Schmerz ging völlig weg. Aber heute Nachmittag kam er wieder und er ist immer noch da. Aber jetzt ist es nicht so schlimm, ich komme gut damit klar. Nur ist meine Kraft jetzt weg. Es ist, als ob alles rundherum grau ist, außer als du hereinkamst. Ich wollte zu dir sagen: „Nein, ich will nicht, dass dieser Schmerz da ist!" Das wollte ich wirklich ein paar Minuten lang. Ich habe es versucht. Als der Schmerz weg war, wollte ich absolut nicht, dass er wiederkommt. Aber er hat es getan und es ist schwer, das zu akzeptieren. Heute Morgen ging das viel besser, als der Schmerz wirklich stark war!

S.: Ja, bei starkem Schmerz ist es einfacher. Es ist einfacher, damit zu spielen.

F.: Ich habe auch mit dem Schmerz gesungen – irgendein Lied. Das war meine Möglichkeit, damit in Kontakt zu kommen. Das war gut. Aber jetzt hat es sich verändert. Etwas ist geschehen. Ich will den Schmerz nicht und ich kann nicht in etwas anderes hineingehen.

S.: Das ist also Todesangst. Das ist das Hauptthema für dich. Das hat dich motiviert, „nein" zum Schmerz zu sagen. Bis zu dem Punkt war es für dich in Ordnung, und dann hast du gesagt: „Nein! Ich bin nicht bereit zu sterben!"

F.: Ich will nicht, dass der Schmerz den Rest meines Lebens bleibt oder dass er mein Leben verkürzt.

S.: Nicht nur das – es geht wirklich um den Tod. Es ist wirklich die Angst vor dem Tod. Wenn der Körper in einer solch bedrohlichen Situation ist, in der du total hilflos bist, ist es das, was kommt. Du bist machtlos. Du weißt nicht, was da vor sich geht, der Tod kann jeden Moment kommen und du kannst nichts tun.

F.: Ja, darüber habe ich heute Nachmittag nachgedacht, nicht heute Morgen, da habe ich den Schmerz einfach nur gefühlt.

S.: War das heute Morgen nur der Schmerz oder auch die Angst?

F.: Als ich im Krankenhaus war, war da der Gedanke an den Tod. Ich wusste nicht, ob das Mittel, das sie mir gaben, wirken würde. Ja, ich erinnere mich, ich hatte den Gedanken: „Wenn es das ist, was geschieht, wenn ich sterbe – jetzt oder morgen, dann kann ich diesen Weg gehen." Da war ein Ja.

S.: Und was hat sich verändert? Warum fühlst du deine Kraft nicht mehr?

F.: Ich denke, weil ich den Schmerz nicht mehr haben will. Heute Morgen war es in Ordnung. Jetzt will ich nicht, dass der Schmerz wiederkommt. Ich bin wütend auf ihn. Ja, ich habe viel Geld bezahlt für das Paradies hier... Ich will nicht zurückkehren und gefragt werden, was ich hier gemacht habe, und dann sagen müssen: „Ich habe über meinen Schmerz meditiert."

S.: „Es sollte nicht wehtun. Es sollte Spaß machen!"

F.: Ja. Irgendwie ändert es sich jetzt gerade. Ich stelle die Dinge, die mir geschehen, gern als unsinnig hin. Das hilft mir, damit klar zu kommen. Ich kann nicht sagen, dass ich den Schmerz jetzt akzeptieren würde. Da ist noch etwas: Wegen eines Streiks muss ich einen Tag später zurückfliegen. Jetzt kann ich die Leute, die mich vom Flughafen abholen wollten, nicht treffen. Sehr liebe Menschen. Ich hatte mich so darauf gefreut, sie zu sehen! Meine Kraft hat mich verlassen, als ich das erfahren habe.

S.: Dein Glück hängt also davon ab, ob du diese Leute treffen kannst oder nicht.

F.: Und das zusammen mit dem Schmerzproblem...

S.: Du hast es nicht unter Kontrolle!

F.: Ja. Muss ich sagen, dass ich das hasse?

S.: Ich höre dich: „Ich will die Kontrolle behalten! Ich will bestimmen, wie es läuft! Es ist nicht so schlimm, später zu fliegen, aber ich will meine Freunde treffen, wenn *ich* sie treffen will! – Und ich will den Schmerz nicht mehr fühlen!"

F.: Ich habe über diesen Prozess nachgedacht. Da waren die zwei Tage, die so schön waren. Ich weiß, es geht um Veränderungen...

S.: So ist das Leben. Das Leben ist voll von schönen, schmerzhaften und fröhlichen Momenten, voller schrecklicher und enttäuschender Momente, voller Momente, wo es nicht so läuft, wie wir es gern hätten!
Wir haben es einfach nicht unter Kontrolle! Das ist die bittere Wahrheit. Wir wollen die Kontrolle haben, aber wir haben sie einfach nicht. Du bist wie der Zweijährige, der tobt und schreit: „Nein! Nein! Nein! Ich will, dass es genau *so* ist! Ich will meine Freunde!"

F.: Jetzt!

S.: Ja!

F.: Ich habe meine Freunde ja weiterhin. Vielleicht kann ich sie am Freitag sehen oder vielleicht in einem halben Jahr.

S.: Es ist egal, es ist völlig egal. Die Freunde dienen nur dazu, bei dir einen Knopf zu drücken. Einfach, damit du dich machtlos fühlst, weil du es nicht so haben kannst, wie du es gerne hättest.

F.: Und das gleich nachdem ich alle Macht gehabt habe, die ich mir jemals gewünscht habe...

S.: Wir haben alle Macht, die wir jemals wollen können. Aber sie gehört uns nicht!

F.: Es ist meine Macht!

S.: Nein! Es ist nicht deine Macht! Es ist die Macht des Göttlichen. Diese Macht gehört niemandem! Wenn du niemand bist, hast du Macht. Wenn du jemand bist, liegst du am Boden – machtlos! Eine kleine Ameise! (Lacht) Ja! So ist es. Ich habe über überhaupt nichts Macht. Wenn ich damit in Frieden bin, wenn ich mit den Dingen in Frieden bin, wie sie sind, dann habe ich die Macht. Das ist ein solches Paradox!

F.: *Fühlt sich diese Macht so an wie die Macht, die ich kenne? Wenn du dich machtlos fühlst, ist es so, als ob man Macht hätte?*

S.: Wenn ich in Frieden damit bin, dass ich machtlos bin, dann finde ich die Macht. Das ist wahre Macht, denn diese Macht hängt nicht von äußeren Umständen ab.
Wenn mein Glück von bestimmten Umständen abhängig ist – wenn ich nur glücklich sein kann, wenn mir der Bauch nicht weh tut, dann ist mein Glück eingeschränkt. Dann ist die Macht so begrenzt! Ich kann da gar nichts machen.

F.: *Ich kann in Frieden damit sein, wie es auch immer kommt?*

S.: Wenn du mit dem, was geschieht, in Frieden sein kannst, dann hast du Macht! Es ist wirklich so einfach.

F.: *Ich muss mich also darin üben...*

S.: Ja. Alles, was nötig ist, ist ein bisschen Übung.
Es ist interessant, nachdem du heute Morgen mit meiner Frau gesprochen hast, war ich einfach mit dir. Ich war einfach mit dem, was da vor sich ging. Und nach einer Weile war da Entspannung und tiefer Frieden! Das war wahrscheinlich gerade, als du ins Krankenhaus gebracht wurdest. Das ist interessant! Und die ganze Zeit wusste ich, dass mit dir alles in Ordnung ist.

F.: *Ich hatte kein Problem damit, als du mich abgewiesen hast. Ich wusste, dass mich Samarpan nicht weggeschickt hat.*

S.: Ja. Gott hat dich nicht verlassen. Dieser Typ hier ist nur nicht so gut im Handhalten – vor allem morgens!

F.: *Ich denke, ich wäre all diesen tollen Leute nicht begegnet, wenn du bei mir gewesen wärst.*

S.: Das ist es, was ich heute Morgen im Satsang gesagt habe: Alles, was ich tun muss, ist, damit verbunden sein, wie es sich im Moment anfühlt.

Denn wenn es sich nach Handhalten mit dir angefühlt hätte, dann wäre das auch geschehen. Aber um im Moment wahrhaftig zu bleiben, musste ich nein sagen. Dem kann ich vertrauen! Der Beweis ist, dass für dich gesorgt wurde. Da war kein Problem!

Gott hat viele Hände und viele Körper, und es funktioniert alles. Es hängt also nicht von einem Körper ab. Das ist wirklich wichtig, denn wir machen uns zu Sklaven der Vorstellung: „Ich muss es tun." – Du musst überhaupt nichts tun. Wenn du dich nicht danach fühlst, etwas zu tun, dann tu es nicht! Wenn Hilfe gebraucht wird, wirst du Hilfe bekommen, kein Problem. Es funktioniert!

F.: Das musste ich auch lernen.

S.: Wir haben so viel zu lernen. Ich liebe es, dass es so viel zu lernen gibt.

F.: Manchmal ist es hart zu lernen.

S.: Nein, hart ist es, wenn wir nicht lernen. Lernen macht Spaß!

F.: Danke.

Fragende: Seit gestern bin ich offen und fühle alles.

Samarpan: Ich habe gesehen, wie du dich vorgestern geöffnet hast.

F.: Vielleicht. Ich fühle es seit gestern.

S.: Es ist schön, dass du hier bist.

F.: Ich war gestern im Meer schwimmen und es war schwer, wieder an Land zu kommen. Panik kam auf. Danach fühlte ich mich unsicher und schüchtern. So schüchtern, dass ich mich beim Mittagessen fünfmal woanders hingesetzt habe. Ich wollte nicht gesehen werden. Ich ließ es einfach so sein, wie es war, denn ich weiß, dass das nicht oft hochkommt. Normalerweise bin ich nicht schüchtern.

S.: Wunderschön. Das ist sehr stark. Halte hier inne. Schließe die Augen und fühle das einfach. Heiße das Gefühl willkommen. Sei einfach still und lass dieses Gefühl kommen und dich umgeben. – Was ist hier?

F.: Es fühlt sich gut an. Aber ich habe eine Frage: Wenn ich mit dieser Unsicherheit oder Schüchternheit an meinem Arbeitsplatz auftauchen würde, das ginge einfach nicht!

S.: So gehst du besser nicht mit Gefühlen um. Jetzt bist du nicht an deinem Arbeitsplatz!

F.: Ich weiß, ich bin hier. Aber wenn ich zuhause bin...

S.: Du bist nicht zuhause! Verstehst du, worauf ich hinaus will? Wenn du einfach bist, wo du bist, funktioniert alles. Wir können uns vorstellen, dass solche Gefühle problematisch sein könnten. Aber es gibt kein Problem – nur in der Vorstellung: „Mist, wenn ich bei der Arbeit so schüchtern wäre, hätte ich echt ein Problem!"
Aber du bist nicht bei der Arbeit! Du bist nackt am Strand und fühlst dich schüchtern. Wie schön! Das ist die richtige Zeit dafür. Willst du dir wirklich die Zeit hier vorenthalten und dir eine Zeit vorstellen, in der es nicht in Ordnung ist, sich so zu fühlen? Du bist hier am richtigen Ort!

F.: Dann möchte ich ein anderes Gefühl nehmen, das oft da ist und das ich nicht leben kann: Wut. Die kann ich einfach nicht leben!

S.: Ist Wut hier?

F.: Nicht hier, aber bei meiner Arbeit. (Lachen)

S.: Wir können uns nicht mit einem Gefühl befassen, das gerade nicht hier ist. Wenn es nicht hier ist, ist es nicht real. Das ist das Gleiche in Grün: Wir haben es wieder mit einem vorgestellten Gefühl zu tun. Vorher hatten wir es mit einem wirklichen Gefühl in einer vorgestellten Situation zu tun. So sorgt der Verstand dafür, dass wir in Problemen verhaftet bleiben!
Wenn du *hier* bleibst, ist es kein Problem. Und wenn du bei der Arbeit bist und dabei *hier* bist, ist es kein Problem. Da ist einfach Wut.

F.: Ja, das mag ich auch. Aber für mich ist meine Frage noch nicht beantwortet.

S.: Okay. Ich versuche, damit geduldig zu sein.

F.: Wenn ich meinen Chefs meine Wut zeigen würde, das ginge einfach nicht.

S.: Das stimmt! Das ist wahr. – Wer sagt, dass du ihnen irgendetwas zeigen sollst?

F.: Na ja, wenn du sagst: „Sei im Moment...“

S.: Das stimmt. Aber das heißt nicht, dass du alles auf deine Chefs abladen solltest! Was wir bezüglich unserer Gefühle gelernt haben, ist sie zu unterdrücken und sie auszudrücken. Jetzt spreche ich nicht vom Unterdrücken und auch nicht vom Ausdrücken, sondern ich spreche davon, mit den Gefühlen Freundschaft zu schließen, wie sie gerade sind. Du hattest gerade mit dem Gefühl von Schüchternheit Freundschaft geschlossen. Dann bist du damit in Frieden und es ist in Ordnung. Mit Wut ist es das Gleiche! Es ist mit jedem Gefühl das Gleiche. Du kannst einfach damit in Frieden sein. Wir handeln uns bezüglich unserer Wut nur deshalb Probleme ein, weil wir damit nicht in Frieden sind. Wir haben Urteile über die Wut. Wir machen uns zum Vorwurf, dass wir wütend sind.
Du musst deine Wut an niemandem ablassen! Fühle dich einfach wütend. Das ist toll! Was für eine Energie! Ich will diese wunderschöne Energie nicht an irgendwelche dummen Chefs verschwenden. Ich will diese Energie für jemand ganz Besonderes zur Verfügung haben! (Lachen) Nur für Menschen, die ich wirklich liebe, und dann nur im richtigen Moment.

F.: Vielleicht ist das der Grund, warum ich gern allein lebe.

S.: O ja, alleine zu leben ist schön, sehr einfach.

F.: Es ist einfacher.

S.: Ja, das stimmt. Es ist viel einfacher, allein zu leben. Wollen wir wetten, wie lange das so bleibt?
Wenn wir mit anderen Menschen zusammen sind, werden wir wirklich auf die Probe gestellt. Dann können wir etwas über Wut oder andere Gefühle lernen und nicht, wenn wir allein sind. Darum ist die Welt voller Narren. Einfach um uns dabei zu helfen!

F.: Okay.

Fragende: *Hallo, Samarpan! Der Traum, den du heute Morgen erzählt hast, hat mich zutiefst berührt, und zwar jeder Teil davon. Nachdem ich heute tagsüber viel geweint habe, habe ich plötzlich eine tiefe innere Überzeugung entdeckt, dass ich meinen Weg allein finden muss. Eigentlich ist*

es schon gegen die Spielregel, hier zu sitzen! Es ist völlig unmöglich, mich von einem Taxifahrer nach Hause bringen zu lassen!

Samarpan: Ich bin ein unmöglicher Taxifahrer!

F.: Ich würde mich freuen, wenn du mein Taxifahrer wärst!

S.: Ja. Ich bin sehr gerne dein Taxifahrer! (Stille)

F.: Jetzt kann ich sehen, dass es nicht nur nichts ist; es ist alles, was ich in deinen Augen sehe...

S.: (Lacht) O ja.

DER GÖTTLICHE TANZ

Samarpan: Guten Abend. Hallo!

Fragende: Hallo. Ich habe eine Frage, und zwar zum Tod. Heute Morgen sagtest du, dass wir nicht sterben können. Ich weiß, dass es dazu viele religiöse und esoterische Vorstellungen gibt. Das interessiert mich alles nicht.

S.: Gut.

F.: Ich möchte einfach nur die Wahrheit von dir hören.

S.: Sieh selbst nach. Schließe die Augen und geh nach innen. In diesem Moment bist du überall. Du bist vor der Erschaffung des Universums und auch wenn das Universum wieder verschwunden ist. Du bist. Genau jetzt bist du.

F.: Ich bin Teil davon.

S.: Nein, du bist nicht Teil davon. Du bist all das. Wenn du ein Teil bist, dann bist du etwas. Dann bist du jemand, der ein Teil ist. Das bist du nicht, du bist alles. Ich weiß, dass der Verstand das nicht versteht. Das macht nichts, aber du kannst das fühlen. Du kannst das Sein fühlen. Jetzt war schon immer. Es war immer und wird immer sein – das ewige Jetzt. Hier gibt es keine Zeit. Hier gibt es kein Geborenwerden und kein Sterben.
Dies. Suche nicht sonstwo danach. Es ändert sich nicht. Die Umstände ändern sich, Geburt geschieht, Tod geschieht. Liebhaber kommen und gehen, Jobs kommen und gehen, Situationen ändern sich, *es* ist. Du kannst das in jedem Moment überprüfen. Dies bewegt sich nicht. Der Tod berührt dieses nicht.
Der Verstand kann das alles nicht verstehen. Wenn du in den Verstand zurückgehst, sagt er: „Das ist doch nicht logisch!" – Wir können es nicht verstehen. Wir können das alles nicht durchschauen. Wir können es nicht in Kategorien einordnen. Aber du kannst hierher zurückkehren und von hier aus kannst du sehen.

F.: Es ist wie ein Unterstrom. Irgendwie fühle ich, dass es wirklich so ist.

S.: Genau.

F.: Aber dann kommt sofort der Gedanke: „Was hat das mit dem Tod zu tun? Das ist doch etwas ganz anderes!"

S.: Nein. Das ist es nicht. Die Erfahrung von Geburt und Tod geschieht aus *dem* heraus und kehrt in *das* zurück. Das ganze Universum ist aus diesem heraus entstanden und es wird in dieses zurückkehren. Die Wissenschaftler können die Geburt des Universums sehen, das ist wirklich interessant! Ein anerkannter Wissenschaftler hat dazu etwas gesagt. Er ist kein Mystiker oder Guru. Er ist ein Astronom, ein Mathematiker, er ist Wissenschaftler. Und er sagte: „Das Universum entstand aus dem Nichts." (Lacht) Wenn es aus dem Nichts kam, wird es ins Nichts zurückkehren!
Jesus sagte es so – ich liebe diese Worte. Jemand aus der Menge forderte ihn heraus, indem er sagte: „Was ist mit Abraham? Er ist unser großer Prophet, unser Vater, er ist das Gesetz." Jesus antwortete: „Bevor Abraham war, bin ich." Diese Worte durchschauern mich. Das ist wie ein Ruf vom Gipfel des Berges. Das ist die Wahrheit: Bevor Abraham war, bist du! Bevor dieses Universum entstand, bin ich. – Das ist die Wahrheit. *Das* ist unbeeinflusst von jeder Form. Darum heißt es, dass die Form nur eine Illusion ist. Sie ist nichts. Sie kann *dies* nicht berühren!
Wir sind durch so viele Leben hindurch gegangen, so viele Geschichten, so viele Geburten und Tode. Die Berge hier haben so viele Menschen kommen und gehen sehen. Sie sind und bleiben und beobachten.

F.: Ja, dann habe ich das Gefühl, dass es stimmt, dass ich das Ganze bin. Aber Teile von mir, das Persönliche, verschwinden. Dann kann es stimmen.

S.: Das stimmt. Genau so ist es. Wenn ich eine Person bin, dann ergibt das alles keinen Sinn – aus der Perspektive der Person gesehen. Wenn ich eine Person bin, kann ich höchstens ein Teil sein, wie du sagtest. Ich kann der Sohn des Vaters sein oder so etwas. Nein, da ist keine Person und da war nie eine! Das alles ist einfach der Tanz, das Spiel. Es gab nie jemanden. Das ist es, was es so einfach macht.
Wenn es da jemanden gäbe, müssten wir etwas tun. Dann müssten wir Buße tun und von unseren Sünden erlöst werden, dann müssten wir es uns verdienen, wieder ins Paradies zurückzukehren.
Wenn ich nachts träume, brauche ich am Morgen nichts davon meiner Frau zu erzählen, denn nichts davon ist wirklich geschehen. Wir verlieren uns nur im Traum, das ist alles. Und sobald wir aufwachen, sagen wir: „Oh, das war ein Traum!"

Ich bin zuhause, ich war immer zuhause, ich werde immer zuhause sein. Ich kann nicht von meinem Selbst getrennt sein. Ich war das nie und werde das nie sein. Ich bin. Darum heißt es: „Es gibt nichts zu tun." Höre auf, dir das einzubilden. Das ist alles. Höre auf zu träumen. Dann siehst du: Du bist.

F.: Mein Verstand ist k.o. (Lachen)

S.: Gut. Es ist meine Aufgabe, deinen Verstand völlig zu verwirren. So hat er nichts, um sich daran festzuhalten.

F.: Danke.

Fragender: Ich habe eine Frage zum Teilen der Wahrheit mit anderen.

Samarpan: Mit wem willst du sie teilen?

F.: Es ist eine besondere Situation. Ich lebe allein und treffe nicht viele Menschen. Da ist aber eine Meditationsgruppe. Ich bin dort noch nicht einmal eingeladen, aber ich kann dort hingehen und ihrer Nicht-Wahrheit zuhören, dann fühle ich mich nicht wohl. Oder ich kann versuchen, meine Wahrheit auszusprechen, und das ist für mich eine Falle. Also glaube ich, ich möchte von dir nur hören: „Vergiss es!" Aber meinen Verstand beschäftigt das schon die ganze Woche.

S.: Ich kann dir ganz ernsthaft und aus meiner eigenen Erfahrung heraus sagen: „Vergiss es!"

F.: Okay.

S.: Jetzt sage ich dir noch etwas: Eine Gruppe ist noch nie erleuchtet worden. Gruppen sind nicht an der Wahrheit interessiert. Ich habe diese Erfahrung oft gemacht, mit vielen verschiedenen Gruppen. Die schlimmsten Gruppen sind spirituelle Gruppen. Bei anderen Gruppen gibt es sogar eine Möglichkeit. (Lachen) Ein paar Gruppenmitglieder werden wahrscheinlich interessiert sein. Aber bei einer spirituellen Gruppe ist es absolut unmöglich!

F.: Dann ist das also nicht aufgrund meiner Unsicherheit so, sondern es ist von sich aus schon so.

S.: Erstens haben sie dich ja gar nicht eingeladen. Zweitens würden sie dich wahrscheinlich niemals einladen!

F.: *(Lacht) Es ist verrückt!*

S.: Und drittens, selbst wenn sie dich einladen würden: Die Gruppe lädt niemals ein. Nur ein oder zwei Mitglieder laden ein, und der Rest der Gruppe wird sich gegen dich verschwören. – Was noch? Ich habe noch ein paar Finger übrig.

F.: *Das reicht mir schon.*

S.: So läuft es nie. Lebe einfach die Wahrheit. Mach dir keine Gedanken darüber, sie mit anderen zu teilen. Wenn die Wahrheit in dir weiter reift, wird es klar werden, wie du sie teilen sollst, auf welche Art das geschehen soll. Wenn du bereit bist, kommen die Menschen. Das werden Menschen sein, die in der Lage sind, dich zu hören. Es werden Menschen sein, die bereit und offen sind.

F.: *Ich kann jetzt sehen, dass die Unsicherheit von dem Wunsch herrührt, jemand sein zu wollen. Daher kommt das alles.*

S.: Genau, das ist der Witz. Hier auf diesem Platz zu sitzen bedeutet gerade, kein Jemand zu sein. Ich erinnere mich, wie ich mit diesem Spiel angefangen habe. Ich war in Isaac Shapiros Satsang in München und er gab mir die Erlaubnis, meine Infoblätter für meine Satsangs auszuteilen. Irgendwie kam es dazu, dass mich jemand herausforderte. Das war das Beste, was geschehen konnte. Wer interessiert sich schon für einen Stapel Infoblätter? Zu Beginn des Nachmittagstreffens hob eine Frau die Hand und sagte: „Isaac, da verteilt jemand Infoblätter! Für wen hält der sich überhaupt?" Und ich bekam die Gelegenheit, darauf zu antworten. Meine Antwort war: „Weißt du, wenn ich der Meinung wäre, dass ich jemand sei, könnte ich die Infoblätter nicht verteilen."
Das ist wirklich das Paradox: Wenn ich meinen würde, ich wäre jemand, wäre das Allerschmerzhafteste, was ich nur tun könnte, auf diesem Platz hier zu sitzen. Hier zu sitzen ist der Tod von „jemand"!
Es gibt mir überhaupt nichts, hier zu sitzen. Es bringt mir keine Anerkennung, es bringt mir keine Macht, es verschafft mir keine Beliebtheit. Es ist überhaupt nichts!
Da ist kein Ich, das darüber verfügen könnte. Da ist kein Samarpan, der über diesen Körper, dieses Leben, diese Persönlichkeit und, und, und verfügen könnte." Es muss einfach ein göttlicher Tanz sein!

Wenn es so ist, ist es nicht meine Angelegenheit, was geschieht. Es liegt nicht in meiner Macht. Wenn das Göttliche nicht wollte, dass ich an diesem Platz sitze, könnte ich nicht hier sitzen. Dann wäre das einfach nicht möglich. Niemand würde kommen oder nur ein paar Leute, und die würden kopfschüttelnd wieder gehen.

Du kannst nicht wissen, wie dich das Göttliche verwenden will. Du kannst nicht wissen, wie dein Leben verlaufen wird. Aber wenn du fühlst, dass du den Rest deines Lebens dem Göttlichen übergeben möchtest, ist das wunderschön. Es muss bedingungslos sein. Wenn du irgendeine Vorstellung davon hast, vergiss es! Es wird nicht so sein, wie du es dir vorstellst.

F.: Okay, danke.

S.: Gerne!

Fragende: Ist es eine Sache der Gewohnheit, mit mir hier zu sein statt mit mir in einer Geschichte zu sein?

Samarpan: Ja, es ist eine Sache der Gewohnheit, eine Sache der Identifikation. Es kommt darauf an, von wo du schaust. Es gibt die Tendenz, vom Körper aus zu schauen. Denn es scheint, als sei ich irgendwie dieser Körper. Es scheint, als hätte diese Lebensgeschichte irgendetwas mit mir zu tun, also ist es natürlich, dass es damit eine Identifikation gibt. Aber wenn du das nicht ernst nimmst und einfach hier bist, einfach aus dem Verstand herausgehst und hierhin kommst, immer wieder und wieder und wieder – dann entspannt sich die Identifikation ganz allmählich. Es ist nicht so, dass sie ganz verschwindet! Sie wird nie ganz verloren gehen. Aber sie entspannt sich so weit, dass es kein Problem ist. Du siehst ganz klar, dass es nicht die Wahrheit ist!

F.: Vor vielen Jahren, als ich die erste Erfahrung machte, war es die ganze Zeit klar.

S.: Ich verstehe, so ist es. Wir erleben die Flitterwochen, und während dieser Zeit ist es die ganze Zeit offensichtlich. Wenn wir in dieser Erfahrung sind, können wir uns einfach nicht vorstellen, wie wir uns überhaupt identifizieren können. Es ist so offensichtlich!

F.: Ja. Und es wird auch wieder offensichtlich.

S.: Immer wieder. Jedes Mal, wenn du innehältst und hierher kommst, ist es wieder offensichtlich. Das ist die Aufgabe. Wir gehen wieder in die Illusion, in die Identifikation zurück und fühlen den Schmerz dessen. Das nennt sich „mit den Vasanas aufräumen", mit all den Tendenzen des Verstandes, all den Tendenzen, die du schon seit so vielen Leben hast. Du musst also einfach nur Geduld mit dir haben. Komm einfach immer wieder zurück.

Der Schmerz ruft dich zurück. Jeden Tag gibt es zehntausend Dinge, die dich zurückbringen, wenn du sie lässt! Dein Erwachen geschieht automatisch. Alles, was du tun musst, ist aus dem Weg zu gehen. Lass es einfach geschehen.

F.: Wird da einmal wirklich dauerhaft aufgeräumt sein?

S.: Mach dir darüber keine Gedanken!

F.: (Bricht in Lachen aus)

S.: Das ist egal, weißt du. Denn du kannst nur da sein, wo du bist. Es ist der Verstand, der versucht, in eine eingebildete Zukunft zu gehen um zu sehen, wie es sein wird.

Wen kümmert das? Es geschieht sowieso alles hier. Hier ist, wo es geschieht. Dein Erwachen geschieht! Genau hier, genau jetzt. (Lacht) Du brauchst über nichts nachzudenken und nichts zu verstehen. Es ist alles hier.

Fragende: *(Stille) Da geht etwas vor sich, und ich kann nicht richtig sagen, was. Es ist schon einige Zeit so.*

Samarpan: Dann geh einfach nach innen und sieh, was da für Empfindungen sind.

F.: Die stärkste Empfindung ist im Bauch.

S.: Lass uns da hingehen.

F.: Es fing vorhin an. Ich bin ein paar Leuten begegnet und es fühlte sich irgendwie unangenehm an. Diese Leute sind gut darin, in mir unangenehme Gefühle hervorzurufen.

S.: Ja, manche Menschen sind sehr gut darin! Dein Machtzentrum wird berührt.

F.: Ja, genau, ich fühle mich dann ganz klein.

S.: Sehr gut. Also fühle dich so richtig klein.

F.: Da ist auch Traurigkeit.

S.: Gut.

F.: Ich habe mich nach Weinen gefühlt, aber das ist noch nicht so recht da.

S.: Fühle einfach das Gefühl dieses kleinen Mädchens, dem es nicht gestattet ist zu wachsen. Jemand will dich klein halten. Was ist hier?

F.: Traurigkeit. Da ist auch ein Kloß im Hals.

S.: Was will da ausgesprochen werden?

F.: Es ist, als wenn hier das Weinen gestoppt wird. (Weint)

S.: Kannst du diesem Weinen Worte geben?

F.: Es ist einfach, dass ich akzeptiert werden will! Da kommen Worte wie: „Ich will es mir selbst geben können".

S.: Das ist es. Da ist die Akzeptanz. Du hast Recht. Wenn du darauf wartest, dass diese Mistkerle es dir geben, wird es nicht passieren. (Lacht)

F.: Ich weiß das, aber…

S.: Komm zum Bauch zurück. Hier geschieht alles. Was ist hier?

F.: Da ist eine Mischung aus Dankbarkeit und Angst.

S.: Und was sagt die Angst?

F.: Es ist nicht sicher. Ich weiß nicht, was geschieht. Ich habe es nicht unter Kontrolle.

S.: Es ist für dich nicht sicher, groß zu sein. Du musst das liebe kleine Mädchen sein. Wenn du in deiner Kraft bist, wird dich jemand nicht mögen.

F.: Ja, das habe ich sehr oft erlebt.

S.: Es stimmt! (Lacht) Jemand wird dich nicht mögen.

F.: Da ist ein Gefühl, dass es mich nicht kümmert – aber es kümmert mich doch.

S.: Und was sagt das Kümmern?

F.: Ich will akzeptiert werden, ich will wertgeschätzt werden, ich will, dass die Leute freundlich zu mir sind.

S.: Vergiss es! Da verlangst du zu viel. Du kannst in deiner Kraft sein, du kannst sein, wer du bist, aber du kannst Akzeptanz nicht verlangen! Du kannst von den Leuten nicht verlangen, dass sie dich mögen. Denn sie werden dich nicht mögen, egal was du tust. Wenn du das kleine Mädchen spielst, werden sie dich nicht mögen. Wenn du in deiner Kraft bist, werden sie dich auch nicht mögen.

F.: (Bricht in Lachen aus) Also ist es eigentlich egal, was ich mache!

S.: (Lacht) Du kannst genauso gut Spaß haben. Was ist hier?

F.: Irgendwie Erleichterung und im Hintergrund auch ein Gefühl, dass es beängstigend ist.

S.: Bringe die Angst in den Vordergrund.

F.: Es ist wie eine Projektion auf die Zukunft, dass es alles ganz schrecklich sein könnte.

S.: So ist es immer. Niemand hat jemals Angst vor dem, was hier ist. Es sei denn, das Haus brennt gerade ab. Aber selbst dann hast du nicht wirklich Angst. Es ist nur die Vorstellung, vor der wir Angst haben. Jemand wird mich hinauswerfen, jemand wird mich zurückweisen. „Mein Leben wird nicht mehr schön sein!"

F.: „Vielleicht werde ich eines Tages unter der Brücke landen!" (Lacht)

S.: Vielleicht wirst du eines Tages unter der Brücke landen. Das ist übrigens ein sehr guter Ort. – Wenn du dich der Unsicherheit wirklich stellst, findest du festen Boden. Du findest das, was dir niemand wegnehmen kann. Es ist der Sprung in den Fluss. Das müssen wir tun. Wir müssen es herausfinden. Wir müssen riskieren, dass wir umkommen, um zu entdecken, dass uns das Leben wirklich unterstützt.
Ich habe keine Angst, weil ich das weiß. Und ich weiß das, weil ich mich immer und immer wieder in den Fluss gestürzt habe. Ich habe alle Sicherheit weggeworfen und hatte überhaupt nichts! Das Leben hat mich auf

Arten unterstützt, die ich mir nicht hätte vorstellen können. Es ist wirklich überwältigend. Das Leben unterstützt mich immer noch auf Arten, die ich mir nicht hätte träumen lassen. So ist es immer. So ist es für uns alle. Das Vorstellungsvermögen kann uns das nicht geben – du musst es herausfinden, du musst es entdecken. Bis es soweit ist, wirst du Angst haben, dass dir jemand etwas wegnimmt. Dann gibst du deine Kraft weg, um nett zu sein, um gemocht zu werden.

Wir müssen das Schicksal herausfordern. Wir müssen uns eins klar machen: Es geschieht immer wieder, dass sich im Leben die Möglichkeit zeigt, dass das Leben vorbei ist. Und es ist ganz klar, dass ich da überhaupt nichts tun kann. Also sage ich einfach: Also gut, Gott, wenn du willst, dass es vorbei ist – in Ordnung. Ich bin bereit! Aber wenn du einen Plan für mich hast, wenn du mir eine Aufgabe gibst, dann bin ich auch dazu bereit. Es liegt bei dir, es liegt nicht in meinen Händen. Ich bin bereit, aber ich kann es nicht tun. – Darin liegt eine solche Kraft. Das ist der Urgrund. Ich habe vor nichts Angst! Alles, was ich habe, werde ich irgendwann verlieren. Es gibt nichts, an dem ich festhalten könnte. Es gibt nichts, was ich kontrollieren könnte.

J. Krishnamurti war ein großer Lehrer, und er hat viele Jahre lang gelehrt. Seit seiner Kindheit war er mit einem Menschen zusammen, der später sein Manager wurde. Sie wuchsen in einer Gemeinschaft auf, die versuchte, einen Buddha zu erschaffen, einen Erleuchteten. Er sollte der Maitreya sein, und dafür hatten sie Krishnamurti auserwählt. Seinem Kindheitsgefährten wurde weniger Aufmerksamkeit geschenkt. Er blieb bei Krishnamurti und half ihm all die Jahre, und dann verschwand er mit dem Geld. Da er der Manager war, konnte er das legal tun, und J. Krishnamurti konnte nichts machen.

Wir haben keine Kontrolle. Marga hat mein ganzes Geld. Sie könnte eines Tages einem attraktiven Mann begegnen und ich sehe sie nie wieder. Ich habe nichts unter Kontrolle! Es liegt nicht in meiner Macht. *Das!* Auf das kann ich mich verlassen. Nur das, das ist meine Macht. Das ist mein fester Boden: Das Leben sorgt für mich. Und das Leben wird für mich sorgen, solange es will. Dann wird der Tod für mich sorgen. Also ist es kein Problem. (Lacht)

F.: Ja, ich kenne diese Erfahrung, ich habe sie oft gemacht. Bisher hat das Leben für mich gesorgt.

S.: Das stimmt, also weißt du das. Wenn du bereit bist, nicht gemocht zu werden, kannst du in deiner Kraft sein. (Lacht)

Fragende: Ich bin völlig verwirrt, vor allem was das Thema Macht angeht.

Samarpan: Wie berührt dich das?

F.: Da ist so viel. Durch das Entdecken meiner Freiheit – ohne jede Bewertung – komme ich in meine Kraft. Aber dann fange ich wieder an zu bewerten.

S.: Was an deiner Kraft bewertest du als falsch?

F.: Ja, da ist die Verwirrung. Das eine ist, dass es einfach großartig ist! Es ist wie eine Explosion. Es ist die Wahrheit, das fühle ich. Jetzt schäme ich mich wieder, weil ich mich arrogant fühle, denn ich springe gern ins kalte Wasser. Ich bin nicht nett zu den Leuten, wenn ich es nicht will. Ich bin eher konfliktorientiert. Aber etwas sagt mir, dass ich das nicht darf, dass es falsch ist, dass ich damit manipulieren will... Ich habe kürzlich eine Freundin getroffen und wir sprachen über ihre Beziehung. Ich sagte etwas, was sich für mich nach der Wahrheit anfühlte. Ich habe ihr einen Rat gegeben. Ich muss auch sagen, ich war sehr in Satsangstimmung, irgendwie hörte ich dich durch mich sprechen – die Freundin sagte nämlich: „Ich habe das Göttliche durch dich sprechen gehört."

S.: Wenn sie das Göttliche durch dich sprechen hörte, hat das Göttliche durch dich gesprochen, und das Göttliche hat zugehört. Das ist wunderschön.

F.: Aber mein Verstand stürzt sich darauf und fragt, ob ich nicht arrogant bin und meine, ich sei schon eine Meisterin.

S.: Ja, immer. Mach dir darüber keine Gedanken. So ist es einfach.

F.: Aber als du zu dem Mann sagtest, dass man das nicht mitteilen kann, hat sich mein Verstand gleich darauf gestürzt.

S.: Offensichtlich trifft das, was ich zu ihm sagte, nicht auf dich zu, denn diese Frau hat dich gehört. Und sie hörte es als die Wahrheit. Sie muss auf eine Art darum gebeten haben. Sie muss dafür offen gewesen sein. Es muss diese Samarpan-Übermittlung, diese Osho-Übermittlung, diese Übermittlung des Buddhas gewesen sein, die da vor sich ging. Wir können es nicht verstehen. Eine Minute danach zweifeln wir daran. Der Verstand zweifelt.

Ich habe mir angewöhnt, nicht darüber nachzudenken, was gerade geschehen ist, wenn ich den Raum hier verlasse.

F.: Ich sollte es also einfach nehmen, wie es ist?

S.: Ja, nimm es einfach, wie es ist.

F.: Ich hänge da fest. Das Ego verwirrt mich. Statt einfach nur zu sein, versuche ich alles intellektuell zu verstehen.

S.: Der Intellekt ist das Ego. Der Verstand ist derjenige, der arrogant ist – indem er dir sagt, du seiest arrogant. Das ist die Arroganz. Die Wahrheit auszusprechen ist niemals arrogant, wenn es wirklich die Wahrheit ist. Es kann auch ein Versuch sein, die Wahrheit zu kopieren. Aber wenn es aufgenommen wurde, wie du sagtest, habe ich da keine Zweifel. Man spürt das. Wir alle sind gemeinsam in *dem* und es gibt eine solche Resonanz. Es ist zauberhaft und fantastisch. Sobald das Ego ins Spiel kommt, sind die Augen der Zuhörenden verschleiert. Sie gehen weg, sie fangen zu gähnen an… Die Wahrheit ist aufregend, die Wahrheit singt ihr Lied, Gott singt für Gott. Das ist wunderschön. Du kannst nicht wissen, wann es geschehen wird. Es geschieht spontan, im Moment. Wenn da keine Offenheit ist, bemerke ich, dass ich nicht sprechen kann. Wenn jemand nicht offen ist zu hören, kann ich kein Wort sagen. Die Begegnung des Göttlichen mit dem Göttlichen ist die Voraussetzung.

Fragender: Ich habe eine Frage zu dem, was du gerade gesagt hast. Das Göttliche ist immer da, auch wenn es durch den Verstand hindurch spricht. Meine Frage ist, gibt es Gutes und Schlechtes? Machen wir es richtig oder falsch?

Samarpan: Du musst es fühlen und schmecken. Du kannst es fühlen, wenn es von jemand anderem kommt, und du kannst es fühlen, wenn es aus deinem eigenen Mund kommt.

F.: Ich kann es fühlen und ich weiß, was du sagst, aber ich verspüre gleichzeitig Widerstand, ungefähr so: „Oh, das ist der Verstand, das ist nicht gut.“ Ich habe das Gefühl, dass das auch nicht stimmt. Oder ist das der Verstand, der sich verteidigen will?

S.: Der Verstand will das in Besitz nehmen, aber er kann nicht darüber verfügen. Wenn der Verstand aber im Dienste der Wahrheit steht, ist es „No-Mind". Es ist interessant, denn es ist der gleiche Mechanismus. Oft sitze ich hier und erzähle Geschichten aus meiner Vergangenheit oder Geschichten, die Osho erzählt hat. Der Verstand ist also offensichtlich an diesem Spiel beteiligt. Aber es schmeckt anders.

Wir können das nicht verstehen, aber du weißt, was ich sage. Wir können es schmecken, wir können es riechen. Wenn jemand vom Verstand her spricht, ist das manchmal so schmerzhaft, dann wird mir sofort schlecht. Wenn es wirklich extrem ist, ist das die Reaktion. Aber wenn jemand die Wahrheit des Moments ausspricht, ist es egal, was gesagt wird.

In der Zeit, die wir zusammen verbracht haben, haben wir viele Menschen sprechen gehört. Es ist immer wunderschön, wenn es wahr ist. Es ist einfach, die Wahrheit mechanisch nachzuahmen, aber das kann niemanden täuschen, der in der Wahrheit ist. Um sich da täuschen zu lassen, ist eine entsprechende Bereitschaft und Übereinkunft Voraussetzung. Bei mir muss der Wille da sein, mich täuschen zu lassen. Ich muss das Spiel mitspielen.

Wenn ich in der Wahrheit bin und jemand macht irgendwelchen Mist, gehe ich einfach. Ich lege mich nie mit jemandem an. Wenn jemand hier nach vorne kommt, kann ich denjenigen darauf aufmerksam machen. Wenn er bereit ist, in die Wahrheit zu kommen, können wir sprechen, und wenn nicht, schicke ich ihn einfach wieder zu seinem Platz. Das geschieht nicht sehr oft. Das ist die Schönheit, die in den Zusammentreffen liegt, denn wir begegnen uns alle in der Wahrheit. Wir wollen alle die Wahrheit! Wir haben vielleicht Angst davor, wir sind auf unseren Trips, aber das ist egal.

F.: *Ja, wir wollen alle nach Hause kommen.*

S.: Daran liegt es, dass es Spaß macht.

F.: *Das ist die Schönheit. – Danke.*

Fragender: Ich möchte ein paar Dinge für mich klären, die ich dich ein paar Mal sagen hörte – und dich vielleicht ein bisschen herausfordern...

Samarpan: Wunderbar! So forderst du mich heraus, es noch klarer zu sagen – sehr schön.

F.: *Ich habe dich ein paar Mal sagen hören: „Ich mache es mir zur Gewohnheit, etwas zu tun."*

S.: Das ist alles eine Lüge, weißt du.

F.: *Ja, denn was mich daran stört, ist: Wenn man wirklich zuhause ist, wie kann man sich dann etwas zur Gewohnheit machen? Was haben Gewohnheiten dann für einen Sinn?*

S.: Genau. Da hast du mich erwischt. (Lacht)

F.: *Und du bist mir wieder durch die Finger gerutscht. (Lachen)*

S.: Darin bin ich gut, das stimmt. – Da erinnerst du mich an etwas. Ich habe heute eine E-Mail von einer Freundin bekommen. Sie hatte Probleme wegen mir. Sie sagte einmal zu mir: „Ich veranstalte bei mir zuhause Video-Satsangs. Ich lade Freunde ein und wir genießen das sehr." Ich habe gesagt: „Großartig! Wenn du mehr DVDs willst, gebe ich sie dir."
Sie machte den Fehler, Leuten zu erzählen, was ich gesagt habe, und so nahm das Ganze eine Eigendynamik an. Statt dass ein paar Leute spontan zu ihren Video-Satsangs kamen, fingen einige an, das zu organisieren. Sie machten Terminpläne, und plötzlich fand sie sich in einer merkwürdigen Situation wieder. Die Leute liehen ihre DVDs wie in einer Videothek aus. Sie erkannte, dass es Leute zwar lieben, Dinge auszuleihen, aber dass sie die Dinge nicht wieder zurückgeben, wenn es an der Zeit ist. Dafür haben sie dann keine Energie übrig. Also musste sie den Leuten hinterher rennen, um die DVDs zurückzubekommen. Außerdem nahmen sie nicht nur die DVDs mit, die ich ihr für diesen Zweck überlassen hatte, sondern auch DVDs, die sie für sich selbst gekauft hatte. Das ist großartig.
Es kam mir zu Gehör, dass Leute zu ihr gesagt haben: „Du bist auf einem Machttrip!" Das ist es, was Menschen sagen, wenn du nicht das tust, was du ihrer Meinung nach tun solltest. Wenn du das tust, was dir deine innere Führung vorgibt, dann wird dir in dem Moment jemand sagen, dass du es falsch machst. Immer! Darauf kannst du dich verlassen. Ich habe der Frau also ganz froh geantwortet. Am Ende des Briefes schrieb sie: „Weißt du, ich fühle mich sehr gut!" Denn während der ganzen Übung – und ich war mir dessen die ganze Zeit über bewusst – verursachte ich ihr Probleme! Manchmal bin ich wirklich ein Teufelchen. Sie hat verstanden. Die Botschaft ist wirklich angekommen!
Worüber ich in allen Videos sprach, war, sich selbst treu zu sein und der Wahrheit des Moments treu zu sein – nicht nett zu sein und die Manipula-

tions-Spiele mitzuspielen und all das. Ich bin froh, dass du mich erwischt hast!

F.: Wie hast du angefangen, in München Satsang zu geben? Hat dir das Göttliche eingegeben, Infoblätter zu drucken und für dich selbst Werbung zu machen? Hatte da dieser Niemand das Verlangen, hinzugehen und über nichts zu sprechen?

S.: Das ist interessant. Zunächst einmal kam ich nach Frankfurt. Dort fing ich an, Satsang zu geben. Da kamen nur drei Menschen, unter ihnen Marga. Dann den Schritt zu machen, in andere Städte zu fahren, in denen ich noch nie gewesen war, und für mehr als ein halbes Dutzend Leute Satsang zu geben, das war eine ganz schöne Herausforderung für meine Psyche. Das war schon etwas! Dieser Körper-Geist, diese Persönlichkeit ist sehr schüchtern. Als erstes habe ich Isaac Shapiro gebeten, mir seine Adressenliste zu geben. Das wäre einfach für mich gewesen. Aber Isaac sagte: „Nein. Das ist meine Adressenliste! – Aber ich lasse dich in meinem Satsang Infoblätter verteilen."
Das tat ich, und das war ein Erlebnis! Denn jeder konnte sehen, dass ich Angst hatte. Ich zitterte. Und die Reaktion der Leute war: „Dieser Typ gibt Satsang? Er hat ja offensichtlich sehr viel Angst!" Ich fühlte mich schrecklich. An diesem Platz hier zu sitzen ist irgendwie sicher. Aber ich bin nicht gut im Gesellig-Sein. Ich habe das nie gelernt. Ich war immer sehr unsicher. Aber Teil meiner Stärke ist es, dass ich einfach zu dumm bin, um es mir allzu kompliziert zu machen.
Um in Hamburg Satsang zu geben, rief ich einfach Oms (Om C. Parkin) Organisation an. Ich war so naiv – ich dachte, warum nicht? Und ich wurde dorthin eingeladen. Ich denke, sie wollten diesen Typ sehen, der so seltsam war, telefonisch so eine Anfrage zu stellen. Den ersten Satsang gab ich zusammen mit Om. Om ist ein interessanter Mensch. Er hat etwas Englisches und ist recht trocken. Ich weiß gar nicht, ob er Engländer oder Deutscher ist, er sieht auf jeden Fall sehr englisch aus. Dann habe ich angefangen, dort Satsang zu geben und Leute luden mich in weitere Städte ein, und so nahm es seinen Lauf.
Für mich war klar, dass das Göttliche wollte, dass ich es tue. Vom „Wie" hatte ich keine Ahnung. Wie es vor sich gehen würde, wie es aussehen würde, wie es Wirklichkeit werden würde, wusste ich überhaupt nicht. Bei jedem Schritt, den ich tat, erhielt ich so viel Unterstützung. Ganz am Anfang unterstützten mich Marga, Bhavito und Mehar – so großzügig! Ich war so berührt! Ich besaß nichts. Ich hatte ein paar Hundert Dollar und ein

paar Koffer. Ich fing in der Wohnung von Freunden meiner Ex-Frau an. Meine damalige Frau hatte mich dort verlassen und war mit einem Mann verschwunden. Sie hat mich einfach in der Wohnung ihrer Freunde sitzen lassen. Ist das nicht schön? (Lacht) Eine nette Freundin, nicht wahr?

Die ganze Zeit über war ich zu dumm, um Angst zu haben. Ich wusste und weiß nur, dass es das ist, was Gott für mich will. Ich wusste, dass es ins Laufen kommen würde, ich wusste nur nicht wie.

Als ich Marga fragte, ob sie mich heiraten will, sagte ich: „Hey, Marga, heirate mich einfach. Schmeiß deinen Job hin und organisiere die Satsangs!" – die zu dem Zeitpunkt noch gar nicht abzusehen waren! Sie sagte: „Du hast überhaupt kein Geld! Die Hälfte des Geldes, das reinkommt, gebe ich dir!" (Lacht) Ich habe einfach vertraut. Es ist eine Kombination aus tiefem Vertrauen und tiefer Dummheit. (Lacht)

Eines Abends fragte mich einer meiner ersten Schüler nach dem Satsang: „Wie verdienst du eigentlich dein Geld?" Ich sagte: „So! Das hier ist alles, was ich tue." (Lacht) Er konnte nicht verstehen, wie das möglich ist. – Ich hatte nie darüber nachgedacht.

ERLEUCHTUNG IST

Samarpan: Guten Morgen.

Ich hoffe, dass heute Morgen niemand dringend etwas sagen will. Denn ich habe ganz viel zu sagen. (Lachen)

Ich habe euch von der Freundin erzählt, die in der Wahrheit angekommen war. Sie tanzte in totaler Freude und Ekstase – dann brachte sie ein Gedanke in den Verstand zurück und sie war wieder in der siebten Hölle. Mir fällt auf, dass es bei jedem Individuum nach einem anderen Muster geschieht, aber ich sehe im Grunde das Gleiche bei fast allen. Wir sehen die Wahrheit, wir erkennen sie als Wahrheit, da ist kein Zweifel – dann gehen wir in den Verstand zurück. Vom Verstand kommen nur Probleme, Leid, Zweifel, überhaupt keine Erleuchtung: „Ich habe keine Ahnung, was Erleuchtung ist."

Lasst mich ein paar Briefe vorlesen:

Brief: Du hast von dieser unglaublichen erleuchteten Frau erzählt, die immer wieder durch ihren starken und verrückten Verstand aus der Erleuchtung heraus fällt. Erstaunlich, wie ihr Verstand sie immer wieder zu packen bekommt und sie quält, obwohl sie doch offensichtlich erleuchtet ist. Du hast mich gefragt, ob mir das bekannt vorkommt. Irgendwie hast du damit ins Schwarze getroffen. Zu sagen: „Ja, das kommt mir total bekannt vor", ist wahr, aber ich würde damit zugeben, dass da meist Erleuchtung ist; nein zu sagen, würde eine Verleugnung dessen bedeuten. Zu sagen: „Ja, ich kenne den verrückten Verstand", ist einfach, damit wäre ich jeglicher Gefahr ausgewichen. Und das ist irgendwie meine Reaktion. Ich habe dir davon berichtet, wie ich mit meinem verrückten Verstand umgehe. Was ich sehe ist, dass ich mit dir über den Verstand und seine Verrücktheiten, seine Tricks, seine Arten, mich zu quälen, sprechen kann, aber wenn es darum geht, mit dir über Erleuchtung zu sprechen, vor allem wenn es irgendwie um mich geht, macht mich das unsicher und schüchtern und ich fühle, wie jede Menge Widerstand aufkommt. Sogar jetzt, während ich hier alleine sitze und den Brief schreibe, fühle ich mich unsicher und schwankend, ein bisschen so, als ob ich etwas Verbotenes und sehr Gefährliches tun würde, etwas, das besser niemand wissen sollte. Andererseits ist da der Wunsch, mich der ganzen Welt zu zeigen. Es ist der Wunsch, nichts mehr zurückzuhalten, alles loszulassen.

301

Irgendwie ist es meiner Programmierung vertraut, die alltäglichen Dinge zu erledigen und damit klarzukommen, dass ich missverstanden und abgewertet werde. Aber wenn mir etwas Liebevolles entgegengebracht wird, schmelze ich sofort. Es ist nicht nur Schmelzen, es ist ein Mich-Auflösen. Also leiste ich meist Widerstand. Wenn mich jemand liebevoll berührt, ist das irgendwie schmerzhaft. Ich bin dann irritiert, und es kommen Schmerz und Traurigkeit auf. Ich bin in Wirklichkeit so weich, verletzlich und schüchtern, dass ich all die Kraft, die ich habe, brauche, um mich zu schützen. Erst habe ich mich so gut geschützt, dass niemand mehr meine Schwäche sehen konnte, und dann habe ich mir eingeredet, dass die ganze Welt mir Feind ist, und meinen Schutz darauf verwendet, mich nicht schwach zu fühlen. Jetzt hänge ich irgendwie fest. Ich kann nicht sehen, was das mit Erleuchtung zu tun hat, wohl nichts. So reagiert die Programmierung eben. Irgendwie geht es darum, gesehen zu werden, wertgeschätzt zu werden, zumindest von mir selbst.

S.: Es ist die Wertschätzung durch das Göttliche. Es ist nicht persönlich und doch von so großer Nähe. Es ist die Anerkennung des wahren Selbst. Das falsche Selbst, das Pseudo-Selbst, ist unsere Maske, das ist es, wohinter wir uns verstecken. Das wahre Selbst anzuerkennen ist etwas sehr Verletzliches, da ist nichts, um sich dahinter zu verstecken.

Brief: *Du unterstützt mich und sorgst auf so unbeschreibliche Weise für mich, trotz meiner Programmierung, ohne mir meine Kraft zu nehmen, und mit einer solchen Geduld – ich kann nicht sagen, wie dankbar ich dafür bin. Das heilt all die Wunden, es befriedigt den Hunger, und das ist nur möglich, weil du in der Wahrheit bist. Wenn es aus etwas Geringerem heraus passieren würde, könnte ich es niemals annehmen. Was ich in mir finde, ist eine Idee von Erleuchtung. Wenn das der Welt verkündet würde, würde das bedeuten, dass ich wieder stark sein müsste. Dann würde ich mich verstecken und mich sogar noch mehr schützen müssen. Also ist es besser, gar nicht über Erleuchtung zu sprechen. Was dann bleibt, ist, meine Freiheit anzuerkennen. Alles, was ich sagen kann, ist: Die Realisation der Wahrheit ist da, da ist Erleuchtung.*

S.: Das ist dein Brief. Das ist deine Erleuchtung. Das bedeutet nicht, dass dein Verstand weniger verrückt wäre. Der Verstand wird immer verrückt sein und das ist in Ordnung so.
Da ist noch ein Brief von einem anderen wunderschönen Mann. Er ist einfach so schön. Er leuchtet.

Brief: *Geliebter Samarpan. Ich war die letzten Wochen im Limbus und bin es immer noch. Es ist seltsam. Als ich vor ein paar Tagen in einem Konzert war, fühlte es sich an, als sei ich mit einem nebeligen Tuch bedeckt, als blickte ich durch ein nebeliges Tuch und mein Kopf war voller Nörgeleien. Nichts war richtig. Ich verwickelte mich in Gedanken, wie es sein sollte, und warum es nicht so ist; Kontakte mit Menschen waren schwierig, denn sie hatten existenziell Unrecht. Andererseits war da etwas, was ausgedrückt werden wollte, und nicht wusste wie. Das macht mich wütend und ungeduldig und unfair allen gegenüber. Zwei Wochen lang war das Einzige, was für mich wirklich anziehend war, die Idee...*

S.: ... Bla, bla, bla. Vorstellungen, einfach nur Vorstellungen! Dann sein nächster Brief.

Brief: *Ich danke dir so sehr für deine Mail. Ich weiß, es ist die Wahrheit – wenn ich mit allen Aspekten meiner Persönlichkeit Frieden schließe, ist da Frieden. Da ist ein „Ja, aber“: Ja ist ja und das Aber ist der Verstand. Es kommt mir immer noch so vor, als habe sich das Leben nicht geändert.*

S.: Es ist wahr, es muss sich nicht ändern. Es ändert sich auch nicht, es ist immer noch das Gleiche. In der Welt gehen weiterhin Kriege vor sich, die Menschen werfen immer noch Bomben, die Welt ist immer noch voller Dummköpfe.

Brief: *Ich habe das Gefühl, dass ich Frieden schließen möchte. Aber wie kann ich das tun? Ist Frieden etwas, was man tun kann? Es erscheint mir so, als ob Frieden einfach da ist. Oft fühle ich es nicht, aber manchmal doch.*

S.: Ich wollte das mit euch teilen, weil es so ist. So ergeht es jedem. Ihr sitzt hier im Retreat und es ist einfach klar – Erleuchtung ist einfach hier. Es ist deine, es ist dein Selbst, da ist kein Zweifel. Etwas wird geschehen und dann wirst du wieder in den Verstand gezogen, wieder in die Hölle. Und von dort aus kannst du überhaupt nichts sehen. Von dort aus gibt es keine Erleuchtung. Du bist einfach ein Narr, du wusstest nie irgendetwas. So ist es halt. Erwarte nicht, dass es anders ist. Kannst du damit in Frieden sein? Kannst du mit all den gewöhnlichen Gefühlen in Frieden sein? Mit der Nicht-Erleuchtung, mit dem Nebel? Mit dem Mangel an Klarheit? – Denn das ist, was nötig ist, um ein erleuchtetes Leben zu führen. Es ist nötig, das alles zu akzeptieren, die Hölle zu akzeptieren.

Ich habe so viele Freunde und Freundinnen – genau genommen sind sie alle erleuchtet. Und einige meiner Freunde und Freundinnen erkennen ihre Erleuchtung wirklich. Eine Frau schrieb mir, dass sie ihr Erleuchtetsein erkannt habe und meldete sich dann nie wieder. Sie sagte: „Jetzt hab ich's. Ich brauche Samarpan nicht. Ich brauche den Meister nicht. Jetzt bin ich die Meisterin." Aber sie war nicht die Meisterin. Sie war erleuchtet, aber nicht gar gekocht.

Es gibt eine Tradition, nach der man nach der Erleuchtung noch dreizehn Jahre lang beim Meister bleibt und einfach still an seiner Seite sitzt. Da sind keine Fragen mehr, der ehemalige Schüler ist ganz klar erleuchtet, aber es geht noch ein Reifungsprozess vor sich, eine Vertiefung. Das geschieht von selbst und ganz allmählich. In dieser Tradition liegt Weisheit. Der Verstand hat die Tendenz, die Erleuchtung in Besitz nehmen zu wollen: „Oh, gut, jetzt bin ich erleuchtet, jetzt kann ich der Meister sein." Der Verstand will immer der Meister sein, aber er ist kein guter Meister. Er weiß nichts. Die Meisterschaft ist, das zu erkennen. Die Meisterschaft ist, zu erkennen, dass ich nicht erleuchtet bin. Da sitzt nicht jemand, der erleuchtet wäre. Dieser „Jemand" kann nicht erleuchtet sein. Der Verstand wird nie erleuchtet werden. Erleuchtung ist. Wo kein Ich ist, das in den Weg geraten könnte, kann Erleuchtung leuchten. Das ist die Meisterschaft. Wenn da niemand ist, kann das Göttliche ganz einfach durch dich wirken. Dafür ist ein Reifen erforderlich, das braucht etwas Zeit, während der sich die Erleuchtung in dir setzt und während der mit den Vasanas aufgeräumt wird. Das geschieht einfach durchs Leben. Es geschieht, indem die Erleuchtung wieder verschwindet, indem du immer wieder durch die Hölle gehst. So reift es, so wirst du immer klarer.

Gib der Erleuchtung deine ganze Aufmerksamkeit. Komm immer wieder zu ihr zurück. Jedes Mal, wenn du merkst, dass du in den Verstand abwanderst, dass du an etwas Unsinniges denkst, etwas, was nicht hier ist, einen Traum – es kann ein Erleuchtungstraum sein, und das ist die schlimmste Art zu träumen – komm einfach zurück. Komm zur Stille – sie ist die Lehrerin. Das ist es. In der Stille geschieht die Reifung, hier wird die Meisterschaft vervollkommnet.

Lass dich vom Verstand nicht dazu überreden, in andere Aktivitäten zu springen. Sei still. Wenn das Göttliche etwas von dir will, wird es klar sein, mach dir da keine Sorgen.

Da sind so viele Missverständnisse, die einfach von selbst wegfallen. Du musst nichts tun.

Fragende: Es gibt eigentlich nicht viel zu sagen, nur noch einmal danke. Ich habe den Eindruck, ich komme da gar nicht wieder raus aus dem wahren Dank; Dank geschieht einfach.

Samarpan: Das kann ich sehen. Ich sehe die Schönheit, den Frieden, der von dir ausstrahlt.

F.: Ja, es ist so viel geschehen. Ich habe das Gefühl, meine Hölle wird wieder losgehen.

S.: Warum?

F.: Ich mag meine Arbeit, aber ich denke, wenn ich arbeite, arbeite ich zu viel.

S.: Das ist einfach. Alles, was du lernen musst, ist nein zu sagen. (Lacht) Es ist schwer, ich weiß, aber ich musste das Gleiche lernen. Es ist interessant: Je mehr ich anfing, nein zu sagen, desto effektiver wurde ich. Ich hatte immer viel zu viel gearbeitet. Ich habe ein Retreat so wie dieses hier gemacht, und zwischen den Satsangs habe ich noch eine private Session nach der anderen gegeben. Ich war einfach ausgelaugt. Es war nicht so, dass ich es nicht genossen hätte; ich genoss es, aber ich schaffte das einfach nicht mehr. Der Körper wurde schwächer und schwächer. Mir ist aufgefallen, dass es manchmal der beste Satsang war, wenn ich mit einzelnen Menschen einen Termin hatte. Da hätte ich dann gern alle dabeigehabt. Ich arbeitete also zu viel und die Satsangs litten darunter. Als ich das änderte, geschah in den Satsangs wieder mehr. Das ist es, was ich jetzt bei diesem Retreat sehe. Das ist fantastisch. In diesem Retreat geschieht mehr als in irgendeinem anderen Retreat, das ich vorher gemacht habe. Es ist überwältigend.

Das ist also unsere Lektion, die wir einfach lernen müssen. Dagegen gibt es Widerstand. Ich glaube, als ich mit Retreats angefangen habe, habe ich dreimal pro Tag Satsang gehalten und zwischendurch noch private Termine ermöglicht. Schwachsinn! Als ich es dann auf zwei Satsangs reduzierte, hieß es: „Das stimmt für mich finanziell nicht. Ich zahle gleich viel Geld und bekomme nur zwei Sessions." (Lacht) Diese Mathematik! Die Beurteilung der Wahrheit nach Kosten und Nutzen! (Lacht)

Fragende: *Ich mache die ganze Zeit meine Hausaufgaben.*

Samarpan: Wie sieht das aus?

F.: *Ich sehe, dass ich immer wieder in die Hölle gehe, es ist wie Achter-bahnfahren. Ich gehe in die Hölle und dann wieder in den Himmel. Und der Verstand bekommt mich immer wieder zu fassen. Ich versuche immer zu fühlen, was hier ist, und es anzunehmen. Manchmal funktioniert das und manchmal nicht. Ich gehe in die Vergangenheit und in die Zukunft. (Stille)*

S.: Perfekt, genau richtig. Du bekommst eine Eins plus für deine Hausauf-gaben. Es wird nicht mehr benötigt als das. Sobald du bemerkst, dass du in die Vergangenheit oder in die Zukunft gegangen bist, komm einfach zu-rück, immer und immer wieder. Sonst gibt es nichts zu tun. – Wunderbar.

F.: *Ich nehme vor allem eines als Hausaufgabe mit. Du hast zu mir gesagt: „Du musst niemandem etwas zeigen, du musst nichts lehren." Da ist oft der Wunsch, andere zu berühren, so dass sie ihr Herz öffnen können, und ich beobachte, wie mein Verstand das benutzt, um zu manipulieren.*

S.: Ja. Warum willst du das Herz von jemandem öffnen? (Lacht)

F.: *Weil es so wunderschön ist, wenn es offen ist.*

S.: Du versuchst also, etwas zu bekommen?

F.: *Ja, aber auch für die andere Person – beides.*

S.: Blödsinn! Wir müssen hier wirklich die Wahrheit sagen, denn das ist die Wahrheit der Helfenden. Die Wahrheit ist, dass ich niemandem helfen will, ich will mich einfach gut fühlen. Wenn ich also bewirke, dass sich das Herz von jemandem öffnet, dann kann ich das fühlen, und das ist nicht für irgendjemanden, es ist total selbstsüchtig, das ist die Wahrheit! Vergiss die Idee: „Ich helfe jemandem". Niemand braucht Hilfe, das ist alles selbst-süchtig. Wenn du diesbezüglich die Wahrheit sagst, kannst du nicht mehr manipulieren. – Wenn du wirklich liebst, lässt du die Menschen, wie sie sind. Dann wirst du nicht versuchen, sie zu manipulieren.
Du weißt sicher, was Eltern mit Kindern machen: Sie kitzeln das Kind, so dass es lacht. Ich habe das als Kind sehr gehasst. Wie hässlich, so etwas zu tun! Das ist es, was wir tun, wenn wir versuchen, das Herz von jemandem dazu zu bringen, sich zu öffnen. Es ist das Gleiche. Wir versuchen, eine Reaktion zu bekommen, und das ist nicht nett und nicht hilfreich, es ist einfach ein Machtspiel. Es ist Manipulation und total selbstsüchtig. Wenn

du das erkennst und ehrlich zu dir selbst bist, wird es dir nicht mehr möglich sein, das zu tun. Du lässt die Menschen, wie sie sind, du liebst sie, wie sie sind. Und du bist glücklich mit dir, wie du bist, und suchst nicht bei anderen nach Unterhaltung. „Oh, lass mich dein Herz öffnen, das ist gute Unterhaltung." (Lachen)

Es ist so einfach, wenn du die Wahrheit sagst. – Jesus sagte über Helfende: „Versuche nicht, den Splitter aus dem Auge deines Bruders zu ziehen, solange du nicht den Balken aus deinem eigenen Auge entfernt hast." Jesus war wirklich sehr grob. (Lacht)

Fragende: Hallo. Das Thema „Dienen" spricht mich sehr an, und „die eigene Macht nicht wegzugeben". Letzte Nacht hatte ich einen Traum. Ich brachte dir ein Dessert mit Obst in einer Tasse. Ich stellte es auf den Tisch und du hast es einfach mit dem Ellbogen runter gefegt.

Samarpan: Wie grob!

F.: Ich wusste sofort, dass du kein Obst wolltest, du hattest nicht darum gebeten. Deine Reaktion war überhaupt kein Problem. Es war völlig klar, ich verstand es. Ich bückte mich, um es aufzuheben, und dann fühlte ich, dass ich damit aufhören muss. Bis zu diesem Moment war alles in Ordnung, ich hatte alles wie automatisch gemacht. Dann fühlte ich mich nicht mehr gut und ich bin aufgewacht.

S.: Das ist ein sehr guter Punkt und ein Thema, das für dich sehr wichtig ist: deine Macht abzugeben; automatisch nett und hilfsbereit zu sein.
Es ist interessant, es ist mir auch hier aufgefallen. Vor einigen Tagen hörte ich, dass es dir zu viel ist, hier im Satsang zu sitzen und außerdem die Arbeit am Mischpult zu machen. Ich habe sofort vorgeschlagen, dass jemand anderes das machen soll. Ich sehe, dass du das immer noch machst, aber du willst das nicht, du hast nicht den Impuls, es zu tun. Du bist dir selbst gegenüber nicht wahrhaftig und so gibst du deine Macht weg.

F.: Es fühlt sich an, als fehle mir das Unterscheidungsvermögen.

S.: Wenn da irgendein Zweifel ist, mach es falsch, benimm dich ganz ungeheuerlich! Sei lieber auf der anderen Seite als auf der vorsichtigen.

F.: Okay.

S.: Unsere Programmierung kann der Wahrheit dienen. Sie kann aber auch dem Ego, dem Verstand dienen, der Vorstellung von „mir". Zu mir kommen ganz von selbst Menschen, die die Programmierung des Dienens haben. Das leistet mir gute Dienste, und wenn wir wirklich zusammen in der Wahrheit sind, dient das auch der Wahrheit. Es dient dem Erwachen, es dient dem Unterscheidungsvermögen, denn so können wir lernen. Du lernst, indem du aus deiner Programmierung heraus handelst.

Manche Menschen habe eine Programmierung des Dienens. Ich kann sehen, was für ein Tyrann die Programmierung sein kann. Je mehr derjenige aber in seine Kraft kommt, desto mehr wird die Schönheit offensichtlich. Dann ist der Mensch, auch wenn er dient, in Harmonie mit sich und der Wahrheit und da ist kein Konflikt mehr.

Es ist keine Last. Da liegt die Unterscheidung. Wenn es eine Last ist, ist es nicht in Ordnung. Das Gefühl des Belastetseins ist die Alarmglocke, die dich wissen lässt, dass etwas schief läuft. Es ist also nicht so, dass jemand von uns seine Programmierung ändern müsste – die Programmierung dient uns.

Manche von euch haben vielleicht etwas über Sheela auf der Ranch gehört. Sheila hatte das Programm, Macht und Verantwortung zu haben. Ihre Programmierung ermöglichte es – neben vielen anderen Dingen –, dass sich die Ranch und die Osho-Kommune so entwickelte, wie sie es tat.

Es war wunderschön, es hat allen, die dort waren, genützt. Es hat Osho, es hat der Wahrheit gedient. Es hat natürlich auch Probleme mit sich gebracht. So ist es bei uns allen mit unseren Programmierungen, das ist in Ordnung.

Unsere Aufgabe ist, zu sein, wer wir *mit* unserer Programmierung sind. Auf Messers Schneide die Balance zu halten, das ist die Herausforderung – wirklich du zu sein, genau so, wie du bist.

Dafür brauchst du ständige Wachsamkeit. (Lacht) Aber es ist eine entspannte Wachsamkeit, es ist ein Dahingleiten.

STILLE – DAS WAHRE FEST

Samarpan: Guten Morgen.

Fragende: Mein Herz ist voller Dankbarkeit dir gegenüber.

S.: Wir können hierfür alle dankbar sein, diese Gnade! Es ist Oshos Gnade, Ramanas Gnade, Jesu Gnade... Es ist dein Geburtsrecht. Du kannst es dir nicht verdienen. Es regnet einfach auf uns herab, wir müssen uns nur dafür öffnen. Und selbst die Fähigkeit, sich dafür zu öffnen, ist Gnade. – Es ist alles Gnade! Wie Gangaji immer wieder sagte: „Das ist ein glückliches Leben!" Wir können uns so glücklich schätzen!

F.: Alles ist gleich, aber alles hat sich geändert! Es ist so, wie du gesagt hast: Es ist die Freude, das Leben jetzt... Ich würde gern ein wenig davon teilen, d.h. darüber mitteilen.

S.: Auf welche Art? Du teilst es sowieso schon, einfach durch dein Sein. Ich kenne die Tendenz, die Geschichte oder die Erfahrung teilen zu wollen. Aber das können wir nicht, denn deine Erfahrung ist deine Erfahrung und alle hier machen ihre eigenen Erfahrungen. Wir teilen den Raum, in dem die Erfahrungen geschehen. Ich möchte dich einladen, einfach still zu sein, einfach damit zufrieden zu sein, in dieser Gnade zu *sein*, die Gnade sich verströmen zu lassen – in aller Stille! Worte können dem nichts hinzufügen.

Fragende: Es ist so ziemlich das Gleiche.

Samarpan: Ja, bei dir ist es das Gleiche. Ich habe gesehen, dass du in einen tieferen Frieden kommst. Ich sehe, dass du in dir stiller bist. Ist das wahr?

F.: Ja.

S.: Möchtest du etwas darüber sagen?

F.: (Lacht)

S.: Ich weiß, dass du keine Frage hast.

F.: *Nur noch eine!*

S.: Okay. (Lacht)

F.: *Du hast davon gesprochen, dass du die Freiheit teilst, die ich gerade feiere. Das hat sich so sehr geöffnet! Letzte Nacht war da eine solche Öffnung in die Freiheit hinein.*

S.: Ja! Ja, ich kann diese Öffnung sehen. Bleibe einfach darin, entspanne da hinein und lass es sich weiter öffnen.

Fragender: *Heute Nacht ist im Traum die ganze Welt explodiert.*

Samarpan: Was für ein wunderbarer Traum!

F.: *Es war ein überwältigendes Licht. Ich erinnere mich, dass ich eine Packung Zigaretten vom Balkon aus in den Garten warf, und da explodierten Atombomben, und in einem gleißenden Licht flog die ganze Welt in die Luft. Aber das Interessante war, dass es in dem Moment keine Angst vor dem Sterben gab. Und nachher war ich immer noch da.*

S.: So ist es immer. Kurz vor dem Tod ist da Angst, Zittern, Panik… Dann kommt der Tod, und wir sind immer überrascht, dass wir noch da sind, dass der Tod gar nichts ist und uns überhaupt nicht berührt.

F.: *Okay. Da ist eine Frage, die ich schon lange mit mir herumtrage.*

S.: Dann stelle sie jetzt.

F.: *Wenn du mich gefragt hättest, ob ich glücklich sein will oder ob ich frei sein will, hätte ich gesagt, dass ich glücklich sein will. Da ist die Vorstellung von Glücklichsein einerseits und die von Freiheit andererseits. Das bringt Verwirrung mit sich. Ich habe darüber nachgedacht und bin zu dem Schluss gekommen, dass ich eben nicht die ganze Zeit glücklich sein kann.*

S.: Du kannst oder du kannst nicht?

F.: *Ich kann nicht! Wenn ich das Nicht-Glücklich-Sein akzeptiere, könnte das Freiheit sein. Aber liegt im Akzeptieren des Nicht-Glücklichseins nicht auch ein Glücklichsein?*

S.: Sieh jetzt nach! Was siehst du hier?

F.: Mein Herz ist ganz erfüllt.

S.: (Lacht)

F.: Danke.

Fragender: *Hallo. Ich genieße die Zeit hier sehr. Allerdings mache ich mir über eine Sache Gedanken: Ich habe mit Osho eine starke Herzensverbindung gespürt.*

Samarpan: Fühlst du sie noch?

F.: Ja.

S.: Gut.

F.: Da war der Gedanke, dass es mit dir nicht so ist.

S.: Das spielt keine Rolle! Bleib einfach bei Osho. Wenn du mit Osho verbunden bist, bist du sowieso mit mir verbunden. Vielleicht liegt es an meiner Form, dass es für dich nicht geschieht. Das ist in Ordnung.
Als ich bei Papaji saß, war es so. Papaji ist ein überwältigend schönes Wesen, aber ich hatte mit ihm nicht die Verbindung, wie ich sie mit Osho und mit Ramana hatte. Ich wollte die Verbindung, die ich zwischen anderen Menschen und Papaji sah – aber es passierte nicht. Das ist sehr mysteriös. Es spielt keine Rolle, es wird nicht gebraucht.
Osho ist alles. Bleib mit deiner Aufmerksamkeit bei dieser Verbindung. Das ist alles, was nötig ist. Ruhe in Oshos Armen. – Ich sitze weiterhin zu Oshos Füßen. Ich bin glücklich damit, immer und ewig zu Oshos Füßen zu sitzen. Sonst wird nichts gebraucht.

F.: Ich erinnere mich, dass Osho gesagt hat, dass es gut ist, einen lebenden Meister zu haben.

S.: Ja, Osho kann durch mich direkt zu dir sprechen. Schließe einfach die Augen und vergiss diesen komischen Amerikaner. Dann hörst du Osho sprechen. Das ist sowieso, was geschieht. Andere Worte, vielleicht ein anderer Akzent... (Lacht) Es ist Oshos Liebe, die dich berührt.

F.: Ich weiß das alles. Da ist aber noch eine Art Misstrauen.

S.: Okay. Wem oder was misstraust du? Dein Misstrauen ist sehr gut. Wir wollen immer vertrauen, aber du kannst nicht jedem vertrauen. Du kannst der Welt nicht vertrauen, du kannst keiner Situation vertrauen. Du kannst keiner Beziehung vertrauen, du kannst nichts und niemandem vertrauen – nur deinem eigenen, deinem wahren Selbst. Du kannst deinem eigenen Verstand nicht vertrauen. Aber *diesem – diesem* kannst du vertrauen.

Du kannst dem Typ namens Samarpan nicht vertrauen. Einmal ist er hier, dann ist er nicht hier... Auf was kannst du vertrauen? Ich weise nur auf das hin, worauf du vertrauen kannst!

Ich will keine Schüler. Das bringt mir nichts. Ich bin mein eigener Schüler. Diese Hingabe (devotee = Schüler / devotion = Hingabe) reicht. Ich brauche nichts von außen.

Verstehst du, auf was du vertrauen kannst?

F.: Ja, aber ich vermisse diese Hingabe.

S.: Das ist es genau, was ich sage. Wenn du im Satsang sitzen und einfach mit Osho sein und ihm hingegeben sein kannst, dann hast du alle Hingabe, die du brauchst. Das ist kein Problem.

F.: Das muss ich ausprobieren. (Lacht)

S.: Probiere es wirklich. Mir ist es gleichgültig, ob du mir vertraust. Ich weiß nicht, ob du mir Hingabe entgegenbringst oder ob du mich überhaupt magst. Das hat keinen weiteren Effekt. Wenn ich dich mit dir selbst in Frieden sehe – das ist es, was mich freut. Wenn ich sehe, dass du voller Hingabe für Osho bist, bin ich glücklich. Es ist die Hingabe zur Wahrheit! Es ist die Hingabe an dein wahres Selbst. Diese Form hier kann in einer Sekunde weg sein! Dem kannst du nicht vertrauen, aber du kannst dem vertrauen, was real ist. Du kannst dem vertrauen, was nicht kommt und nicht geht. Das ist alles, worauf du vertrauen kannst. Bewahre dir dafür deine Hingabe! Kannst du das fühlen?

F.: Ich bin mir nicht sicher.

S.: Es ist sicher, *das hier* zu fühlen. Es ist sicher, sich *diesem hier* zu öffnen. Niemand wird dich austricksen. Niemand wird dir irgendetwas wegnehmen – nur deine Illusionen fallen weg.

Alles, was wir tun müssen, ist herauszufinden, was verloren werden kann. Denn was verloren werden kann, wird verloren gehen. Auf eine Art ist es schon verloren! Und das, was nicht verloren werden kann, wird nicht verloren gehen. Dem kannst du vertrauen, dahinein kannst du entspannen, das kannst du herausfordern. Fordere alles heraus! Wenn du zweifelst – gut, schön. Zweifle! Zweifle alles an, prüfe Gott! Fordere Gott heraus, fordere alles heraus, finde es heraus!

Gib deine Macht an niemanden ab, noch nicht einmal an Osho, noch nicht einmal an Gott. Denn der äußere Gott ist nicht real. Du bist das! Dem kannst du vertrauen.

Wenn der Verstand zweifelt, tritt er einen Schritt zurück und urteilt. So bleibt er sicher. Das ist kein wirkliches Zweifeln. Wirkliches Zweifeln ist zu untersuchen und herauszufinden, was wirklich ist und was nicht wirklich ist. Es ist die Bereitschaft, in diesem Erkunden jeden Moment zu sterben. Halte dich nicht zurück, bleib nicht im Verstand, der auf der sicheren Seite sein will. Gehe ganz ins Unsichere. Das ist die einzige Art, es herauszufinden.

F.: Danke.

Fragender: Während der letzten zwei Tage ist der Wunsch stärker geworden, nicht mehr ständig zwischen dem Hier und Jetzt und dem Verstand hin und her zu wechseln.

Samarpan: Kein Problem, bleib einfach im Hier und Jetzt! (Lachen) Da kannst du ausruhen. Im Verstand kannst du dich nicht ausruhen.

F.: Das stimmt.

S.: Ignoriere den Verstand einfach. Wie könntest du *das* verlassen? Sprichst du von einer tiefen Narkose?

F.: Immer dieser Verstand... Er zählt immer alles: Wie viele Tage noch, die DVDs, die ich kaufen will, und das Geld, das ich noch habe...

S.: Das ist etwas, was der Verstand richtig gut kann: Dinge zählen und kategorisieren – der Verstand ist der Bibliothekar und der Buchhalter.

F.: Parallel dazu entwickelt mein Körper alle möglichen Symptome: das Knie, die Hüfte, der Rücken, die Augen, alles schmerzt.

S.: Der Verstand ist im letzten Kampf begriffen. Er verschießt jetzt seine ganze Munition. Er will, dass du zurückgehst ins Gefängnis, ins Kontrollieren. Dazu benutzt er alles! Nimm das alles in totaler Entspannung an: „Der Rücken? – Gut!“ Gehe in den Schmerz, mache davon Gebrauch.

Alles, was der Verstand auf dich abfeuert, kannst du verwenden, um hier zu sein. Das entwaffnet ihn. Zu jedem Gefühl, das der Verstand hervorruft, sagst du: „Gut – das!"

Das nimmt dem Verstand die Macht. Das ist die Zeit, in der du am wachsamsten sein musst, denn wenn der Verstand die Kontrolle wieder erlangt, wird er noch stärker sein. Er lässt dich nicht wieder so einfach davonkommen.

F.: Als gestern Abend die Rückenschmerzen immer stärker wurden, habe ich überlegt, ob ich etwas einnehmen soll. Erst ging es ohne, aber dann hatte ich genug und habe eine Tablette geschluckt. Der Schmerz verschwand allmählich. Ist es in Ordnung, etwas einzunehmen?

S.: Warum nicht? Beobachte einfach, was geschieht. Beobachte es, wenn der Schmerz sehr intensiv ist. Es geht nicht darum, sich nur mit dem Schmerz abzufinden. Das macht keinen Sinn. Es geht darum, den Schmerz wirklich zu akzeptieren, wirklich zu sagen: „Gut! Das ist gut so. Ich habe jetzt diesen Schmerz. Er wird mir helfen, hier zu bleiben! Der Schmerz wird mich tiefer ins Jetzt bringen." Das bedeutet es, den Schmerz einzuladen. Wenn du dann eine Tablette genommen hast, beobachte, ob es einfacher ist, hier zu sein, oder ob das Geschenk verschwunden ist. Es geht nicht darum, in dieser Situation das „Richtige" oder das „Falsche" zu tun, es ist gleichgültig.

Das Leben ist sehr großzügig, vor allem mit Schmerzen. Immer wieder tauchen Schmerzen auf, wenn nicht körperliche, dann emotionale. Jedes Mal ist das wieder eine Gelegenheit, hierher zu kommen.

Es endet nie. Halte nach keinem Ende Ausschau. Ich habe das Ende nie erblickt. Ich habe niemals gehört, dass jemand das Ende gesichtet hat. Es gibt immer noch mehr zu lernen. Du kannst immer noch präsenter sein, einfach entspannt, nichts tuend. Ohne zu versuchen, irgendwohin zu gelangen. Du kannst nirgendwohin gelangen, vergiss es. Es gibt nichts zu erreichen, alles ist hier.

Fragende: Vielleicht ist das der Morgen der Dankbarkeit. Ich bin so dankbar, dass ich – durch Gnade – kotzend und humpelnd über die Schwelle des Gefängnisses ins Freie stolpern durfte.

Samarpan: Ja. (Lacht)

F.: *Ich hatte es mir ganz anders vorgestellt.*

S.: Es ist nicht so, wie wir es uns vorstellen.

F.: *Seit die Übelkeit weg ist und ich nicht mehr stolpere, hat sich die Stille verändert. Jetzt bemerke ich diesen unendlichen Raum und die Stille, die ich bin, und ich bin auch die Bewegung im Moment, es ändert sich ständig. Wenn ich in die Stille gehe, ist da eine so große Schönheit, die vorher nicht war. Ich habe eine Vorstellung von der göttlichen Stille. So fühlt es sich jedenfalls im Moment an.*

S.: Wenn du sagst, dass du eine Vorstellung von der Stille hast – ich weiß, dass es jetzt nur um Worte geht –, aber was du wirklich sagen willst, ist, dass du den Geschmack der Stille hast, oder?

F.: *Ja.*

S.: Keine Vorstellung.

F.: *Nein, nein, den Geschmack. Ich bin so dankbar, auch der Gruppe und diesem Platz gegenüber. Es gehört alles zusammen.*

S.: Lass mich etwas sagen, denn es ist jetzt reif, um ausgesprochen zu werden. Wir gehen durch die „Das ist das Ende des Retreats"-Gedanken. Es gab die Idee, heute Nachmittag nach dem Satsang zum Ende des Retreats ein Fest zu feiern und ich habe „nein" gesagt.
Ist das hier nicht Fest genug? Ist das nicht die wahre Feier? Ich will euch das nicht vorenthalten – Tanzen, Männern und Frauen hinterher zu jagen, all diese Party-Sachen. Was ich euch wünsche, ist, dass ihr die Geschenke nehmt, die ihr hier empfangen habt, sie in eure Koffer legt – ganz still, so dass es niemand anders sieht, und in Stille nach Hause geht.
Ein Fest ist Ausagieren dieser Geschenke. Ich erinnere mich an das Retreat, auf dem mich Gangaji so total berührt hat, das Retreat, das mich an diesen Platz gebracht hat. Am Ende des Retreats wollte ich mich mitteilen. Es war nicht reif, geteilt zu werden, aber ich wollte sprechen, einfach aus dem Impuls heraus. Aber Gangaji hat das Ganze sehr weise zu einem Ende gebracht. Sie hat am letzten Tag niemanden sprechen lassen. Sie hat es alles einfach abgeschnitten.
Ich habe das gehasst! Ich wollte jedem erzählen, wie wundervoll es ist, erleuchtet zu sein, dass jeder erleuchtet sein sollte und ist... (Lacht) Sie hat mich davon abgehalten, und ich möchte euch alle davon abhalten. Haltet

einfach inne! Geht tiefer und tiefer in das. Ihr seid am Anfang, es gibt kein Ende. Lasst es reifen, lasst es sich vertiefen, agiert es nicht aus.

Am Ende eines Retreats reden die Leute oft los, als hätte sich eine riesige Menge an Worten aufgestaut und die werden dann über alle ausgegossen. Es wäre wunderschön, wenn alle gehen würden, ohne irgendetwas zu irgendjemandem zu sagen. Kein Tschüss, keine Geschichten. Nehmt einfach eure Schätze mit. Versteckt sie zwischen euren Kleidern. Lasst niemanden wissen, was ihr habt. Wenn ihr Diamanten habt, erzählt ihr das besser niemandem, sonst werden sie euch noch gestohlen. Es gibt überall Menschen, die darauf warten, euch eure Diamanten zu stehlen – nicht dass sie wüssten, was sie damit tun sollten.

Danke.

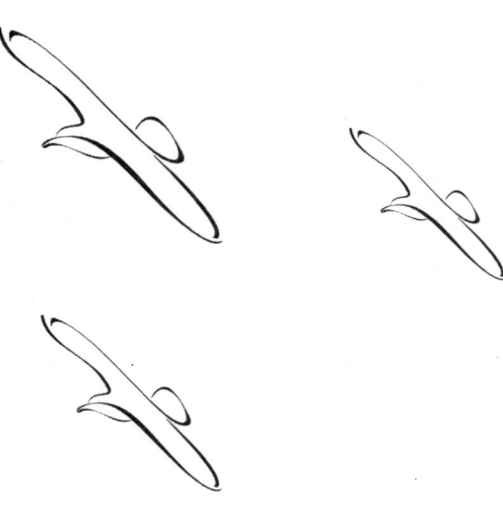

H.W.L. POONJA
PAPAJI

DER GESANG DES SEINS

€19,90
288 Seiten
Hardcover

ISBN
978-3-941973-02-2

<u>DAS</u> PAPAJI-BUCH IST ENDLICH WIEDER DA!

Namaskar.
Noch vor allen Anfängen bist du Bewusstsein.
Du bist die Fülle der Liebe und die Leere des puren, bewussten Seins.
Du bist die Existenz an sich, ein Friede noch jenseits vom Friedlichsein.
Du bist der Hintergrund, auf den alle Lichtspiele projiziert werden,
das Licht der Erkenntnis, das *Eine* Untrennbare,
das dem Schöpfer die Idee der Vielfalt eingegeben hat.
Vergiss, was vergessen werden kann und erkenne dein Selbst als das,
was ewig unvergesslich ist.
Du bist der Urgrund, auf dem alles erscheint und vergeht …

Mein lieber Freund, du bist ein freier Mann. Wer hat dir das Gegenteil eingebläut? Du *denkst* nur, du seist festgelegt, und damit bist du es. Wenn du denkst, dass du frei bist, bist du frei! Du hast die Wahl.
Und nun sieh, dass der Gedanke: »Ich bin frei« ebenfalls nur ein Gedanke ist, der kommt und geht. Wenn du dich von keinem Gedanken festlegen lässt, bist du aufgewacht.

NOUMENON

VORANKÜNDIGUNG
FRÜHJAHR 2010

DANIEL HERBST

AUS DEM EINEN
BY ITSELF

€17,90
ca. 180 Seiten
Hardcover

ISBN
978-3-941973-04-6

Manche suchen Dualität,
andere Einheit.
Beide wissen nichts von der Wahrheit,
die zu allen Zeiten und überall gleich ist.
Die Wahrheit wird weder von der Dualität
noch von der Nichtdualität berührt.

[Avadhuta Gita]

Von selbst – by it self –
sich selbst autorisierend.
Das trifft es genau!
Keine fremde Autorität. Selbstermächtigung!
So arbeitet das Bewusstsein.
Ein Kind krabbelt, ein Hund bellt, du denkst – by it self, von selbst.
Dafür braucht es niemanden.
Es passiert, um sich selbst zu erkennen.

NOUMENON

SRI
NISARGADATTA
MAHARAJ

DIE
ULTIMATIVE
MEDIZIN

€ 21,90
256 Seiten
Hardcover

ISBN
978-3-941973-00-8

MAHARAJ: Menschen, die nur Wissen wollen … ich liebe solche Menschen in Wirklichkeit mehr als meine eigenen Verwandten. Menschen, die die Selbsterkenntnis wertschätzen, sind mir lieber als meine eigenen Kinder.

„Dieser" *Parabrahman* – sogar das Höchste ist für Nisargadatta nichts als ein Konzept. Und er selbst versteht sich auch nur als Phänomen. – Er sagt: „Das, was ich wirklich bin, liegt jenseits von allem. Es lässt sich weder begreifen noch verstehen …"
Das, was der ständigen Veränderung unterliegt, kann nicht die Wirklichkeit *sein*. Der Kampf des Verstandes ist somit immer ein Kampf gegen *die* Unwirklichkeit, die ihm gerade wirklich zu sein scheint. Für denjenigen, der das erkennt, wird es einfach, Nisargadatta zu folgen.
Hinter seiner gradlinigen, unpersönlichen und oft schroffen Art, verbirgt sich die Sehnsucht, das Leiden derer, die an die Welt glauben, zu beenden.
Die Tiefe seines Mitgefühls ist gerade deshalb unermesslich, weil er sich selbst auf den Grund geschaut und durchdrungen hat, dass da niemand ist, der an die leidvolle Einbildung des eigenen Geborenseins glauben kann. Das und nichts anderes versucht er unablässig zu vermitteln.

NOUMENON

Links zum Buch:

Weitere Informationen zu Satsang und Retreats mit Samarpan:

www.samarpan.de

Satsang-DVDs und das Buch können bestellt werden:

bestellung@samarpan.de

www.jetzt-tv.net

www.noumenon-verlag.de